政策性农业保险制度的法经济学分析

冯张美 著

Analysis of Policy-Oriented Agricultural Insurance
Law System Based on the Law and Economics

法律出版社 LAW PRESS · CHINA
北京

图书在版编目(CIP)数据

政策性农业保险制度的法经济学分析/冯张美著
. --北京:法律出版社,2022
(计量法学文库)
ISBN 978-7-5197-6297-1

Ⅰ.①政… Ⅱ.①冯… Ⅲ.①农业保险-保险法-研究-中国 Ⅳ.①D922.284.4

中国版本图书馆CIP数据核字(2021)第270328号

政策性农业保险制度的法经济学分析
ZHENGCEXING NONGYE BAOXIAN ZHIDU DE FA JINGJIXUE FENXI

冯张美 著

策划编辑 赵明霞
责任编辑 赵明霞
装帧设计 乔智炜

出版发行 法律出版社
编辑统筹 法商出版分社
责任校对 杨锦华 王沁陶
责任印制 胡晓雅
经　　销 新华书店

开本 710毫米×1000毫米 1/16
印张 20.75 **字数** 340千
版本 2022年2月第1版
印次 2022年2月第1次印刷
印刷 北京虎彩文化传播有限公司

地址:北京市丰台区莲花池西里7号(100073)
网址:www.lawpress.com.cn
投稿邮箱:info@lawpress.com.cn
举报盗版邮箱:jbwq@lawpress.com.cn

销售电话:010-83938349
客服电话:010-83938350
咨询电话:010-63939796

书号:ISBN 978-7-5197-6297-1
定价:88.00元

凡购买本社图书,如有印装错误,我社负责退换。电话:010-83938349

总　序

计量者，度量衡也。所谓度万物、量天地、衡公平。乌尔比安谓：法乃善良与公平之艺术。公平之事，法之旨要。衡公平者，计量也。由是可明，计量、公平与法之三者间的内在理路，法本为计量之要素，此为计量法学院立院之据也。

计量法学院立院于今二十年，理论法学、宪法行政法学、民商法学、经济法学、刑事法学、诉讼法学、国际法学等基础学科齐备，计量法学、质量法学、标准化法学、知识产权等学科特色鲜明。在“精思国计、细量民生”的校训指引下，法学学科建设和专业建设取得了很大的进步，法学学科进入全国前40%，知识产权专业入选国家一流专业。法学研究成果喜人，实现了入选国家哲学社科成果文库、浙江省哲学社科成果一等奖等零的突破。学院在计量法、标准化法、质量法、知识产权等特色领域的法学研究，成绩突出，获批了国家知识产权培训基地、国家计量法治研究基地、浙江省新型高校智库质量发展法治保障研究中心、国家标委与浙江省市场监管局共建中国计量大学标准化法治研究中心等国家级、省部级平台，参与了计量法的修订、标准化法实施条例的修订等国家与地方立法，为我国的计量法治、质量法治和标准化法治等国家质量基础设施的法律保障体系建设与数字经济法治建设作出了重要的理论贡献。

法学学术，小幅为论文，大幅为专著，计量法学教师积淀深厚，笔耕不辍，每年皆有多部专著行世。所涉学科既有刑事法、民商法、行政法等传统基础学科，亦有知识产权、质量法等特色领域的研究成果，现设立统一文库，将计量法学教师将来要出版的著作统一装帧出版，形式上可以达系统集成之效，形成体系化之系列成果，以展计量法律教师之风采。将来收入的作品所涉学科领域虽有不同，但既为计量法律人之著作，整体上将这一文库命名为“计量法学文库”，应无可疑也。

学术志业,功在千秋。期待《计量法学文库》能够产生一大批高质量的、计量辨识度的学术精品,以飨读者,以利生民。

陈永强　谨识

2021 年 11 月 27 日

序

在我国农业农村现代化发展进程中，乡村振兴、城乡共同繁荣的目标离不开强而有力的法治保障。农业保险法律制度的探究，承载着几十年来学者、业者对农业保险这一国家重要支农手段如何优化发展的实践、摸索和期望。农业稳定发展、农业产业增长、农民增产增收，是推动现代农业发展和乡村全面振兴的必要保障。我国十四五规划纲要中明确提出，“加强农业农村发展要素保障”，“健全农业支持保护制度……健全农村金融服务体系，完善金融支农激励机制，扩大农村资产抵押担保融资范围，发展农业保险”，为农业发展进一步指明了方向，也凸显金融支农、农业保险机制发展的重要性。

农业是关系国计民生的基础产业，是国民经济的基础，保持农业稳定持续发展，实现农业现代化，是打赢脱贫攻坚战、实现乡村振兴战略目标和全面建成小康社会的必然要求，是我们国家在各种风险挑战中保持战略定力、筑牢国家安全屏障的底气和基石所在。自改革开放以来，我国农业生产技术以及农村基础设施建设获得了较大发展，但是，“靠天吃饭”的产业特点使得农业的高风险性并没有获得根本上的改变，尤其是在农业、农产品贸易国际化程度加大的客观形势下，在重大自然灾害、突发流行性疫病、国际农产品市场价格波动等风险面前，农业的稳定和发展，仍需国家给予充分的支持和保护。在一系列保护农业、支持农业的举措中，财政转移支付、农业补贴等政府直接支持手段逐步优化，并开始向政策性保险、农村金融普惠服务等更具技术性、激励性、可持续性的风险管理措施和金融保障手段转换。政府直接补贴向间接保护的转变及交叉，是风险社会治理理论指导下全球农业政策支持演变的必要路径，从“黄箱”政策转变为“绿箱”政策；直接补贴与间接的风险管理举措交叉运用，可以改变政府过度干预导致产业发展缺乏活力和市场孱弱的状况，全面、科学的风险保障机制会构成稳定发展农业的新手段、新体系。

农业保险兼具风险治理、社会保障、农业金融的特点，包含着中央财政转移支付的重要内容，又将粮食安全纳入保险保障范围，是种粮、养殖农户风险分散机制的必要构成。如何科学地界定农业保险，如何正确地推行农业保险制度，如何在制度施行中使财政投入产生高效益，以及如何量度农业保险在农村金融体系中的价值和地位，对农业保险的规范完善、农业经济的高质量发展，有着重要的理论意义和实践价值。我国农业保险已施行多年，实践中收效卓著，但仍存在地区保障水平不平衡、农业保险投保比例偏低、保险理赔不规范等问题。分析这些问题，梳理农业保险制度与农业经济、农村发展之间的关系，研究政府在农业保险中的行为边界，就财政补贴的科学比例、保险监管的合理尺度提供建议，是这些年有关农业保险理论研究的比较有价值的论题。

本书以政策性农业保险为研究对象，将法经济学方法论运用于法律制度的构建和完善，提供了农业保险及相关制度研究的一种新思路、新工具。在学科上，法经济学是20世纪50年代在美国兴起的一门法学与经济学交叉的社会科学学科，其特点在于运用经济学的基本理论与分析工具来研究法学理论与法律制度问题。在方法论上，法经济学为我国法律体系构建和法治实践提供了较为科学的分析思路和基本理论，法律成本收益理论、法律市场理论、法律供求理论、法律均衡理论等相关原理可以对包括财产法、侵权法、经济法、诉讼法等各类实体法、程序法的逻辑架构及立法进步提供有效的经济分析。法经济学理论及相关方法论的应用，实现了法学与经济学的交叉互鉴，突破了制度发展研究的桎梏。本书将政策性农业保险的制度架构置于法经济学方法论逻辑框架下，是确保论证思路科学性和论证结论可延展性、可复制性的一种考虑，事实上，本书的逻辑架构也基本遵从了法经济学的一般理论框架，把农业保险法律关系的各个要素作了完整的梳理，并就制度各个组件按照法经济学方法论进行了科学的论证，以提出制度的合理化建议，结论上可以基本形成可复制可推广的一般经验。这是笔者在方法论上的一个应用性创新，有助于推进政策性农业保险研究成果在实践中的应用推广，促进我国农业保险及相关制度的发展。

本书的内容分为六章。

第一章主要运用法律供求理论界分农业保险、政策性农业保险两个概念，为全书就政策性农业保险这一关键词的论证定下基调。从中可以看出本书笔者写作功底扎实，对理论的把握比较到位。“政策性农业保险”与“农业保险”之间存在概念的差异，在立法上如何区分概念、如何在此基础上设计并规范规则的施行，在实践中影响到农业保险执行效益。笔者牢牢把握这一论证主题核心，准确确定逻辑框架、主旨凸显。

第二章主要采用法律博弈分析理论，解构政策性农业保险法律关系三要素，尤其是主体要素。在本书中，笔者对政策性农业保险法律关系主体范围进行了拓展，突破了传统农业保险政府、保险人、农户三方主体的界定，认为“多元化”主体博弈存在于政策性农业保险中，这种多元化博弈的范围延伸至农业信贷机构、农业互助合作组织、农业风险保障基金等关联主体，凸显出在一般保险分散风险功能之外，政策性农业保险在风险管理、风险保障、金融支农等方面的综合功能。这一拓展性思维开拓了理论上对政策性农业保险法律适用规则的设计思路，为本书有关农业保险监管对象、范畴及方法等问题的论证奠定了理论基础，这在制度架构上是十分必要的；毕竟，在制度学上，法律的规范对象是立法工作的主要参考值。主体多元化以及对应的规范化建议是本书在论证政策性农业保险制度时的一个重要创新，为农业保险制度发展研究开拓了新的思路和视角，这是本书的一项主要贡献。

第三章和第四章主要运用法律市场理论、成本收益理论对政策性农业保险经营模式和农业保险补贴机制进行论证。这两个主题常常出现在农业保险相关研究中，本书对此的论证有两个特点和创新。一是突出实证分析方法的运用。笔者对国内外政策性农业保险各经营模式进行了较为全面的梳理，以数据为论据，对近几年来代表性保险公司成本收益类数据进行比较分析，计算成本与收益比例，对模式进行优劣选择，提出农业保险经营模式需遵循的基本原则。作者对历史分析、比较分析、实证分析方法的运用十分娴熟，实证分析在经济学、管理学应用为多，笔者以经济数据用于法学实证，结论的度量更为准确。二是在补贴和经营模式的论证上，笔者提出了一项创新观点，即在制度的价值目标上，除了法律普适性的公平价值论外，把施行效率作为选择标准，在符合本国政治、经济、文化特征基础上，讲求实效，不拘泥于传统财政支出的均衡、平等思想，以实现农业保险效能最大化为制度改革的目标。

第五章主要运用理性选择和法律激励分析理论，论证政策性农业保险在农村金融系统、农村风险管理以及社会保障体系中的位置以及与各相关制度之间的关系，据此论断“如何让政策性农业保险发挥最大效能”这一关键性问题。这部分衍生于第二章的主体要素，拓展性的思路又以实务中“农业保险 + X（证券、期货、信贷、基金、互助合作救济等）”试点业务互联模式为实证，集中评价了政策性农业保险在国家农业经济、农业金融、农村社会保障机制中的作用，梳理了如何发挥其作用的初步思路。在结论上有可进一步完善的空间，本书采用的该研究思路具有创新性，可以为我国政策性农业保险的顶层设计、制度发展提供理论支撑。

第六章主要运用法律供求理论，剖析现有立法适用中存在的效益低下、区域差异大等缺陷，试图从立法上对政策性农业保险制度进行理性重构。理想的结论肯定是提出政策性农业保险立法的完整框架，本书初步架构了立法原则、立法核心、监管立法等的基本思路，以规则的科学设计、高效施行为立法目标，符合法律供给理论的逻辑。建议作者未来可以深入探究该项立法的整体架构，提出立法建议，以完成本书在制度研究上的理论价值，促进成果转化，将农业保险理论研究推向更高的层次，推动我国农业保险高质量发展，提高我国农业经济发展水平，为实现国家治理体系和治理能力现代化献计献策。

本书笔者专业功底深厚，对政策性农业保险的法经济学论证全面、科学，思路严谨，逻辑严密；同时，全书文字朴实，对专业理论的剖析细致入微，娓娓道来，让人读来流畅易懂。本书适合农业保险相关研究人员、从业人员参考学习，也适合推广至农业经济、农业金融、农村社会保障专业研究人员、从业人员作为参考研究书籍使用。

郑少华*

2021 年 11 月 29 日

* 教授，博士生导师，上海政法学院副院长。

前　言

农业保险有商业保险和政策性保险之分,前者在我国尝试过二十三个年头之久,但收效不高。正视了农业保险的特质和商业性运作的弱点后,政策性农业保险成了农业保险制度的历史性选择。从起始阶段由中国人民保险公司专营农业保险,到目前多家商业性保险公司在政府扶持下经营农业保险;过去多年的试点试验,为“政策性”要素介入农业保险积累了丰富的经验。农业保险改革强调发挥商业性保险机构的市场优势和竞争优势,又借助政府引导、监管等手段,确保政策性农业保险按照国家风险管理和扶持农业经济发展的方向行进。目前,《农业保险条例》(2016 年修订)是我国适用政策性农业保险的主要法律依据,该条例第 3 条第 1 款规定“国家支持发展多种形式的农业保险,健全政策性农业保险制度”。政策性农业保险制度的体系化构建尚属一个开放式命题。

政策性农业保险作为促进农业经济发展和保障农村社会稳定而使用的经济工具和政策手段之一,具有落实中央强农惠农富农政策、防范化解农业生产风险、稳定农民收入、实践国家粮食安全战略和完善农村社会保障体系等重要功能。将之纳入独立的制度构建范畴,目的是通过立法化引导政策性农业保险规范性、持续性发展,充分实现其经济和社会效益。本书将研究结论落脚在制度供给的效益,符合法经济学方法论的基本观点和思路:法律的供给要满足市场的需求。政策性农业保险的表征是将政策性要素通过不同方式和途径在农业保险中加以落实,充分发挥商业性保险机构的积极性,降低政府在解决农业风险管理中的财政压力。当然,这并不意味着政府角色的游离,相反,政府主要以事先引导、事后监管的模式介入其中,不主动干预保险契约关系成为改革的主要方向之一,这也符合国家治理体系和治理能力现代化的构建目标。

本书基于法经济学理论和分析逻辑，将保费补贴、经营管理费用补贴、税费优惠等“政策性”要素的落实规则进行全面的设计、构建、统合，形成统一的立法思路和实践，可以满足社会和市场的立法需求，顺应农业现代化、风险治理全球化发展趋势。政策性农业保险制度构建成本要与农险体系产生的经济收益和社会收益相适应，这意味着对农险体系不能作孤立研究。政策性农业保险兼具分散风险和资本操作的双重功能，与农村金融、巨灾保障机制等有着千丝万缕的关系。本书依据理性选择理论，强调制度性激励的作用，建立农业保险与农村金融、农业互助、农村保障机制间的有机关联，增强金融、风控机制的合力。这是实现政策性农业保险制度科学性和可操作性的关键。

政策性农业保险制度由内部利益均衡规则与外部功能协同规则构成，对该体系的论证是本书的主要内容。过去十年里，“政策性”介入农业保险的各项工作试点为本书的研究提供了主要素材，这些素材包括农业互助合作组织、农业风险保障机制等的发展经验累积。立法的构建思路以对这些素材进行法经济学分析为起点，计算成本与收益，衡量公平与效率，梳理政府、保险机构、农业生产经营者、农业保险市场、农业信贷、农业风险保障基金等主体之间的基础性和关联性法律关系。与商业保险关系不同，政策性农业保险法律关系涵盖的主体范围更广，利益关系更为复杂。多元化主体博弈是政策性农业保险增进型效益的缘起，同时，也给经营风险、市场风险、金融系统风险监管提供了更具挑战性的研究专题。此外，政策性农业保险立法还必须考虑不同区域、不同经济水平下法律适用的差异性。依此思路，本书分为导论和正文两部分。导论部分主要涉及本书的研究背景、研究意义、研究现状、研究的基本思路与方法以及研究的主要内容。正文共六章，具体内容简要如下：

第一章是关于法经济学视域下政策性农业保险的界定。主要依据法经济学中的法律供求理论，分析农业保险中商业保险与政策性保险的差异，以界定政策性农业保险的法学及经济学概念，并依据其法律属性，为下文主体、客体、内容的论证作铺垫，奠定制度架构的立论基础。

第二章是关于政策性农业保险法律关系主体的利益博弈研究。运用法律的博弈分析，解构政策性农业保险法律关系多元化主体类型和主体间不同的关系内核，以形成各主体之间有机协同为目的。政策性农业保险法律关系主体应当突破传统意义上政府、保险商、农业生产经营者的范围，农业信贷机构、农业互助合作组织、农业风险保障基金等关联主体对框定政策性农业保险主体制度的基本原则和具体规则也有着十分重要的意义。基于法律主体博弈分析，制度构建应遵循效率与公平兼顾的原则，强调透明度和信息公开，以实现个体及集体效用最大化。

第三章是关于政策性农业保险经营模式的理性选择研究。基于对国内外政策性农业保险各经营模式的总结，剖析法律市场理论、成本—收益理论对模式选择的本源性意义，揭示在政治、经济、社会、文化背景差异下确定农业保险经营模式需遵循的基本原则和具体制度。政策性农业保险经营制度应当遵循公平、效率价值论，制度的理性选择涵盖经营主体、经营条款、责任追究以及监管途径等综合内容。对国内外较为成熟的政策性农业保险经营组织形式进行科学而详尽的揣摩，是制度具体落实的重要参考，但这并不意味着可以照搬照抄。无论是激励机制还是经营模式的科学安排，都应以我国农业经济和农业保险发展现状为客观依据，以服务“三农”为根本宗旨。

第四章是关于农业保险补贴制度的成本—收益分析。以回顾及评判国内外农险补贴适用历史和绩效为起点，在实证基础上，依据法律的博弈分析和成本—收益理论，分析农业保险补贴的立法要点和执行标准。政府与市场、公权力与私权利之间基于补贴“介入”产生彼此交互、渗透的关系，要发挥政府与市场的合力，应改革农业保险补贴制度，实现农业保险效能最大化。本章研究最终落脚于政策性补贴在农业保险中的规则架构。补贴的经济价值和法律意义是规则设计的理论前提；补贴品种、补贴类型、补贴区域、补贴比例的确定和规范是规则设计的核心；对骗取补贴、滥用补贴等违法行为进行责任的追究是提高规则执行力的保障。

第五章是关于政策性农业保险制度激励机制研究。本章基于理性选择和法律激励分析理论，分析政策性农业保险的正面和负面激励要素，形成农村金融系统与风险管理系统对农业保险业务关联的价值性论证。具体以“农业保险 + X”的业务互联或风险共担模式为研究对象，旨在探究信贷、证券、灾害救济补偿等机制究竟可以在多大程度上、以怎样的方式形成对政策性农业保险的积极推动作用。农村金融体系、灾害救济系统等关联性机制，会对政策性农业保险的施行产生积极的外部激励。立法应当为各关联要素提供扩展式适用规则，以增强农业金融服务可获性、推进农村配套基础设施建设、保障农业经济稳健发展。

第六章是关于政策性农业保险制度理性重构的基本框架。本章主要根据法律供求理论,分析现有立法适用中存在的效益低下、区域差异大等缺陷,对政策性农业保险的规范化进行理性重构。在立法上,政策性农业保险制度应以规则的科学、高效为目标,该目标的实现基于立法原则、立法核心、监管立法和关联机制立法等内容的科学架构和准确施行,这也符合法律供给理论的逻辑。

从制度学和立法学意义上,对政策性农业保险制度框架的完整建议以形成立法草案为最佳,但是本书最后落脚为理论架构,在立法条文的设计和编撰上尚留余地。未来政策性农业保险立法的推进,会是历史的必然。如何进行全面的设计、构建、统合,形成统一的立法思路和实践,满足社会和市场的需求,是未来优化设计的主要方向。在下一步的研究中,希望能依托立法部门和保险公司对立法条文进行设计、斟酌、成稿,逐步改进政策性农业保险制度,在顺应我国农业现代化、风险治理全球化发展趋势中逐步深入完善,使之成为国家治理体系和治理能力现代化目标管理的重要组成部分。

目 录
Contents

导　　论

一、选题背景和研究意义

我国现有制度对政策性农业保险的设计尚处于初级阶段,立法位阶、具体条文等均无法与目前农业风险管理和农村社会保障机制的建设需求相匹配。以现有立法为基础,研究政策性要素在农业保险中的作用机理及落实规则,创新制度,提高立法普适性和适用效率,形成对政策性农业保险的有效规范、充分引导和切实保障,是形势发展之必须。本书基于法经济学理论,借法律的市场分析、博弈分析、激励分析等方法,以现有立法试点、执法实践及最新研究为基础,为政策性要素的落实提供科学依据,以实现农业保险制度效益最大化为基本目标,界定法律属性,梳理法律关系,全面建构我国政策性农业保险制度,形成立法的完整思路,实现制度的普适性,促进立法进步。

(一)理论意义与学术价值

我国是农业大国,也是世界上遭受自然灾害最为严重的国家之一;政策性农业保险对贯彻落实中央强农惠农富农政策,防范化解农业生产风险、稳定农民收入,落实国家粮食安全战略和完善农村社会保障体系有着重要的意义。但是,目前关于政策性农业保险立法及相关理论研究都存在较大的局限性,本书的研究旨在突破现有研究的桎梏,为政策性农业保险立法提供新的思路,在理论上实现以下价值:

第一,为优化政策性农业保险宏观环境提供有价值的理论支撑。2004 年以来,连续多年的中央一号文件、党的十七大报告和十七届三中、五中全会决议以及数次中央农村工作会议,都对农业保险提出了具体要求。《农业保险条例》以法律的形式明确了农业保险的发展原则、支持政策、经营规范和监管要求等,为农业保险规范健康发展奠定了法律基础。从整体上看,我国政策性农业保险确实处于不断发展完善的过程中，但是与机制设计的初衷相比，目前取得的成效显然不足以达到其本应有的社会和经济效益。本书以拉近理想与现实之间的距离为目的，从多个方面反思现有制度中存在的问题，并解析其根源，逐一研究化解之道，以期优化机制发展所需的整体宏观环境，促使政策性农业保险的作用能够真正凸显，服务经济社会的能力得以切实增强。

第二，充实农业保险研究，为立法发展提供更为坚实的论证依据。从现有的研究成果看，国内外学者对农业保险、政策性农业保险、灾害救助、巨灾保险等领域的研究已经形成了许多卓有见地的结论，比如对农业保险补贴的实施、对巨灾风险证券化的试点、对农村互助组织自力救济的机制探索等，这些研究在撰写本书过程中都是不可或缺的重要素材。但是，大部分学者将政策性农业保险作为一个独立的机制，孤立起来进行研究，没有将其融入我国农村社会整体经济、文化、社会环境中进行考量和分析。只着眼于该事物中的某一个环节或者某一种关系，容易形成以偏概全的研究结论，不利于形成切实可行的对策。本书的写作以发挥机制效能最大化为己任，提出立论的基本点——政策性农业保险立法的构建，要立足农村经济发展的全局，调动农村金融整体体系运行；同时，各政策性要素作用的发挥不能舍本逐末，应当在“成本—收益”结构内作合理布局。

第三，形成系统性立法的基础框架，助力政策性农业保险的法制化发展。将经济学的分析结论作为政策性农业保险立法的供给依据，基本的论点就是，依据资源效用最大化原则进行合理的权利(力)配置。本书以法经济学理论作为探寻我国政策性农业保险系统性立法思路的基本方法。在具体研究中，本书立足于我国目前立法和政策调整的最新趋势，以各地农业保险试点的先进经验为实证依据，充分借鉴欧美及亚洲主要农业国家保险保障制度模式，分析我国现行制度施行中存在诸多问题的理论根源，运用成本—收益分析、市场和供给分析、博弈与激励分析等方法，从法律关系界定、经营模式选择、补贴制度完善、激励机制规范等各个层面为我国政策性农业保险制度的健全提供科学的论证构架，并最终形成系统性的可行建议。

（二）对策意义与实践价值

从我国政策性农业保险施行现状看，起步晚、底子薄的特点使之与发展现代农业和满足广大农民日益增长的保险需求相比，还存在有许多不足之处。此外，我国农村经济发展不均衡、农业基础信息管理制度薄弱、农村金融服务可获性不足、保险经营环境优劣不等、农村相关基础配套设施欠缺、互助及灾害救助类保障制度供给不充分等因素共同导致了我国农业保险效能缺失。本书研究旨在从根本上改变这种状况，剖析机制内、外存在的缺陷，转换视角，从更为宏观、全面和系统的层面，为农业保险、各关联机制及相互之间的规律性联系提供最为可靠的运作规则。所以，从实践的视角出发，本书立足于客观现状，寻求以科学理论分析现状背后的深层次原因，最终形成系统化的立法建议；而本书研究结论的落实，也有助于形成市场合规律化发展所需的制度环境。在此层面上，本书的研究具有十分重要的对策意义和现实价值。

为实现本书写作的对策意义和实践价值，研究将包括以下几个方面：

第一，全面系统地对我国政策性农业保险制度的实施情况进行评价，把握我国农业保险立法施行的现状，通过实证，解析在施行过程中凸显的各种问题和现实矛盾，深入揭示政策性农业保险效能发挥的障碍，为制度改革提供实证基础。

第二，解构法经济学理论和研究方法，对经济社会进步与现行制度不足之间的供求矛盾、制度创新中的法律成本与社会收益之间的量度、关联性机制及权责配置下法律激励因素的作用模式等进行充分解读，形成政策性农业保险立法的经济学分析框架，为其理性重构奠定坚实的理论基础。

第三，依法经济学方法论逻辑，首先，对政策性农业保险作法经济学意义上的重新界定；其次，梳理法律关系主体、权利义务内容、客体等要素，以确定制度供给的主要对象和基础方案；再次，以效益最大化为目标，分析主体之间可能的利益冲突和博弈，为资源配置划定边界；又次，为确保立法发展符合成本—收益理论，对现有制度进行多方实证，结合国内外实践经验和研究成果，增加制度供给的合理性、科学性；最后，确立以完善农业灾害风险分散机制、提高农村社会保障力度、促进农业经济可持续发展为核心的综合目标，实现制度创新，提高制度效率。

第四，通过对美、日、法以及部分亚洲国家政策性农业保险施行情况的深入研究，总结我国上海、浙江、黑龙江、吉林、四川等地具有代表性的试点经验，形成我国政策性农业保险实施路径，并尝试以系统立法形式，形成系统性、普适性的经验，克服现有机制下地方发展不平衡、制度效率低下、公平价值屡受责难等矛盾，将农业保险中的政策扶助以立法形式加以固化，推进立法适用的科学性，并以政策性要素为介质和约束手段，完善保险行业监管，促进行业规范化发展。

第五，以法经济学的制度激励分析为起点，对与政策性农业保险制度密切相关的农村基础设施与配套制度、农业与农村经济金融征信管理体系、农村普惠式金融服务供给以及保险经营风险监督管理机制，进行全面系统的统一论证。这是本书研究的一个新视角，目的是保证政策性农业保险立法的科学性和系统性。本书依据法律供求分析，探索新型农村发展背景下，实现农业经济可持续发展所必要的制度供给，并借成本—收益理论，对其开展理性重构。

二、国内外研究现状

（一）关于法经济学理论与方法的研究

1. 关于法经济学的分析理论

李省龙认为，法经济学本身只是一定的分析范式具体应用的理论形式与结果，即把握世界的理论框架和整理现象的方式体系，为人类社会法律制度现象提供了经济分析的最基本理论框架。[1] 张文显、于宁指出，将法经济学分析范式运用于各种法律制度的创新与优化中，其研究方法包括且不限于需求与供给、成本与效益、均衡分析等理论。运用法经济学基本分析方法，并不一定以追求法律的实质公平为目标，在对公平价值的理解和界分上，形式公正更符合经济学意义上的价值追求；程序公正、完全竞争下的机会平等，对现代经济社会权利配置、交易成本降低具有更为重要的指导意义。[2] 冯玉军指出，法经济学为法律主体进行理性选择提供了最基本的权衡方法，效益最大化原则指导下，法律主体的行为选择将更为理性，制度施行效益也更为凸显。[3] 董雪兵、朱慧认为，法经济学的实证研究可以为法律科学研究提供一个思想实验的场景，在各微观领域的制度研究中展现出重要的理论意义和检验意义。[4] 廖建求从法律

---

〔1〕 参见李省龙：《论法经济学分析范式的一般结构——作为一种研究方式的考察和理解》，载《法学家》2008 年第 2 期。

〔2〕 参见张文显、于宁：《当代中国法哲学研究范式的转换——从阶级斗争范式到权利本位范式》，载《中国法学》2001 年第 1 期。

〔3〕 参见冯玉军：《法经济学范式》，清华大学出版社 2009 年版，第 35 页。

〔4〕 参见董雪兵、朱慧：《基于理性、效率与制度的法经济学研究——第八届中国法经济学论坛综述》，载《经济研究》2011 年第 1 期。

责任模型构建的角度,分析经济损失与经济收益对人们行为的影响,并指出,要使纯粹经济损失的责任达到最优状态,必须对正责任和负责任进行准确量度,将两者分离是处理纯粹经济损失案例的基本方法。[1] 这在一定程度上拓宽了法经济学的规范和实证分析思路。同样是以法律责任为研究对象,刘平针对知识产权领域关于停止侵害民事责任的规定,认为现行法律规定如果过于刚性,其适用可能产生有悖于法经济学原理,甚至有悖于公共利益的结果。[2] 这是对制度收益进行实证研究的又一范例。总而言之,对制度进行法经济学分析,其目的是揭示法律的本质,促进法律的优化。正如徐兴祥、魏建所认为的,对法律的理解不能仅局限于法律本身,而应该看到法律不过是社会生活的秩序化。因而,研究法律就是要反映出社会经济关系等赋予法律的规定性,揭示出法律"面纱"后面的东西,找出合规律性的要素,将其优化,以更好地服务于社会。[3] 本书将法经济学这样一种合社会规律、合经济发展规律的理论用于政策性农业保险的实证研究,目的就是为保障研究结论的科学性和可行性。

2. 关于法经济学分析理论的运用

法经济学包含的一系列基本假设、范畴定理和研究方法,为社会法律现象、人们行为选择、法律制度构建在宏观、中观和微观各层次上的研究提供了基础理论模型。冯玉军认为,理性行为假设、效用最大化假设、偏好多样性假设、有限理性假设、法律稀缺性假设、不完全信息假设等构成了法经济学的理论假定系统,是人们行为选择的信号和制度变革的参照系,各理论的应用会延展出法经济学多种分析方法。[4] 朱景文称,将多学科的科学方法联合,进行法律理论的相互碰撞和交叉融合,分析静态的制度,并对动态的法制建设与法制过程开展本源性研究,可以最终求得对现实问题的具有充分说服力的诠释。[5] 法经济学显然实现了这一追求。按照冯玉军的论证思路,成本—效益、法律市场、法律

---

〔1〕 参见廖建求、姜孝贤:《法律责任模型之法经济学分析》,载《西北大学学报(哲学社会科学版)》2010 年第 6 期。

〔2〕 参见刘平:《知识产权的重叠保护与侵权责任》,载《政法论坛》2010 年第 3 期。

〔3〕 参见徐兴祥:《合同法原则的法经济学分析——以合同法律制度变迁为视角》,吉林大学 2007 年博士学位论文;魏建:《法经济学分析范式的演变及其方向瞻望》,载《学术月刊》2006 年第 7 期。

〔4〕 参见冯玉军:《法经济学范式研究及其理论阐释》,载《法制与社会发展》2004 年第 1 期。

〔5〕 参见朱景文:《比较法社会学的框架和方法:法制化、本土化和全球化》,中国人民大学出版社 2001 年版。

供求、法律均衡和法律博弈分析等系列理论为具体法律制度的创新提供了基本论证依据。[1] 陈若英从征地制度与信息公开之间的逻辑联系分析资源配置不合理的根源，认为信息不公开或者公开程度低导致交易成本过高，影响了行为选择和制度成效。[2] 史晋川、吴晓露立足于产品责任的讨论，将成本—效益理论作为对制度进行法经济学分析的基本范畴，认为信息不对称会影响交易成本。[3] 何东霞指出，与强调法律的公平正义性不同，法经济学强调经济效率与节约交易成本，若转换视角，依据成本—效益理论去看待和处理行为选择和制度改革问题，会得出完全不同的结论。[4] 本书基于法经济学，分析架构政策性农业保险制度，正是将制度价值框定在合经济学规律的思路上，落实制度执行力以发挥其真实效用。

（二）关于政策性农业保险发展及规范化的国内外研究

1. 关于国外政策性农业保险发展现状研究

美国是最早开展政策性农业保险的国家，积累了丰富的制度经验，其相关立法已经成为研究政策性农业保险的经典。陈风介绍称，美国农业保险立法有三大里程碑性事件：一是 1938 年颁布《联邦农作物保险法》，开启联邦政府开展农作物保险的历史；二是 1980 年对《联邦农作物保险法》进行重大修改，对农作物保险实行补贴，放开开展农作物保险业务的地区范围和承保范围，私营保险公司与代理人可销售农作物保单并提供服务；三是 1994 年颁布《联邦农作物保险改革法》，该法为排除农业灾害救济计划对农作物保险的影响，取消了政府救济计划，把所有农作物生产者都纳入农作物保险计划，将原有非强制性的农险调整为准强制性农险，未投保不能获得享受政府灾害援助的资格。美国政策性农业保险制度对其他国家和地区产生了较强的辐射作用。[5] 缪文森称，20 世

〔1〕 参见冯玉军：《法经济学范式》，清华大学出版社 2009 年版。

〔2〕 参见陈若英：《信息公开——强制征地制度的第三维度》，载《中外法学》2011 年第 2 期。

〔3〕 参见史晋川、吴晓露：《产品责任制度建立的经济学分析——对"三菱帕杰罗事件"的思考》，载《经济研究》2002 年第 4 期。

〔4〕 参见何东霞、易顺：《政府支出与私人消费的关系研究——基于跨国数据（1983 - 2008 年）的面板协整分析》，载《产经评论》2011 年第 5 期。

〔5〕 参见陈风：《政策性农业保险基本法律问题研究——以法治逻辑与规范进路为中心》，武汉大学 2012 年博士学位论文，第 79 页。

纪末21 世纪初,欧盟就开始学习美国,实施农业保险计划;[1] 史密斯 · D. R 等学者都预言,美国的农作物保险计划将成为其他国家学习的经典模式。[2] 加拿大关于政策性农业保险的探索和实践,突破了农业保险本身的框架。庹国柱介绍称,20 世纪 90 年代初,加拿大在农作物保险基础上发展"收入稳定计划""农户总收益保险计划",基本上解决了农产品市场价格风险问题,使农民的生产性收入有了真正的安全保障,在世界上属于首创。美国的"农作物收入保险计划"也是在加拿大此项制度的启发下设计的。[3]

不同于美、加等农业大国,日本农地稀少,人口众多,但其农业经济技术和农产品商品化水平却十分之高,这与日本较为先进的农业保障和激励机制不无关联。王根芳介绍称,日本目前的农业保险制度建立在 1947 年《农业灾害补偿法》基础上,于 1952 年成立"农业相互救济基金会",1966 年修改家畜保险制度以减轻政府财政负担,2003 年修正案扩大了农作物保险承保方式和农户选择范围,整体上,日本农业保险经历了从国营到非营利互助机构主力经营的过程。[4] 刘从军等曾比较研究日本农业保险的经营模式,发现日本对事关国家粮食安全及民生的重要农产品实行强制保险,要求凡是生产数量达到规定标准的农作物必须参加保险,其他作物和饲养动物则实行自愿投保。这种强制与自愿相结合的方式,是确保农业生产安全性和持续性的有效手段。在强制性保险模式下,政府的作用不可忽视,而问题的关键在于政府可以在哪些方面发挥作用、如何发挥作用。[5] 冯文丽称,政府在日本农业保险体系中承担着重要角色,不仅补贴农业保险项目的亏损,而且以补贴形式直接承担农民大部分保险费。[6] 王根芳认为,亚洲很多发展中国家的农业保险实践模式与日本模式十分相似,都属

[1] See Meuwissen, M. P. M. *Insurance as a Risk Management Tool for European Agriculture*, Ph D. Thesis, Wageningen University, 2000, p. 56 – 61.

[2] See Smith, D. R., *The Public/Private Risk Management Partnership*, 23 Agricultural Outlook Forum467 (2001).

[3] 参见庹国柱、王国军:《中国农业保险与农村社会保障制度研究》,首都经济贸易大学出版社 2002 年版,第 140 页。

[4] 参见王根芳、陶建平:《农业保险、自然垄断与保险补贴福利》,载《中南财经政法大学学报》2012 年第 4 期。

[5] 参见刘从军、马丽华、宋雅楠:《日本农业保险模式及其在中国的实现条件》,载《日本问题研究》2006 年第 1 期。

[6] 参见冯文丽:《我国农业保险市场失灵与制度供给》,载《金融研究》2004 年第 4 期。

于政府扶持型，只是日本偏重互助机构的力量，注重政府与民间互助机构的合作，菲律宾、印度、泰国、孟加拉国等国家则偏重单纯依赖政府的重点扶持。这是由各国的经济实力和政治文化所决定的。如菲律宾，其农作物保险公司由政府设立，其职能不仅限于农业保险经营，还包括风险评估、制订农业保险计划及补贴标准、对农业保险基金进行管理、协调部门间关系等。在菲律宾，参加农业保险计划的农户分为贷款农户和自筹资金农户两类；参加贷款的农民自动参加农作物保险，没有使用银行贷款的农户自筹资金、自愿投保。考虑到农户对农业保险的支付能力，菲律宾政府对两类参保农户均提供保险补贴。[1] 这些间接的实证素材是本书写作重要的借鉴。

2. 关于国外政策性农业保险的综合性理论研究与评价

综合而言，对国外政策性农业保险的研究主要集中在以下几个领域：其一，是关于政策性农业保险的正当性以及政府在其中的角色与作用。根据农业的弱质性理论，商业性保险公司往往不愿承保农业保险，而农业的基础性地位决定了政府必须大力扶持农业，于是政策性农业保险的正当性和需求性就日渐凸显。巴德基俐和 S. 达文波特认为，私营的农作物保险市场之所以无法形成，主要原因在于作物产量损失与农业生产者经济投入之间是趋向于正相关的，正因如此，保险人在空间上分散风险十分困难，需要再保险及其他必要机制的支持。[2] 艾珀基于前人研究的成果，论证了政策性农业保险的准公共物品属性，认为私人企业无法承担农作物保险的成本是政府介入农作物保险的基本原因。[3] 其二，是关于政策性农业保险的合理性边界及其法律保障。米勒，T. A. 和 A. S. 沃尔特认为政府的灾害救济计划鼓励了道德风险，其禁止种植条款能够刺激纯粹为获得补贴而在贫瘠土地上进行生产的行为产生。[4] 阿赫桑 S.

---

〔1〕 参见王根芳：《基于主体利益博弈分析的农业保险补贴研究》，华中农业大学 2013 年博士学位论文，第 67～78 页。

〔2〕 See Bardlsey & S. Davenport, *The Economics of Insuring Crops Against Drought*, 28Aust. J. agr. Econ1 (1984).

〔3〕 See Appel D. R. B. Lord & S. Harrington, *The Agricultural Research: Extension and Education Reform Act of* 1998, in Milliman and Rovertson: Section 535 Crop Insurance Study, Wolters Kluwer Law & Business press, 1999, p. 23.

〔4〕 See Miller, T. A. & A. S. Walter, *Options for Improving Government Programs that Cover Crop Losses Caused by Natural Hazards.* 654USDA Economic Research Service14 (1977).

M. 和 N. J. 卡林认为,私营农作物保险公司的失败,根源在于农业保险经营组织的道德风险和逆向选择不能避免。[1] 对此,古德温建议对农业保险合同进行优化和创新,如规定减赔条款、共保条款以及其他风险分担机制。[2] 欧米宾 - 夏和卡伦 D. 罗格认为,政府在巨灾中的补贴不适当,是引发道德风险频发的主要原因,而解决该问题的主要途径,除了要在技术上加强灾害"预知—披露"系统的建设,还需要加大灾害救济基础设施建设,提供灾后救济的持续性补给,将保险中的财政性投入一部分分散至实体设施建设,降低道德风险发生概率。[3] 其三,是关于政策性农业保险的具体制度设计及其价值评判。其中,农业保险补贴一直是国内外学者在研究政策性农业保险时非常关注的一个命题。波特 J. M. 认为,过高的政府补贴会助长农民对政府的依赖性,削弱国民的刚毅品质。但在实务中,政府对政策性农业保险的高补贴受到了农民的热烈欢迎。[4] 加德纳 B. L. 和 R. A. 克雷默认为,政府的补贴可以在无形中降低农民保费缴纳比例,能为农作物提供强大的物质保障。提高农作物保险参与率是取消灾害救济的关键,所以,以激励农户参保为目的的农业保险补贴成为各国农业保险制度中不可或缺的一个要素。[5] 赖特 B. D. 和 J. A. 休伊特引述时任美国农业部部长的伯格兰的话称,受到保护的农民必须达到一定比例,而要达到预定的参与率目标水平,既需要一项精心设计的计划,又需要停止开展其他与该计划相竞争的保护计划。[6] 补贴显然是在市场之外的一种保护设计,同时也是多年来

---

〔1〕 See Ahsan S. M. , A. A. G. Ali & N. J. Kurian, *Toward A Theory of Agricultural Insurance*, 64Am. J. Agr. Econ520(1982).

〔2〕 See Goodwin B. K. , *An Empirical Analysis of the Demand for Multiple – Peril Crop Insurance*, 75Am. J. Agr. Econ. 425(1993).

〔3〕 See Omri Ben – Shahar & Kyle D. Logue, *Under the Weather: Government Insurance and the Regulation of Climate Risks*, Coase – Sandor Institute for Law and Economics Working Paper, Vol. 714:2, p. 15 –49(2015).

〔4〕 See Porter J. M. Drought, *A Short History*, in U. S. Department of Agriculture Economics Research Service Staff Report, No. AGES881020, 1988, p. 197 –203.

〔5〕 See Gardner B. L & R. A. Kramer, *Experience with Crop Insurance Programs in the United States*, In P. Hazell, C. Pomerada & A. Valdez, Crop Insurance for Agricultural Development: Issues and Experience, Johns Hopkins University Press, 1986, p. 89.

〔6〕 See Wright B. D. & J. A. Hewitt, *All – Risk Crop Insurance: Lessons From Theory and Experience*, in D. L. Hueth and W. H. Furton, Economics of Agricultural Crop Insurance: Theory and Evidence, Kluwer Academic Publishers, 1994, p. 103.

国外政策性农业保险制度研究中的重点。

3. 关于国内政策性农业保险发展现状与综合理论的研究

2015 年中国保监会[1]办公厅"新国十条 300 问"简单总结了我国农业保险的发展历程:1950 年开办,20 世纪 50 年代至 80 年代业务停办,20 世纪 80 年代保险业复业后开始在部分地区试办种植业和养殖业保险。由于没有政策支持,主要通过商业模式开办,农民缴费能力较低和保险公司亏损严重之间的矛盾无法解决,20 世纪 90 年代起农业保险进入萎缩徘徊阶段。2003 年,第十六届三中全会首次提出"探索建立政策性农业保险制度",[2]之后每年的中央一号文件都对农业保险作出部署,将政策性农业保险上升为国家战略,并推进新一轮试点。2007 年,政府开始对农业保险给予财政、税收等支持政策,农业保险进入快速发展时期。2012 年,《农业保险条例》第一次以行政法规的形式明确了农业保险的发展原则、支持政策、经营规范和监管要求,为农业保险规范健康发展奠定了法律基础,标志着其发展进入法制化新阶段。该历程同时是我国政策性农业保险理论研究的繁荣发展时期。其间,经济学、管理学、法学等各学界迸发了许多卓有见地的学术见解,诸多有价值的经济论证、立法建议等对农业保险制度的推动作用不可忽视。庹国柱、王国军以加拿大等国农业保险实践和制度发展为借鉴,首次将农业保险放诸农村社会保障机制的整体体系中加以论证,尝试对农村风险管理、城乡一体化发展等问题协同处理,为政策性农业保险研究奠定了较为恢宏的基调。[3] 之后,庹国柱、冯文丽、贾万军、张玉智进一步分析论证农业保险的属性,认为其作为准公共产品具有正外部性,要达到帕雷托

---

〔1〕 2018 年 3 月第十三届全国人大一次会议决议通过国务院机构改革方案,将银监会和保监会的职责整合,设立中国银保监会,作为国务院直属事业单位。2018 年 4 月 8 日银保监会正式挂牌,银监会和保监会成为历史。本书在对我国政策性农业保险及相关制度做分析论证时,机构改革之前保监会的系列作为仍是重要的依据和素材,不可忽略。为避免混淆,下文在对 2018 年前保监会、银监会的多项资料进行引用,分析时,按年份标示合并前后名称的差别,除特别说明外,2018 年前称"保监会""银监会",2018 年后称"银保监会"。

〔2〕 参见第十六届三中全会 2003 年 10 月《中共中央关于完善社会主义市场经济体制若干问题的决定》。

〔3〕 参见庹国柱、王国军:《中国农业保险与农村社会保障制度研究》,首都经济贸易大学出版社 2002 年版,第 137 页。

最优，需由政府直接经营或给予参保户补贴。[1] 郭颂平、张伟、罗向明认为，农业保险具有排他性，其社会效益较高但经济效益较低，只有符合一定条件的农户才能参加保险。[2] 李柃燕、胡德胜提出，农业保险具有商品和非商品性，由于一般农户保险支付能力低，政府部门应该给予政策性补贴。[3] 庹国柱、赵乐、朱俊生等认为，农业保险出险率高，赔付额度大，商业保险公司调高保险费率，致使农户对农业保险缺乏兴趣，适当政策倾斜有利于激发农户对农业保险的需求。[4] 诸观点将论证的焦点集中在国家对农业保险的财政支持上，并以补贴为核心。安化研究院集中研究了 2013 年种植业、畜牧业、渔业以及森林保险发展的状况，以各种保险数据呈现不同险种下政府补贴的地区、比例以及成效，并以甘肃、广西、江西等地农业保险试点情况为例证，说明政策性补贴等要素在农业保险支持机制中的作用和障碍。[5] 这些样本和专家论证，是政策性农业保险立法研究中需要关注的问题，也是本书研究的部分依托。

4. 关于国内政策性农业保险研究成果的列述与评议

从目前国内学术界对政策性农业保险的研究来看，成果多集中在经济学、管理学领域，法学领域的研究相对较为薄弱。以中国知网为平台进行检索，截至 2018 年 4 月 30 日，国内以“政策性农业保险”为主题词的博士学位论文共有 48 篇，学科专业跨越农业经济管理、政治经济学、管理科学与工程、技术经济及管理、金融学（含保险学）、区域经济学、财政学（含税收学）、环境与资源保护法学、民商法学（含劳动法学、社会保障法学）。其中，法学类博士论文为 4 篇，专业涉及金融法、行政法及行政法制，包括陈风的《政策性农业保险基本法律问题研究——以法治逻辑与规范进路为中心》（武汉大学），王俊凤的《中国政策性

〔1〕 参见庹国柱主编：《中国农业保险发展报告－2011》，中国农业出版社 2011 年版，第 79 页；参见冯文丽等：《农业保险补贴制度供给研究》，中国社会科学出版社 2012 年版，第 124 页；参见贾万军、张玉智：《农业政策性金融支持现代农业发展的对策研究——以吉林省为例》，载《开发研究》2010 年第 5 期。

〔2〕 参见郭颂平、张伟、罗向明：《地区经济差距、财政公平与中国政策性农业保险补贴模式选择》，载《学术研究》2011 年第 6 期。

〔3〕 参见李柃燕、胡胜德：《政策性农业保险需求实证研究——基于黑龙江省的调查分析》，载《学习与探索》2011 年第 4 期。

〔4〕 参见庹国柱、赵乐、朱俊生等：《政策性农业保险巨灾风险管理研究——以北京市为例》，中国财政经济出版社 2010 年版，第 35 页。

〔5〕 参见庹国柱主编：《中国农业保险研究》，中国农业出版社 2014 年版，第 67 页。

农业保险立法问题研究》(东北农业大学),何文强的《理论与制度:我国农业保险法律问题研究》(重庆大学),李卓的《我国强制农业保险法律制度研究》(吉林大学)。从学术著作出版情况来看,专门以政策性农业保险为研究对象的法学类学术专著中,张长利的《政策性农业保险法律问题研究》(中国政法大学出版社)在国内堪称首部,作者围绕农业风险保障权、政策性农业保险经营组织、政策性农业保险活动、政策性农业保险的财税法等问题展开研究,提出并论证了一系列新观点。如果将视角扩展至以"农业保险"为检索词,则论著更多,论证的角度更广,观点也更为丰富。如冯文丽著的《中国农业保险制度变迁研究》(中国金融出版社)对我国农保制度进行了纵深回顾,并对农业保险立法进行了初步设计。郭翔宇等人著的《农村法制建设与政策性农业保险立法》(中国农业出版社)初步探讨了政策性农业保险立法框架。庹国柱、王国军的《中国农业保险与农村社会保障制度研究》(首都经济贸易大学出版社)从保险学视角探讨农业保险问题,对政策性农业保险立法具有一定的启示意义。李军、段志煌的《农业风险管理和政府的作用》(中国金融出版社)立足于中美农业保险交流与考察的成果,从比较法角度介绍域外农业保险发展经验。此外,张跃华的《需求、福利与制度选择——中国农业保险的理论与实证研究》(中国农业出版社),庹国柱等人的《政策性农业保险巨灾风险管理研究——以北京市为例》(中国财政经济出版社),钱振伟等人的《创新政策性农业保险模式及其巨灾风险分散机制研究——基于对云南省实践的调查》(经济科学出版社),黄英君的《中国农业保险发展机制研究:经验借鉴与框架设计》(中国金融出版社)和《机制设计与发展创新——破解中国农业保险困局》(商务印书馆)等论著为我国政策性农业保险立法的研究提供了诸多有价值的实证数据和理论素材。

5. 我国法学界对政策性农业保险研究存在的局限与不足

其局限与不足主要体现为:第一,研究视角单一、视野狭隘。就法学类研究成果看,现有研究多拘泥于政策性农业保险体系本身,未能将视野置于社会整体大背景和我国农村经济发展不平衡的现实之下,比如农村金融体系不健全,农业社会保障机制建构不足,妨碍了农业保险政策性要素的落实。这些宏大背景下存在的诸影响因素常常被学者们所忽视,很多学者落入了传统概念法学的窠臼来探讨政策性农业保险问题,就农业保险而论农业保险,或者就制度而论制度,容易导致研究结论的狭隘、欠缺执行力。第二,研究方法单一。我国法学界目前主要依赖规范分析、比较分析和历史分析的方法，用实证分析方法来探究政策性农业保险的法学成果尚不多见，运用法社会学、法经济学等研究方法的则更少。事实上，由于政策性农业保险涉及农业经济、社会管理、行政法制、金融学、民商法学以及法经济学等多个学科，在众学科交汇场合下以单一视角、用单一研究方法揭示制度机理，容易以偏概全，论证不力。第三，关联性研究欠缺，导致在具体制度设计上浅尝辄止。尽管有《农业保险条例》为指导，但是，我国在政策性农业保险的本土资源挖掘、监管制度的本土化建构、保险基金的筹集、决策与使用、政策性扶助制度的透明度与问责制等问题上仍存在诸多盲点，急需拓展性研究。而在具体制度的设计上，目前，农业保险补贴仅规定并落实于农户投保补贴方面，保险运营费用补贴、税收优惠等措施没有规定或只有原则性条款；服务"三农"的融资信贷优惠、农业保险机构的信贷优惠等立法缺失；商业性农业保险风险隔离制度不足，以金融系统风险控制为目的的混业监管协同性不完备，银行、证券、保险行业监管机构之间尚未形成紧密的监管协调立法。政策性农业保险机制以及与之密切相关的关联性制度研究需要有足够的理论支撑，只有将立法目标、指导原则、施行规则和责任机制有机地结合在一起，不失偏颇，才有可能促进立法发展，发挥立法的最大收益。

（三）关于法经济学理论对农业保险制度构建的效益研究

1. 关于法经济学对一般制度构建效益的研究

制度构建正是立法选择的过程，凌斌认为，法律选择本身要考量成本、代价，以一定的成本关系确定法律的边界，并以"界权成本"的概念纠正科斯经济学关于法律界权的错误理解。[1] 廖志敏也以权利界定为起点，从交易角度探讨科斯思想对理解法律现象的意义，认为从经济角度看法律的功能是界定产权，协助权利通过价格机制进行分配、识别和保护权利交易的结果，当权利的预先界定和交易成本过高时，法院应根据资源不同用途和价值来分配权利。权利再分配的成本决定着责任规则的后果。[2] 廖志敏对"交易成本"这一法经济学基础范畴的诠释，为政策性农业保险法制化提供了一种较为完整的可借鉴思路，

---

〔1〕 参见凌斌：《法律救济的规则选择：财产规则、责任规则与卡梅框架的法律经济学重构》，载《中国法学》2012 年第 6 期。

〔2〕 参见廖志敏：《法律如何界定权利——科斯的启发》，载《社会科学战线》2014 年第 7 期。

即授权与归责、权利的立法界定与权利的再分配具有同等重要的地位，在制度构建中不可顾此失彼。熊秉元以公平与效率、量与质之间的关系为研究内核，探讨奥运规则和法学的关联。[1] 在其结论中，将规则追求的公平与法律追求的正义公平进行比较，其认为，正义以结果论；量与质之间的关系犹如法律中的程序问题和实体问题，形成对制度进行准确评价的度量衡仪器；各种规则的变迁，反映出“规则即工具，概念也是工具”的理念。任何制度如果违背了公平、正义、平等、自由的理念，其价值就会大打折扣。政策性农业保险制度也不例外，所以在确定其基本立法原则和具体施行条款时，不能脱离法经济学意义上的公平和效率标准。落实到制度供给分析上，周煜从行为人的行为选择和决策角度入手，试图修正行为选择模型中的理性含义，认为利他行为的产生并非一定与经济人假设相矛盾，经济人理性的含义中须加入场景的考量，因为不同场景下，经济人的效用判断会有较大差异。[2] 戴治勇通过行为假设，假定国家按照社会福利最大化目标制定和执行法律，并假设法律零成本运行，而事实上法律可能并不完备，国家无法阻止交易者的各种机会主义掠夺。在“潜在利润”丰厚、权力寻租猖獗的情形下，国家因其代理人的履职不当，可能成为最大的财产侵犯者；即便法律制定完备，从制定到执行又需经历若干跨越，设计极为完善的法律也有可能得不到执行，或者执行效果与立法初衷相差甚远。为改变这种状况，将传统经济理论用于制度供给的分析，便成为逻辑的必然。[3] 就法律市场理论的运用而言，熊春泉和聂佳龙认为，国家如何施行法律，需要法律市场理论指导，而法律供给、法律需求与法律生产是该理论的核心内容。[4] 本书作者也曾借法律市场理论和法律供给理论，从法经济学视角对小产权房问题进行效率、供需及激励三个层面的分析，认为要提高法律市场的效率，就要进行成本—收益的分析，降低法律成本，引入竞争机制，并借以构建小产权房流转规则。[5] 诸论述

---

〔1〕 参见熊秉元：《奥运规则与法学研究——初探法学中质与量问题》，载《宏观质量研究》2014 年第 4 期。

〔2〕 参见周煜：《“人格物”是一个伪命题吗？——基于行为法律经济学的分析》，载《法律科学（西北政法大学学报）》2015 年第 2 期。

〔3〕 参见戴治勇：《执法经济学：一个文献综述》，载《管理世界》2008 年第 6 期。

〔4〕 参见熊春泉、聂佳龙：《量刑规范化与法官自由裁量博弈的均衡性分析》，载《中共四川省委省级机关党校学报》2012 年第 2 期。

〔5〕 参见冯张美：《“小产权房”流转问题之法经济学分析》，载《浙江社会科学》2014 年第 7 期。

充分说明,法律的市场分析、供给分析的逻辑论证,可以突破传统法学研究的桎梏。

2. 关于法经济学对政策性农业保险制度落实效益的研究

法经济学方法论可以大致总结为成本—收益分析、博弈分析和激励分析。在政策性农业保险法律关系的梳理上,姜俊臣、乔立娟运用动态博弈理论分析认为,政府必须从全社会利益出发,采用政策性与商业性相结合的方式对农业保险进行支持。[1] 黄亚林将农业保险法律关系主体纳入协同论范畴,以博弈分析方法和效用最大化思想,构建主体利益协同度的测度模型。[2] 在农业保险补贴问题的论证上,王根芳、陶建平从重复博弈的角度,分析农业保险经营时的成本弱增性、农险服务的非竞争性和排他性等特点,认为农业保险服务的有效需求不足和农业保险市场的实践决定了农业保险服务的供给具有自然垄断属性;在各项政策性要素落实过程中,政府对保费进行补贴可以提高农户的农险支付能力,刺激其参保需求,促使社会福利增加。[3] 成本—收益理论是论证制度效用最大化的有力依据,张跃华、施红基于农业保险的外部性,以效用最大化和福利经济学理论论证财政补贴的经济效用,并提出确保保费补贴适度性的必要性,并建议改进对农险经营机构的费用补贴。[4] 邹帆、李倩、区翠婵运用数学规划思想分析了不同情况下政府财政补贴的实施绩效,得出政府补贴的一般形式,并认为,为了促进政府补贴的有效性,给予补贴的同时应该加强监管,防止自然垄断的劣根性伤害到社会福利。[5] 基于同一理论所得出的结论并不一定完全一致,如伦达尔和大卫 F. 认为,政府不应该额外为农业保险提供补贴,提供保费补贴会增加成本,降低社会福利效益;[6]弗朗西斯科 J. 等指出,当承担

---

[1] 参见姜俊臣、乔立娟、杜英娜:《农业保险中主体行为的博弈分析》,载《安徽农业科学》2007 年第 9 期。

[2] 参见黄亚林:《政策性农业保险各主体利益协同研究》,中国金融出版社 2014 年版,第 103 ~ 109 页。

[3] 参见王根芳、陶建平:《农业保险、自然垄断与保险补贴福利》,载《中南财经政法大学学报》2012 年第 4 期。

[4] 参见张跃华、施红:《补贴、福利与政策性农业保险——基于福利经济学的一个深入探讨》,载《浙江大学学报(人文社会科学版)》2007 年第 6 期。

[5] 参见邹帆、李倩、区翠婵:《政策性农业保险主体行为分析》,载《南方金融》2010 年第 11 期。

[6] See Rendahl & David F, *Federal Crop Insurance*: *Friend or Foe* , San Joaquin Agricultural Law Review, Vol. 4, p. 185 – 208 (1994).

部分保费超过总保费额 1/3 时，农业生产者将对农业保险缺乏兴趣。[1] 乍得 G. 马岑认为，政府的保费补贴可使农业和非农业部门均受益；同时，政府在制定农业保险政策时，加大综合性投入，进行“一揽子”建设会比单纯给予保费补贴带来更大社会效益。[2] 斯特芬 N. 约翰逊认为，农业保险在运营过程中管理成本较高，且存在道德风险，政府的介入无益于问题的解决，创新保险工具才是最好方法。[3] 简 P. 等怀疑政府部门是否应该介入农业保险管理与经营，认为美国农业保险模式的管理和经营成果过高，扰乱了正常的市场机制，建议政府和市场混合发展，由政府建立风险基金并提供巨灾援助，由市场承担单一责任风险。以法律供求理论和成本—收益理论为主要依据，所获得的研究成果会落脚在具体制度的设计和效益论证上。[4] 不过，如前所述，很多学者都将视野集中于某一点上，比如就补贴而论补贴，缺乏对制度效能的泛化研究。

3. 关于法律激励分析对政策性农业保险立法架构影响的研究

将法律激励分析单独列出，就其对政策性农业保险制度影响相关的研究成果进行评述，是尝试从更为广域的空间对立法进行研究，能够确保立法体系架构的完整性和具体条款设计的科学性。从宏观视角来看，灾害损失补偿体制、金融服务可获性机制等均为左右政策性农业保险效能的激励因素。其一，关于灾害救助及风险治理机制，钱振伟基于云南地区农业保险实证，认为农业灾害等突发事件损失救济制度须建立在政府、保险公司、投保人共担风险的机制之上，该机制包括但不局限于农业保险本身。[5] 亚历山大认为，日益加剧的竞争市场对农业保险有更高要求，农业保险不能仅局限于冰雹险、旱涝险等传统风

---

〔1〕 See Francisco J. Zagmutt, Stephen H. Sempier & Terril R. Hanson, *Disease Spread Models to Estimate Highly Uncertain Emerging Diseases Losses for Animal Agriculture Insurance Policies: An Application to the U. S. Farm – Raised Catfish Industry*, Risk Analysis, Vol. 33:10, p. 1924 – 3861 (2013).

〔2〕 See Chad G. Marzen, *Crop Insurance Bad Faith: Protection for America's Farmers*, Creighton Law Review, Vol. 46: 4, p. 619 – 652 (2012).

〔3〕 See Steffen N. Johnson, *Regulatory Waste Land: Defining a Justified Federal Role in Crop Insurance*, North Dakota Law Review, Vol. 72:3, p. 505 – 554 (1996).

〔4〕 See Janne P. Karttunen & Risto H. Rautiainen, *Occupational Injury and Disease Incidence and Risk Factors in Finnish Agriculture Based on 5 – Year Insurance Records*, Journal of Agromedicine, Vol. 18:1, J p. 50 – 114 (2013).

〔5〕 参见钱振伟：《农业保险发展理论与实践：基于对云南实践的跟踪调查》，中国金融出版社 2013 年版。

险,应更新险种,囊括突发性公共卫生事件,政府补贴、再保险、分保险等机制是完善农业保险市场的必要方式。[1] 简P.等人依据近五年农业灾害情势及保险实践,指出自然灾害、重大疫病事件均会导致相关产业低迷,在完善灾害保险之外,各经济体还应加强对动物疫病事件的及早防控,提高灾害信息的披露程度,完善灾害救济、技术平台建设、风险管理等体系。[2] 王和与王俊也认同信息平台建设和信息共享机制在灾害风险治理中的重要性,认为农业保险险种应依托巨灾风险认定的广义化,作扩展诠释,从传统种植业扩展至养殖业、渔业、森林乃至更广的范围;并主张借鉴国内外动物疫病管控机制的先进经验,将加强信息共享机制、提高疫病防治管理标准纳入畜禽养殖业和动物疫病风险治理体系,这些机制的建设足以影响农业保险绩效。[3] 无独有偶,薛澜建议借鉴美国公共卫生突发事件应对体系的成功经验,建设我国的危机管理体系,强化相关产业在面临各类突发公共卫生事件时的应对能力。[4] 毋庸置疑,现代风险社会风险日趋复杂,会对农业种植业、养殖业及关联产业经济带来严重冲击,如何在危机之后迅速启动损害补偿机制,对恢复农业经济信心至关重要。疫病防控、危机应急、互助自救等机制与政策性农业保险唇齿相依。克利斯托弗R.凯利认为,自然条件恶化、贸易自由化深入等因素使农业保险价格不断提高,风险上升,政策性保险是规避及分散风险的最佳选择。但即便政府介入,农业保险覆盖率和农户参保率低等问题仍存在,突发事件来临时,农业经济受冲击的情势常常比预估危重;所以,必须发展农业互助组织自救,通过风险管理社会化,降低保险压力和政府负担。[5] 其二,关于金融行业间的业务协同,阿吉特克潘达等认为,农业保险在发展中国家很难推行,由于金融资源匮乏、农民收入水平低,政府要搭建合理的、适合本国的农业保险立法,其内容不能仅以农业保险或

---

〔1〕 See Alexander Sarris, *Weather index insurance for agricultural development: introduction and overview*, Agricultural Economics, Vol. 44:4 - 5, p. 381 - 765(2013).

〔2〕 See Janne P. Karttunen & Risto H. Rautiainen, *Occupational Injury and Disease Incidence and Risk Factors in Finnish Agriculture Based on 5 - Year Insurance Records*, Journal of Agromedicine, Vol. 18:1, J p. 50 - 114(2013).

〔3〕 王和、王俊主编:《中国农业保险巨灾风险管理体系研究》,中国金融出版社2013年版,第122页。

〔4〕 薛澜:《中国应急管理系统的演变》,载《行政管理改革》2010年第8期。

〔5〕 Christopher R. Kelley, *Agricultural Risk Protection Act of 2000: Federal Crop Insurance, the Non - Insured Crop Disaster Assistance Program, and the Domestic Commodity and Other Farm Programs*, Drake Journal of Agricultural Law, Vol. 6:1, p. 141 - 174(2001).

灾害保险为限。与其他金融机制展开业务协同,是减少农业保险经营压力和运营风险的重要手段。[1] 周仲飞认为,“金融包容”抑或“普惠金融”是发展农村金融和农村经济的必要条件。保险与其他金融服务一样,是国家推进“三农”问题解决的必要路径之一。[2] 郭树华为“证券—保险”的业务架构提出了初步构想,建议建立由政府参与的巨灾保险和再保险制度,组建政策性农业保险公司,推动发展巨灾风险证券化。[3] 威廉 H. A. 博姆和迈克尔 G. 弗雷提出建立与世界银行类似的国际性保险机构,负担灾害事件受害人的损失,并在一定程度上补偿政府预防及干预突发事件的部分费用支出,将管理政策性农业保险经营风险的研究路径拓展得更宽,视角拓展得更广。[4] 总之,要发挥制度功效,政策性农业保险立法研究就不能脱离农村金融整体体系,孤立发展不可取。

总结上述研究成果可以看出,国内外学者对法经济学理论运用甚广,但在政策性农业保险领域,法经济学理论及方法论的价值尚未被充分认识并利用;立法研究仍多拘泥于保险补贴规范研究,没有全面考虑关联因素对政策性农业保险的影响,研究视角有局限,缺乏从更为宏观的环境下去考证制度落实的意义。当然,这些研究中存在的诸多不足,却也恰恰为本书从法经济学视角论证我国政策性农业保险统立法思路提供了契机。

三、研究思路与方法

(一)研究思路

为避免分析方法的雷同,防止研究结论陷入先前研究的思维桎梏,本书确定以法经济学为依据,借助法律供给理论、法律市场理论、成本—收益理论和法律博弈分析理论,为政策性农业保险立法研究定下基调。本书按照制度架设的逻辑关系,对立法思路中的每一个核心组成部分进行分别论证,论证过程始终

---

〔1〕 Architesh Panda, Upasna Sharma K. N. Ninan & Anthony Patt, *Adaptive capacity contributing to improved agricultural productivity at the household level: Empirical Findings Highlighting the Importance of Crop Insurance*, Global Environmental Change, Vol. 23:4, p. 782 – 1572(2013).

〔2〕 参见周仲飞:《提高金融包容:一个银行法的视角》,载《法律科学(西北政法大学学报)》2013 年第 1 期。

〔3〕 参见郭树华、蒋冠、王旭:《中国农业保险经营模式的选择研究》,人民出版社 2011 年版。

〔4〕 参见[荷兰]威廉・范博姆、米夏埃尔・富尔:《在私法体系与公法体系之间的赔偿转移》,黄本莲译,中国法制出版社 2012 年版,第 7 ~ 8 页。

注重将思维定位于法经济学方法论范围,最终形成的结论也重在彰显制度的经济和社会效益最大化。在具体立法架构中,首先,以保障农业经济稳定健康和可持续发展、保护农民利益、维护农村稳定、缩小城乡金融和经济发展差距等为基本目标,设计确立普惠、群力、可持续和差异性等立法原则。其次,以“一核心、双结合、四方位”为核心内容,对政策性农业保险的规范化经营和法治化监管提供法律依据,避免因经营不当、监管不力而影响其应有的保障功能,避免农村金融系统风险。再次,将业务监管规则写入立法,确保整体监管框架的科学性、监管规则与政策性要素落实规则的协同性,避免冲突,防止利益争夺下制度目的落空。最后,关于政策性农业保险与信贷等其他农村金融形态之间的法律关系,应当以形成各组成部分之间的相容性、协同性、互助性为目标,充分考虑“普惠金融”理念下各法律主体之间利益的平等保护。

总之,本书旨在通过“发现问题—引用方法论—分析方案—比较经验—提出对策”的思路,对我国政策性农业保险进行准确的经济界定和法律界定,理顺各主体之间的权利义务关系,对具体经营模式和政策性要素落实进行法律分析,对关联性制度的激励功能进行论证。本书论证的过程不脱离对国外经验的借鉴、对国内相关地区试点实践的总结,对策的形成着眼于立法的可操作性和法律体系整体的稳定性。

(二)研究方法

本书以法经济学为视角研究政策性农业保险的立法问题,对法经济学方法理论的全面梳理,是本书准确把握法经济学理论与政策性农业保险法律范畴之间逻辑联系的必要前提。

1. 法经济学基本理论

法经济学作为法学与经济学相融合的产物,以经济学的理论和方法分析法律结构和法律问题,从理性行为人的视角,将法律作为影响和改变行为的诱因和手段,解释行为人调整行为的逻辑起因,预测其调整后的利益格局,进而分析法律的效益,并为之提供优化完善的可靠建议。这种进路,为政策性农业保险提供了行为选择及规则构建的研究路径。细化之,对法律的成本效益理论、供求理论、市场理论、均衡理论等法经济学基本理论进行科学解读,形成政策性农业保险立法架构建议,该建议最可接近或符合经济理性和经济规律。

(1)成本—效益理论

从理性经济人视角,依据成本—效益理论来衡量各利益群体的利益诉求,考察法律的设立、改革、存废过程中的各项成本以及可能获得的成效,成为实现法律制度资源优化配置的必要前提。以"成本—收益"理论为基本方法,对制度进行取舍,进而实现立法的完善,首先需要识别、量化和比较法律制定、法律适用的成本,并将立法及法律适用的收益等也以量化的方式进行计算,从而对具体适用的收益与成本进行比较,以计量和系统分析的方法,对法律决策进行量化衡量,提供有效选择方案的客观标准:收益大于成本时可以作为判断方案可行的标准之一,净收益高的方案其执行性更高。成本—收益理论方法需以数据分析为基础,以研究对象的量化形式为前提,是本书在利用该理论时面临的一个难题。立法、司法、执法和守法的成本及收益在很多情况下并不能完全量化,所以,在以该研究方法研究政策性农业保险立法改革问题时,本书依然注重定性分析,仅将定量分析作为分析的一种手段。

(2)法律供求理论

法律供求理论的核心是法律供给要与社会对法律的有效需求相一致。目前政策性农业保险领域出现的成本偏高、效益低下的"法律失效"现象,显现出有效供给的法律的欠缺;需求压力增大,法律创新成本高昂等因素,又约束了农保制度的及时创新。法律供给理论为政策性农业保险制度的立法完善提供了基本机理,即通过良法资源稀缺性的论证,在以有限资源满足人们需要的同时,激发相关利益群体对现有法律秩序的珍视和维护,并激励其对制度不完善处投入改革和创新。

(3)法律市场理论

法律市场以理性经济人假设为前提,以解决法律资源稀缺性为目的,创新法律,优化权利配置。在农业保险领域,政府、农户、保险商、中介机构等主体比较完整地呈现了错综复杂的市场关系和不同利益团体间冲突、相容、激励、平衡的市场形态。法律市场理论为成本—收益理论、供给—需求理论在政策性农业保险中的应用提供了较为宏观的背景和较为丰富的分析对象,这是保障理论应用准确性的重要条件;该理论同时为政策性农业保险中个人理性与社会理性的调节机制提供基本原理,这正契合立法考量成本与收益,基于理性人假设对市场进行调整和激励,根据守法人对法律的需求和立法者创新立法的成本,构建公平与效率、激励与监管规则的完整过程。

(4)法律均衡理论

法律均衡理论以博弈论为基础方法,以协同为路径,以形成利益均衡形态为追求目标。将其应用于立法,立法者需要考量各法律关系主体及相关参与人的利益以及决策,为各利益集团间的行为协同建立最为合理的相互制约模式,并为之设计规则,这是法律均衡理论的理想目标。政策性农业保险立法的构建,以运用该理论形成两层均衡机制为核心内容:一是内部均衡机制,即农业保险中政府、农户、保险商、中介组织、其他金融业者等多个利益群体间互相制约、互相协同的利益均衡;二是外部均衡机制,即农业保险与农村金融、农村社会保障、农村经济互助体系等子系统之间形成彼此交叉、相辅相成的均衡关系。调整对象之间冲突、博弈、协同的逻辑过程和运作机理,是完成立法体系均衡化架构和完善的基本依据。

2. 法经济学基本方法论

基于成本效益、法律供求、法律市场和法律均衡等法经济学的基本理论,凝练并衍生了基本的方法论,可以作为工具直接用于法学分析和结论的生成、检验,其内容主要包括成本—收益分析法,博弈分析法和激励分析法。

(1)成本—收益分析

成本—效益理论提供了成本收益分析法的生成机理,在本书的写作中,该分析法的运用旨在进行政策性农业保险制度创新成本的测度、衡量,就收益进行模拟、预估及比较,促成最终有效结论的形成。法经济学分析结论可以为制度的创建、修正、完善铺设最合规律性的路径,成本—收益分析法的目的就是为立法者提供计算制度发挥最佳效率的逻辑方法,追求法律调整对象的规律性运作。

(2)法律的博弈分析

在依据成本效益、法律供求及法律市场理论对主体权利(力)进行合理配置的前提下,运用博弈分析方法,为主体间的合规竞争提供最佳策略,实现主体各方福利最大化。政策性农业保险中,政府、保险商、农业生产经营者、农业互助组织、农业信贷机构以及农业保障基金等系统之间攀根错节、彼此影响的关系,需要有一种合规律性的制衡机制,来实现各方利益的平衡和农村整体经济系统运转效益的最大化。这是政策性农业保险立法的核心内容。

（3）法律的激励分析

以法律均衡理论为基础，立足成本效益的分析方法，将政策性农业保险视作一个整体系统，将其中涉及的不同利益集团视作彼此独立又相互关联的各个子系统，对各子系统内部以及关联机制下各主体间经济行为以及对应制度进行协同分析，在内部博弈的基础上，以相互激励为路径，形成外部的正面与负面激励机制的设计。

3. 其他研究方法

在探析政策性农业保险立法问题时，本书将法经济学方法理论作为研究的主要方法，但这并不意味着笔者摒弃了传统研究方法的使用。一般研究方法和法经济学研究方法的结合，是本书梳理研究思路、搭建立法建议框架时的必要路径。在一般研究方法上，本书结合使用了实证分析法、比较研究法、归纳总结法、实践推广法等手段，以促成研究结论的科学性和可行性。

第一，实证分析法。我国江浙沪、黑龙江、吉林、四川等各地政策性农业保险试点实施经验是本书研究的主要实证材料，本书根据这些实证材料，发现政策性农业保险经营中存在的问题，并从立法发展的角度，对其进行法经济学理论上的解析，以研究对策。

第二，比较研究法。本书考察美国、法国、巴西、日本、菲律宾等国各具特色的农业保险模式，评价各模式对我国政策性农业保险制度构建的意义，分析农业保险发展和立法规制所应当具备的各种微宏观条件。

第三，归纳总结法。本书在对国内外政策性农业保险立法及系统理论进行文本分析的基础上，将各种成功经验和失败教训进行归纳总结，提炼出合规范化、合市场规律的政策性农业保险所涉概念和要素，将其整合，形成系统性立法的基本逻辑框架。

第四，实践推广法。政策性农业保险实践处于逐渐深入推进的过程，在该过程中不断出现的新问题，是政策性农业保险立法发展研究需要持续跟踪、梳理、论证的对象，本书将针对这些问题进行总结、分析，提出制度预设架构，以作立法的推广。

四、研究框架和主要内容

政策性农业保险是为促进农业经济发展和保障农村社会稳定而使用的经

济工具和政策手段之一，将其纳入立法范畴，目的是引导该体系规范、持续发展，充分实现其经济和社会效益。法律的供给要满足市场的需求，政策性农业保险的表征是将政策性要素通过不同方式和途径在农业保险中加以落实。基于法经济学理论和分析逻辑，将政策性要素的落实规则进行全面的设计、构建、统合，形成系统性立法的思路和实践，能够满足社会和市场的立法需求，顺应农业现代化、风险治理全球化发展趋势。本书也以之为核心的研究任务。政策性农业保险立法的成本要与农业保险体系产生的经济收益和社会收益相适应，意味着对农业保险体系不能作孤立研究，强调农业保险与农村金融、农业互助、农村保障机制间的有机关联是实现立法科学性和可执行性的关键。因此，政策性农业保险内部均衡规则与外部协同规则体系构成本书研究的主要内容。

全文分为导论和正文两部分。其中，正文共六章。

导论部分主要涉及本书的研究背景和研究意义、研究现状、研究的基本思路及方法和研究的主要内容。

第一章是关于法经济学视域下政策性农业保险的界定。主要依据法经济学中的法律供求理论，界定政策性农业保险的概念和法律属性，为其立法架构奠定立论基础。

第二章是关于政策性农业保险法律关系主体的利益博弈研究。本章运用法律的博弈分析，解构政策性农业保险法律关系主体的类型和主体间不同的关系内核，以形成各主体之间有机协同为目的，框定政策性农业保险主体立法的基本原则和具体规则，遵循效率与公平兼顾的原则，强调制度透明度和信息公开，指导主体利益博弈，实现个体及集体效用最大化。

第三章是关于政策性农业保险经营模式的理性选择研究。本章在解释法律市场理论和成本—收益理论的基础上，分别探究美、日、法等国和我国目前各地试点施行的农业保险经营模式的优劣，并以之为主要实证依据，判定政策性农业保险经营模式理性选择的标准，并对各标准的规范化进行论证和初步预设。

第四章是关于农业保险补贴制度的成本—收益分析。本章首先回顾及评判国内外农险补贴适用历史和绩效，然后在实证基础上，依据法律的博弈分析和成本—收益理论，分析农业保险补贴的立法要点和执行标准。本章研究最终落脚于政策性补贴在农业保险中的规则架构。补贴的经济价值和法律意义是规则设计的理论前提；补贴品种、补贴类型、补贴区域、补贴比例的确定和规范是规则设计的核心；补贴落实过程中，对骗取补贴、滥用补贴等违法行为进行责任的追究是提高规则执行力的保障。

第五章是关于政策性农业保险制度激励机制研究。本章基于法律激励分析，剖析政策性农业保险制度的激励机制，包括一般激励机制和关联性激励机制。本章的重点在于形成对政策性农业保险与农村金融服务互联，与农业灾害救助、补偿机制协同的经验，借鉴美国、菲律宾、巴西等国以及我国安徽、浙江、上海等地的先进模式，架构起农村金融市场、资本市场和灾害救助机制中的制度激励框架，形成“风控—保险—金融”有机关联的立法预设。

第六章主要进行政策性农业保险制度理性重构的基本框架。本章主要根据法律供求理论，分析现有立法适用中存在的效益低下、区域差异大等缺陷，对政策性农业保险的规范化进行理性重构，从明确立法目标、主体基石，到落实监管系统、支撑机制、责任框架，旨在形成科学、有序、高效的系统性立法。

五、创新性尝试

（一）基于法律制度改革视角的分析

以往关于政策性农业保险的研究多基于经济学、政治学、社会学、管理学的视角展开，使对策的预设往往缺乏针对性、操作性和稳定性。本书试着直接从法律的角度，提出政策性农业保险立法框架，从立法目标、指导原则、监管规则以及关联机制四个维度构建起最为稳定的理论模型，为制度供给提供更具逻辑性、层次性、系统性和全面性的结论。

（二）基于法经济学理论展开论证

法经济学为制度改革提供了较为系统的方法论基础，法律供给理论、法律市场理论、法律的成本—收益理论、法律博弈分析理论所形成的分析模型，能够为政策性农业保险的立法界定、法律关系梳理、经营模式重构、政策性要素绩效发挥、监管系统建设以及激励机制建构提供较为成熟的理论基石，是本书据以立论的前提，也是指导本书写作的主线。

（三）对立法发展的创新性结论

本书拟对制度做顶层设计，克服现有立法位阶不高导致政策性农业保险制度适用存在的缺陷。本书的结论突破了就事论事的论述缺陷，将政策性保险放诸农村金融、农业经济发展的宏观环境进行考量，借助法经济学方法论，将经济学方法和法学方法有机结合，确保研究视角的准确性。其研究论点囊括了政府、金融组织、保险商、农户、农村互助组织、农业保障基金、巨灾证券等多元主体，并对相互间的经济协同、法律联系进行了综合探究，在政策性农业保险立法框架之外，对农业灾害补偿机制和现代农业经济风险管理的探讨，都是为确保结论的科学性、系统性、完整性、可操作性和稳定性。

第一章

法经济学视域下政策性农业保险的界定

目前立法尚未对政策性农业保险作明确界定,从法经济学角度,为其划清边界,是对其规范体系进行科学架构的前提。本章主要依据法经济学中的法律供求理论,分析政策性农业保险的产生、发展以及立法推进过程,界定其经济学和法学含义。

第一节　政策性农业保险的一般界定

农业作为基础产业和弱势产业,对国民经济发展有着较大的影响。农业的弱势性主要源于产业中各类风险事故的多发及不可抗性。应对农业生产过程中可能出现的灾害事故,减少事故影响,保障并促进农业发展,必须有成熟健全的风险分散机制。农业保险具有分散农业风险、提高农民收入和保障农业稳定等多重功能,而农业保险的政策性运营已经成为目前世界上多数国家和地区在应对农业灾害风险时的共同选择。相关制度能否及时给予农户及相关权利人以充分的风险分散和损失补偿,拷问着一个国家农保制度"政策性"要素的立法化效益。我国目前尚未有关于政策性农业保险的专门立法,即使是农业保险立法,也尚停留在行政法规的层面,[1] 法律的供给已无法充分适应社会的需求。

---

〔1〕《农业保险条例》属于行政法规,在施行过程中,会面临与上位法(《农业法》《保险法》等法律)的冲突。

制度的创新以经济社会的进步和发展为先导，依法律供求分析，对政策性农业保险进行准确界定，能够对政策性农业保险进行有效引导并决定着规制的整体立法基调与成效。

一、农业保险基础理论

（一）农业保险的一般概念

农业保险，依其字面含义，是以农业作为保障对象的保险。而不同国家以及同一国家不同历史时期，农业所指范围不尽相同。于是，因农业保险保障对象范围及含义的差异，其概念界定发生着相应的变化。

通常，广义上的农业包括农、林、牧、渔各业的生产及其有限延伸，狭义上的农业则指粮食作物、经济作物及其他作物的生产及其有限延伸。相应地，广义上的农业保险包括种植业保险、养殖业保险、牧渔业保险以及从事或者参与农业生产的劳动者及其家属的人身保险，也可以包括农业生产生活资料和其他与农业生产有关的物质的财产保险；狭义上的农业保险则仅包括种植业（农作物）保险和养殖业（动物饲养）保险。[1] 根据各国立法例，农业保险制度较为完善的发达国家一般从广义上界定其概念，[2] 这意味着，农业保险在为农业生产对象提供保险之外，还将农业生产资料、农用机械与设施、农产品加工与销售、农业信贷等活动纳入相关保险范围。[3] 我国 2012 年修正后的《农业法》第 2 条第 1 款规定，“本法所称农业，是指种植业、林业、畜牧业和渔业等产业，包括与其直接相关的产前、产中、产后服务”。[4] 该条对农业采广义界定，若以此为依据，以广义上的包括农林牧渔业及相关延伸性产业为保障对象的保险，其外延也应作广义性覆盖。但是，从《农业保险条例》的规定上看，并未如是。

---

〔1〕 一般认为，种植业保险指以各种粮食作物、经济作物、林木、果实等为对象的保险，分为农作物保险和林木保险两类。养殖业保险指以饲养、繁殖的各种畜禽、水生动物为对象的保险，包括家畜家禽保险、水产养殖保险和其他养殖保险。参见高彦斌：《中国农业保险经营模式研究》，西北农林科技大学 2006 年博士学位论文，第 13 页。

〔2〕 如法国的农业保险不仅涵盖陆地种植物和水中养殖的植物的保险、家禽家畜的保险，还包括农场财产和农民人身保险。参见庹国柱、赵乐、朱俊生等：《政策性农业保险巨灾风险管理研究——以北京市为例》，中国财政经济出版社 2010 年版，第 12 页。

〔3〕 参见庹国柱、李军主编：《农业保险》，中国人民大学出版社 2005 年版，第 35 页。

〔4〕 参见《农业法》（2012 年修正）第 2 条第 2 款规定：本法所称农业生产经营组织，是指农村集体经济组织、农民专业合作经济组织、农业企业和其他从事农业生产经营的组织。

《农业保险条例》第2条第1款规定，"本条例所称农业保险，是指保险机构根据农业保险合同，对被保险人在种植业、林业、畜牧业和渔业生产中因保险标的遭受约定的自然灾害、意外事故、疫病、疾病等保险事故所造成的财产损失，承担赔偿保险金责任的保险活动"，该条例将农业保险基本限定于种植业、养殖业保险。同时，该条例第32条第1款也规定了，"保险机构经营有政策支持的涉农保险，参照适用本条例有关规定"。[1] 在农业保险监管业务中，保监会也将监管范围界定为种植业和养殖业保险，这意味着诸如财产保险、人身意外保险并不属于严格意义上的农业保险保障范围。目前，我国农业生产过程中涉及的劳动者人身意外事故保险、雇主责任保险以及固定生产资料的财产保险，主要以《保险法》及相关法规规章为适用依据。据此，农业保险的保障范围并不涵盖农业生产资料财产保险、农业生产中的雇主责任保险等业务类型，甚至将生产者的生命身体健康类的意外伤害保险也被排除在外。[2] 简言之，农业保险和其保障对象（农业）的概念，在立法界定上并未实现就外延而言的绝对统一。当然，我国农业保险保障范围的局限性并不决然意味着立法保障的缺失和风险分散机制的空白。本书以研究政策性农业保险立法为目的框架，对农业保险概念依狭义层面进行界定。毕竟，提高调整对象的精准度，排除可能的干扰因素，将构成要素具有模棱两可特质的经济关系和事物作暂时回避，可以在一定程度上确保立法设计时的科学性，这并不违背立法研究的普适性要求。因为，当该立法的施行呈现其合规律性并可在相关领域推而广之时，立法当时排斥的诸多干扰因素将更为有效地被纳入规制领域，实现规则适用的普适性。立法的供给从来都不应当致使法律市场呈现完全的"饱和状"，立法的"供大于求"几乎没有在现实社会中出现过，如果真的供大过于求，那么，过多的约束将导致法律的过

---

[1] 《农业保险条例》(2016年修订)第32条第2款：涉农保险是指农业保险以外、为农民在农业生产生活中提供保险保障的保险，包括农房、农机具、渔船等财产保险，涉及农民的生命和身体等方面的短期意外伤害保险。

[2] 庹国柱将政策性农业保险界定为"保险标的对国计民生具有重要战略意义，对农林牧渔民的生产和生活保障具有重要影响，保险风险广泛或巨大，而按照商业经营原则无法由市场提供的农林牧渔产品生产的保险、渔船保险和渔民人身意外伤害保险"。参见庹国柱、赵乐、朱俊生等：《政策性农业保险巨灾风险管理研究——以北京市为例》，中国财政经济出版社2010年版，第16～17页。该界定不同于本论著将政策性农业保险限于种养殖业保险范围进行论证的基调，但是，因其界定的广泛性，对本论著写作具有重要的参考价值。

度干预和经济活动的停滞落后。推及农业保险立法领域,在立法进步要求下,扩大保险保障范围和完善对应业务规则是必然趋势。在现有立法框架基础上,明确保障对象范围,目的是为确保法律规制的精准度,法律的区分标准本身就在于调整对象的差异。研究政策性农业保险立法框架,界定其边界,业务操作规则、监管规范等设计才可以发挥对应成效。因而,本书对农业保险概念采以下界定:合格的保险人与被保险人之间,根据法定的或者约定的农业保险合同条款,由保险人对被保险人在种植业、养殖业、林业、畜牧业、渔业生产中因保险标的遭受法定或约定的自然灾害、意外事故、疫病等保险事故所造成的直接及间接的财产损失,承担法定或者约定的保险金赔偿责任,以弥补被保险人损失、尽快恢复生产的保险活动。

(二)农业保险的法律特点

与一般保险一样,农业保险也是基础性的风险分散机制,虽然农业风险具有一定的特殊性,但同样也是借用多数人互助共济的手段,对危险事故损害进行相应的给付或者补偿,具有降低社会风险,保障社会稳定的特质。[1] 农业保险与一般保险不同的是承保对象,农业保险主要承保的种植业、养殖业等关系国计民生,保险绩效直接和间接影响产业安全、产业者利益乃至国家稳定。正因为承保对象的特殊性和影响力的深远,农业保险的个性也较为明显,[2]法律规制对之也较为关注。

第一,保险标的具有生命性。农业保险以种植业、养殖业及其有限衍生产业为保障对象,实际保险标的及损失的核定上,以庄稼、林木、牲畜等生物为对象。以此为保障对象的保险比较容易受到生物自身的特性约束,呈现和其他财产保险标的不同的特点,尤其体现在标的价值具有最终确定性。[3] 农业保险标的的价值随着生长进程的变化而始终处于变化之中,一直到成熟收获时才能最终确定实际的市场价值;标的特有的生长周期和规律也为以之为标的的农业保险业务提出了承保时间、标的估值、勘察定损等诸多论题。

第二,保险事故勘察及索赔具有较强的时效性。该特质源于保险标的的生

[1] 参见许崇苗:《保险法原理及疑难案例解析》,法律出版社 2011 年版,第 4 ~5 页。

[2] 参见陈风:《政策性农业保险基本法律问题研究——以法治逻辑与规范进路为中心》,武汉大学 2012 年博士学位论文,第 11 页。

[3] 参见刘布春、梅旭荣主编:《农业保险的理论与实践》,科学出版社 2010 年版,第 36 页。

命性。大部分承保的农产品有鲜活、保存期短等特点，台风、暴雨、动物疫病等事故发生时，受损面极大，现场也极易消失，会给保险事故勘察及定损带来极大的难度。在被保险人角度，定损的精确性、客观性和及时性会影响其损失减少程度、生产能力及信心的恢复速度与程度。所以，能否有效掌握勘察及定损时机、能否及时进行索赔，对保险人和被保险人而言都极为敏感。

第三，事故定损的复杂性甚于其他保险。农业保险标的可能会在生长周期的任一阶段遭遇事故损害，又因事故勘察具有时效性约束，在勘察定损时，并不一定能完全客观、准确地掌握事故发生时生长物的即时价值。再有，农作物、农产品种类繁多，生长规律各异，抵御自然灾害和意外事故的能力各不相同，保险事故发生时的受损程度也会有较大差异，现场勘察及定损标准也无法完全统一。对于保险人，如果没有适当机制确保其风险控制在风险池内，在某些易受灾地区，种植业、养殖业的承保积极性会极低；对于被保险人，农产品生长周期中任一阶段发生灾害事故，所造成的损失都有可能是不可逆的风险，能否经保险获得充足补偿是其在投保时着重衡量的要点。因而，定损的准确性将在很大程度上影响保险业务的可持续性。

第四，农业保险中的道德风险具有显著性。农业保险存在标的的生命性、定损的复杂性、主体于保险利益的博弈等各因素，如果不分承保标的类型、不同标的物不同生长周期和生长状况，而采用统一的定损及赔偿标准，缘于经济人趋利的本性，风险事故中投保人或被保险人投机取巧行为发生概率将会趋高，加上农业本身对市场信号反应较为滞后，市场风险增高，农业保险受道德危险影响的情形也会比较显著。[1] 仅仅将保险中的一般道德风险防范手段施行于农业保险之上，在手段、监管力度及成效上，都可能产生差强人意的状况。

第五，农业保险具有地域差异性与季节差异性。因地域、气候、土质等自然条件不同，农作物地区分布差异十分明显。不同地区农业自然环境、生产技术、社会经济条件等存在差异，会对保障机制提出不同的要求。在适用统一保障机理的同时，农业保险还必须能够因地制宜、适应地区差异。此外，农业生产过

---

〔1〕 保险法上通常所称的危险，可以分为“保险危险”和“道德危险”，前者是保险所要消除的危险，后者是法律所绝对不予容忍的危险。后者一般指由保险而引起的幸灾乐祸的心理，即受有保险契约上利益者或被保险者在其内心深处所潜伏期望危险发生或扩大之私愿。

程、农业灾害以及疫病等意外事故的发生具有一定的季节性、规律性，农业保险在承保、展业、防灾减灾、理赔等环节也需要根据这些特点合理确定承保、展业的方式、条件、范围，选择设计适当的险种，制定符合季节性、规律性的合同条款，并根据季节变化开展农业保险业务管理和组织工作。

第六，所承保的风险具有分散性以及广泛的伴生性。农业风险属于典型的系统性风险，不仅影响比较分散，而且容易带来广泛的伴生性。如 2013 年 H7N9 型禽流感事件，不仅导致禽类养殖业受到致命打击，与之关联的服装制品、餐饮等行业也颇受影响。一次自然灾害或者动物疫病事件，足以导致风险影响在整个系统中蔓延，并给整体经济带来极为深远的消极效应。通常保险公司愿意承保的风险是同质且相互独立的，[1]大数法则在农业保险中的适用会因为农业风险的这一特性而困难重重，加上风险的伴生性特质，保险商对农业保险会持一种低认可态度。要改变这种局面，提升农业保险的政治、经济、社会效益，就必须衍生农业保险的政策性运作、再保险、基金建设等必要性研究。

有学者将“政策性”也作为农业保险的特质之一。[2] 事实上，无论是理论研究还是实务运作，农业保险均有商业性与政策性之分，并不仅限于政策性经营形式。根据国内外农业保险经营经验，两种类型的经营模式可以并行不悖。[3] 只是，由于农业保险存在上述六方面的特质，纯商业性农业保险无法获取一般财产保险的收益，在大灾之年，没有充足风险分散机制的保险机构甚至还会因巨额赔付远超其成本及收益积累而面临经营危机。作为理性经济人，一般保险公司会因此抵触农业保险业务甚至退出相关市场。正是因为商业性农业保险存在这种局限性，而农业保险本身又具有不可替代的经济和社会价值，“政策性农业保险”的理论探究与实践试点都着眼于以多种形式和途径落实“政策性”要素在商业性农业保险的介入，并随着试点的渐趋成熟而逐步走入立法创新与改革的视野。

---

〔1〕 参见王根芳：《基于主体利益博弈分析的农业保险补贴研究》，华中农业大学 2013 年博士学位论文，第 22 ~ 24 页。

〔2〕 参见陈风：《政策性农业保险基本法律问题研究——以法治逻辑与规范进路为中心》，武汉大学 2012 年博士学位论文，第 12 页。

〔3〕 See Mishra Pramod K, *Agriculture Risk, Insurance and Income: A Study of the Impact and Design of India's Comprehensive Crop*, in Avebury: Insurance Scheme, Palgrave Macmillan press, 1996, p. 256.

(三)农业保险立法概况

农业保险立法的推进,充分展示了社会对农业保险认识的加深。[1] 应对多种灾害的数年实践之后,农业保险已然成为我国农业支持政策的一项重要内容,并在农业经济金融和国家风险保障机制发展过程中渐趋完善。

1. 我国农业保险及立法历史的展陈[2]

根据农业保险及相关立法在我国的历史演进,可以大致分为萌芽期、突破期、全面发展期、立法摸索期四个主要阶段,分别以 1978 年党的十一届三中全会、2002 年党的十六大和 2012 年《农业保险条例》颁布作为分界点,其演进规律符合中国经济体制变革历史。

(1)萌芽期。新中国成立后至党的十一届三中全会之前,我国农业保险业务及立法处于萌芽期,中国人民保险公司主要负责推进农保试验,其主旨为巩固土地改革成果,促进农业生产恢复。1950 年,中国人民保险公司开始在北京郊区等地试办牲畜、棉花保险;到 1951 年年底,推动多家保险公司共承保 18 万多公顷棉田,1952 年年底增加到 30 多万公顷,1953 年承保的牲畜超过 1440 万头。[3] 1958 年,中央政府财政会议作出了停办国内保险业务的决定,停办国内所有保险业务,致使农业保险停滞长达 20 年之久,直至 1978 年。

(2)突破期。1978 年十一届三中全会专题讨论农业问题,提出了一系列农业发展政策,决定在全国范围试行《中共中央关于加快农业发展若干问题的决定(草案)》和《农村人民公社工作条例(试行草案)》。1980 年保险业复业,1982 年中国人民保险公司恢复试办种植业、养殖业保险,实行政府组织推动、农业生产经营者互助共济、保险公司经办、结余滚存留地方建立风险基金的做法,调动各级政府、行业部门和农业生产经营者的积极性,农业保险不断发展。10 年间,我国形成了河南的农村保险互助会模式、湖南的联合共保模式和云南的行业统保、单独核算模式等各具特色的农业保险运作模式。农业保险经营模式突破了

---

[1] 笔者花了近两个月的时间对近 20 年有关农业保险的法律、法规、规章、规定等进行了全面梳理,深刻体会到,即使目前我国相关立法不尽完善,但农业保险立法探索、修正、发展的步子从未停歇。

[2] 根据中国保监会办公厅《关于将"新'国十条'300 问"纳入行业各类考试题库的通知》(保监厅发〔2015〕29 号)的相关内容所进行的总结。

[3] 参见庹国柱、王国军:《中国农业保险与农村社会保障制度研究》,首都经济贸易大学出版社 2002 年版,第 45 ~ 47 页。

一般保险的商业经营形态，转而由政府主导演化为不以营利为目的的服务型经办形态。1993 年经济体制改革全面开启，中国人民保险公司开始转向商业化经营。商业公司以营利为目标，与服务型农业保险的非营利性开始产生目的性背离。以商业模式开办农业保险，在缺乏政策支持的情况下，农民缴费能力低下和保险公司亏损严重之间的矛盾日益突出。尽管 1993 年《农业法》第 31 条第 1 款规定"国家鼓励和扶持对农业保险事业的发展"，但是缺乏具体的扶持措施，国务院及其附属部门也未就《农业法》该条规定做进一步的细则性或政策性指示。在缺乏立法的有效缓解机制的情况下，服务型农业保险逐渐走入发展困顿期，业务全面萎缩徘徊。

（3）全面发展期。以 2002 年党的十六大为契机，国家出台的一系列扶持和引导举措，为农业保险迎来全面发展提供了机遇。2003 年，十六届三中全会《关于完善社会主义市场经济体制若干问题的决定》提出要"探索建立政策性农业保险制度"，"建立健全货币市场、资本市场、保险市场有机结合、协调发展的机制……防范系统性风险"。在认同政策性农业保险制度价值的同时，国家将农业保险与其他金融行业互联机制的探索纳入了研究范畴，强调要"建立健全银行、证券、保险监管机构之间以及同中央银行、财政部门的协调机制，提高金融监管水平"。[1]《农业法》于 2002 年修订，其第 46 条明确了"国家建立和完善农业保险制度。国家逐步建立和完善政策性农业保险制度"；保监会《建立农业保险制度的初步方案》[2]确定了我国开展农业保险的基本原则、思路和远景目标，并于 2004 年启动农业保险试点，鼓励各地区结合本地实际，采取保险公司自营、保险公司与政府合办等多元化的农业保险方案，并批准设立了上海安信、吉林安华与黑龙江阳光三家专业性农业保险公司。2003 年 6 月，法国安盟保险公司获准在四川设立分公司，成为第一家进驻中国的外资农业保险公司。之后，每年的中央一号文件都对农业保险作出部署。农业保险成为国家战略，新一轮农业保险试点开始推进。2007 年政府开始对农业保险给予财政、税收等支持政策，农业保险进入快速发展时期。2007 年全国人大常委会《关于批准 2006

---

〔1〕 参见 2003 年 10 月 14 日中国共产党第十六届中央委员会第三次全体会议通过的《关于完善社会主义市场经济体制若干问题的决定》原文。

〔2〕 参见陈林、杨新顺主编：《农业保险理论与实务》，陕西人民出版社 2009 年版，第 219 页。

年中央决算的决议》肯定了2006年度农业保险保费补贴工作，“中央财政安排10亿元资金，在江苏等六个省(区)开展种植业政策性农业保险试点工作”。[1] 2007年财政部正式实施中央财政农业保险保费补贴政策，对农户、专业合作社等投保农业保险给予保费补贴，保险责任包括病虫害、风灾、旱灾、雹灾等主要自然灾害。2008年继续“扩大农业保险保费补贴试点范围，增加补贴品种，提高补贴比例”，中央财政安排“三农”投入达到5955.5亿元，比2007年实际增长37.9%。[2] 2010年，保监会联合财政部、原农业部起草了《政策性农业保险条例(草案)》[3]，并提交国务院审议，该草案提出了关于确立政策性保险性质、加大政府财政支持力度、理顺监管和经营体制、规范运作体制等各项建议，但因立法时机未成熟，草案未获通过。[4] 此间，农业保险保费补贴品种(中央财政补贴类)从2007年的5个增加至2012年的15个，类别上基本覆盖了包括水稻、小麦、玉米等关系国计民生和粮食安全的大宗农产品。考虑到农业生产成本的逐渐上升，2012年，财政部提出支持各地提高农业保险保障水平和赔偿额度，覆盖农业生产成本，促进恢复再生产，财政给予对应的保费补贴。2007～2011年，各级财政累计投入保费补贴资金超过490亿元，全国农业保险累计实现保费收入约600亿元，为5.8亿户次投保农户提供风险保障1.78万亿元，并与农村信贷

[1] 参见2007年6月29日全国人大常委会《关于批准2006年中央决算的决议》，该决议中总结了2007年前5个月全国财政收支的主要情况。

[2] 2007年，中央财政继续大力落实财政支农力度，“中央财政用于‘三农’的各项支出4318亿元，增长23%。大幅增加支农补贴规模。继续落实粮食最低收购价政策。实施鼓励生猪、奶业和油料生产发展的财税政策。开展水稻、小麦等重要农作物保险保费补贴试点”。各项数据参见2008年8月29日全国人大常委会《关于批准2007年中央决算的决议》。

[3] 参见钱振伟：《农业保险发展理论与实践：基于对云南实践的跟踪调查》，中国金融出版社2013年版，第68页。

[4] 该草案提出，关于农业保险强制性、扩大农业保险覆盖面等问题，拟在深入研究后在立法中予以明确。财经委员会同意保监会的意见，建议先通过制定《政策性农业保险条例》满足议案的立法要求。参见2010年10月28日全国人民代表大会财政经济委员会《关于第十一届全国人大第三次会议主席团交付审议的代表提出的议案审议结果的报告》。这是我国对政策性农业保险立法最早的完整架构。

等农村金融形态实现了有机结合。[1]

(4)立法摸索期。2012年,国务院颁布《农业保险条例》,首次以立法(行政法规)形式明确农业保险发展原则、政策支持、组织经营规范和监管要求,为农业保险的规范、健康发展奠定了法律基础,标志着农业保险发展进入了法制化新阶段。在绩效上,仅2012年,农业保险保费补贴的推进就带动了农业保险为1.83亿户次农户提供风险保障9006亿元。[2] 2013年至2016年,中央和地方财政预算及执行方案没有单独列支农业保险保费补贴这一项,而是分别将其归为"农林水支出""农业资源补助资金""全国社会保险"等范畴;任一范畴的列支,近4年来基本呈稳步增长趋势,如2014年"农林水支出6474.22亿元,完成预算的99.8%,增长8.4%。其中,中央本级支出539.63亿元,对地方转移支付5934.59亿元。……落实完善对农民的补贴政策,在5个省份开展种粮大户补贴试点"[3];2015年"农业资源及生态保护补助资金232.86亿元,增长16.5%"[4];2016年,"全国社会保险基金收入48,272.53亿元,为预算的102.4%,增长4.1%。其中,保险费收入35,065.86亿元,财政补贴收入11,104.34亿元",并明确"加快现代农业建设。全面推开农业'三项补贴'改革"[5]。

国家对农业保险给予的大力支持,使农业保险实务和制度建设取得了积极成效,促进了农业经济的快速发展。2016年,为了"依法推进简政放权、放管结合、优化服务改革",国务院就取消和调整行政审批项目、价格改革和实施普遍

---

〔1〕 参见中国气象局《对十一届全国人大五次会议第2324号建议的答复》(2012年7月12日发布并实施)。该文件中特别提出:"政府提供一定比例的农业保险保费补贴,主要是为了引导和支持农户参加农业保险,从而更好地利用市场机制保障农户利益,而不是将农业保险作为政策性业务,'政策性农业保险'的提法可能造成'财政兜底'的误解。"该项说明反映了目前立法界对"政策性"认定存在误区。政策性农业保险并不意味着政府通盘承担风险,而是在以市场机制作为主力的前提下,以"政策性"扶助和支持进行干预,将政府调节与市场运作有效结合,不存在互相取代之说。商业性保险与政策性保险之间存在本质差异,不能因农业保险本身的类服务型特质,而将政策性作为农业保险的应然本质来处理。

〔2〕 数据来源于2013年3月17日第十二届全国人民代表大会第一次会议通过的《关于2012年中央和地方预算执行情况与2013年中央和地方预算的决议》。

〔3〕 数据来源于2015年3月15日第十二届全国人民代表大会第三次会议通过的《关于2014年中央和地方预算执行情况与2015年中央和地方预算的决议》。

〔4〕 数据来源于2016年3月16日第十二届全国人民代表大会第四次会议通过的《关于2015年中央和地方预算执行情况与2016年中央和地方预算的决议》。

〔5〕 数据来源于2017年3月15日第十二届全国人民代表大会第五次会议通过的《关于2016年中央和地方预算执行情况与2017年中央和地方预算的决议》。

性降费措施等行政法规进行了修订、清理,降低了农业保险经营机构的入市门槛。[1] 在实质审查方面,取消了2012年《农业保险条例》规定的保险机构经营农业保险业务应当符合有完善的基层服务网络、有专门的农业保险经营部门并配备相应的专业人员、有完善的农业保险内控制度、有稳健的农业再保险和大灾风险安排以及风险应对预案、偿付能力符合保监会相关规定等条件,鼓励保险机构经营农业保险。在程序审查方面,取消了需经主管机关依法批准的程序条件,降低了保险机构经营农业保险的入市成本。入市门槛的降低对扩大农业保险市场有一定的促进作用,但是作为理性经济人,保险机构投身农业保险市场的决定力还是在于盈利的持续性,这一点除了经营方式、管理经验以及市场占有度之外,在很大程度上受政府政策支撑力大小的左右,即政策性要素能否在整体上对农业保险系统产生可持续的经济效应。

2. 我国农业保险立法的法经济学评析

从我国农业保险立法发展的各时期特点分析,经济体制变革是农业保险立法变迁的内在动因,这符合法律供求理论。在法律市场中,立法的供给和需求之间,往往是处于"非均衡—均衡—非均衡—均衡"的循环往复形态。经济活动的层出不穷和经济关系的日渐繁复,是制度产生、调整、蜕变、优化和重生的完整过程。在此过程中,无论是立法者、执法者、司法者还是守法者,都需要逐渐打破观念桎梏,不断更新观念,以促使经济行为、经济立法在"试错"状态下回归理性,最终形成法律市场中的均衡形态,并促使立法、执法、司法、守法行为的合规律性。

农业保险立法供给也不例外。我国农业保险制度历经了"萌芽—试验—论证—发展—实施—评估—落后—淘汰—再次萌芽—试验—论证"的不断循环往复的过程。而且,由于农业保险特有的社会地位和类公共产品(准公共物品)属性,无论是业务实践还是制度试验,政府的主导或推进作用都十分鲜明,公权力主导下制度变迁的强制性也更为突出。结合环境相关性理论,可以得出以下结论:其一,农业保险具有供给和需求的双重正外部性,政府是推动农业保险制度变迁的首要动力。其二,农业保险运行中存在信息不对称、交易不确定性,在不完全市场上易产生巨大的交易费用,对以政府为主导的强制性制度变迁具有刚

[1] 参见2016年2月6日发布并实施的《国务院关于修改部分行政法规的决定》。

性的路径依赖。[1] 在很长的历史时期，缘于这种内质、外因以及传统意识形态和法治文化所形成的刚性依赖，政府的直接支持维系着农业保险的发展，也造成了当政策导向发生重大变化的时候，农业保险制度会骤然进入“瓶颈”、甚至尽数倾没的后果。即使是在突破了观念桎梏、走入规则全面发展期，政府主导下的该项制度也并没有完全按照政府意愿高质高效地发挥其作用。事实上，农业保险法律关系主体和各参与人之间存在多种经济联系和经济利益冲突，不能完全依赖政府的作用加以维系和解决。要避免农业保险发展陷入窠臼，增加规则的有效供给是必要的路径。“有效”供给，意味着制度的创新应当以现实矛盾的化解为逻辑起点，[2] 而不是仅增加数量供给。若多个部门出台多项低位阶立法，相互间权力配置的不平衡和立法间的内在冲突可能多发，这不仅无益于农业保险的有效规制，而且会致使立法供给陷入难以自拔的陷阱，在较长时间徘徊不前。如何实现有效供给？首先要为我国农业保险制度供给创新理论的起点，在政府强制性规则引导前提下，以合市场规律的商业利益引导和互助契约约束为方式，将强制性制度变迁与诱致性制度变迁因素的积极价值有效地结合起来，创新相关制度的变迁路径。这是将政府主导与市场引导具体结合的一种方式，符合“政策性”要素特点：以市场为先导，依靠政府但不完全依赖于政府。除了提供有效规则，政府需具体履行政策扶持和金融监管义务，管理市场，引导制度演进。

二、政策性农业保险的缘起

（一）农业保险的商业性与政策性差异

我国台湾地区学者袁宗慰教授是最早在理论上提出“政策性保险”这一概

〔1〕 路径依赖，是指历史决策和此后形成的博弈结构以及规则自身的逻辑限制了制度的进化，致使特定规则体系的转轨均会遭到利益集团的抵制。关于路径依赖的具体分析，可参见 Klaus Heine & Wolfgang Kerber, *European Corporate Laws: Regulatory Competition and Path Dependence*, European Journal of Law and Economics, Vol. 13, p. 47 - 71 (2002)。转引自陈风：《政策性农业保险基本法律问题研究——以法治逻辑与规范进路为中心》，武汉大学 2012 年博士学位论文，第 58 页。

〔2〕 诺斯指出，制度变迁的路径依赖特征要求制度变迁与创新必须注意创新的逻辑起点，以防止制度被锁定在某种无效率的状态之中。See North D. C, *Institutions, Institutional Change and Economic Performance*, Cambridge University Press, 1994, p. 58 - 69.

念的,[1]其他学者接受了这一概念,并将政策性保险界分为社会政策保险与经济政策保险两大类。[2] 前者,国家为开办主体和主要责任者;后者,商业机构为开办主体和责任者,国家只是根据行业特点给予政策上的特殊保障。仅从该意义上分析,农业保险更偏重于后者;但是,这并不意味着农业保险可以等同于政策性农业保险。2007 年《农业保险统计制度》解释政策性农业保险的概念为"政府给予财政补贴等政策扶持的农业保险",商业性农业保险为"保险公司与农业生产经营者直接签订商业保险合同,以商业盈利为目的的农业保险"。[3] 该解释将是否享有国家行业保护和财政补贴等扶持政策作为区分政策性和商业性农业保险的主要标准。这是农业保险不能作为政策性农业保险代名词的制度依据。实务中,2003 年国家核准法国安盟保险公司开办农业保险,并且对其业务经营不给予政策性补贴,使其保有单纯的商业性质。纯粹的商业性经营模式和政策性经营模式并存的状态,说明在我国现有的立法框架下,政策性与商业性模式在农业保险领域并无决然的对等,当然也无决然的对立。

保障对象的特殊性、保障目的的公共属性、潜在的政策性目标等属性将农业保险区别于一般商业保险,但又不排除(甚至是鼓励)商业保险机构经营农业保险。入市时,商业保险机构会考量业务盈利水平,如果风险分散机制不够健全,会希望依托合适的补偿方式来弥补超过一般保险理赔标准的可能损失。农业保险不能完全按照一般商业保险供求关系规律来应对市场,供求失衡易致使市场失灵。从世界范围来看,商业性农业保险鲜有成功的先例,于是才有政策性要素的渗透和制度化选择。政策性农业保险模式也是历经诸多实践总结后才成为大多数国家和地区的理性选择。改变利益最大化的追求,借税收优惠、

---

〔1〕 参见袁宗慰:《保险学:危险与保险》,首都经济贸易大学出版社 2000 年版,第 34 页。

〔2〕 社会政策保险即社会保险,它是国家为了稳定社会秩序,贯彻社会公平原则而开办的,具有一定的政治意义。经济政策保险是国家从宏观经济利益出发,对某些关系国计民生的行业实施保护政策而开办的保险,包括出口信用保险、存款保险、农业保险等。政策性保险一般只有非营利性、政府提供补贴与免税以及立法保护等特征。参见庹国柱、赵乐、朱俊生等:《政策性农业保险巨灾风险管理研究——以北京市为例》,中国财政经济出版社 2010 年版,第 15 页。

〔3〕 参见 2007 年 11 月 15 日中国保监会关于印发《农业保险统计制度》的通知(保监发〔2007〕111 号)。该份文件还区分了中央和地方政策性农业保险,"接受中央政府财政补贴等政策扶持的农业保险为中央政策性农业保险,仅接受地方政府补贴等政策扶持的农业保险为地方政策性农业保险"。从该通知及相关的统计指标口径规定看,在立法上,农业保险还是应该区分政策性与商业性两种不同的业务类型。

财政补贴等手段干预农业保险，渗透“政策性”特质，使准公共物品和正外部性等特征更为凸显，也更为分明地区分了商业性和政策性农业保险两个范畴。一方面，非营利性是政策性农业保险区别于一般商业性保险的主要特点，国家放开并支持商业机构投入农业保险经营，目的是扩大保险覆盖率，保障农业发展。在制度安排上，为确保政府财政等扶持力度恰当，达到有效扶持农业保险，同时有效避免公地悲剧发生的效果，国家财政资金拨付需进行精密的预决算。另一方面，对财政扶持的依赖是政策性农业保险的表征。“政策性”干预出于国家农业保护的政策目的，在农业保险中以不同的方式呈现扶持、引导、规制等要素特征，同时通过加强行政监管，确保行业运营的可持续性。从重要性上论证，“政策性”只是优化了农业保险功能，并未否定农业保险商业性经营模式的存在。所以，不能因为商业性经营的困顿境况，否定农业保险商业性经营模式的存在及其价值。2016 年《农业保险条例》降低了保险机构经营农业保险的入市门槛，也是国家对商业机构投入政策性农业保险经营的一种激励姿态，而并没有否定一般商业机构经营农业保险的合法性。

（二）农业保险“政策性”的缘起

到目前为止，在农业产业化水平较高的英、美、德等欧美国家和生产力水平与我国相近的印度、马来西亚等若干亚洲国家，农业保险都不是纯商业化运作，政府提供财政补贴或其他优惠措施十分普遍，WTO 也将限度内的政府补贴列为“绿箱”政策，使农业保险成为农产品出口国提高农产品竞争力、扩大出口的主要工具。在完全市场形成之前，商业性和政策性农业保险在一定时期的并存，符合风险保障机制发展演进规律；商业性与政策性的差异也为“政策性”要素介入农业保险提供了合理性解释，毕竟，农业保险的准公共物品属性、农业风险的弱可保性、农业保险的福利效应都影响着“政策性”供给。

第一，准公共物品属性为“政策性”介入提供了理论前提。经济学上，人们需要的物品有私人物品、公共物品、自然垄断物品和共有资源四类。私人物品是指兼具有排他性和竞争性的物品，公共物品是指既无排他性又无竞争性的物品，自然垄断物品是指有排他性但无竞争性的物品，共有资源是指有竞争性但无排他性的物品。[1] 目前学界基本认同，农业保险介于公共物品和私人物品之

---

〔1〕 参见［美］曼昆：《经济学基础》，梁小民、梁砾译，北京大学出版社 2010 年版，第 230 页。

间,是一种准公共物品。[1] 原因在于:其一,农业保险经济效益偏低,但社会效益趋高,具有鲜明的社会性或公益性;同时,投保人只有符合一定的条件才能参保,又使农业保险具有一定的排他性;此两项特点将农业保险排除在了私人物品之外,归属为准公共物品更为恰当。其二,农业保险产品具备公共物品的大部分特征,如农业保险经营须考虑规模经济,在某些间接消费环节中存在非排他性,[2]大部分农业保险产品不具有竞争性,农业保险具有成本或利益上的外在性,[3]农业保险产品长期利益具有不可计算性等。[4] 其三,在直接消费上,农业保险基于个别保险契约而产生利益约束,具有排他性,呈现私人物品的部分特征。因此,农业保险产品既不是典型的公共物品,也不是完全意义上的私人物品,而是介于私人物品和公共物品之间,表征上更趋近于公共物品。农业保险的准公共物品属性为“政策性”介入提供了较为充分的理论依据,在自主经营的基础上,国家为最大化其社会效益和正外部性,可以为农业保险提供财政支持和风险分散机制保障。

第二,农业风险的弱可保性为“政策性”介入提供了必要论据。风险的存在

---

〔1〕 所谓准公共物品是指那些“不纯粹的”公共物品,即不能同时满足“纯粹的”公共物品所同时具有的“消费非竞争性”和“受益非排他性”的公共物品。参见王传纶、高培勇:《当代西方财政经济理论》,商务印书馆1995年版,第57页。

〔2〕 从购买农业保险获得保障利益的直接意义上看,农业保险的消费是排他的,不购买这种保险就不可能获得发生灾害损失后的经济补偿。参保主体的局限性成为农业保险呈现排他性的主要缘由。但是,有效的农业保险可以使农民生产成本降低、生产规模扩大、农产品价格下降,这使农户在消费农业保险的过程中产生了利益外溢,即农业保险的一部分利益可以由农户以外的全社会成员享有。农业保险呈现非排他性。农业保险中也会出现“搭便车”情形。如保险公司在进行防灾防损时,使没有购买保险的农户也得到了实际的好处,呈现非排他性。参见黄英君:《影响中国农业保险发展效应的实证分析》,载《华南农业大学学报(社会科学版)》2011年第3期。

〔3〕 “外在性”,即“正外部性”,其在农业保险的成本、利益、消费、生产、保障环节都有体现。成本上的外在性表现为农民购买农业保险的边际私人收益小于边际社会受益,而边际私人成本大于边际社会成本。利益上的外在性表现为保险人提供农业保险的私人边际成本大于社会边际成本,而私人边际收益小于社会边际收益。这是由于农业保险的外部风险高、信息不对称、经营成本高以及技术性强,使自身保险赔付率偏高,易亏损严重,致使私人边际收益极低。而代表社会利益的政府,用很小的代价就可获得农业保险带来的促进国家农业发展的好处,使社会边际收益为正。据此,保险人“生产”农业保险是承担了部分本应由社会承担的成本,边际私人成本高于边际社会成本,但边际私人收益却小于边际社会受益,正外部性由此产生。参见黄英君:《影响中国农业保险发展效应的实证分析》,载《华南农业大学学报(社会科学版)》2011年第3期。

〔4〕 参见庹国柱、王国军:《中国农业保险与农村社会保障制度研究》,首都经济贸易大学出版社2002年版,第89~103页。

是保险构成的必备要件,且为保险人所接受的风险必须为可保风险,即具有不确定性的、有保险必要的纯粹风险。[1] 可保风险的条件包括:大量同质风险存在且满足大数法则;损失发生具有意外性且损失可以确定或测定;保险对象的大多数不能同时遭受损失;保险费必须合理且费率不能过高。对照农业风险,其显然难以完全满足这些条件。农业遭受自然灾害类型众多,风险不同质,且一旦发生巨灾,损失之大难以估量。农业风险的弱可保性成为农业保险经营陷入困境时被指摘的主要理由。以财政资助或其他政策性支持为手段,克服农业风险的弱可保性,避免商业性农业保险陷入困境,可以适当地改变农业保险"供给不足,需求乏力"的现实困境。经营成本过高导致的供给不足和农业保险投保价格过高导致的需求不足,是导致农业保险供求不平衡的直接原因。面对高额保费,农户参保积极性低,低参保率直接导致风险池不足,保险机构无法按照大数原则分散、降低风险,高成本下以提高保费来降低成本,便又形成农业保险运营中的恶性循环——"供给不足,需求乏力"。理论界很多学者认为,正是政府的缺位、政府对农业保险重要性认识的不足以及财政投入的薄弱构成了我国农业保险发展滞后的主要肇因。[2] 近年来,国家对农业保险政策性投入的增加、各地试点经验的不断推广以及立法调研的逐步开展,呈现出国家急于改变这种供求不平衡状态的意愿,"政策性"的立法确认迫在眉睫。

第三,农业保险的福利功效是"政策性"介入的价值兑现。这源自庇古的福利经济学思想,即国民收入总量增加和国民收入均等化是社会福利水平提高的

---

[1] 作为保险对象的风险必须具备不确定性,包括时间上的不确定性、空间上的不确定性和风险所导致的后果的不确定性。参见许崇苗:《保险法原理及疑难案例解析》,法律出版社 2011 年版,第 5 页。影响风险可保性的成本因素一般包括保费附加成本、道德风险和逆向选择。参见[美]Scott E. Harrington, Gregory R. Niehaus:《风险管理与保险》,陈秉正、王珺、周伏平译,清华大学出版社 2005 年版,第 162 ~ 168 页。

[2] 导致这种困境的原因主要表现为:农业保险的外部性与商业运营的趋利性之间的矛盾、商业性农业保险的高成本与农户家庭的低收入之间的矛盾、农业保险的道德风险与法律制度缺失之间的矛盾。参见杜彦坤:《农业政策性保险体系构建的基本思路与模式选择》,载《农业经济问题》2006 年第 1 期。

主要源头。[1] 农业保险的福利功效主要表现在促进农业产业化和优化金融资源配置上。对于前者,农业生产经营者可以借助农业保险这种财务手段转移农业风险。对于后者,国家财政对农业保险的相应补贴可以稳定农户的收入水平,平衡城乡资源配置,增加社会福利,甚至产生一定的收入转移作用,促进国民收入均衡分配。农业保险及相应的政府补贴是发达市场经济国家扶持农业发展通行的、最有效的做法,也是发展中国家保护农业生产、稳定社会经济的重要工具,其支农性收入有助于国民收入的公平合理分配。当前,我国的收入分配差距日益扩大,如何发挥法律尤其是经济法的利益再分配功能成为极其严峻的时代命题。[2] 从这个意义上讲,大力发展农业保险,提高政府的财政扶持力度对于国民收入的公平再分配不无助益。[3]

综上,"政策性"要素介入农业保险有其深刻的经济、社会、法律理由,并且突破了传统农业保险风险管理、风险分散机制的内涵约束,成为借助保险手段进行风险管理、社会管理以及收入再分配的有效路径。政策性农业保险的制度化演进,可以看成是政府对农业产业做出的支持性制度安排,其实质是利用保险的"外壳",注入政府支持农业的政策"内质"。以政策性介入为概念的缘起,不仅有助于界分商业性保险和政策性保险,也有利于更为精准地定位政策性农业保险的价值,作合理的经济、行政和法律安排,发挥其功效,助推农业发展。

---

[1] 1920年庇古《福利经济学》一书的出版标志着福利经济学的创立。其后,利用福利经济学来分析农业保险的经济与法律问题,成为重要的方法论创新。参见张跃华、施红:《补贴、福利与政策性农业保险——基于福利经济学的一个深入探讨》,载《浙江大学学报(人文社会科学版)》2007年第6期;费友海:《我国农业保险发展困境的深层根源——基于福利经济学角度的分析》,载《金融研究》2005年第3期。

[2] 参见漆多俊:《经济法再分配功能与我国收入分配制度改革》,载《中共中央党校学报》2008年第2期。

[3] 基于农业保险的准公共物品属性,政府的再分配政策通过税收杠杆将高收入人群的收入转移一部分到低收入人群,以缓解分配差距过大造成的社会动荡,使全社会经济福利得到改进。农业保险应当在保障农村经济正常运行、明确经济权属的同时,运用税收等经济调控手段合理分配社会资源,完善农村保障体系等方式,多角度、全方位地调节整个经济运行。参见黄英君:《中国农业保险发展机制研究:经验借鉴与框架设计》,中国金融出版社2009年版,第204页;孙香玉、钟甫宁:《福利损失、收入分配与强制保险——不同农业保险参与方式的实证研究》,载《管理世界》2009年第5期。

三、政策性农业保险的界定

国内外对政策性农业保险并未有明确的立法界定。2004 年我国保监会提议"按照建立多层次体系、多渠道支持、多主体经营的农业保险制度框架,充分发挥国家农业产业政策和财政税收政策支持农业保险的作用,探索不同经营主体开展农业保险的经营模式",这大概是到目前为止对政策性农业保险较为完整的官方提法。[1] 保监会的该提议并未将政策性支持作为强制实施农业保险的前提,也未因财政支持而排斥商业保险机构承保农业保险。而且,在强调政策性农业保险的社会效益的同时,国家鼓励商业机构投入农业保险市场,并为其降低入市门槛。显然,要准确界定政策性农业保险,首先要将其与强制性保险、社会性保险的概念相区分。

(一)政策性农业保险与相似概念的界分

1. 政策性保险与强制性保险

观念上,政策性保险很容易被人们错读为强制性保险。该观念误区源于建国初期推行农业保险的立场和手段。在萌芽期,农业保险推行主体和责任者主要是国家,这符合当时种养殖业处于全面恢复发展、亟须保险保障的形势,由国家牵头并负责推进农业保险可以增强农户的信任度。中华人民共和国成立初期的特殊经济环境下,农业保险具有一定程度的强制性,尤其针对事关国计民生的重要农作物,实行强制保险成为保护农业基础地位的不二选择。仅从推行机制上看,人们对这种保险的被动接纳特性较为明显,农业保险具有强制性成为人们较为固化的一种传统观念。发展至今,这种表面上的强制性特征已然弱化,尤其是在以契约自由精神主宰的市场经济体制下,政府行为多以事后、补充性的作为形态出现。随着市场经济体制变革的深入、人们对农业保险认识的加

---

〔1〕 2004 年 3 月 19 日中国保险监督管理委员会《关于印发冯晓增副主席在全国财产保险工作会议上讲话的通知》(保监发〔2004〕16 号)中提出,中国保监会积极推进农业保险的试点工作:对条件较成熟的地区批准筹备设立专业性农业保险公司……鼓励商业保险公司积极开发农业保险产品,开展商业性农业保险业务;鼓励商业保险公司以代办等多种方式开展农业保险业务;鼓励银行或其他组织参与代理农业保险工作。2007 年 11 月 15 日保监会《关于印发〈农业保险统计制度〉的通知》(保监发〔2007〕111 号)将政策性农业保险界定为是"政府给予财政补贴等政策扶持的农业保险",区分了政策性农业保险和农业保险,但是在前者概念的表述上不如保监发〔2004〕16 号的《通知》来得完整。

深以及实践经验的积累，市场的突破发展也催生了配套立法的推进。1993 年《农业法》以基本法的形式确立农业保险自愿投保原则，即农业保险不是一种强制保险，各种针对农业保险的财政手段只是政策性扶持，而不是强制性措施。[1]

强制性保险是指根据国家法律法规，凡在规定范围内的单位或个人，无论愿意与否都必须参加的保险，其特点主要表现为合同订立上的强制性、高度的公益性、非营利性、受公私法共同调整等。[2] 政策性保险是指“在一定时期、一定范围内，国家为促进有关产业的发展，运用政策支持或财政补贴等手段对该领域的风险保险给予保护或扶持的一类特殊形态的保险业务”[3]。两者的共同之处在于，国家对保险契约自由都进行了适度的政策性干预；不同之处在于，政策性保险中国家干预对保险的作用是“有限度”“诱导性”的软性强制，强制保险中则是“直接强制”；后者对主体意志自由的约束是直接、硬性和充分的。所以，在强制的性质、程度上，两者不可相提并论。对于这两种不同属性的保险，立法区别对待的立场也极为鲜明。《农业法》第 46 条已明确将农业保险排除在强制保险之外。就范围而言，根据我国现行《农业法》、《保险法》以及《农业保险条例》，目前在我国实施的强制性保险险种主要包括机动车交通事故责任强制保险、铁路旅客意外伤害强制保险、民用航空器地面第三人责任强制保险等，不包括农业保险。

2. 政策性保险与社会性保险

政策性保险属于经济政策保险，社会性保险则属于社会政策保险。经济政策保险是国家从宏观经济利益出发，对某些关系国计民生的行业实施保护政策而开办的保险，包括出口信用保险、存款保险、农业保险等，分别作为国家鼓励和支持出口贸易、维护和保障金融系统安全、支持和稳定农业与农村经济的经

---

〔1〕 强制保险是指依照国家相关法律规定，投保人必须向保险人投保的保险。强制保险以保障投保人和被保险人利益为主要目的，其“强制性”应体现为对投保人投保的强制，而不包括对保险人承保的强制。参见邹志洪、曹顺明：《论我国强制保险立法的完善》，载《保险研究》2007 年第 9 期。在我国已经实行的强制保险制度中，机动车交通事故责任强制保险既包括对投保人的强制，也包括对保险人的强制保险；道路客运承运人责任强制保险、危险货物运输承运人责任强制保险等仅是对投保人的强制，不包括对保险人的强制。

〔2〕 参见刘布春、梅旭荣主编：《农业保险的理论与实践》，科学出版社 2010 年版，第 37 页。

〔3〕 邹志洪、曹顺明：《论我国强制保险立法的完善》，载《保险研究》2007 年第 9 期。

济、政策工具。[1] 在经济政策保险领域,国家干预是事后的、补充性的。政策性农业保险正是政府基于市场失灵、介入并干预经济的产物,以社会公共利益为本位,追求保障农业生产经营稳定、农产品供给安全、农民生活安定的社会目标,所以在价值取向上呈现非常鲜明的"社会性"面貌。这恰恰是人们容易将政策性保险与社会性保险的概念进行混淆的主要原因。比较来看,社会保险作为社会政策保险的典型,是指国家或政府通过立法形式,采取强制手段对全体公民或劳动者因遭遇年老、疾病、生育、伤残、失业和死亡等社会特定风险而暂时或永久失去劳动能力、失去生活来源或中断劳动收入时,为满足基本生活需要而提供经济保障的一种制度。社会保险是社会保障体系的重要组成部分,属于法定保险。[2] 其"社会性"表现为两个方面:一是普遍性,社会保险依其特定保险对象和保障范围,在全社会范围内实施,并对社会对应所属成员具有普遍保障责任,目的是使范围内所有社会成员都得到保障;二是法定性,社会保险是法定保险,由国家为全民提供社会保障、实现收入再分配。[3] 作为市场配置的补充性手段,政策性农业保险所体现的"社会性"具有后生性、偶发性、暂时性和弱保护性,它的价值会随着市场机制作用的调整与发挥而出现、发展甚至消失。从农业保险发展历史看,随着国家产业扶持力度和方式的变化,政策性手段随其类型、力度、频率以及成效呈高低起伏状。由于财政补贴和税收支持只针对参保者和对应保险商,对象性和排他性使得政策性农业保险的"社会性"实际是闭合式的,以参保为前提的"普及性"显然并不能等同于广义上全覆盖的"社会性"含义。社会保险的"社会性"具有自生性、发展性、可持续性及强制保护性,而且,随着社会和经济的发展,这种"社会性"逐渐得以识别、确权、强化,并随着保障对象及范围的增大,愈见呈现开放、螺旋式上升的特点,并成为衡量一个国家或地区社会保障体系健全与否的重要指标之一。政策性保险的"社会性"显然无法覆盖社会保险这种广义的"社会性"。

---

〔1〕 参见孟龙:《国际视野与中国保险问题》(第1辑),中国财政经济出版社2009年版,第148页。

〔2〕 本概念摘自粟芳、许谨良编著:《保险学》(第2版),清华大学出版社2011年版,第15页。参见林宝清:《保险法原理与案例》,清华大学出版社2006年版,第14页。有关政策性保险、社会保险的概念,笔者认为这两本教材陈述得比较清晰易懂。

〔3〕 参见张荣芳:《社会保险法学》,武汉大学出版社2012年版,第2页。

(二)立法对政策性农业保险的界定

在国内外立法对概念界定欠缺的情形下,现有关于政策性农业保险的规则设计多被视为必要的摸索和尝试,直至形成符合社会、经济发展规律的,完整的权威性文本。就目前我国有关农业保险的法律、法规、规章、行业及团体规定来看,政策性农业保险的设计确实还处于试错阶段,在内容上未形成统一的权威性表述,在效力上多停留在法规、规章、行业性规定等低位阶立法。

2003 年 12 月 31 日,中共中央、国务院发布《关于促进农民增加收入若干政策的意见》提出:"加快建立政策性农业保险制度,选择部分产品和部分地区率先试点,有条件的地方可对参加种养业保险的农户给予一定的保费补贴。"2006 年,保监会、原国务院法制办、财政部、原农业部等部委组织人员成立政策性农业保险条例起草小组,开始农业保险立法工作;2007 年,保监会完成《政策性农业保险条例(草案)》。[1] 2007 年保监会《农业保险统计制度》中"二、农业保险统计指标口径"规定:"政策性农业保险指政府给予财政补贴等政策扶持的农业保险。其中,接受中央政府财政补贴等政策扶持的农业保险为中央政策性农业保险,仅接受地方政府补贴等政策扶持的农业保险为地方政策性农业保险"[2]。2016 年《农业保险条例》对 2012 年《农业保险条例》进行了修订,两个版本始终未将政策性农业保险作为立法的核心,概念上也仅对农业保险作了界定,称其为"保险机构根据农业保险合同,对被保险人在种植业、林业、畜牧业和渔业生产中因保险标的遭受约定的自然灾害、意外事故、疫病、疾病等保险事故所造成的财产损失,承担赔偿保险金责任的保险活动"。从字面上看,该表述没有关于国家财政性干预的词汇,可以将之界定为商业性农业保险。《农业保险条例》第 3 条第 1 款规定的"国家支持发展多种形式的农业保险,健全政策性农业保险制度",进一步明确并认可了农业保险存在政策性、商业性等多种经营模式。尽管《农业保险条例》未就政策性农业保险作明确的概念界定,但第 7 条、

〔1〕 因该草案未进入立法审议阶段,保监会没有公开草案内容,笔者无法通过合法途径找到该草案的文本。

〔2〕 参见 2007 年 11 月 15 日中国保险监督管理委员会《关于印发〈农业保险统计制度〉的通知》(保监发〔2007〕111 号)。从该通知相关统计指标口径规定来看,主管机关将政策性与商业性农业保险区分为两种不同的业务类型。而根据行政区域将政策性农业保险分为中央和地方两个类别,从系统性立法的构建角度看并不科学。

第 9 条、第 19 条等条文分别以财政补贴、税收优惠等规定体现“政策性”要素介入农业保险的路径，并提供了原则性的操作规则。[1] 国务院选择对农业保险进行立法，并主要定位农业保险的适用范围、法律属性，而没有进一步就政策性农业保险进行系统立法，有其对农业保险多模式运作和全方位发展的规范化考虑，也有对政策性农业保险试验不足、立法调研基础尚不扎实的顾虑。仅就立法发展而言，从发展之初的单纯政策引导，到《农业保险条例》将农业保险的政策性经营以法规形式固化，已充分显现了立法的进步及其经济效用的实践，即服务“三农”：保障农民利益、促进农业产业发展、稳定农村经济。政策性农业保险立法的终极目标也不外如是，只需等待时机的成熟。毕竟，《农业法》第 46 条规定的“国家建立和完善农业保险制度。国家逐步建立和完善政策性农业保险制度……”，以基本法律的形式明确了国家将致力于建立和完善政策性农业保险制度，只是该法仅有这样的宣示性条款，在内容上没有就政策性农业保险做进一步的细则设计。

以现行立法来看，我国现行政策性农业保险处于典型的政策繁多而法律稀缺的格局，政策主治带来了法律的空洞化，[2] 过于依赖政策也导致了人们法律意识的淡漠和对政策性农业保险价值的曲解，甚至在立法供给不足的形势下形

---

[1] 2016 年修订的《农业保险条例》第 7 条规定：农民或者农业生产经营组织投保的农业保险标的属于财政给予保险费补贴范围的，由财政部门按照规定给予保险费补贴，具体办法由国务院财政部门商国务院农业、林业主管部门和保险监督管理机构制定。国家鼓励地方人民政府采取由地方财政给予保险费补贴等措施，支持发展农业保险。第 9 条第 1 款规定：保险机构经营农业保险业务依法享受税收优惠。第 19 条规定：保险机构应当公平、合理地拟订农业保险条款和保险费率。属于财政给予保险费补贴的险种的保险条款和保险费率，保险机构应当在充分听取省、自治区、直辖市人民政府财政、农业、林业部门和农民代表意见的基础上拟订。农业保险条款和保险费率应当依法报保险监督管理机构审批或者备案。

[2] 所谓“法律空洞化”是指立法风格简略、粗犷，法律的完整性、周延性、精确性和普适性不足，没有实质内容，可操作性差，从而导致法律的控制力不足，法律仅剩一个空壳甚至连外壳都没有的现象。法律空洞化包含但不限于以下几种情况：(1)宣示性立法，法律中表述的不是“法律规范”，在法和执法过程中没有实质意义，而是某种决心或导向。(2)简略的立法风格，法律的精确性不足，法律规定极为简陋，专门留待行政机关制定政策或实施细则予以细化。(3)法律规范结构不合理，尤其是法律责任及追究机制不足。(4)法律不周延，存在“法外现象”。(5)法律形同虚设，空余一张皮，存在大量的有法不依、执法不严、违法不究现象。(6)该领域虽有法律，但立法中授权条款，授予行政机关制定政策，规定某类或某一事项。(7)该领域没有法律，立法机关另外对行政机关进行立法授权。(8)既没有法律授权，也没有法律。(9)虽有法律，但政策先行或政策优先，在法律未作修改的情况下，先依政策办事，之后在修改法律，对既成事实予以确认。参见邢会强：《政策增长与法律空洞化——以经济法为例的观察》，载《法制与社会发展》2012 年第 3 期。

成了“潜在利润”，导致了“权力寻租”现象的多发，并致使政策效力递减甚至失效。在缺乏立法准确界定和标准化规范的情势下，政策性农业保险立法的研究重点在于如何形成自身的系统性理论、发展出合规律性的规则，改变法律的缺位，实现政策性农业保险统一性立法以及尊重差异前提下的统一适用。这一过程不仅仅是有些学者所提出的将实践中行之有效的政策转换为具体、可操作的法律规范的过程，也不是单纯的政策法律化。理想的状态下，“政策性”要素的介入，将形成对商业性保险保障机制的补充和约束。“政策性”要素介入后，农业保险的社会效益会远高于经济效益，公益性更为突出，排他性更为弱化，准公共物品的属性也更为凸显。所以，立法上统一界定“政策性农业保险”的概念，并不只是为了给出一个一致的、权威性的陈述，更重要的是以立法确保“政策性”要素能充分介入并发挥其作用。所以，在界定概念时要考虑如下内容：首先，要思考究竟有哪些“政策性”要素；其次，要设计“政策性”要素的介入路径；再次，要预估介入的效能和可能产生的偏差；最后，要对介入效能进行评价，对可能产生的偏差进行校正。

且不论与发达国家立法水平上的差距，以我国农业保险实务与农业产业发展形势作为参照系，政策性农业保险的立法理论与制度试验也存在滞后性。现有立法上存在的问题主要集中在：(1)农业保险立法的位阶不高，在与其他高位阶立法发生冲突的时候，有被弃之不用的风险。《农业保险条例》的普适性受到影响，乃至出现立法适用的不均衡状况。从价值最大化角度论证，缺乏适用的统一性是导致制度无法发挥其应有效用的主要原因。一方面，制度本身无法实现其预设价值；另一方面，原本应受制度规范的事物或行为也会无据可依、无所适从。(2)《农业保险条例》的稳定性偏低。立法位阶低是稳定性弱化的内在原因，农业保险业务的不断复杂化和“政策性”要素介入试验的不尽成熟，是促使立法(尤其是条款内容)不断更新调整的主要动机。[1] 朝令夕改是破坏立法

---

〔1〕 现行《农业保险条例》的相关内容就已根据实践逐步调整了。关于准入条件，2012 年《农业保险条例》规定，保险机构经营农业保险业务必须经保监会审批。2015 年 2 月 24 日国务院发布的《关于取消和调整一批行政审批项目等事项的决定》(国发〔2015〕11 号)第 17 项的规定，保险机构经营农业保险业务，调整原先依据《农业保险条例》(国务院令第 629 号)所需的审批手续，在该项决定之后，保险机构经营农业保险业务无须再经保监会审批。2016 年修订《农业保险条例》时吸收了该项规定，删除了 2012 年《农业保险条例》中关于审批的条件，降低了农业保险入市经营门槛。

稳定性和权威性的主要因素。在某种社会现象或者行为渐趋规律性的过程中，始终以低位阶立法作为调整手段，肯定不利于调整对象的规范化和法治化，也不利于实现法律的普适性。要解决这两个方面的问题，首先，要提升政策性农业保险的立法位阶，这也是立法研究的逻辑起点，应选择合理理论为立法的逻辑架构提供最为科学的依据。其次，要对具体条款进行科学的设计和架构，掌握政策性农业保险的内在规律，保证立法的稳定性和发展性，形成对政策性农业保险的有效规范、充分引导和切实保障。再次，即使形成普适性立法的理想形态，在立法适用过程中仍应强调尊重差异性，考虑各地农业发展环境和产业重心不同的需要。最后，要强化立法者的精细化和针对性理念，合理控制政策制定权限，要求执法者、司法者勤勉、忠信、合理地运用自己的判断能力和权力，恰当执法，准确司法，合理控制，将执法、司法权力也纳入可问责的法治轨道中，尤其是要加强对行政机关金融监管职能的法律控制和行为问责。[1]

第二节 政策性农业保险的法经济学释义

以法经济学为研究方法，架构政策性农业保险立法的基本框架，是本书的主要研究思路；对政策性农业保险进行经济学和法学角度的释义，是立法研究的逻辑前提。

一、政策性农业保险经济分析的影响因素

政策性农业保险的缘起是经济、社会、文化等综合因素影响的结果，农业保险经营的多种模式中，“政策性”要素介入的模式能够较好地应对并解决农业保险施行中的多种矛盾，满足经济学意义上的制度合规律性要求，这也使政策性农业保险成为制度优化的首选。

---

〔1〕 在经济法语境下，问责制（Accountability）是一种超越“违法责任”的责任机制，代表着现代社会经济条件下“责任”作为一种系统性的制度结构所具有的整合与调节功能，其要义在于每一个扮演一定角色的社会成员都承担相应的义务和权责，若有违背或落空必当追究，不允许“脱法”。问责制的制度结构由角色担当、说明回应和违法责任组成。参见史际春、冯辉：《“问责制”研究——兼论问责制在中国经济法中的地位》，载《政治与法律》2009 年第 1 期。

(一)农业保险施行中的矛盾凸显

商业性农业保险施行过程中,凸显出包括外部性与商业运营趋利性之间的矛盾、商业性农业保险的高成本与农户家庭的低收入之间的矛盾、农业保险的道德风险与法律制度缺失之间的矛盾等在内的诸多矛盾。这些矛盾是影响农业保险经营绩效的主要原因,[1]是政府干预农业保险的直接动因,也是研究"政策性"要素介入路径的切入点。

1. 农业保险的外部性与商业运营的趋利性之间的矛盾

农业保险的准公共物品属性和正外部性,决定了单一依靠市场机制配置无法对该类保险进行有效的资源调配,甚至会造成保险市场失灵。由政府履行宏观调控和公共管理职责,对农业保险商业性运作给予必要的财政干预,是对商业运营施以正面影响以改变资源滥用或浪费的客观需要。商业化运作下,从业者天生的趋利性和利益最大化的目标追求,与农业保险本身偏低的边际收益之间产生的冲突,会导致保险机构以经济利益的回报程度来选择保险险种,设计有利于其降低成本投入和经营风险的保险产品投入市场,将保险成本及大部分风险转嫁给投保人、被保险人以及农业产业,造成农业保险这一准公共物品的价值无法体现甚至丧失其价值。在一般市场经济理论上,保险机构没有义务主动为政府或社会承担"外部性"带来的高额社会成本和经济损失,只有在国家通过一定方式对其额外成本或损失给予一定补偿的情形下,经营者才愿意在相对对等的情势下为国家分担社会责任,这是"政策性"要素介入的经济缘由。[2]所以,当农业保险的外部性与商业性产生矛盾时,要避免因矛盾激化造成险种消减、市场萎缩等结果的可能发生,"政策性"要素投入的增加、政府干预的适当加强成为势之必然,其直接目的是改变农业保险供给的不足。

2. 农业保险的低补偿性与农业产业的高风险性之间的矛盾

农业是受自然灾害影响较为频繁和严重的产业,产业本身的弱质性加上部

---

[1] 诸矛盾的分析以未介入"政策性"要素的商业性农业保险为对象。参见杜彦坤:《农业政策性保险体系构建的基本思路与模式选择》,载《农业经济问题》2006 年第 1 期。

[2] 所以,有学者简单地给政策性农业保险下定义为"政府给予财政补贴等政策扶持的农业保险",并根据补贴来源的不同认为,"接受中央政府财政补贴等政策扶持的农业保险为中央政策性农业保险,仅接受地方政府补贴等政策扶持的农业保险为地方政策性农业保险"。参见陈风:《政策性农业保险基本法律问题研究——以法治逻辑与规范进路为中心》,武汉大学 2012 年博士学位论文,第 14 ~15 页。

分农村农业生产经营设施粗陋、产业保障条件匮乏，导致自然灾害对农业产业发展造成的消极影响加大，表现为损失巨大且难以修复。出于对分散巨灾损失、保障产业安全的考虑，农业保险在我国各地广泛试点推行。不过，在经营过程中，保险事故频发和损失巨大造成赔付率居高不下、收益率偏低、经营者风险管理水平良莠不齐等因素的存在，使农业保险对农业灾害的补偿很多时候无法和其他商业保险险种达到同等水平。仅从数量上看，在保险"成本—收益"的计量标准下，农业保险损失弥补标准通常会低于被保险人实际损失的整体价值。低补偿率是保险机构考虑经营成本、维系经营能力的必须；对于农业产业从业者，这种低补偿性必然会影响其投保积极性；对于农业产业本身，低补偿标准下农业难以快速恢复生产能力，风险保障力度的薄弱自然直接影响产业发展的持续性；对于保险市场，投保数量的趋低和产业的趋弱会导致市场不断萎缩。在不违背保险经营"成本—收益"均衡规律的前提下，政府以适当的财政投入、政策优惠等方式介入农业保险，目的是改变保险机构的成本结构，降低其风险管理成本，提升农业产业从业者的投保积极性，实现农业产业风险治理，保护产业安全。

3. 农业保险的高成本与农户家庭的低收入之间的矛盾

与一般财产保险承保标的不同，农业保险承保的风险不是同质的独立性风险，[1]但在核算保险费率和条款时，经营者仍参考其他一般保险，以大数定律为基础，而保险风险池大小是影响其费率确定的重要因素。[2] 通常，为降低经营风险，保险机构会通过营销等各种手段提高参保率，增加风险池，提升"可保险性"。一般参保率高的险种普遍保费偏低、保障充足。农业产业具有高风险性、空间的分散性、时间的季节性、事故发生时损失的蔓生性、定损的复杂性，这些

---

[1] 很多学者认为，商业保险机构对农业保险的低认可度和参与度，源于农业风险所具有的不同于一般保险公司所承保风险的特质。通常，保险公司经营农业保险的数理基础是大数法则，其愿意承保的风险是同质并且相互独立的，而农业风险是典型的系统性风险，具有广泛的伴生性，一旦发生，损失严重。因此，农业风险难以满足大数定理的假定，这使得保险公司经营农业保险非常困难，并直接影响了其经营农业保险的积极性。参见王根芳：《基于主体利益博弈分析的农业保险补贴研究》，华中农业大学 2013 年博士学位论文，第 16 ~ 17 页。

[2] 大数定律是利用在大多数情况下损失发生的相对稳定性来分散风险，使总风险损失分散，由每个投保人公平合理地共同分担。参见于洋：《基于保险精算原理的政策性作物保险定价研究》，大连理工大学 2010 年博士学位论文，第 14 页。

特质造成了农业保险具有高成本性，与一般财产保险相比，农业保险从承保、勘验、定损、赔付等整个流程都需要付出更多的人力、物力、财力。高成本下，实现保险业务的正常运营，通常也必须有高费率作为保障。在投保人角度，一般农户保险观念守旧，加上支付能力有限，面对高费率农作物保险，侥幸心理下不参保的概率大大提升。低投保率导致农业保险的有效需求严重缺乏，并直接影响“风险池”水平。为减少低投保率带来的风险池水平不足，保险机构又以提高其保险费率为应对策略。周而复始，形成了一种恶性循环。要打破这种恶性往复，最直接的手段就是为农户的投保行为和保险机构的承保行为部分埋单，解决低支付能力下的投保率低下问题，以及就此对保险风险池带来的负面影响，提高保险机构承保并开发农保产品的积极性，扩大农业保险市场。这是“政策性”要素介入的直接目的，其成效也可以在政策性保险试点试验地区参保率上升的结论中得到佐证。

4. 农业保险的道德风险偏高与风险规制手段不够完善之间的矛盾

道德风险和逆向选择是在保险中普遍存在的、影响保险绩效和风险规制的现象，一般认为其是信息不对称所引起的必然后果，与契约行为人对诚信原则的认识和恪守程度有密切关系。[1] 由于保险标的和风险性质的特殊性，信息不对称现象在农业保险中尤为突出，加上小农意识和文化素质的影响，逆向选择和道德风险问题也更容易出现。逆向选择是指投保人基于自身的信息优势作出的不利于保险人的选择，即在平均风险设定的费率下，低风险者不愿意投保，

---

〔1〕 信息不对称理论中的两个核心问题就是道德风险和逆向选择。信息不对称是指经济主体之间对对方信息掌握程度的数量和质量不一致，即信息在相对应主体之间处于不均匀、不对称的分布状态。以信息不对称及相关理论为核心的信息经济学在保险研究中应用广泛，一般来说，保险市场中的保险人和投保人双方都存在信息不对称情况，投保人对保险标的的熟悉和掌握程度远高于保险人，通常更具有信息优势；保险人所拥有的信息优势则主要体现在其对保险条款的设计和解读上。但是随着法律法规的健全和保险行业监管的优化，保险人对条款的解读优势会渐趋弱化，于是，投保人对信息的披露与真实性保证成为影响保险信息理论的主要要素。参见李传峰：《公共财政视角下我国农业保险经营模式研究》，财政部财政科学研究所 2012 年博士学位论文，第 42 页。

高风险者倾向于投保，从而使保险公司遭受亏损，甚至被迫退出市场。[1] 道德风险一般是指合同一方所面临的对方可能改变行为而损害到本方利益的风险。保险领域的道德风险十分显著，表现为保险合同一方当事人不诚实守信、违反法律法规或者违背正常的经营规则，导致合同他方遭受风险损失的一种可能性；根据道德风险发生的环节可以区分为事前和事后两类。事前是指损失发生前，此类道德风险表现为保险对被保险人的防损动机可能产生一定的影响；事后是指损失发生后，此类道德风险表现为保险对被保险人的减损动机可能产生的一定影响。道德风险的发生在农业保险的投保前后及勘察定损理赔阶段都比较突出。比如，在投保时，投保人以瑕疵保险标的（已确定减产农作物、带病牲畜甚至已部分发生疫情的养种植产业等）进行投保，增加保险人管理困难和理赔风险。投保后，出于风险已转嫁的心态，投保人或被保险人降低防灾积极性，疏于耕作管理、病虫害防治，使保险风险发生概率增加，增加了保险人的保赔压力。灾害事故发生后，被保险人不及时采取减灾减损、疫情通报、隔离封锁、捕杀销毁等减损止损措施，导致损失扩大。索赔时，被保险人利用保险标的分散、保险人对保险标的识别及管理中的可能漏洞，更换保险标的或夸大灾情、灾损，致使保险公司损失扩大。诸多道德风险的存在，增加了保险人的风险管理成本和经营成本，使农业保险赔付率居高。高赔付率下，保险人可能选择直接退出市场或者以增加保险费率进行应对。无论哪种应对方式，都会对农业保险市场产生消极效应，农保产品越少，投保率越低，市场越萎靡。即使是采用“政策性”要素介入的方式，也无法杜绝道德风险的发生，甚至会使道德风险和逆向选择的产生概率增高。很多农户缺乏保险意识或者保险观念保守，收入水

[1] 逆向选择本意是指由于交易双方信息不对称和市场价格下降产生劣质品驱逐优质品，进而出现市场交易产品平均质量下降的现象。在保险领域，一般将保险购买者运用其信息优势以获取更低价格的保险产品的倾向称之为逆向选择。农业保险中，投保人（农户）一般比保险公司具有更多的关于保险标的（其种植、养殖的农作物、畜牧产品）具体的风险和损失信息，在自愿保险和费率相同的情况下，高风险农户投保的意愿较高，低风险农户投保的意愿较低；同一农户往往选择风险程度更高的保险标的进行投保，对于低风险标的趋向于不投保。如果保险公司按农业风险平均损失概率和预期损失制定保险费率，即费率水平在高额保费（向高风险者收取）和不足额保费（向低风险者收取）之间确定，那么，高风险农户将愿意购买保险，低风险农户则会拒绝购买保险，从而导致保险市场上集中了大量高风险者，最终导致保险公司大面积亏损、被迫退出保险市场。如果为降低自身经营风险，保险公司全面提高保险费率，则又会导致更多低风险者不再投保，必然会引起更严重的逆向选择。

平限制下支付保费的能力也比较有限，参保率低下；为提高众多分散、小型农业生产经营者的参与农业保险的积极性，政府（或授权机构）直接经营农业保险或给予参保户以适当补贴。这一举措加强了农业保险的准公共物品属性和正外部性，而不同环节下可能产生的道德风险易致使该（稀缺性）物品被肆意、不合理消耗，形成所谓的“公地悲剧”，并进而在一定程度上导致市场失灵。政策性农业保险制度并不能直接解决道德风险问题。以达到资源配置的帕雷托最优为目标，改变“政策性”要素介入市场可能产生的消极效应，就需要科学设计制度，包括对政府的介入行为划定合理的边界，比如，对政府提供的补贴进行准确核算，防止财政干预过度或者不足。而现实是，除了加强宣传教育、增加风险监督等手段外，目前对道德风险的管控和规制并无具体的、卓有成效的操作性规则。

（二）政策性农业保险的经济学功能

上述商业性农业保险凸显的诸多矛盾，以及政策性与商业性农业保险之间存在的功能性差异，可以作为制度选择政策性农业保险模式的主要经济理由。[1] 从两者的差异上看，商业性农业保险主要利用市场机制配置农业保险资源，政策性农业保险则是在市场配置资源之外，运用财政、税收等非市场化政策工具来干预农业保险业务，形成具有政策性特质、融合多主体参与的农业保险模式。彰显政策性农业保险的经济学功能，可以从两者的差异入手，找准定位，发挥价值。

1. 经营目标和强制性程度的差异

商业性农业保险遵循一般保险规律，依市场目标建立、以营利为目的，追求利润最大化。政策性农业保险依据保障农业产业安全的政策目标构建，通常不以营利为目的，为追求风险管理的绩效，一般也不禁止保险公司在规则框架下

〔1〕 在法经济学分析层面，政策性农业保险的功能能够借法经济学的定理、范畴、方法来进行诠释，进而探析普适性立法及适用的逻辑路径，对所涉的法律关系、经济关系进行通盘梳理，最终的立法建议要以正确认识政策性农业保险的经济学功能为先导。

从事营利性活动,并鼓励成熟的保险机构"以险养险",[1]但农业保险产品本身不以利润最大化为目的。经营目标不一,影响着保险参与的强制性程度。以市场为导向的商业性农业保险一般采用自愿投保的方式,投保人依据自主意志参保,不具有强制特点。政策性农业保险本质上也属于自愿保险,[2]但是出于保护农业发展、保障农民权益和维护农村经济安全的考虑,制度上需要对可能影响农业经济整体稳定性发展的养种植产业施加一定的强制力,鼓励、激励甚至强制种粮大户、养殖大户投保种植险、养殖险。规模化经营的农户不同于分散型小农户,产业收益和风险损失的高低可以直接影响地方农业产值和农业经济稳定程度,财政、税收优惠等政策性措施在对其参保农业保险进行激励的同时,也带有一定的强制性。目前地方性激励政策的施行中,往往以类似"年种植 × 亩(年产 × 万元)或以上的种植户,应当以当年种植 × × 的总额投保种植险"的条款进行约束,强制其投保,防范风险。所以,政策性农业保险兼具自愿与强制特征,经营目标和手段的政策性,为实现其产业保护功能定下了主旨。

2. 法律关系主体和法律规制范围的差异

商业性农业保险主要依据保险合同,以商业性保险公司、投保人、被保险人为主要构成主体,并依合同条款确定相互间的关系。政策性农业保险可以细分为政府(或被授权机构)直接组织经营、政府成立专门机构经营、商业保险机构在政府财政政策支持下经营三种形态。第一种形态下,政府作为保险合同构成主体,在政策性农业保险法律关系中享有具体的权利、承担具体的义务,这种形态在目前各国农业保险体制中占有量日益减少;第二种属于授权经营形态,与第三种形态(政府补充式介入保险经营,实务中最为常见)类似,政府并不直接构成合同主体,但根据其对保险机构及保险合同的实际干预程度,成为影响保险法律关系实体内容的不可或缺的利益相关者。后两种形态下,政府构成了保险这种风险社会管理手段实施过程中私法利益与公法利益移转的重要介质。

---

[1] "以险养险",是指为了弥补种植业、养殖业保险可能产生的亏损,在经营农业保险外,还经营商业保险及其他保险业务,以之弥补亏损。这属于用营利性的手段来服务于公益性的政策目标的一种经营手段。如上海市从 1992 年起开始试行将农村建房保险纳入农业保险业务经营范围,用农村建房险的收入弥补农业保险的亏损,实现"以险养险"的目的。上海安信农业保险股份有限公司"以险养险"业务推行比较成熟,主要通过推出企业财产保险、家庭财产保险、意外伤害险、责任保险、保证保险以及车辆保险等商业保险产品,来填补种植业、养殖业保险等带来的亏损额。

[2] 《农业保险条例》第 3 条第 2 款:农业保险实行政府引导、市场运作、自主自愿和协同推进的原则。

由于政府的加入，政策性农业保险所涉法律关系主体范围加大、法律关系内容也更为丰富和复杂，这也意味着法律在规制的时候，会需要论证比商业性农业保险更多的论题，包括：政府如何介入、介入方式和手段为何、如何把握介入的尺度和广度、如何进行介入的绩效评价，政府介入对逆向选择与道德风险控制是否有双面影响，如何降低其负面效应，如何使法律规制的社会、经济效用最大化等。在制度上，对所涉论题能否进行全面的研究覆盖，决定了政策性农业保险立法的完善程度。

3. 具体经营项目类别和属性的差异

在业务发展起始阶段，商业性农业保险所经营的项目涵盖了大部分种养殖业，标的损失概率大，保险责任广。在历经市场失灵、调配、重启的复杂过程后，大部分保险机构将经营集中在单风险农作物保险（如农作物暴雨灾害保险）、范围较小价值较高的精细农业产业保险（如珍贵花卉保险）、特种养殖保险（如养鹿、养貂保险）等项目上。此类项目标的损失概率较小，赔付率较低，保险商所需承担的保险责任较窄。与之相对比，政策性农业保险关注的是关乎国计民生、对农业和农村经济社会发展具有战略意义的项目，比如水稻、玉米、小麦、育肥猪、能繁母猪、奶牛等，保险标的发生损失的概率较大，赔付率较高，承保人的保险责任较为广泛。在缺乏外来有效、充分资助的情形下，商业性保险机构大多不愿意独立经营此类项目。对于这些被商业性保险排除在市场之外的风险产品，由国家财政进行支持性投保补贴或税收优惠，目的是扩大农业保险的覆盖面，提升投保率和风险保障绩效。这符合政策性农业保险实现产业安全目标的社会管理属性。

4. 投保人和政府经济负担的差异

对于投保人，主要的经济负担在于保费。商业性农业保险产品完全由投保人自己买单，保费的高低直接影响投保人对保险产品的接纳程度。在收入水平较为落后的农村地区，高额保费有可能将对农业风险存有侥幸心理的农户拒之门外。政策性农业保险产品通常根据产品类型不同，由政府对保费进行部分买单，或者由财政承担保险兜底责任，保费负担和投保门槛的降低可以激励农户积极参保。保费负担主体不同，政府的经济负担和经济功能也有所不同。商业性农业保险中，市场为资源的主要配置方式，政府只在市场配置不力或不合规的情形下才以监管者身份介入，一般无须对市场运作承担额外的财政负担，政府角色的扮演更具俯瞰性，与竞争法中对政府“猫头鹰”角色的描述如出一辙。政策性农业保险以“政策性”要素的介入为特征，政府的经济协调影响着资源配置，农业保险的推进有时候看上去是依赖政府行为而展开的，比如，利用农产品出口价格补贴、农业救济、农业保险税收优惠、管理费补贴等政策工具，通常都包含着借助政府行为发挥农业风险管理经济功能的含义。政策性农业保险本身是国家对农业投入支持的政策工具，政策扶持又构成了“政策性”农业保险的本质特征。反之，“政策性”的特质又为政府向农业保险进行财政投入提供了依据。

综上，农业产业化路径下，商业性农业保险对产业保障力度之弱，必须由政策性农业保险来补偿。政府在农业保险中承担的经济功能，是纯粹的商业机制所不可替代的。商业性与政策性的不同属性使两种保险模式可以在同一系统平行运作，由彼此独立、适当交叉的两套制度予以规制，即保险法与政策性农业保险法。这两套制度在理论前提和实体构成上都存在清晰的边界，可以并存，前者是基础，后者是延伸，在保险监管方面两者机理相同。

二、政策性农业保险的法学释义

在以克服商业性农业保险缺陷为基本动因的政策性农业保险领域，保险商、投保人的行为选择也同样以效率（行为效益最大化）为基点。如果行为人之间信息不对称，如投保人对保险产品和保障收益不了解，就可能会影响其对农业保险的接纳度，市场需求的不足又将影响保险商的市场投入，最终将导致供需不均衡，制度目的落空。同样，有关农业保险的政策性支持内容和力度是保险商创新保险产品、调整保险费率时所必需的相关信息，若政策透明度不足，保险机构的市场积极性有可能受挫。效率、供给等经济理论是判别市场主体行为选择的基础，也是评判立法及适用绩效的标准。

（一）政策性农业保险的法学含义及基础法律关系

1. 法学界定因素

立法需尊重和遵循经济规律，政策性农业保险法学定义的厘定，不可脱离其相应的经济学功能。商业性保险缘何引发市场失灵和制度上如何管控失灵，又影响着立法对调整对象、主体、内容、手段和法律责任的界定。其中，信息不对称、逆向选择、道德风险以及风险系统性理论对政策性农业保险概念的法学界定具有功能定位、症结洞见、供给衡平等作用。

(1)信息不对称理论的功能定位意义。信息经济学突破了传统经济学对信息的价值研究,推翻了完全信息、理性经济人的假设,[1]改变了"价格涵盖了所有市场信息"的判定,认为资源配置过程会受到信息不对称因素的干扰、并导致市场失灵。保险属于典型的信息不对称市场,将该科学命题运用于一般保险,就能恰如其分地反映投保人与保险人之间因信息披露与获得之间的出入而可能产生的矛盾,并为立法指明解决该矛盾的基本方向。农业保险市场信息不对称程度更甚于一般保险,"政策性"要素适时、恰当地介入,目的是克服、缓解此类保险中极易引发的市场失灵。具体评测能否借政府之力提升信息交换的准确性,尤其是凭借政府对保险法律关系主体的财政支持,增强主体对保险的信心和参与积极性,降低信息不对称程度,弱化由此带来的负面影响,首先要定位"政策性"要素介入的类别、属性、条件,并设计统一的适用规则和责任机制,这也是政策性农业保险立法的主要内容。

(2)逆向选择和道德风险理论的症结洞见意义。将信息经济学中的"柠檬市场"概念运用于保险市场,[2]法律经济学派界定了逆向选择和道德风险现象。在保险法语境下,保险标的及风险的特殊性加剧了农业保险领域的逆向选择和道德风险。如果预期赔偿超过保费成本,农户一般会积极购买农作物保险;如果预期成本超过了赔偿,农户则会选择消极排斥保险。长此以往,最后将迫使因赔付率太高而负担过重经营成本的保险公司退出市场。这显然背离了农业保险的本旨。同理,道德风险的发生,常常源于保险合同当事人追求契约利润最大化、隐瞒或虚构信息,将损害整体利益,甚至导致整个保险市场理性丧失乃至市场消亡。[3] 立法一般选择对保险合同条款进行规范监管来作为避免

---

[1] 传统经济学认为,市场参与者之间的相互作用都通过市场包含在价格之中,所有的市场参与者都不需付出任何成本就获得了市场经济活动的全部信息,通过市场这只"看不见的手"的作用,可以实现资源的有效配置,使整个社会经济达到帕累托最优状态。参见陈风:《政策性农业保险基本法律问题研究——以法治逻辑与规范进路为中心》,武汉大学 2012 年博士学位论文,第 20 页。

[2] 1970 年,信息经济学派的代表人物美国伯克利大学的乔治·阿克尔洛夫发表《柠檬市场:质量的不确定性与市场规制》这一经典论文,率先提出了"柠檬市场"概念,并以旧车市场为例分析了信息不对称引发的逆向选择问题。See Akerlof. G, *The Market for Lemons: Quality Uncertainty and the Market Mechanism*, 84Quarterly Journal of Economics 488,1970. 转引自陈风:《政策性农业保险基本法律问题研究——以法治逻辑与规范进路为中心》,武汉大学 2012 年博士学位论文,第 22 页。

[3] 参见詹昊:《保险市场规制的经济法分析》,中国法制出版社 2007 年版,第 100 页。

逆向选择和道德风险的主要方式。比如，在保险合同中规定免赔额与共保条款，或建立损失共担机制（由保险人、被保险人共担风险），减少因农业保险经营成本、保险费率过高与农户收入过低、对风险有侥幸心理之间存在的矛盾而引发的道德风险。"政策性"要素的介入，采用由政府适当干预农业保险的方式，改变投保人投机取巧与被保险人追求利润最大化之间矛盾的不可化解性，补偿农户过低收入与高额保险费之间的差额，增加风险池，降低保险机构经营成本和风险，从而降低逆向选择和道德风险带来的负面效应。

（3）风险系统性理论的供给衡平意义。不同于一般保险所承保风险的个别性、分散性，农业风险系统性极强，在时间和空间上具有高度的伴生性、相关性。[1] 尤其在遭遇巨灾的情形下，农业保险所承保风险的系统性、空间上的不易分散性，会使保险商惧于风险值居高不下、保险经营成本奇高等情形，舍弃部分农业保险市场。[2] 为了避免保险机构这种消极主观导向改变业已形成的农业保险市场供给充足的良好状况，以"政策性"要素介入，旨在衡平投保人与保险人之间的利益关系，指导保险产品按照供求规律科学供给。以立法将"政策性"要素介入合理化、合规化，改变市场供给关系和法律主体构成，将使"政策性"干预对保险人参与市场的激励和引导、对保险市场稳定性的维持等功能更具稳定性。同时，防止政策性介入失当是立法供给时的必要内容，包括为政府的干预功能划定边界，设定供给监管规则等。

2. 法学界定要点

依据经济学理论界定法学功能及法学定义，对政策性农业保险而言，意味着其目的性与保障范围法定性的统一。其一，保险标的。作为保险利益的载体，政策性农业保险的标的通常是关系国计民生、涉猎农林牧渔的多项农业产业，并以种植业和养殖业保险为核心，保险范围包含与种养殖业生产相关的财产以及与财产有关的责任和利益等。其二，保险责任。结合保险标的"可保险

---

〔1〕 See Duncan J. & Myers R. J. *Crop Insurance Under Catastrophic Risk*, Journal of Agricultural Economics, Vol. 82:11, p. 842－855(2000).

〔2〕 巨灾，一般被定义为"低概率的自然或人为事件，这类事件对现有的社会、经济和环境框架产生巨大的冲击，并拥有造成极大的人员和财务损失的可能性"。参见［美］埃瑞克·班克斯：《巨灾保险》，杜墨、任建畅译，中国金融出版社2011年版，第6页。在界定上，美国保险服务局（ISO）财产理财部将直接损失超过2500万美元并影响到大范围保险人和被保险人的事件定性为巨灾。

性”的标准和国家“政策性”目标，政策性农业保险的保险责任主要包括因以下原因所引致的保险标的损失：(1)不可抗力，包括洪水、干旱、暴雨、台风、疫病等自然灾害和意外事故等；(2)采用新工艺、新技术、新品种等的技术风险、信用风险、责任风险等；[1] (3)必须牺牲的个人利益，如为防止牲畜疫病蔓延，出于公共利益、根据政府命令捕杀病禽等；(4)农产品价格波动、市场变化、预期利润，等。[2] 至于除外责任，在政策性农业保险中主要包括政治风险、道德风险引致的损失，如战争、政治动乱、军事行动；被保险人或其家庭成员的故意、恶意行为；生产经营管理不善、技术措施使用不当等过失行为等。[3] 厘清政策性农业保险范畴，确定其定义时，应包含以下要点：(1)不以营利为目的；(2)商业性保险公司在正常市场环境下难以或不会进入该领域；(3)政府或被授权机构可以(代表国家意志)参与政策性农业保险的宏观决策，并且通过合适的途径适当介入保险机构的微观经营管理；(4)政府的介入需有合理的边界，并以适当的利益诱导机制(如财政补贴和税收优惠)确保制度的可持续性。以揭示其本质和法学价值为目的，可以将政策性农业保险定义为：政策性农业保险是指政府、政府授权机构或者农业保险经营组织对于种植业、养殖业在生产经营过程中遭受特定事故、自然灾害或其他风险形成经济损失时，依照法律规定或者农业保险合同约定承担给付保险金的责任，政府依法通过财政补贴、税收优惠等“政策性”要素介入保险合同，对合同责任承担保险赔付或者兜底补偿的政策性金融活动。[4]

(二)政策性农业保险基础法律关系及立法的基本立场

区分政策性与商业性农业保险之间的差异，界定前者的法学定义，目的不是排斥其他形态的经营模式在农业保险中的适用，而是追求以最佳形态、最大限度实现保障农民利益、农村经济及农业持续发展的政策性目标。在法律市场

---

〔1〕 信用风险是由于债务人或者交易对手不能履行合同义务，或者信用状况的不利变动对公司造成损失的可能性。保险公司的信用风险可能来自保险业务的应收保费、应收再保险资产、债权及存款类投资产品。参见《中国人民财产保险股份有限公司2011年年度信息披露报告》。

〔2〕 参见庹国柱、李军主编：《农业保险》，中国人民大学出版社2005年版，第36页。

〔3〕 对保险责任的定义，一般通过“正面列举 + 反面排除”的方式加以限定。政策性农业保险立法也可参照该标准。

〔4〕 本概念吸收了陈风博士的观点，并作了一定的修正和优化。参见陈风：《政策性农业保险基本法律问题研究——以法治逻辑与规范进路为中心》，武汉大学2012年博士学位论文，第20页。

的多项匹配关系中,政策性农业保险成为合经济规律和立法规律的首选。立法在确定“政策性”要素介入规则时,离不开对以契约为基础形成的保险基础法律关系的研究。毕竟,调整对象是法律关系的核心,[1]也是据以区分法律门类的根本依据。

1. 政策性农业保险基础法律关系

政策性农业保险是由“商业保险 + 政策性要素”形成的结构,在农业产业、农村金融、风险保障机制融合发展的大背景下,“政策性”要素的介入不能割裂农业保险与其他农村金融业态之间、与其他风险防控机制之间的联系。基础法律关系和关联性法律关系构成政策性农业保险法律关系的全部,基础法律关系是核心。主体、内容和客体三大要素形成的基础法律关系是政策性农业保险区别于其他类型保险的主要依据。

要素一,主体。政策性保险法律关系不是传统的行政法律关系,亦非商业性保险项下纯粹的民事合同法律关系。依“政策性”定位,政策性农业保险具有鲜明的经济法律关系色彩。[2] 作为“政策性”要素介入的主要行为主体,政府(或者其他法定机构、受托机构)是政策性农业保险基础法律关系不可或缺的主体。在民商事法学领域,法律关系主体包括自然人、法人、非法人组织、政府(国家)等主体,[3]政府在其中以平等民商事主体身份出现。在经济法学领域,政府的角色极为丰富,依照法律关系内容的不同可以分别承担包括经济契约主体、经济行为监管主体、宏观市场调控主体等在内的多类型角色。政府在政策性农业保险法律关系中的角色,主要依据其介入农业保险的方式、程度,以及与

---

[1] 法律关系是理解法的性质和作用的基础概念,也是分析各种法律问题的重要工具。作为法律分析技术的一个基本模型,法律关系原理运用于解释经济学、金融学现象时,需要结合相关个性化的经济或金融理论,确保其诠释符合理论发展规律,并形成独立、科学的理论模型和立法模板。

[2] 经济法律关系特指需要由政府干预的经济关系,包括市场主体调控关系、市场秩序调控关系、宏观经济调控关系、社会分配关系等,属于经济法的调整对象。参见李昌麒主编:《经济法学》(第2版),法律出版社2008年版,第63~69页。

[3] 在特殊情况下,国家可以作为一个整体成为法律关系主体。例如,国家作为主权者可以成为国际公法关系的主体,也可以成为外贸关系中的债权人或债务人。在国内法上,国家作为法律关系主体的地位比较特殊,既不同于一般公民,也不同于法人。国家可以直接以自己的名义参与国内的法律关系(如发行国库券),但在多数情况下则由国家机关或授权的组织作为代表参加法律关系。关于国家的民事主体地位问题,可参见马俊驹、余延满:《民法原论》(第4版),法律出版社2010年版,第173~178页。

保险机构、农业生产经营者、中介组织等主体之间形成的相应关系来加以廓清、判别，其可以是合同主体、合同利害关系人、合同条款制订者、合同行为监管者等，这都符合经济法学主体多类型化规律。政府、保险商、农户及中介组织之间的这种基础法律关系，构成政策性农业保险立法规范的基础依据。将保险契约关系作为政策性农业保险的内核，政府对契约条款设计、契约订立、履行以及责任形成的指导、督促、监管等干预措施，会影响契约目标的实现，并左右保险市场绩效。将这些干预措施内化为保险基础法律关系的内容之一，并以立法固化之，“政府定位—政府职权—政府行为”就可成为分解主体相互间关系的主要进路。[1]

要素二，客体。客体是指主体意志和行为所指向、影响、作用的客观对象。在法律实践中，法律关系客体主要包括物、人身或人格、行为以及精神产品等。[2] 在政策性农业保险基础法律关系中，客体就是法律关系各主体的权利（权力）和义务所共同指向的对象，主要表现为主体的各种法律行为，包括政府的经济扶持行为、监管行为，保险机构的经营组织行为以及农业生产经营者的投保、理赔和维权行为。这些行为还可以按照政府、保险商、农户在法律关系中所处的位置和所扮演的角色进行具体化、类型化。其中，因政府干预在政策性农业保险中所占据的重要地位，政府的政策扶持行为和监督管理行为最能反映“政策性”要素介入的特质，并对其他主体的行为产生影响，甚至左右市场决策和资源配置。所以，通过立法为政府介入划定合理的边界，是确保政府影响力正面性的必要保证。

要素三，内容。法律关系的内容是连接主体与主体、主体与客体之间关系的纽带，也是在经济、社会活动中主体享有的维护、获取某种权益或者利益的手段。一般认为，法律关系的内容即主体所享有的具体权利（权力）和所承担的具

〔1〕 参见陈风：《政策性农业保险基本法律问题研究——以法治逻辑与规范进路为中心》，武汉大学2012年博士学位论文，第27页。

〔2〕 参见张文显主编：《法理学》（第3版），高等教育出版社、北京大学出版社2007年版，第163~164页。

体义务(职责)。[1] 在政策性农业保险基础法律关系中,政府、农业保险经营机构、农户和中介组织构成了最基本的主体框架,分别享有以下权利(权力),承担以下义务(职责):(1)政府。政府在农业保险中的职权主要包括综合规划权、审查核准权、备案审批权、政策扶持权和监督检查权。其中,政策扶持权被认为是推动农业保险发展的关键职权。[2] 政府行使各项职权过程中有接受监督、质询、纠正的义务。(2)保险机构。根据"政策性"要素介入程度及模式不同,农业保险机构有政策性农业保险公司、农业保险合作社、相互制保险公司、政府主导下的商业保险公司等多种经营形态,不同形态下机构权利也有所差异;但主要还是集中表现为获得政府扶持权、经营自主权、保前勘察权、承保决定权、监督建议权以及收取保险费等权利。[3] (3)农户。作为投保人,农业生产经营者主要享有获取政府保费补贴权、知情权、投保权、保险金赔偿请求权以及监督权等权利,承担诚实守信、缴纳保险费、如实告知、配合监督、证明以及采取合理措施减轻损失等各项义务。[4] (4)保险中介组织。中介组织在政策性农业保险中的权利、义务、作用主要集中在其穿针引线的行为过程中,包括经营自主权、

---

〔1〕 私法领域通常将法律关系的内容定位为权利和义务;加入政府干预后的经济法学领域,因"私法公法化"或"公法私法化"的意义,法律关系的内容不再仅仅为权利和义务的内容所能涵摄,有必要扩充至"权力"的内容认定及诠释之上。英国著名法学家沃克认为,法律关系有权利义务关系、特权或特惠与无权力或无能力的关系、权力与责任关系、豁免与无资格豁免的关系四类。把权力引入到法律关系内容中(特权、特惠、豁免均与权力有关),对包含政府行为这一客体在内的法律关系来说,能使"权利(权力)—义务(权责)"的分析框架更具完整性。参见赵红梅:《私法与社会法——第三法域之社会法基本理论范式》,中国政法大学出版社 2009 年版,第 41 页;[英]沃克:《牛津法律大辞典》,邓正来等译,光明日报出版社 1988 年版,第 488 页。转引自周永坤:《法理学——全球视野》(第 3 版),法律出版社 2010 年版,第 116 页;李昌麒主编:《经济法学》(第 2 版),法律出版社 2008 年版,第 91 页。转引自陈风:《政策性农业保险基本法律问题研究——以法治逻辑与规范进路为中心》,武汉大学 2012 年博士学位论文,第 38 页。

〔2〕 陈风:《政策性农业保险基本法律问题研究——以法治逻辑与规范进路为中心》,武汉大学 2012 年博士学位论文,第 38 页。

〔3〕 尽管保险机构可以因经营农业保险而获得政府财政支持,但其经营自主权不受政府或其他相关主体的不当干预。为合理降低经营风险,防范道德风险和逆向选择现象可能导致的赔付率奇高的后果,保险机构可以在承保前以及承保后行使勘验权和监督权,降低农业灾害风险对农户造成的损失,这是以诚信原则为基础确定的农业保险经营机构的基本权利。参见陈风:《政策性农业保险基本法律问题研究——以法治逻辑与规范进路为中心》,武汉大学 2012 年博士学位论文,第 49 页。

〔4〕 张长利在其著述中提出"农业风险保障权"概念,将其界定为"农业生产者在面临农业自然灾害和意外事故威胁的情况下依法获得保险保障,以有效分散风险,减轻灾害损失,稳定收入水平,保障农业生产顺利进行的权利"。参见张长利:《政策性农业保险法律问题研究》,中国政法大学出版社 2009 年版,第 8 ~9 页。

受托监管权、建议权以及收取中介费用的权利等。将保险业务拓展至各地规模性农业产业时,保险公司可以不再采用传统的包揽一切业务环节的经营模式,将大部分展业及理赔职能委托由中介机构完成;中介机构也可以接受投保人委托,对保险商的行为进行监督、建议。保险中介组织角色的发挥与规制可以助力于政策性农业保险基础法律关系的完善和规范。[1]

2. 政策性农业保险立法的基本立场

基于基础法律关系来提炼政策性农业保险立法的基本立场,意味着要注重历史和环境的相关性。即立法不可以忽略我国的客观经济形势和社会、文化、家庭组织以及社群结构特点。在资本与产品市场全球化的背景下,保险技术规则会有趋同性,但也不能否认保险立法个性化形成的规律。政策性农业保险立法需以我国具体的政治经济条件为客观背景,保险技术规则、伦理规则等也需要与国家的政策定位相匹配,以契合"政策性"目标。世界上并不存在绝对普适和最佳的政策性农业保险制度规则,加上制度滞后性的常态,在纷繁复杂的经济现象面前,立法不可能一劳永逸。因而,在对政策性农业保险进行立法建构时,必须坚持以下立场:

(1)基本原则上,必须强调适合本国国情,并坚持可持续的观点。在以比较法视角权衡各国政策性农业保险法律制度的利弊得失的同时,要注重农业保险在我国的试点经验和理论总结,提炼并形成具有中国特色、普适性的经验法则。坚持持续性、发展的视角,成就"法律变革和创新的自我持续过程",[2]防止立法的停滞不前阻碍政策性农业保险的演进。

(2)基本内容上,必须规范政府的功能与边界,主体间法律关系的调适要坚持科学性、合理性和适度性的观点。政府在政策性农业保险中具有特殊的地位,其功能的实践决定或影响着农业保险的成效。政策性农业保险法律关系中政府角色的解读,需要回归到经济法的理论源头——"政府干预"之上,从中寻

---

[1] 关于中介机构的职能部分内容来自2007年4月26日保监会关于《印发吴定富主席在保险中介座谈会上讲话的通知》(保监发〔2007〕34号),该文件对中介组织与政府、保险商、农户之间主体法律关系的推动作用有较为基本的定位。

[2] 立法的前瞻性和稳定性并不否定其创新和变革的可能。"对于未来的发展,仍然主要取决于国内法律体系触发创造性的破坏和重建过程的能力,而非取决于谁拥有最好的复制者。"参见徐菁:《公司法的边界》,对外经济贸易大型出版社2006年版,第283页。

求政府介入农业保险的法理依据，并合理划定政府机制与市场机制的作用边界。政府的角色是政策性农业保险的特质性要素，在与保险机构、农户、中介组织以及其他农村金融组织、风险防控机制之间构建基础法律关系和关联性法律关系时，干预的恰到好处是考量政府以及立法成效的关键。

(3)基本条款上，必须确保规则适用的统一性和差异性，坚持法律供给及公平效率原则的观点。政策性农业保险的技术性规则和伦理性规则在一国辖区内理应统一，但在一国不同地区，因产业特点以及农村经济发展程度不同，应当允许有差异性适用。立法适用的统一性源于立法的权威，差异性源于经济现象的多样性，要避免两者之间产生不可调和的矛盾，在设计基本条款时，要根据客观存在的差异，为可能的适用情形划出选择性区间，包括政策性农业保险合同、经营模式、财政支持、金融监管等多个层面的限度设计，在统一适用原则基础上列出适用要点和幅度，供法律关系主体自主选择和自由裁量。[1]

基于基础法律关系的框架，提炼我国政策性农业保险立法的基本立场，目的是确保立法规范内容和追求目标的准确性。[2] 朝令夕改是致使法律权威性缺失的重要原因，在社会进步、现行制度逐渐呈现滞后性的形势下，立法者应当根据法律需求增长的情形，将潜在的部分制度利润以恰当的尺度进行转化，使制度效益波及更多的社会成员，实现立法的社会福利最大化。这一思路是本书在进行政策性农业保险立法设计时考量的主要线索。

本章小结

本章内容主要基于对农业保险的概念、特点及立法目标的陈述，分析农业保险中商业保险与政策性保险的差异，对政策性农业保险进行法学以及法经济学意义上的概念界定，目的是利用法经济学的分析工具，正视农业保险施行中的存在的诸多问题，界定政策性农业保险的属性，破解难题、克服发展障碍，为下文理顺法律关系，围绕“政策性”进行主体、客体、内容的论证作好铺垫。

---

〔1〕“点式”立法与“段式”立法的差异就是，前者通常是不动的，后者可以在一个区间内合理滑动。立法如何做到这一点，是本书研究的重点之一。

〔2〕需要说明的是，因第二章将专门对政策性农业保险法律关系进行全面的论证，所以本章对此只作提纲挈领式的简略陈述。

第二章

政策性农业保险法律关系主体的利益博弈

运用博弈分析方法，以形成主体间有机协同为主要目的，将政府、保险商、农业生产经营者以及关联性主体的权利和义务在协同、平衡状态下进行科学分配，遵循效率与公平兼顾的原则，实现各方利益的最大化，是政策性农业保险立法在规范主体利益格局时的基本立场。

第一节 政策性农业保险法律关系基础理论

法律关系基础理论围绕着主客体三要素展开，核心是主体之间的权利（权力）配置与监管。界定主体之间的法律关系、权利义务范围，为主体间的利益博弈划定规则，在最为合理的尺度内为主体进行权利分配并制度化，是政策性农业保险立法的主要内容，也是梳理法律关系基础结构、形成立法诠释的理论核心。

一、政策性农业保险法律关系主体构成

根据在法律关系中的经济地位、影响力、法律功能等的不同，可以将政策性农业保险法律关系主体分为基础性主体和关联性主体。前者包括政府、保险机构、农户和中介组织，他们构成基础法律关系的核心主体；后者包括农业互助组织、农业保障基金、农业信贷机构等关联性机构，他们不直接参与政策性农业保险合同、保险代理或保险经纪合同，只是基于不同的经济联系，在不同层面以不

同方式对保险合同、保险代理或经纪行为产生影响。

(一)政策性农业保险法律关系基础性主体

1. 政府

“政策性”要素介入农业保险,构成政策性农业保险的完整概念。政府作为引导政策性农业保险系统按照既定规则运作的核心力量,其角色的发挥通过政策扶持权、行政监管权、风险管理权等各项权力的行使来实现;同时,政府的作为需要有边界约束,干预要有限制。

(1)政府权能的来源。政府的各项权能,来源于社会经济对政府干预的需求——市场失灵,即市场机制中存在的一种低效运行的天然缺陷。政策性农业保险领域,政府的权能源于农业保险产品的准公共物品属性、信息披露的不充分状态以及城乡收入差异过大等要素。第一,准公共物品的非竞争性、非排他性易诱发“搭便车”现象,需要政府基于公共利益和经济安全的考量进行财政供给。为防止“公地悲剧”的发生,公共物品供给需遵循合理、适度原则,要求政府对财政支出进行精准的预决算,防止资源浪费。第二,信息披露是保险经营安全性和持续性的一项重要条件;而保险标的的生物性特征、投保人的收入及文化知识水平参差不齐会加剧农业保险领域的信息不充分问题。由政府牵头搭建信息平台、提供必要的信息服务,可以有效减少农业保险中因信息不对称引发市场风险、降低资源配置效率的现象。第三,城乡收入差异是导致保险市场供给及效益不足的主要原因之一。除税收等再分配机制外,政府干预的途径集中在农村社会保障机制的调适和农村金融资源的分配上。农村社会保障机制以“社会性”为标签保障农民利益、提高农民风险应对能力,缓解市场机制下的社会分配不公、收入低下等问题。政策性农业保险是具有“商业性”标签的风险分散和利益保障机制,属于农村金融体系的组成部分。对农村社会保障机制和农村金融进行财政投入,对政策性农业保险具有同质性功能提升效应。

(2)政府权能的界限。“政策性”要素在农业保险中的介入,符合成本—收益理论,因为政府干预弥补了市场失灵,并实现了资源配置中成本趋低和效率趋高的双赢。但是,政府干预也不是万能的,也可能出现失灵现象;尤其是当立法不能有效制约政府权力、政府权力在缺乏约束机制的情形下将无限扩大并发展为“利维坦”式的巨物,腐败、低效将引致更大的经济危机和资源浪费。[1] 在政策性农业保险中,政府的失灵主要表现在:其一,理论上,政府作为国家的受托人,保障公共利益;但是,作为相对独立的个体,政府有自身的利益诉求,当自身利益与公共利益发生冲突时,政府有可能会偏离社会公共利益的价值目标,转而为自身利益谋私。[2] 农业保险本身不是一项经济性收益,更多地具有保障性措施的特质,在地方政府追求政绩的背景下,投入其中的财政比例可能削弱其他经济收效更为直接和明显的项目的收益,政府立场的抉择,正是其自身利益与公共利益取舍的过程。其二,“潜在利润”的存在,是制度创新重要的经济助力,也为权力寻租的滋生提供了温床。[3] 为获取(法外的)额外利益或确立某一领域的垄断地位,在市场经济中据强势地位的主体将试图与政府间达成某种契约,政府出于自身利益诉求或短期社会公益的考虑,可能会作出不合理决策,将权力进行出租。[4] “权力寻租”是导致资源配置低效率和不合理收入再分配的重要原因,后果严重的还将导致公共政策偏离维护和保障社会公共利益的轨道,使政府成为“被俘获的政府”、仅为部分人服务的政府。[5] 政策性农业保险立法的缺失,使农业保险政策的适用不可避免地存在地方性差异,地方政府有制度适用的较大的自由裁量权,如何分配资源,在哪些主体间分配资源,以及按照怎样的标准评价农业保险资源使用的绩效,都将由地方政府拿捏其尺

〔1〕 参见吕忠梅、陈虹:《经济法原论》,法律出版社2007年版,第11页。

〔2〕 参见孙蓉:《保险资源配置中的政府与市场》,载《保险研究》2008年第5期。

〔3〕 潜在利润(外部利润),是在已有的制度安排中无法获取的利润。追求潜在利润,是推动制度改革的重要经济因素。立法供给受市场供求关系变化的影响。一般来说,人们对法律权利的需求在于利益,甚至于“潜在利润”,即人之所以不断地需要更多的新权利,是因为它能够给人带来新的利益,而这种利益在原有法律权利框架下不可能完全获得。参见冯张美:《“小产权房”流转问题之法经济学分析》,载《浙江社会科学》2014年第7期。

〔4〕 政府自身利益事实上来源于两个方面,一方面是其组织结构下行政工作人员主观追求影响下形成的利益诉求(显现于公化的私人利益),另一方面是政府本身基于国家授权考核而产生的对政绩的追求。有些学者认为,根据政策性农业保险的目标,中央政府与地方政府的利益追求有一定的差异;两级政府都需承担风险分担与保费补贴的责任,但地方政府对于具有地方特色的农业保险品种应承担主要的责任。尽管中央政府和地方政府在整体目标上具有共通性,但在参与到政策性农业保险系统中时,因各自立场、视角有所差异,会产生各自的利益追求。比如,在实现整体政策目标的同时,各地政府会通过参与政策性农业保险,来实现GDP、财政收入的增加,凸显地方利益和地方绩效的差异。所以,政府自身利益的存在,是不可忽视的一个影响要素。参见黄亚林:《政策性农业保险各主体利益协同研究》,中国金融出版社2014年版,第23页。

〔5〕 参见种明钊:《国家干预法治化研究》,法律出版社2009年版,第38页。

度。在该过程中，由于“权力寻租”的存在，政府与经济界“大腕”间的交易就显得稀疏平常了。其三，“政策性”在农业保险中的介入，还应当防止政府在其中的权力膨胀，这也是划定政府行为边界的重要理由之一。一个有效的政府必然是“有限政府”。政府经济权力的肆意扩张并不等同于其干预效力的增长，相反，机构的不当膨胀和权力的不当扩张会导致政府效力低下，行政管理费用猛增，财政不堪重负。立法规制行政权力的边界，其中很重要的内容之一就是对“有限政府”范围的划定，以及“有效政府”鉴定标准的确立，其最直接的目的就是有效防范政府失灵，克服官本位思维。尤其是在政策性农业保险中，要完成权力本位向权利本位的转换，政府干预权必须被严格限定在只涉及社会整体利益的公共事务范围内，即被界定在“有限政府”的框架下。[1]

2. 保险机构

农业保险经营组织是依法设立的、经营农业保险业务的组织机构。政策性农业保险并不排除商业性保险形态的存在。选择契合农业经济发展目的、符合国情发展需要和规律的保险经营组织，与选择适当的经营模式具有相同的规律，也有类似的规范价值。依各国农业保险发展及立法历程，政策性农业保险经营组织主要有政策性农业保险公司、农业保险社、相互制保险公司、政府主导下的商业保险公司等主要形态。

（1）政策性农业保险公司是指公司资本由政府认捐、经营管理费用由政府补贴、专门经营政策性农业保险业务的经营组织。美国和加拿大是采用该模式的典型国家：国家农业保险公司由政府出资成立，专门经营农业保险业务，国家还对公司的经营管理费用提供补贴，并免除公司相关税赋；为进一步分散风险，其政府成立了全国性的政策性农业再保险公司，当专业性农业保险公司和一般保险互助合作社的赔付率高于市场一般（平均）赔付率时，差额部分由全国再保险公司进行补足，以补贴地方农业保险的亏损、使农业风险实现最大限度的分散。美国的政策性农业保险公司由联邦农作物保险公司（FCIC）独家担当；[2]

〔1〕 参见顾平安：《政府发展论》，中国社会科学出版社 2005 年版，第 175～176 页。

〔2〕 美国联邦农作物保险公司（Federal Crop Insurance Corporation，FCIC）根据 1938 年《联邦农作物保险法》成立，隶属于美国农业部。其主要职能除了确定财政补贴、提供再保险之外，还包括创新农业保险险种，引导农民参与等。参见鹿生伟：《美国农作物保险体制的发展及运行机制考察报告》，载《经济研究参考》1996 年第 10 期。

加拿大农业保险由各省的农作物保险公司运营,这些公司与加拿大联邦政府签订协议,不以营利为目的,专门提供低成本、高质量的农业保险服务。

政策性农业保险公司采用的是自上而下的运作体系,这种组织模式建立在国家财政实力较为雄厚的基础之上。其优点集中在:第一,与行政权力紧密结合,减少了运行阻力,有利于农业保险业务开展和农业保险资源的集中分配与合理利用;[1]第二,再保险公司的组织与运营由政府牵头,有利于保险资金的积累,其业务运作又可以在较大空间内分散农业风险。该模式的不足主要在于成本过高,财政压力较大,具有一定的不经济性。

(2)农业保险合作社是指由农户自发组织、认缴一定金额为股本并获得成员资格、参与日常的经营管理,投保时缴纳保险费,自主经营、自负盈亏,不以营利为目的、业务结余留归全体成员所有的一种合作组织形式。[2] 其具有自助、团结、自担责任理念的合作制与农业保险存在天然的契合性,农业保险合作社以风险共担、利益共享、互助合作以及非营利性为其最大特点。日本、法国、菲律宾、印度、斯里兰卡等国农业保险多以合作制为基础,其中以日本最为典型,机制也较为稳定和成熟。以 1947 年《日本农业灾害补偿法》为主要依据的日本农业灾害保险,实施"三级"制村民共济制度:市町村的农业共济组合直接承办各种农业保险业务,作为制度本位;都道府县共济组合联合会承担农业共济组合的分保业务,作为实施中心;全国农业保险协会承担各共济组合联合会的再保险业务(设在农林省的农业共济再保险特别会计处),作为制度保障。[3] 关于日本农业保险的组织结构和经营模式,将在第三章详细介绍。

作为一种自愿、互助和民主性的农业保险组织形式,农业保险合作社受国家政策引导、补贴力度较大,具有鲜明的政策性。国家一般对关系国计民生的、对农户收入影响较大的农作物、饲养牲畜明确实行法定强制保险。为保障保险绩效,中央政府监督、指导保险合作社的活动,并为其提供再保险、保费补贴和

---

[1] 商业力量与行政力量结合,可以提升农业保险的绩效。See Goodwin B K. & Smith V H. *The Economics of Crop Insurance and Disaster Aid*, Washington DC, The AEI Press, 1995, p. 67.

[2] 参见郑彬:《农业保险合作社的优越性及在我国的发展途径》,载《农业经济》2010 年第 3 期。

[3] 参见孟春主编:《中国农业保险试点模式研究》,中国财政经济出版社 2006 年版,第 45 页。

管理费补贴等政策支持。[1] 这种组织形式的优点集中在：①自愿、民主的组织管理制度容易为农户所接受；②主体角色的融合，可以使保险人与被保险人之间的利益冲突得到有效解决，使行为人法律地位融为一体，也使相应的道德风险和逆向选择得到一定程度的防控。其不足主要在于：①农业保险合作社受到资金、人员、地域等的多重限制，保障范围有局限性，风险不容易分散，扩大经营规模难度较大；保险基金积聚规模偏小，也会影响较大农业风险的应对效应。②易出现"内部人控制"现象，社员的民主管理难以保障。[2] 2016 年宁波市设立国家保险创新综合试验区，在《浙江省宁波市保险创新综合试验区总体方案》中确定要试点"稳步发展农村互助合作保险"。尽管其经营范围并不指定为农业保险，但是社员制、封闭性、民主管理特质的互助保险社将成为我国农村保险体系的重要组织形式。

(3)相互制保险公司。2015 年保监会《相互保险组织监管试行办法》第 2 条规定，"本办法所称相互保险是指，具有同质风险保障需求的单位或个人，通过订立合同成为会员，并缴纳保费形成互助基金，由该基金对合同约定的事故发生所造成的损失承担赔偿责任，或者当被保险人死亡、伤残、疾病或者达到合同约定的年龄、期限等条件时承担给付保险金责任的保险活动"，"本办法所称相互保险组织是指，在平等自愿、民主管理的基础上，由全体会员持有并以互助合作方式为会员提供保险服务的组织，包括一般相互保险组织，专业性、区域性相互保险组织等组织形式"。日本、法国、美国的相互制保险公司发展较快，早在 20 世纪 60 年代，日本的相互保险公司就有 16 家，占全部人寿保险公司数量的 76%。[3] 我国相互制保险公司发展比较滞后，2005 年保监会才批准成立黑龙江阳光农业相互保险公司，作为我国第一家相互制农业保险公司，填补了组织机制空白。

作为特定领域风险互保的一种模式，相互制保险公司的最大特点是投保人

---

〔1〕 参见庹国柱、王国军：《中国农业保险与农村社会保障制度研究》，首都经济贸易大学出版社 2002 年版，第 175 页。

〔2〕 内部人控制(Insiders Control)描述的是在两权分离的现代企业中，经理获得相当大一部分控制权的现象。参见聂德宗：《对内部人控制的治理——美国公司治理模式及其变迁》，载《法律科学(西北政法大学报)》1999 年第 5 期。

〔3〕 参见孙立娟、李莹蕾：《日本相互保险公司的发展演变及其原因分析》，载《现代日本经济》2013 年第 2 期。

(出资人/被保险人)和保险人的身份合一。投保人交纳保险费,享有会员资格;会员代表大会由各会员组成,是公司的最高权力机构,会员大会选举董事会作为公司执行机构;公司本身没有资本金,也不能通过发行股票进行融资,只能从外部筹措营运资金;公司的风险基金来源于会员缴纳的保险费,公司不以营利为目的;在支付赔款和经营费用之后,保费收入的盈余部分由会员共享。[1] 该组织形式确立了机构与农民会员利益共享、风险共担的运行机制。其优点在于:①保险人和被保险人利益的高度一致性,可以显著降低农业保险的运营成本,有效化解道德风险和逆向选择难题。②保险保障成本与管理成本较低,低成本下提供的低廉农业保险产品与服务容易得到农户的接纳,有利于提高保险参与度。其缺点则集中在:①公司治理结构的特点决定了其经营透明度不高,难以借助于外部监管发现其经营问题、改善经营状况;②和农业保险合作社不同,相互制保险公司在立法例上没有法定的政府补贴,在没有政府保费补贴的情形下,互助机制下确立的保险费率能否对会员之外的农户产生足够的吸引力,尚未有足够考证。

(4)商业保险公司是指以营利为目的、根据与投保人之间的合同承担商业保险责任的经营组织形式。商业保险公司接受投保人依约支付的保险费,在合同约定事故发生时,向被保险人就产生的财产损失承担保险金赔偿责任,或者当被保险人死亡、伤残、疾病或达到约定的年龄、期限时承担保险金给付责任。由商业保险公司经营农业保险,是市场化程度较高国家普遍采用的方式,政府一般都会对这些公司提供财政补贴、减免税赋等政策性扶持。这些公司的股权结构和一般股份制企业无异,政府以财政干预等手段对其经营农业保险施加影响,并在一定程度上对农业保险业务进行统一规划和协调,实施审查和监督。作为最能体现"政策性"要素介入商业性保险特质的形式,政府干预下的商业保险公司的优点在于:①政府的主导作用有助于形成统一的农业保险体制,增加保险资金的积聚,增强了抵御农业自然灾害的能力;②商业经营者尊市场竞争机制为首,通过创新农业保险产品在市场中充分竞争,确保产品供给的充分性,

---

[1] 参见孟春主编:《中国农业保险试点模式研究》,中国财政经济出版社2006年版,第102页。也有学者将相互制保险公司的特征概括为参与的广泛性、费率的灵活性和目标的一致性。参见张艳花:《政策性农业保险发展:实践及启示》,载《中国保险》2007年第15期。

有利于实现投保人（农业生产经营者）的利益；政府对此进行补充式、激励性的政策扶持可以调动保险商的积极性，市场活跃程度的提高也会在客观上提升社会整体福利水平。其缺点在于：保险商投入农业保险市场，其积极性主要源自财政补贴和税费优惠，政府补贴容易诱发其寻租行为；因而，政府调控能力的监测结果成为影响此类保险组织形式绩效高低的重要因素。[1]

上述四种农业保险经营组织形式各有利弊，彼此之间互不排斥。选择时，要充分考虑本国的历史、地理、社会、经济、文化发展状况、农业经济发展水平、农村生产生活条件以及农业生产经营者的组织结构。一国农业保险体系中，可以允许多种组织形式依据一定结构按比例共存，在规则引导下形成有效的“范式竞争”，促进相互之间的适时替代与良性互动。[2]

3. 农业生产经营者

政策性农业保险中，农业生产经营者是与保险公司签订合同，并负有交付保险费义务的主体。依照一般保险法律关系原理，投保人须具有相应的民事权利能力和民事行为能力，且对保险标的具有保险利益。政策性农业保险带有强烈的国家干预性，在享受政府财政补贴的同时，投保人的意思自治还要受一定程度的约束。政府构建信息平台，为保险法律关系主体提供必要数据，以缓解信息不对称带来的矛盾，投保人等主体所负有的信息披露等诚实信用义务将更为详尽、严格和具可操作性。政策性农业保险的推行机制多少带有“有保留的自愿”与“有限度的强制”相结合的特征。农户、保险商等主体从合同条款协商到签约、履约的完整过程都将受到引导、指导、建议、补贴等多种形式的国家意志的干预，纯粹的当事人意思自治空间概念在政策性农业保险领域中不能完全适用，而这种约束是对社会弱势群体利益保护的必要手段。

---

〔1〕 政府确定补贴多少、落实如何补贴等问题，就是对其调控能力的一种解读，能否良好调控以实现调控目的，在商业性农业保险经营形态下，会对政府权能的架构构成严峻的挑战。参见龙文军：《谁来拯救农业保险——农业保险行为主体互动研究》，中国农业出版社2004年版，第198页。

〔2〕 我国政策性农业保险的制度实践中已有过这样的尝试，一度存在农业保险合作社（如河南省农村统筹保险互助会）、相互制保险公司（如黑龙江阳光农业相互保险公司）以及政府主导的商业保险公司（如中国人民保险公司）并存的局面。参见张跃华：《农村互助统筹保险模式分析——以河南省为例》，载孙颖士主编：《中国农业政策性保险论文选》，中国农业出版社2007年版，第184～190页。

4. 中介组织

中介组织一般是指依法设立的、按照确定的业务规则和程序,运用专业知识和技能为委托人提供中介服务,并收取相应佣金、劳务费的营利性组织。[1] 该类组织是在市场经济建立和逐步完善的过程中,作为社会信用体系的重要组成部分,可以维护社会信用关系,降低交易成本,促进交易的顺利进行,并根据不同的业务规程在企业、个人、政府等主体中间发挥决策支持、行业自律、业务监督等功能。在银行、证券、保险等金融活动领域,证券承销商、会计师、律师、保险经纪人和代理人等主体为减少因信息不对称、专业技能与经验不匹配等原因形成的摩擦,维护主体利益,保证经济活动公平、公正运作,优化生产要素配置和流动,发挥着各自的作用。在政策性农业保险领域,根据中介组织发挥作用的环节和具体功能不同,可将其做如下分类:

(1)保险中介。一般是指接受保险公司、投保人或者被保险人委托,提供保险展业、风险管理、投保理赔等专业性服务,并依法或依约定收取佣金、手续费或咨询费的自然人或法人机构。[2] 保险中介属于金融中介的一种,是在资金融通过程中、在资金供求者之间起媒介或桥梁作用的机构或个人。一个完整的保险中介市场由保险专业中介机构(保险经纪人、保险代理人、保险公估人)、保险兼业代理机构和保险营销员组成。[3] 在政策性农业保险市场中,保险中介首先作为投保人和保险人之间信息沟通的桥梁,发挥其功能。

(2)信息中介。一般是指具备信息资讯、知识内容、专业经验的,并且能够为特定领域的电子商务、资本交易、产品推广业务增加价值的代理商。[4] 在政策性农业保险中,信息中介的存在意义在于提供一个可审核并认证信息真实性

---

[1] 中介组织呈现了委托—代理关系的应用,常常应用于保险人不能观测被保险人履行看护义务的水平、公司所有者不能观测经理人或工人的努力程度等情形。引自[加]乔治斯·迪翁、斯科特·E.哈林顿编:《保险经济学》,王国军等译,中国人民大学出版社2005年版,第299页。

[2] 参见朱捷:《保险中介:发达国家的现状及其借鉴》,载《世界经济与政治论坛》2005年第3期。

[3] 参见安秀洪、王晓东、丁洪生:《保险中介市场风险状况及监管对策》,载《保险研究》2009年第6期。

[4] 2015年《网络借贷信息中介机构业务活动管理暂行办法》(征求意见稿)第2条:“在中国境内从事网络借贷信息中介业务活动,适用本办法,法律法规另有规定的除外。”该条将网贷机构认定为信息中介机构,认为其所开展的网贷业务属于金融信息中介业务,涉及资金融通及相关风险管理。该征求意见稿将信息中介机构区别于信用中介机构,认为两者在权利、义务和法律责任等方面都存在差异。

和完整性的平台，以确保当事人各方安全交易，确保保险及农村整体金融系统安全稳定。该项职能不是某一信息代理商能够完成的。以农业保险与农村信贷等其他农村金融业态之间的业务联结为例，农户、保险商、信贷机构等主体所需及所共享的信息涉及机构或个人隐私，无法由某一商业性信息中介来完成各类数据的传送、梳理与公开。由政府牵头或者授权某商业组织构建信息平台，政府提供必要的指导、监管，更符合政策性农业保险信息中介角色价值兑现的目的。

（3）信用中介。一般指为促成买卖双方交易的顺利、安全完成，受托保管双方合同项下的交易资金及相关文件，并根据双方的履约情况，依照协议约定和买卖双方（明示或默示）的指令、授权，分别向各方转移资金及相关文件的第三方主体，适用于房地产交易、贸易、股权转让、并购、网上交易等行业。随着普惠金融理念的推广和落实，信托投资、融资担保、P2P 网络借贷平台等金融模式的发展，增加了信用中介的角色种类并提升了其经济价值。政策性农业保险中，保险经纪人和代理人可以充当信用中介，促成保险合同的签订，依授权监督合同履行，并在出险后协助主体及时救助等。在合同目标实现的同时逐渐实现主体间的持续信任，能够提升农业保险产品的可保险性，提高保险市场占比。在"保险 + 信贷"模式中，农业互助合作组织在农业保险与农业信贷之间充当信用中介，可以为其提供农户的真实信息、反馈农户的保险和信贷需求，促成保险和信贷合同的签订、监督合同履行等。

（4）流通中介和风险中介。与农产品流通中介功能相似，农业保险产品的推广同样有受阻于农户产业化、技术化、组织化低水平限制的现象，不过，保险产品毕竟不同于有形农产品，是否有必要在农村建立实体化的保险产品市场，可以根据各地不同的需要来确定。政策性农业保险中的流通中介，在销售、供给保险产品外，更多是发挥宣传、普及保险知识的功能，该功能可以借助信息平台（信息中介）来完成。风险中介，一般以降低信息不对称、分散农业保险风险为工作机理。在"保险 + 信贷"互联模式中，农业保险与农业信贷可以同时成为彼此与借款人/投保人/被保险人之间的信用中介，减少契约主体之间因信息及市场地位不对称所引起的信任危机。

（二）政策性农业保险法律关系关联性主体

关联性主体不是政策性农业保险合同的当事人，不直接参与保险契约履行,主要借与政策性农业保险的业务关联对保险合同效能施加影响。与政府、保险商和农业生产经营者之间内生性的法律关系相比,关联性主体于政策性保险的外部激励作用更为明显。

1. 农业互助组织

农业互助组织是指为了抵御农业生产、农村生活中的风险,由一定区域分散的农户自发组织起来,互助共济,共同应对危机或风险而存在的组织。我国的农业互助合作组织于20世纪50年代初开始发展,以供销合作社和信用社为主要形式,起始阶段由政府自上而下推行,官办特性显著,合作属性不凸显。1995年国家恢复成立中华全国供销合作总社,接受政府授权对农业重要生产资料和农副产品经营进行组织、协调和管理,政府引导、扶持下的合作属性开始显现。信用社也历经发展、停滞、整改、振兴的历史洗礼,目前保留互助合作属性,作为合作制金融形式在农村金融体系中发挥作用。农业互助组织主要有以下特点:(1)群体性。农业互助组织有在互助保险、社会互助、互助信贷等方面可以联结分散力量,发挥群体优势。与分散的农户相比,农业互助组织有更多在信息获知、交易谈判中的优势,以之为载体,沟通农户与保险机构之间的保险契约,显然更有利于契约关系的促成。(2)非官办性。政府不承担农业互助组织发起者的角色,不包办农业互助组织的工作,但为其搭建合理发展的平台,引导其合规律化的市场行为,并以立法将税收、信贷优惠、财政补贴、经济补助(金)、等扶持政策将其制度化、规范化。[1] (3)政策性。主要表现为:政府以引导、支持、建议、监督等措施进行一定程度的政策性干预。[2] 政府出面协调农业互助组织与其他组织间的关联,支持金融、工商、财税、交通、水电等公共机构为农业互助组织提供各种优惠服务;以定期调研等方式对农业互助组织进行行政、社

---

〔1〕 在法国的税收政策上,农业合作组织享有优惠的纳税待遇:若农业合作组织只与合作组织的会员发生业务交往并为会员服务且遵循"一人一票"和合作社分红原则,那么农业合作组织可以免税;如果农业合作组织与其他非合作组织会员有业务往来,往来部分按法国企业通行的33%税率纳税,其余部分免税。另外,在法国,农业合作组织还免缴地产税。参见乐波:《法国农业合作组织及其对中国的启示》,载《社会主义研究》2005年第5期。

〔2〕 合作运动有利于整合农村各种资源,推动"三农"建设,恢复农村经济,故"惟有稳固有力之政府出而厘定合作政策予农民以教育上及金融上之协助,合作运动始能得以促进"。参见彭南生、易仲芳:《何廉的农本思想与农村互助合作理论探析》,载《深圳大学学报(人文社会科学版)》2012年第5期。

会监督；对组织的不合规行为进行查处、惩罚，引导其发展的规范化、制度化。

在政策性农业保险领域，农业互助组织可以担当信息中介和信用中介角色。一方面，可以为政府与农户之间传递信息，普及政策性农业保险知识，引导农户参保，反馈农户诉求，完善政策性扶持措施。我国各地农业发展差异性比较大，即使是在政策性农业保险系统性立法背景下，也不能不考虑地区差异。农业互助组织是综合反映地方分散农户不同利益诉求的集合，以之为载体反映诉求并进行立法的差异化适用，能更好地推进政策性农业保险的施行。另一方面，可以为农户与保险人搭建信用平台。赋予农业互助组织以谈判权，代表地方农户与保险商就农业保险产品进行谈判、签约、指导和协助履约，有利于保障农户利益，为保险商根据地方农业产业结构特点调整产品结构和市场推广提供建议，完善政策性农业保险产品和保险市场。

2. 农业风险保障基金

农业风险保障基金是指为了促进农业经济发展，保障农民增收和粮食安全，完善农业产业结构，在政府主导下，结合第二、三产业，农业保险机构及农户等多元主体资金投入，构建专项基金，用于应对自然灾害、社会事件及市场波动等农业产业风险造成的农村经济困境，致力于减轻农户经济损失，克服农业产业弱质性的一种综合机制。农业风险保障基金构建的动机源于农业的公益性、弱质性和风险性，资金来源主要有政府财政投入，第二、三产业按照产值利润比例的资金投入，农业保险机构根据年度利润差额比例缴纳的风险储备金，农民自发筹集的各类资金，同时不排除其他社会组织或个人对该专项基金的自发性投入。投入的资金由该专项基金管理者独立、专项使用，政府、保险商及其他主体概不得对其进行不当干预或支配。[1] 农业风险保障基金构建的灵感来自巨灾保险基金，但又明显区别于后者：[2]（1）构建目的的政策性。巨灾保险基金是针对自然灾害、动物疫病、社会动乱政变等巨灾进行预防、救助进行的资金积累和自给筹措，以保险为载体。农业风险保障基金应对的风险包含农业灾害风险、农产品市场风险等，范围更广，载体除了保险还有社会救助形式。该专项基

〔1〕 参见丁声俊：《关于创建中国农业粮食结构和保障基金的建议》，载《农业经济问题》2001 年第 9 期。

〔2〕 巨灾保险基金是指以保险产品为载体，结合政府、资本市场等多元主体参与融资管理与损失分担，用于分散巨灾风险与分担巨灾损失的一种专项基金。

金的构建直接落脚于农业，目标的针对性和政策性更为显著。（2）资金来源的多元性。巨灾保险基金多采用政府与保险公司合作的经营模式，政府预先拨付一定比例资金建立基金，由商业保险公司采取市场化方式运营。在巨灾年份，若巨灾保险基金资金不够，政府可依据申请再行拨付财政资金。[1] 农业风险保障基金的资金有较大份额来源于第二、三产业的比例性投入，这是根据“工业反哺”原理，把第二、三产业分享第一产业的成果以某种机制为载体适度、合理地返还给农业产业，实现产业间的再分配。（3）基金管理、使用的专项性。巨灾风险基金一般由政府成立专门的、独立于其他各部门的管理机构，来专项管理基金。农业风险保障基金管理、使用的专项性更为全面，包括管理机构的设立、组织及管理，但除了政府，农业生产经营者、保险机构、再保险人等主体也有权对基金的构建、使用、投资保值增值以及利用绩效进行监督、提出批评、质疑、要求复核等以确保其专项性。

在政策性农业保险中，农业风险保障基金与农业保险之间建立的是风险的补偿关系，即前者对超过保险机构承保范围的风险承担补充性风险责任，目的是覆盖保险赔偿未能完全覆盖的农业产业风险。为了防止保险机构利用基金减轻或免除其本应承担的赔偿责任，必须对保险机构等相关主体进行必要的监管，防止其利用这种准政策性工具谋取私利，致使基金效能落空。

3. 农业信贷机构

狭义上的农业信贷机构是指为了促进农业经济发展，为农业融通资金、满足农村发展的经济需要、保障资金供给而设立的专门性金融机构，一般由国家授权参股或由财政提供补贴，以改变农村信贷配给不均衡和农村资本不适当外流的状况。广义上的农业信贷机构泛指向农村产业者提供各种信贷业务的金融机构，包括专门性金融机构和一般商业金融机构。在普惠金融理念下，鉴于一般金融机构利润最大化趋势下的信贷配给与资金外流在农村可能产生的恶性循环状况，专门性农业信贷机构成为国家扶持农业、农村经济发展的重要金融举措。当然，这并不意味着要排斥其他金融机构进入农村金融市场，对农业

---

〔1〕 参见高海霞、王学冉：《国际巨灾保险基金运作模式的选择与比较》，载《财经科学》2012 年第 11 期。

经济提供信贷服务，而是意味着国家将专门性农业信贷机构作为主力。[1]

专门性农业信贷机构与政策性农业保险有着共同的政策性构建目标，承载着相同的农业扶持任务，“信贷 + 保险”的互联模式，旨在产生“1 + 1 > 2”的经济效应，包括改变农村收入低下状况、缓解农村金融信息不对称现象、落实普惠金融、拓宽融资渠道、解决农民的资金困难、扶持农业生产与经营。“信贷 + 信息/信用中介 + 保险”的模式更是为节省经营成本、增加农业保险参与度、改善农户信贷可获性、减少信贷机构经营风险产生了不少助益。[2] 2009 年中共中央、国务院《关于 2009 年促进农业稳定发展农民持续增收的若干意见》提出探索建立农村信贷与农业保险相结合的银保互动机制。[3] 2010 年，银监会、保监会《关于加强涉农信贷与涉农保险合作的意见》提出加强涉农信贷与涉农保险合作，分散银行业涉农信贷风险，这一文件是“信贷 + 保险”互联模式的基本指导性文件，也是政策性农业保险立法就业务互联规划的参照。

二、政策性农业保险法律关系内容

（一）基础性主体的权利和义务

1. 政府的权利和义务

在政策性农业保险运行过程中，政府的角色是多重的，既是政策性农业保

〔1〕 如美国的农业金融服务体系就是政策性金融机构、合作性金融机构及商业性金融机构并存。参见驻美国经商参处：《美国现代农业金融支持体系》，载商务部网，http://www.mofcom.gov.cn/article/i/dxfw/nbgz/201603/20160301279642.shtml。

〔2〕 农业信贷的发展在我国针对“三农”问题解决政策中一直属于一项重要内容。对其扶持目前尚未彻底改善农业信贷配置低效率的问题，农村信贷难问题在很长一段时间已成为制约农村经济发展的“瓶颈”。和农业保险推进过程中所面对的困境一样，资本的逐利性决定了资本会从低收益领域、地区或产业持续流向高收益领域、地区或产业，加上农业天然的弱质性，使其农业信贷存在高经营风险。从自身资金安全性角度考虑，农业信贷机构会谨慎投放农村市场的信贷资金，由此造成信贷配给。正如缺乏政策性扶持的农业保险一样，农业信贷发展也会遭遇这种瓶颈效应。所以，在发展农村经济问题上，对农业信贷机构进行政策性扶持具有与对农业保险进行政策性扶持类似的效应，两者互联的目标一致性得到验证。

〔3〕 2008 年 12 月 31 日发布的中共中央、国务院《关于 2009 年促进农业稳定发展农民持续增收的若干意见》（中发〔2009〕1 号）第 4 点强调要“增强农村金融服务能力……加快发展政策性农业保险，扩大试点范围、增加险种，加大中央财政对中西部地区保费补贴力度，加快建立农业再保险体系和财政支持的巨灾风险分散机制，鼓励在农村发展互助合作保险和商业保险业务。探索建立农村信贷与农业保险相结合的银保互动机制”。这是首次在中央层面对农业保险与农业信贷互联机制确认了立场。

险的法律制度供给者，主导着整个制度变迁过程，又是制度的实施者之一，并且在财政资源供给的同时担当行为监管者；政府同时还是政策性农业保险的助推者，通过财政补贴、税收减免、配套扶持、建立农业巨灾风险分散机制以及创造良好的外部环境等方式，为政策性农业保险保驾护航。[1] 政府在政策性农业保险基础法律关系中，享有规划权、审核权、政策扶持权、监督检查权等具体职权，其中，政策扶持权是推动农业保险发展的关键职权。该项权力主要包含：(1)财政政策扶持。其包括保险费补贴、经营管理费用补贴、再保险补贴以及参与建立巨灾风险准备金等。[2] 财政支持是"政策性"要素介入农业保险的主要特征展示，已被纳入WTO"农业绿箱"政策范围。(2)税收政策支持。其包括对种植业、养殖业两业保费收入免征营业税；对保险公司经营中央财政和地方财政保费补贴的种植业险种业务提取不超过保费收入25%比例的巨灾风险准备金；[3]对农业保险相关合同免征印花税。[4] (3)金融政策扶持。[5] 其包括设立政策性农业金融机构、为农业保险机构提供再贷款、为保险人和投保人提供信贷优惠、施行信用担保创新等。金融扶持有助于农业保险与农业信贷之间的业务联动，优化资本环境。

政策扶持权既是政府的经济职权，也是政府的经济职责。对农业保险进行扶持的过程，是政府界定、确认、协调、权衡和保障各社会主体利益分配关系的过程。对社会利益资源的处置是以政府对该利益资源拥有相应的权利为前提

---

〔1〕 参见王俊凤、潘湘波、郭翔宇：《农村法制建设与政策性农业保险立法》，中国农业出版社2009年版，第186页。

〔2〕 根据现代公共选择理论，政府是一种向社会提供公共物品的制度安排，财政政策则是这种制度安排的融资手段。参见庹国柱、朱俊生：《试论政策性农业保险的财政税收政策》，载《经济与管理研究》2007年第5期。

〔3〕 2012年3月29日财政部、国家税务总局《关于保险公司农业巨灾风险准备金企业所得税税前扣除政策的通知》(财税〔2012〕23号)规定，保险公司经营财政给予保费补贴的种植业险种(以下简称补贴险种)的，按不超过补贴险种当年保费收入25%的比例计提的巨灾风险准备金，准予在企业所得税前据实扣除。该通知自2011年1月1日起至2015年12月31日止执行。

〔4〕 此外，财政部、国家税务总局还曾就农村金融税收政策发出通知，明确规定自2009年1月1日至2013年12月31日，对保险公司为种植业、养殖业提供保险业务取得的保费收入，在计算应纳税所得额时，按90%比例减计收入。资料来源：国家税务总局《税务公报》2010年第5期，http://www.chinatax.gov.cn/n81034/n810765/n812161/n812564/c1085521/content.html。

〔5〕 金融政策是一国中央银行为实现宏观经济调控目标而采用各种方式调节货币、利率和汇率水平，进而影响宏观经济的各种方针和政策，包括货币政策、利率政策和汇率政策。

的。因而，立法在为政府在农业保险中的政策扶持权架构合理的权力结构和行使模式时，应当注重从事前规制、过程控制、社会监督、事后责任追究等多维度进行规范。

2. 保险机构的权利和义务

承担政策性农业保险业务的保险机构有多种组织形式，但其基础法律权利与义务还是相对集中的。权利主要有经营自主权、承保权、收取保险费的权利、监督权和获得扶持权等。(1)经营自主权是指自主决定投资方案、经营方针等，不受政府、社会团体、其他组织及个人的不当干预的权利。“政策性”要素的介入也不是要改变独立人格下的自主权，而是为农业保险持续性经营提供支撑力。(2)监督权既包括保险合同签订后对已投保农业项目进行现场检查、请求农户履行告知义务、采取相应措施以减少灾害损失的权利，也包括对政府扶持及监管行为的监督、建议权利。(3)获得政府扶持的权利是政策性农业保险的主要特质。与权利相对等，保险机构的义务主要集中在诚信守法义务、受理投保义务、明确说明义务、理赔义务、管理农业保险基金义务等之上。其中，最大诚信义务构成首要的核心义务，具体指向以下内容：(1)说明义务。农业保险机构应向农业生产经营者说明保险合同条款内容（特别是免责、减责等条款）的义务。[1] 该项先合同义务属于所有保险从业者的法定义务，不允许以合同条款方式予以限制或免除；该项义务具有主动性，无须农业生产经营者询问或要求就应主动履行。在判定违反说明义务的法律责任时，主观要件采取无过错责任或

[1] 保险合同属于典型的格式条款（合同）。对于格式合同条款的说明义务，我国原《合同法》第39条规定：采用格式条款订立合同的，提供格式条款的一方应当遵循公平原则确定当事人之间的权利和义务，并采取合理的方式提请对方注意免除或者限制其责任的条款，按照对方的要求，对该条款予以说明。《保险法》第17条规定：订立保险合同，采用保险人提供的格式条款的，保险人向投保人提供的投保单应当附格式条款，保险人应当向投保人说明合同的内容。对保险合同中免除保险人责任的条款，保险人在订立合同时应当在投保单、保险单或者其他保险凭证上作出足以引起投保人注意的提示，并对该条款的内容以书面或者口头形式向投保人作出明确说明；未做提示或者明确说明的，该条款不产生效力。

严格责任原则。(2)禁止不当抗辩的义务。[1] 农业保险所承保风险较其他风险更具不可预见性、不可控性和系统性,保险人对投保人、被保险人告知内容的调查、审查应更为审慎,应禁止不当抗辩,避免保险人运用专业优势、合同优势为提高参保率损害投保人、被保险人利益,维护农业保险市场稳定性。以此维护合同当事人的利益平衡,符合诚信原则的实现路径。(3)"合理期待原则"下产生的义务。[2] 农业生产经营者对政策性农业保险标的的保险利益本身是一种期待利益,如果对保险合同条款产生争议,应基于缔约时的合理期待进行条款的解释与适用。当然,农业生产经营者对于保险标的的期待权仅限于客观、合理的期待,不能对其期待权作无限制扩张性解释,以避免产生巨大的不确定性,违反市场均衡论。[3]

3. 农业生产经营者的权利和义务

农业生产经营者是政策性农业保险合同的投保人(被保险人),其权利和义

[1] 该义务源于"弃权"与"禁止反言"。"弃权"是指保险合同当事人故意抛弃其在保险合同中的有关权利;弃权必须满足有弃权的意思表示、知道或应当知道权利存在、弃权的意思表示必须是向保险合同对方当事人作出并且到达对方当事人这三个要件。参见温世扬主编:《保险法》(第 2 版),法律出版社 2007 年版,第 40 页。"禁止反言"(禁止抗辩)则适用于保险人已知被保险人违反如实告知义务或违反条件(或保证),仍明示或者默示向被保险人表示保险合同具有强制执行力,被保险人不知其事实而信以为真,那么,其后,保险人不得再以此等事由对抗被保险人履行合同的请求。"弃权"和"禁止反言"均为英国保险法上的制度,我国《保险法》并未采用这两个术语,但作出了类似的规定,如,《保险法》第 16 条第 6 款规定:保险人在合同订立时已经知道投保人未如实告知的情况的,保险人不得解除合同;发生保险事故的,保险人应当承担赔偿或者给付保险金的责任。

[2] "合理期待原则"是指"当保险合同当事人就合同内容的解释发生争议时,应以投保人或被保险人对于合同缔约目的的合理期待作为出发点对保险合同进行解释"。参见李利、许崇苗:《论在我国保险法上确立合理期待原则》,载谢宪主编:《保险法评论》第 4 卷,法律出版社 2012 年版,第 112 页。参见刘宗荣:《新保险法:保险契约的理论与实务》,中国人民大学出版社 2009 年版,第 7 页。我国《保险法》未确立"合理期待原则",仅在第 30 条规定:采用保险人提供的格式条款订立的保险合同,保险人与投保人、被保险人或者受益人对合同条款有争议的,应当按照通常理解予以解释。对合同条款有两种以上解释的,人民法院或者仲裁机构应当作出有利于被保险人和受益人的解释。所以,事实上,对于该原则的适用,更多取决于法官的自由裁量,取决于执法者对合同自由与公平正义理念的理解。

[3] 合理期待原则的适用所避免的不公正主要有:(1)程序性不公正,即保险交易的程序造成被保险人具有合理的期望值,尽管保单条款已经明确将其期望排除;(2)结构性不公正,即保单条款的规划和组织能够引起被保险人对保险条款理解的混乱;(3)环境性不公正,某些情形下,格式保单使用于某一特定被保险人时,保单保障范围会受到不公平限制。See David J. Seno, *The Doctrine of Reasonable in Insurance Law*, What to Expect in Wisconsin, 85 Marq. L. Rev. 859, p. 867 – 868 (2002).

务与保险机构的义务和权利相对应。一般投保人的权利主要包括知情权、投保权、保险金赔偿请求权、监督权、获取保费补贴权等；义务包括缴纳保险费的义务、告知义务、诚实守信义务、证明义务、及时采取措施减少损失扩大的义务等。政策性农业保险中投保人的核心权利应属"农业风险保障权"。该权利是农业生产经营者实现保险利益的最终归属和目标，一般将其界定为"农业生产经营者在面临农业自然灾害、意外事故威胁情况下，依法享有的获得保险保障以有效分散风险、减轻灾害损失、稳定收入水平、保障农业生产顺利进行的权利"。[1] 该权利的实现符合政策性农业保险目标性追求，本书将其纳入权利实现路径进行集中论证，此处不予展开。

4. 中介组织的权利和义务

在政策性农业保险领域充当中介的机构包括保险中介、信息中介、信用中介、流通中介以及风险中介等，同一机构可以承担多个中介角色。比如，保险经纪人、保险代理人、保险公估人等作为传统的保险中介，为保险合同当事人传递信息、保障信息真实性，确保当事人签约、履约及理赔的顺利进行，整体过程已兼具信息中介、信用中介等多重身份特征。身份与功能的交叉性意味着判定其权利义务可依业务属性为标准。(1)保险中介的权利和义务。其权利包括：获取中介佣金或劳务报酬、独立开展业务活动。保险经纪人、保险代理人、保险公估人接受保险合同当事人委托，有权就其中介服务向委托人收取佣金或劳务报酬；并在保险合同授权范围内，独立为意思表示，不受委托人及其他相关组织、个人的不当干预。其义务包括：诚实告知义务、如实转交保险费等合同标的义务、维护委托人（保险人、投保人或者被保险人）合法权益的义务。在政策性农业保险中重视保险中介业务的开展，目的是利用其专业性提升保险服务，开拓农业保险市场，维护保险人、投保人、被保险人的合法权益。(2)信息中介的权利和义务。政策性农业保险中，信息中介在政府主导下为保险合同当事人及关联主体提供相关合同签订、履行所需的充分、真实、客观的信息。除却广泛意义上信息中介（含保险中介等主体）的角色特点，政府主导构建的专门性信息中介平台具有一定的公益性，不以营利为目的，不受市场干预，信息决策及供给的标杆主要基于法律的明确规定。专门性信息中介的权利主要有信息收集权、信息

[1] 参见张长利：《政策性农业保险法律问题研究》，中国政法大学出版社 2009 年版，第 8～9 页。

筛选权、信息公开权以及对提供虚假信息的行为进行认定及处罚的权利。该信息中介有权要求农业保险机构、农业信贷机构、农业生产经营者及相关组织和个人提供可能影响农业保险、农业信贷及其他农村经济活动的信息,包括工商登记信息、企业年度报告、重大变更信息等。[1] 信息中介的义务有:信息真实性保障义务、信息如实公开义务、接受社会监督和行政监督的义务。信息中介有审核企业信息的义务,以确保公开信息的真实性、合法性,并且应当如实公开信息,不得扭曲或作不合理的解读,以免对农业保险、农业信贷等行为作出错误引导。信息中介对信息的审核权、公开权和对虚假信息提供者的处罚权应当受到社会的监督和上级主管部门的审查,以保障其职责的正确行使。(3)信用中介的权利和义务。信用中介以自身信用提供保证来促成双方当事人交易的完成,为降低自身以及合同当事人交易的经营风险,应当享有对合同、合同主体、合同履行过程进行审查、调查、反馈等权利,并有权收取相应佣金。其义务有:保密义务、告知义务、及时采取措施防止信用风险的义务等。信用中介为履职对交易双方资信情况等的调查结论,应当根据约定履行保密义务;如果交易双方中的一方或双方资信状况发生变化,尤其是发生了足以影响合同履行的情形,应当及时告知交易对方,并协助各方采取合理措施防止损失扩大,防范信用风险的发生。

(二)关联性主体的权利和义务

1. 农业互助组织的权利和义务

其权利集中在组织筹建权,代表谈判权,代表索赔、申诉、起诉的权利等。农业互助组织理论上由区域内农户自发组织筹建,并接受政府的引导和财政支持。农业互助组织代表成员与保险公司等机构进行沟通、谈判,比单一成员谈判更具优势。农业互助组织代表农户进行集体维权,就合同权利义务向保险公司等主体进行索赔、申诉,也具有维权上的团体优势。农业互助组织以共济为

---

[1] 根据国务院2014年《企业信息公示暂行条例》第6条至第10条的规定,工商行政管理部门作为一般企业信用信息公示平台,"应当通过企业信用信息公示系统,公示其在履行职责过程中产生的下列企业信息:(一)注册登记、备案信息;(二)动产抵押登记信息;(三)股权出质登记信息;(四)行政处罚信息;(五)其他依法应当公示的信息";该条例第8、9条规定了企业报送并公示年度报告的要求,包括企业从业人数、资产总额、负债总额、对外提供保证担保、所有者权益合计、营业总收入、主营业务收入、利润总额、净利润、纳税总额信息等。政策性农业保险领域,农业保险机构、农业信贷机构等企业的信息公开栏目可以之为参考,并根据业务性质的不同,增减其中的披露内容要求。

原理，但也要防止组织内部管理人员滥用主体资格、损害农业生产经营者利益。法律应敦促其承担下列义务：及时告知义务、审慎履职义务、维护农户成员合法利益的义务等。就审慎履职而言，农业互助组织在集合谈判、集体维权过程中，需利用团体意志优势，维护市场中处于弱势地位的农户利益。农业互助组织不能成为农业生产经营者的竞争者，在接受政府引导、监督的同时，须接受成员的监督、建议和申诉。

2. 农业风险保障基金的权利和义务

其权利包括融通资金、决策投资、资金风险管理等。农业风险保障基金一旦建立，就具有独立的（财团）法人资格，有权通过合法途径融通资金，确保基金增值保值。为避免投资失利，基金管理者有权对资金投资进行风险管理，通过审核调查、投资评估、绩效反馈，集中优质投资，分散风险，保证其在政策性农业保险中担当风险损失补充性赔付主体的资格。其义务包括维持基金持续性、风险管理、补充性赔偿。风险管理直接关系基金的可持续性，因而，专业性的管理、投资决策和风险监测等机制及人员配备，是维持风险管理水平的关键。同时，要建立基金内部审计监管，政府主管部门及公众有权对其进行质询、建议和监督。

3. 农业信贷机构的权利和义务

在“信贷＋保险”模式中，农业信贷机构的权利和义务主要基于互联协议的约定，在立法上，可以确定其享有自主经营权、信息共享权、财政补助权和监督检查建议权，承担及时告知、风险管理、信贷资金安全维护、接受监督建议等义务。“信贷＋保险”模式在我国各地已有试点，一般以投保农业保险作为信贷机构提供小额贷款的先决条件，目的是降低信贷资金风险，提高农业保险参保率，获得双赢。业务互联并不意味着业务的彼此干预，其主体仍是在自主经营的独立意志下进行决策。作为农村金融的有效构成，农业信贷和农业保险都要为确保金融系统安全，及时进行借款人、投保人资质及信用度信息资讯的共享和交流，这需依赖信息和信用中介发挥作用，同时对金融消费者信贷资金使用情况、被保险人生产管理情况进行适当跟踪、监督、建议，以确保资金安全，完善风险管理机制。

三、政策性农业保险法律关系客体

客体是与主体相对应的范畴,是指主体的意志和行为所指向、影响、作用的客观对象。[1] 与一般商业性财产保险法律关系不同,政策性农业保险法律关系客体包含了政府对农业保险施行的经济扶持、监管建议等各项"政策性"干预行为。政府经济行为是在社会经济演进过程中,随着现代国家从"行政国家"到"经济国家"的蜕变与经济属性在政府角色中的嵌入,在公私利益融合的驱动下,政府及其职能部门所实施的宏观经济调节行为和微观经济规制行为。[2] 政策性农业保险中,政府对农业保险的政策扶持、引导监管等行为,具有目的的公共政策性、功能的财产供给性、手段的市场性、主体结构的特定性、意思表示的政府主导性、适用范围的限定性、法律适用的综合性等性质,已经超越了传统意义上行政行为的范畴,符合市场化政府经济行为的一般特征。[3] (1)目的上,对农业保险的政策扶持是国家出于维护、促进农业发展这一公共政策需要,授权政府或其他适合机构而展开的;(2)功能上,对农业保险给予财政补贴,相当于政府向保险市场供给财产,填补其成本—收益缺陷;(3)手段上,在保险这一商业形式上注入"政策性"内容,属于借助市场机制实现社会性目的的做法;(4)主体结构及意志上,将政府意志介入保险合同法律关系,主体呈现特定性,行为具有主导性;(5)适用范围上,"政策性"介入必须受合理限制,政府行为有其必要的权力边界;(6)法律适用上,政府经济行为渗入农业保险多个环节,各环节行为规制会涉及多元规范诉求,需行政法、民商法等多种法律调整;(7)形式上,政府经济行为主要有财政补贴、建立农业保险巨灾准备金、提供再保险以及税收优惠和信贷优惠等几种常见类型。

---

〔1〕 参见张文显主编:《法理学》(第3版),高等教育出版社、北京大学出版社2007年版,第163~164页。

〔2〕 参见冯辉:《论"经济国家"——概念、发生及其意义》,载史际春主编:《经济法学评论》第10卷,中国法制出版社2010年版,第1~49页。

〔3〕 参见管斌:《混沌与秩序——市场化政府经济行为的中国式建构》,北京大学出版社2010年版,第44~52页。

第一，关于财政补贴。对农业进行补贴是市场经济国家的共同选择。[1] 农业补贴主要包括对农业生产者的价格支持、直接补贴以及对整个农业部门实施的技能培训、科研推广、粮食安全储备、资源环境保护、基础设施建设等各项支持计划。[2] 农业保险补贴则集中在保费补贴、经营管理费用补贴、再保险或再保险补贴之上。农业保险补贴属于农业补贴中的价格补贴形式，包括直接补贴和间接补贴。(1)保费补贴。属于直接补贴，签订保险合同时，投保人只缴纳保险单上列明由农业生产经营者自身承担的那部分保费，财政补贴部分由国家财政直接缴纳。(2)经营管理费用补贴。其也属于直接补贴，由政府向农业保险经营机构直接支出，以降低其经营成本、调动其业务积极性。(3)再保险(补贴)。将农业保险业务向国有或专门性保险机构进行再保险，或者由政府财政对再保险机构提供直接补贴，均以提高农业保险经营效率为目的。财政补贴不当会给农业保险经营带来一些负面效应，包括道德风险与逆向选择的负面效应增加、财政压力增大等。[3] 有时补贴本身并未失当，但因市场供求关系变化也会导致补贴绩效差强人意。如补贴提高了农户参保率和农作物产量，但在市场供求与价格机制作用下，农作物市场价格下跌，补贴带给农户的收入利益将被市场价格下跌所抵消，没有参加农作物保险计划的农户将遭受到更大损失。要克服这些弊端，政策性农业保险补贴制度应当基于效率—公平理论，对发放对象、比例、险种、地域范围等设计科学指标；补贴投放后应当进行适时的跟踪调研和绩效评估，对不尽合理的补贴投放行为进行及时纠正；对滥用补贴者设计

---

[1] 补贴一般是政府或公共机构专门针对某一企业或产业授予的一项具体利益，可以是政府提供财政资助、采取收入或价格支持措施。如美国2002年《农业安全与农村投资法》将大部分农产品纳入了由"营销贷款支持"、"固定直接补贴"和"反周期补贴"构成的"收入安全网"。美国2008年《食品、环保、能源法》新增基于农户目标收益的"平均作物收入选择补贴"，向收入支持转型。参见程国强：《中国农业补贴：制度设计与政策选择》，中国发展出版社2011年版，第114~116页。

[2] 经济合作与发展组织(OECD)将农业补贴归纳为：(1)对农业生产者的支持，包括价格支持和直接补贴两种，前者通过价格政策向农业生产经营者和农产品提供补贴支持，补贴成本由政府财政和农产品消费者共同负担，后者是给予农业生产经营者的补贴，补贴支出由政府财政负担；(2)政府一般服务支持，由政府公共财政对整个农业部门进行补贴支持，包括科研推广、培训、粮食安全储备、基础设施建设和资源环境保护等形式。

[3] 财政补贴下的巨大利益诱惑和定损理赔程序上的业务漏洞导致道德风险和逆向选择大量滋生，财政补贴可能会抵销耗散。在美国，有些农户倾向于选择在高风险地区或贫瘠土地上种植，减少生产成本投入，增加保险赔款的数额；保险公司为维持与大农场的业务关系，会对被保险农户提供"有利"赔款；加上对定损理赔人员及工作流程缺乏监督，联邦政府赔付成本大幅提高，财政压力剧增。

严格的责任条款,实现其应有的价值。

第二,关于农业巨灾风险准备金。农业巨灾风险准备金是以应对仅依靠农业保险和再保险力量仍无法有效化解的巨灾风险所进行的资金安排,包括政府财政投入和保险机构比例计提,后者一般是指农业保险机构根据有关法律法规规定,在经营农业保险过程中,为增强风险抵御能力、应对农业巨灾风险专门计提的准备金。[1] 关于农业巨灾风险准备金的计提、管理、使用,在我国目前主要以2013年《农业保险大灾风险准备金管理办法》(以下简称《准备金管理办法》)、2014年《农业保险大灾风险准备金会计处理规定》为主要依据,该两项依据在效力级别上属于部门规范性文件。(1)关于计提和来源。来源主要有三:一是政府财政投入。计提依据包括保费收入、农产品市场波动状况和风险值等。二是农业保险机构依法计提。依据《准备金管理办法》第5、7、8条,计提依据包括农业保险(种植业、养殖业、森林等大类险种)保费收入、超额承保利润等,具体计提比例由保险机构确定,其依据有2013年《农业保险大灾风险准备金计提比例表》、省级财政等部门意见以及农业灾害风险水平、风险损失数据、农业保险经营状况等客观因素。[2] 三是资本市场合法融资。如通过发行巨灾风险证券化产品,增强准备金实力。所形成的准备金,应当报经财政部备案。[3]

---

〔1〕 参见我国2013年《农业保险大灾风险准备金管理办法》(财金〔2013〕129号)第2条。该办法第1条还规定了农业巨灾风险准备金的立法目的,是"为进一步完善农业保险大灾风险分散机制,规范农业保险大灾风险准备金(以下简称大灾准备金)管理,促进农业保险持续健康发展"。

〔2〕 计提比例一旦确定,原则上保持3年以上有效。2014年财政部《农业保险大灾风险准备金会计处理规定》还具体规定了农业保险机构计提、使用、转回大灾准备金的会计处理规则。为鼓励保险机构经营农业保险,依法计提准备金,在会计处理上,立法上对这部分准备金作成本列支,计入当期损益。参见2011年中国保监会关于印发《保险公司偿付能力报告编报规则——问题解答第12号:变额年金、农业保险、季度报告预测信息》的通知规定,"在偿付能力报告中,保险公司按照财政部的规定为农业保险计提的巨灾风险准备金,不确认为认可负债",以及《准备金管理办法》第17条第1款:保险机构当期计提的保费准备金,在成本中列支,计入当期损益。

〔3〕 2008年财政部《关于印发〈中央财政种植业保险保费补贴管理办法〉的通知》(已失效)第38条规定:经办机构应按补贴险种当年保费收入25%的比例计提巨灾风险准备金,逐年滚存,逐步建立应对巨灾风险的长效机制。第41条规定:经办机构应将巨灾风险准备金的提取和使用情况于每年度终了后1个月内报送财政部。2016年12月19日财政部发布《中央财政农业保险保险费补贴管理办法》,第37条规定:"经办机构应当按照《财政部关于印发〈农业保险大灾风险准备金管理办法〉的通知》(财金〔2013〕129号)的规定,及时,足额计提农业保险大灾风险准备金,逐年滚存,逐步建立应对农业大灾风险的长效机制。"2008年《关于印发〈中央财政种植业保险保费补贴管理办法〉的通知》同时废止。

(2)关于管理与使用。依据《准备金管理办法》第4条,大灾准备金应遵循“独立运作、因地制宜、分级管理、统筹使用”原则进行管理。首先,对准备金要实行专户管理、独立核算;其次,要结合不同区域农业保险工作实际、当地风险特征和风险管控能力,分别、合理地确定计提比例;再次,保险机构总部与省级分支机构应分级计提、使用和管理大灾准备金;最后,准备金的使用可以统筹进行,不分区域、级别、险种,但必须专项用于弥补农业大灾风险损失。农业巨灾风险准备金的使用,包括触发、拨付、评估、补充、保值等环节。首先,应确立触发机制,一般以农业保险综合赔付率突破一定比例作为触发点;[1]然后,应确定使用标准,一般按照在巨灾中产生的不同程度的综合赔付率,确定支出比例,防止资金滥用。[2] 此外,也可以延伸性地使用准备金,将其用于巨灾风险预防及科研,通过设立农业灾情、农业生产风险研究所,分析和研究巨灾发生、防范规律,为建构农业风险预警机制提供知识指引,实现农业保险长效机制。(3)关于监管。监管主体上,由财政、农业、保监会等部门依法对准备金计提、管理、使用等实施监督、接受审计汇报、对不当行为进行认定与处罚。监管对象和内容上,包含巨灾风险准备金本的计提、使用以及为使之增值保值所进行的投资。监管手段上,包括定期检查(现场和非现场检查)、定期评估、审计监督。[3]

第三,关于再保险。再保险,是保险人将其所承保的危险责任的一部分或全部向其他保险人办理保险,即保险的保险,或视为保险人之间的责任分担,因而也称分保。[4] 再保险的目的在于稳定保险业务经营,避免非常损失,是保险人分散风险责任的一种方式,可以扩大保险人的承保能力。政策性农业保险中,再保险主要通过四种路径得以实现:(1)政府作为再保险人提供再保险服

---

〔1〕《准备金管理办法》第13条规定:保险机构应当以农业保险大类险种的综合赔付率,作为使用大灾准备金的触发标准。

〔2〕《准备金管理办法》第14条规定:当出现以下情形时,保险机构可以使用大灾准备金:(1)保险机构相关省级分支机构或总部,其当年6月末、12月末的农业保险大类险种综合赔付率超过75%,且已决赔案中至少有1次赔案的事故年度已报告赔付率不低于大灾赔付率,可以在再保险的基础上,使用本机构本地区的保费准备金。(2)根据前款规定不足以支付赔款的,保险机构总部可以动用利润准备金;仍不足的,可以通过统筹其各省级分支机构大灾准备金,以及其他方式支付赔款。

〔3〕《准备金管理办法》第22条规定:各级财政、行业监管部门依法对大灾准备金的计提、管理、使用等实施监督。第23条规定:保险机构应当按规定及时足额计提大灾准备金,并于每年5月底之前,将上年度大灾准备金的计提、使用、管理等情况报告同级财政部门、行业监管部门。

〔4〕参见孙积禄:《保险法》,高等教育出版社2008年版,第110~111页。

务,为农业保险机构分散经营风险。如日本和加拿大分别依据本国的《农业灾害补偿法》《联邦政府对省政府经营农作物保险的分担和贷款法》,为农业共济组合联合会和推行农业保险计划的各省农业保险公司提供再保险。(2)专门性农业保险公司提供的再保险。如美国1980年《联邦农作物保险法》授权联邦农作物保险公司为私营保险公司提供再保险。(3)从国际市场上获得商业再保险。如我国黑龙江阳光农业相互保险公司为分散风险,于2005年授权怡安再保险顾问有限公司与5家国际再保人签订种植业赔付率超额再保险合约。(4)国内商业再保险。农业保险经营机构可以向经营商业再保险业务的再保险人办理分保业务。再保险视域下,政府经济行为主要表现为:(1)政府直接成立再保险公司或财政扶持商业保险公司,为农业保险提供再保险。如中国再保险集团公司与人保财险、中华联合财产保险、安华农业保险股份有限公司在2007年签订再保险框架协议,为这些公司提供政策性农业再保险。(2)对农业再保险实行补贴。再保险与再保险补贴形成了双重扶持,补贴的形式包括巨灾风险再保险费补贴、农业巨灾再保险业务管理费用补贴等。(3)主导建立农业再保险基金。政府在其中充当最后保险人角色,类似于中央银行"最后贷款人",为农业保险超额赔付提供资金保障。由该项基金对风险承担兜底责任,目的是减轻农业保险机构的经营压力,保障保险市场的可持续经营。

第二节　政策性农业保险主体利益博弈的展开

梳理政策性农业保险基础法律关系和关联性法律关系各要素,目的是为通过法经济学分析方法来诠释不同主体间的利益诉求以及让渡、竞争、协同利益关系的论证基础,以更清晰地形成立法所追求的合理的利益格局。

一、法经济学相关理论对主体利益博弈的影响

(一)法律市场理论

法律市场理论为主体利益博弈提供预期架构,为主体行为作基础性引导,并根据行为发展规律更新市场规则。"法律市场同经济市场一样,存在理性人

对收益最大化的追求。"[1]法经济学本身就是将法律问题以经济学的思维进行分析推论,用经济工具分析不同主体在法律市场中的活动以及其规律,对资源分配、交换、交易中的供给—需求理论、成本—收益理论以及激励、效率等范畴进行凝练,形成法律合规律性的价值取向和目标构建。和经济市场相似,法律市场也是以理性经济人假设为前提,以竞争作为提升资源配置效率的重要手段,并以解决法律资源稀缺性为目的,审慎生产规则,创新行为规范,优化权利配置。归根结底,主体期望获取最大潜在利润是导致法律制定和改革的最直接的诱致因素。"如果预期的净收益(指潜在利润)超过预期的成本,一项制度安排就会被创新。只有当这一要求得到满足时,我们才可望发现在一个社会内改变现有制度和产权结构的企图。"[2]反之,提升法律市场的效率也是通过合理配置权利来实现的。"权利是建造法律的基本材料"[3],没有权利就没有法律,权利是法律的基础。权利配置总是以相应的义务配置为代价,滥用权利就会带来外部成本。在法律市场中,正确处理个人理性和集体理性的冲突,准确配置个人权利与集体权利,将直接影响法律的效率目标和公正价值。

政策性农业保险中的政府、农户、保险商、中介机构等基础法律关系主体与农业互助组织、农业信贷机构和农业风险保障基金等关联性主体比较完整地呈现了该领域的法律市场关系,不同主体之间有着冲突、相容、激励、平衡的利益联系(如图 2 - 1)。

如图 2 - 1 所呈现,个人理性与集体理性的冲突,局部最优与整体最优的矛盾,需要"政策性"要素在介入时,处理好农户个体利益与公共利益的平衡关系,防止政策性农业保险这项准公共资源沦为"公地悲剧",造成政府财政的耗散。农业产业地区性差异的存在,要求政府处理好中央与地方、地方与地方利益的配置,政府经济行为的适当性关乎地方局部利益最大化的实现,更关乎中央及其他地方利益最大化多方面利益结构的平衡,市场均衡理论的适用可以作为政府决策的标准之一。解决冲突,化解矛盾,是完善的法律市场的标志。法律市

---

[1] 钱弘道:《法律的经济分析工具》,载《法学研究》2004 年第 4 期。转引自冯张美:《"小产权房"流转问题之法经济学分析》,载《浙江社会科学》2014 年第 7 期。

[2] [美]L. E. 戴维斯、D. C. 诺斯:《制度创新的理论:描述、类推与说明》,载 R. 科斯等:《财产与权利制度的变迁》,刘守英等译,上海人民出版社 1994 年版,第 295 页。

[3] [美]弗里德曼:《法律制度》,李琼英、林欣译,中国政法大学出版社 1994 年版,第 264 页。

场为成本—收益理论、供给—需求理论提供了相对宏观的背景和分析对象。当特定领域、特定行为下社会成本收益与个体成本收益不一致时，法律若只顾理论上社会收益最大化，置个人偏好、个人理性于不顾，将导致成本过高而致使制度难以推行。此时，基于理性人假设对市场进行适当调整和激励，根据守法人对法律的需求和立法者创新立法成本，产生恰如其分的“激励相容”(incentive compatibility)机制，使法律能够在尊重、满足、利用个人利益最大化的理性选择基础上达到集体理性的追求目标。[1] 该过程综合了成本—效益理论、法律供求理论两项理论工具，也将公平与效率、激励与监管融入其中。

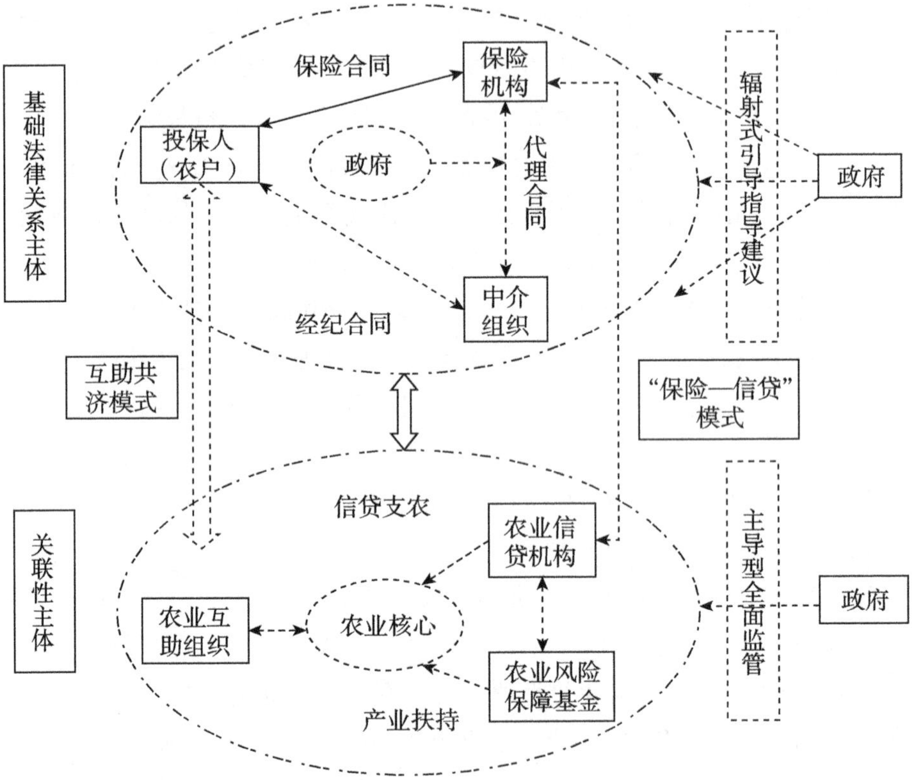

图2－1　政策性农业保险主体关系总图

---

〔1〕“激励相容”是理查德·A. 波斯纳在其《法律的经济分析》中提出的观点，可以适用于关联机制间功能协同、效能增进的解释。当立法尊重守法者的利益、某一机制协同另一相关机制功能的发挥时，可以产生“1＋1＞2”的激励效应。

（二）成本—收益理论

成本—收益理论是引导主体行为和利益诉求的基本规则，其以权利义务分配为起点，通过权利、义务、责任的合理安排来实现对法律资源的有效配置，以程序为保障，追求预设法律价值目标的实现。当立法、执法、司法成本支出没有实现预期效用，就在一定程度上表明现有法律供给不符合成本—效益理论，人们会寻求制度创新；而计算改革成本与收益之间能否达到效益最大化，又是衡量立法改革成败的重要指标。从理性经济人视角，依据成本—效益理论衡量各利益群体利益诉求，考察法律的设立、改革、存废过程中的各项成本以及可能获得的成效，成为实现法律制度资源优化配置的必要前提。权利也是一种资源，具有稀缺性，因而也存在节约成本、优化设计、谨慎选择等问题，在法律制度上，便转化为对良法的慎重选择和效益化设计问题；[1]经济学理论研究是基于"稀缺"这一关键词展开的，因为物品和资源的稀缺，导致社会必须有效利用资源，立法、司法、执法和守法等行为也是基于这种稀缺性而展开的理性选择。[2] 作为一项准公共物品，如何最大化物品的收益，是政策性农业保险立法设计时的经济宗旨。基于成本的考量，国家对农业保险的政策性投入需有合理的限度，比例性、限制性的投入使该项公共物品具有了客观上的稀缺性，在实现保护农户利益、保障农业产业可持续发展等根本目的的同时，合理配置第一产业与第二、第三产业（包含保险、信贷等服务业）就公共资源共享方面的权益，是制度依据成本—收益作出的理性选择。

（三）博弈论下的法律均衡理论

运用博弈论方法解构法律关系，目的是形成利益均衡的状态。法律均衡理论以博弈论为基础方法，协同为路径，形成利益均衡形态为其追求目标，该理论其实是博弈方法和利益均衡论的结合，两者是手段和目的的关系。博弈、协同、均衡是一个系统达到完善的逻辑过程，将社会经济生活视为一个整体，那么该整体系统由各个不同的子系统分别构成，在一定的时空条件下，子系统之间通过相互的利益博弈、协作，促使整体系统形成结构严密、功能健全、运作有序的完整结构，而该结构在一个较长的历史时空中，将保持均衡的形态，直至系统内

〔1〕 冯玉军：《法经济学范式》，清华大学出版社 2009 年版，第 35 页。

〔2〕 参见周林彬等：《法律经济学：中国的理论与实践》，北京大学出版社 2008 年版，第 28 页。

部的博弈规则不再适应形势，子系统之间会以新的博弈、协同，推进至新的均衡规则和形态形成。政策性农业保险法律关系主体各方进行利益博弈，期待各方之间达到均衡，该状态的形成需要制度的引导和规制；该状态形成后产生的社会效益又会影响制度的成效评估和改革节奏。比如，农业保险合同中投保人对投保成本和保障可获性的衡量决定其最终是否投保，投保的概率又影响到保险人进入保险市场的积极性；如果立法供给不能使风险池足够充足，保险商会选择退出市场，这时既定规则将被消极架空。法律关系主体理性与否关乎行为协同的成效，又关乎规则完善的进程。

法律供给需关注个体对规则的反映，个体的反应又会影响规则及规则所调整的社会关系的协同形态，从而决定整体系统的均衡与否。行为人的理性选择既受自身因素的约束，又受外部环境的影响，各利益相关者的决策及作为决定了该子系统的均衡形态，并对整体系统产生影响。[1] 博弈论下的对策行为，以形成行为人自身约束条件和博弈对方行为函数为基本特征，当一方当事人与其他当事人行为发生冲突，或者个人理性与集体理性之间发生矛盾，就需要建立一种使冲突减少、将主体之间的利益达至均衡的机制。该机制需要对法律关系参与人的利益以及决策进行演算，为各利益集团间的行为协同形成最为合理的相互制约模式。政策性农业保险体系囊括了政府、农户、保险商、中介组织、其他金融业者等多个利益群体，又集中在农村金融和农业风险防控两个子系统，与之对应的立法应当依据子系统间冲突、博弈、协同的逻辑过程和运作机理，完成均衡化的架构和完善。

二、政策性农业保险主体间利益博弈的具体表现

根据基础性和关联性法律关系的区分，主体利益博弈可分以下表现类型。

（一）基础法律关系主体间的利益博弈

主体间的利益博弈，表现为各方对利益机会进行追求与分配的过程。行为

---

〔1〕 完整意义上的协同机制，是指系统在演进过程中，为适应环境，通过各子系统间的协同与发展并且产生整体涌现效应的工作方式与运作机理。参见黄亚林：《政策性农业保险各主体利益协同研究》，中国金融出版社 2014 年版，第 29～30 页。政策性农业保险市场各主体之间相互作用、协同与博弈，可以在共同实现农业保险市场分散农业风险的优势以及各自战略目标的基础上，形成系统内在特定规律性的机制，这种机制符合协同机制的相互依存性、自动调节性和内部性特征。

的预测，以及对相互间可能产生利益碰撞和冲突环节的判定，都以利益目标的确立为前提。

1. 政府的利益目标

当前中国经济处于“工业反哺农业”的阶段，政府的政策目标主要是发展农业和保障粮食安全。[1] 实现该政策目标有阶段性和层次性。农业产业化发展迅猛的省市，瓜果蔬菜生产基地和专业养殖业基地多采用机械化、规模化经营，保险商对风险进行计算、估量、防范及定损理赔的成本相对低廉，承保积极性较高。在农业产业发展较为薄弱的地区，农业保险的推进会显得较为困难，效益也不明显。在统一的利益目标下，政府还需根据各地农业产业化水平高低不同，来分层推进政策性农业保险。落实目标的层次性决定了在不同层级可以有不同保障水平，在制度上，可以赋予中央政府所承担的风险分担与保费补贴责任以统领、划一的特点，并允许地方政府进行差异化适用。考察政府完成年度政策目标的一个重要指标是各项经济指标所反馈的政绩，在政策性农业保险系统中可以反映为：投入农业保险后，地方或全国粮食、禽畜增产量及增产比例，以及政府当年 GDP、财政收入、财政收入占 GDP 比例以及增长比例。如果增长量为正，可初步认定政府推广政策性农业保险形成了积极效应。

2. 保险机构的利益目标

按照市场占比绝对值以及未来农业保险推广方向，商业性保险公司仍会是政策性农业保险市场的主力，而其追求的利益目标，不外乎利润最大化。保险公司是独立核算、自负盈亏的商业企业，利润最大化是其基本目标。收益率大于零，意味着有利可图，保险公司才有可能投入农业保险业务；收益率小于零，保险商无疑会缩减农业保险业务，甚至逐渐退出农业保险市场。依据 2016 年《农业保险条例》，对商业性保险公司开展的政策性农业保险，我国各地采取“政府推动、市场运作”的方式，由政府对保险商的展业行为给予一定比例财政补贴；为分散经营风险，立法还允许保险商“以险养险”，以其他商业性保险产品的赢利来填补保险经营亏损和管理费用支出赤字。实践中，许多保险公司在亏损情况下仍参与农业保险试点，还是源于“盈利”动因：一是保险经营直接收益；二是市场供给间接优势。保险商以农业保险试点为契机，增进与地方政府的联

[1] 参见黄亚林：《政策性农业保险各主体利益协同研究》，中国金融出版社 2014 年版，第 23 页。

系,争取政府的了解、认可和政策支持,这为公司增加了影响力和竞争优势。

3. 农户的利益目标

单一农户作为单一经济体,具有追求农业灾害损失最小化、种养殖业收益最大化的经济理性。政策性农业保险是实现该理性追求的基本机制,确保投保人(农户)在信息充分、有一定预算约束的条件下,实现参保效用最大化。这需要论证两个论题:一是农户在消费农业保险与其他产品及服务时,如何形成需求和消费结构平衡;二是农户如何选择农业保险产品及其组合,使可能的损失降到最低,实现参保效用最大化。保险需求属于安全需求的一种,[1]在经济欠发达地区,该项需求受制于农户常规消费物品的满足程度。保险产品对于收入低下的农户可能会是一种奢侈品。在效用函数中,只有当风险规避成本与其他消费物品成本产生的边际效用相等时,农户才会选择保险产品消费;当常规消费物品总和大于其生活必需消费物品的最小量,农户以保险分散风险的诉求和能力会逐渐增长。目前我国政策性农业保险试点集中在事关国计民生的那部分种养殖产业上;实践中,农户也是选择对种养殖业影响较大的风险进行重点投保,不过这部分投保人通常为规模化、产业化和技术化程度较高的农户。总体上,影响政策性农业保险参保率的因素有:农户的保险支出预算、占收入比重,保险范围与保险费率,其他农村保险消费束的保障程度,农村社会文化、习惯传统,农户的参保效用与其他风险分散方式之间的成本收益差额。农户参保以最小成本分散尽可能多的风险为基本利益诉求,因而,政策性农业保险机制的设计需以之为出发点,基于成本—收益理论,将农户的风险损失负担降到最低。

(二)基础法律关系主体与关联性主体之间的利益博弈

相较于政策性农业保险基础性主体之间的紧密关系,关联性主体与基础性主体之间所呈现出来的关系相对松散;但是,两者间的利益博弈却能更好地反映"相互配合、协调一致行动"的"协同"概念。如图2-2所示,政策性农业保险兼具农村金融和农业风险防控系统的构成角色身份,在农业经济整体持续性发

[1] 根据亚伯拉罕·马斯洛提出的需求层次理论,人的需求由低到高分为生理需求、安全需求、社交需求、尊重需求和自我实现需求五个层次,并且人的需求是从低级逐渐向高级发展的。保险属于安全需求的范畴。安全需求是在生理需求得以实现后的需求,尚属于需求的低级层次。参见黄亚林:《政策性农业保险各主体利益协同研究》,中国金融出版社2014年版,第24页。

展中与系统内各主体依据法律或协议产生利益博弈。

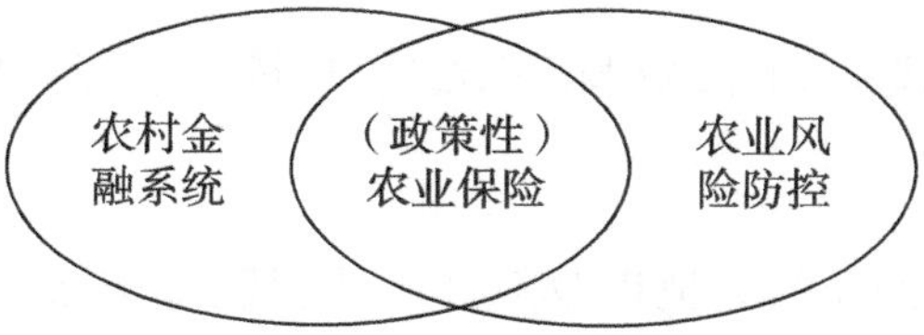

图 2-2　农村金融与农业风险防控系统

目前,立法及理论上对农村金融与农业风险防控系统之间业务关联的权利义务均未形成框架,实践中主要以契约作为依据和约束。农业保险与农业信贷之间的协同关系,可以作为该体系处理基础法律关系主体与关联性主体利益协同关系的例证。农业信贷符合以金融工具为主体融通资金、支持产业经济发展的模式,服务对象包括但不仅限于农业生产经营者。农业信贷与农业保险通过合作合同约定相互之间在农村金融模式下的职能分工与利益分配,可以改变资本市场与风险防控系统的运作方式。在资本流,农业信贷资金不仅局限于通过直接发放贷款发挥作用,还可以通过农业保险平台投入农业巨灾风险准备金,以地方农业产业中的龙头企业在信贷及保险中获得的正面利益作为示范,激励其他农户积极投保。在风险防控中,参与信贷关系的农业企业和农户可以借农业保险使创新产品获得充分的风险保障,主体的风险识别与应对能力也在该过程中逐步提高。"信贷 + 保险"合作协议中,保险人可以与信贷机构约定关于投保人资格信息的共享、协商信贷利率与投保资格的关联条款。信贷利率与保险费率一样会直接影响农户对农业信贷、农业保险的接纳程度;不过,前者属于资本投资,后者属于风险防范,资本市场的影响程度会更甚于风险防范系统,当然,两者都会影响农业产业效益。要防止金融系统波动对农业的负面影响,政府需在互联机制中通过信息、技术、咨询、现场检查、监督等方式提供纾解途径,防止一损俱损的恶性反应,促进双赢协同效应。

政策性农业保险各主体利益协同的最终目的是利益"双赢"甚至"多赢",主体个人本位与政策性农业保险社会本位坐标相一致。而且,政策性农业保险系统的发展完善是一个长期的过程,各主体间的利益协同问题是决定该系统能否长期、稳定地健康发展的关键因素。

第三节　政策性农业保险法律关系主体权利实现路径

主体权利实现路径的论证以政策性农业保险基础法律关系为主要对象。基于保险合同和政府角色的介入,农业风险管理权和风险保障权构成政策性农业保险法律关系主体权利的核心内容,权利的实现过程呈现了主体利益实现路径,而制度的透明化是权利实现不可或缺的重要保障。

一、利益博弈理论下的风险管理权分配规则

(一)风险管理权的界定

风险管理权,是指主体所享有的、计算和权衡降低风险的收益与成本,决定采取何种措施使风险减至最低的管理权利;主体权限涵盖风险量度、评估、应变策略设计。广义的风险管理权还包括"风险分担",即决定各种风险要素以怎样的形式在风险管理参与者之间进行分配的权利。[1] 按照政府发展理论,不同政府发展形态下,风险社会管理权的分配结果不同。[2] "国家型政府"全权掌控风险管理权,其他社会主体不分享和分担风险管理的权利与责任,权力垄断、机构臃肿和效率低下是影响风险管理绩效的主要因素。"行政型政府"以服务型公共权力机构作为定位,最大限度地改善受益者地位,机构相对精简,权力适当让渡,效率有所提升。"治理型政府"进一步强调政府的社会管理职能,在多个领域增加公民、社会组织的行政参与度和范围,行政垄断更趋弱化。政策性农业保险将政府、保险商、农户、中介组织、农村信贷、农业证券机构等主体集结在同一风险防控系统内,该条件的满足使得风险管理权可以在更多主体间进行分配,可以发挥最大范围主体共同治理风险的力量,增强风险管理效能。

---

〔1〕 参见顾平安:《政府发展论》,中国社会科学出版社 2005 年版,第 168 ~ 170 页。

〔2〕 顾平安在描述政府发展历史时,将其发展形态归结为"国家型政府""行政型政府""治理型政府"三种主要阶段,认为"政府发展是和一定的社会发展相联系的","国家型政府"与农业社会相适应,"行政型政府"与工业社会发展相适应,"治理型政府"与后工业社会以及信息化时代相适应;"政府形态的每一次转型都是政府发展过程中的'质'的飞跃"。参见顾平安:《政府发展论》,中国社会科学出版社 2005 年版,第 107、175 页。

不同政府发展形态下,风险管理权有不同的外延诠释。(1)纵向性风险权。该模式强调政府身份,以纵向性和隶属性作为风险管理特质。保险商、中介组织和农业生产经营者在政府主导下,接受政府授权,享有风险管理权,其权责源于政府,并受政府约束、监督,行使权利的法律后果由政府承担。其他主体只是由政府的分支机构受托行使权利,行使权利的结果不对风险管理直接产生影响,因而其社会激励效应不凸显。(2)横向性风险管理权。该模式下,政府的角色和保险商、中介组织、风险损失主体的角色相同,主体间平等承担具有公法属性的管理职能,共同分担(偏私法属性的)风险损失,不分伯仲。各主体需要为各自的风险管理行为承担对应法律责任,农业生产经营者防控风险的绩效将直接影响保险机构经营风险管理,后者又对政府的宏观风险管理绩效产生间接影响。连环效应下,主体间会更为审慎地相互监督、相互约束,提高风险管理效率。

(二)公私法利益转移理论下的风险管理权分配

1. 风险管理权分配的基本原则

(1)平等原则。将具有社会责任属性的风险管理权在不同社会主体间进行分配,以此调动最大范围内主体的积极性,运用主体间利益博弈和约束机制,更好地实现风险防控与治理目的。该作用机制以主体平等享有风险管理权为前提,其中,政府需要随情势变迁转换角色,作适时的职能优化,[1]以保证平等原则的适用。(2)社会原则。这是由风险管理权本身的社会属性所决定的,强调权利行使的社会本位和权利(力)主体范围的社会化。(3)绩效原则。绩效高低是风险管理权分配的基本标准。在平等原则基础上,将风险管理权在政府、保险公司、农业生产经营者、农业互助组织、农业信贷机构等主体间进行分配,分配标准、管理方式、风险责任等规则决定各主体的权利(力)范围及行使路径。

2. 风险管理权的具体分配

(1)政府。政府的行政垄断性弱化,但仍保留全局性和主导性角色,并且增强了市场引导性功能。在形式上,公权利益在公私主体间实现转移,就是将原本属于政府的风险管理权责与利益向其他主体进行让渡。这种转移或让渡的

---

[1] 依据政府发展理论,在运作形态上,政府表现为从单纯的行政监管型角色(行政型政府)逐渐向治理与监管兼具型角色(治理型政府)转变。

适度性可以作为政策性农业保险效益测度的关键指标,因为它重新审视了政府与市场之间的关系。[1] (2)金融机构。农业保险、农业信贷机构突破资本逐利的局限,将自身利益与社会公益相结合,将灾害风险防控与经营风险控制相关联。实践中,保险商、信贷机构开展现场检查,指导农户推进技术、完善生产技能,属于企业风险管理社会责任的呈现,可以实现治理型政府下农村金融的"政策性"效益。(3)农户。除了接受政府、保险商、信贷机构等的风险管理建议,改进和提高自身的生产管理技能和风险应对能力,农业生产经营者还应加强信息交流与生产合作,提高地方农业整体实力,增加收入,为减少农村金融系统风险的发生提供助力。(4)市场。这是确定"政策性"介入边界的根本依据,即政府的各项支持措施以尊重保险市场的一般规律为前提,确保对农业保险的引导、扶持与监管,对创新保险产品、确定费率的监督,对保险实施的政策性补助等,都不得背离市场规律。[2] 为农业保险增加政策性供给,主要目的在于增加市场风险治理的事前、事中、事后运作优势。[3] 事前,以宏观风险治理架构为主,对保险财政支持进行绩效预算,防止"政策性"介入超越边界;[4] 事中,各主体依据适度的权能分配,通过保险机制在风险管理中各司其职;事后,对保险商、信贷机构不履行风险管理职能的行为进行惩处、责令纠正,消除风险。农业保险中合目的性的市场干预需要有充足的立法、经济和行政依据,这是保障"政策性"效益的必要保障。

---

[1] 2016年12月19日财政部《关于印发〈中央财政农业保险保险费补贴管理办法〉的通知》(财金〔2016〕123号)第3条:"农业保险保险费补贴工作实行政府引导、市场运作、自主自愿、协同推进的原则。"农业保险的运作基准仍然是市场,政府通过补贴等手段实现政策性引导。

[2] 2013年中国保监会《关于加强农业保险条款和费率管理的通知》第3条规定:属于财政给予保险费补贴的险种的保险条款和保险费率,保险公司应当在充分听取省、自治区、直辖市人民政府财政、农业、林业、保险监督管理部门和农民代表意见的基础上拟订。2013年中国保监会《关于进一步贯彻落实〈农业保险条例〉做好农业保险工作的通知》第4条第3项规定:中国保险行业协会要推动农业保险示范条款的制定工作,牵头开发保障适度、保费低廉、保单通俗的农业保险产品。要加强数据积累,科学厘定条款费率。

[3] 政府在政策性农保机制中承担构建、引导、评价等特定社会管理功能,夯实了理论上对农业保险为公共物品的特性认定。在经济学意义上,在以改变商业保险供给非均衡性为出发点的政策性农业保险体系中,政府承担公共物品供给的角色具有不可替代性;在法理上,政府将商业机构负担的保险理赔责任以补贴等手段进行等额的利益补偿,以实现保险经营可持续性为目的确定补偿机制的预决算案。

[4] 目前制度中多以税费减免、保险补贴体现,其形式的合理性在后文中阐述。

二、效益最大化理论下的风险保障权实现规则

（一）风险保障权的界定

在政策性农业保险体系内，风险保障权即农业风险保障权，一般认为是农业生产者在面临农业自然灾害和意外事故威胁的情况下，依法获得保险保障，以有效分散风险，减轻灾害损失，稳定收入水平，保障农业生产顺利进行的权利。[1]

赋予农业生产经营者以风险保障权，符合理性人效益最大化追求，其外延与实现路径对应，包含以下几点：(1)直接收益最大化。在支出相同生产成本的情形下，无论风险发生与否，农户都能通过正常经销或风险损益补偿机制获得收益的保障。在风险补偿机制中，农户事实上以极少的参保成本获得远超支出的收益，这种风险保障权收益是一种期待利益，其实现以投保人自身承担一定损失和风险为前提。从理性人角度来看，投保人会期待风险不发生，以减少成本的不合理损耗；当无可预见之风险来临时，期待利益的实现程度又将直接对投保人的成本、效益核算结果产生影响，并左右其投保意愿，进而反应在风险保障权实现路径的调整上。(2)关联收益最大化。效益最大化理论下，农业生产经营过程中存在的自然灾害风险、社会风险、制度风险、技术风险等都应纳入风险保障范围。以农业保险为例，灾害事故发生时，保险机构按照保险合同约定及时进行保险理赔，是实现风险保障效益的主要方面；若灾害事故未发生，并不意味着保险机构无须承担任何风险保障义务，承保后保险商仍有义务指导和监督被保险人的生产经营，防范可能发生的灾害损失。这些专业性技术指导、现场检查以提高农户生产技术水平、风险防控能力为目的，也是实现风险保障效益的重要内容。

由此，风险保障权应当包含两种含义：一是目前主流观点所认为的依保险等风险保障机制直接形成的风险保障利益；二是由这些风险保障机制辅助形成的间接性风险保障收益，表现为农户自身风险意识的提升和风险管控能力的增强、农业保险机构风险管理能力的专业化、农业风险保障基金的壮大和风险社会政府治理的成功转型。

---

〔1〕 参见张长利：《政策性农业保险法律问题研究》，中国政法大学出版社2009年版，第8～9页。

(二)交易成本范畴中风险保障权的分配

政策性农业保险涉及多方主体,风险保障权则主要为农业生产经营者享有,其他主体为义务主体。在交易成本范畴探讨风险保障权分配,是为形成最低成本下的最大保障效益,需从主体、内容以及实现机制入手。

1. 风险保障权的主体和内容

权利主体具有普遍性。农业风险保障权的享有者为从事种养殖业的农户,对家禽、种植物等保险标的具有法律上所认可的经济利益,标的受灾程度与理赔程度会对其产生直接的利益影响。义务主体包括农业保险机构和政府。风险保障权为法定权利,农业保险机构不能拒绝合格农户的参保申请。凡是属于政策性干预范围的参保,政府都将按照法定比例给予财政补贴。义务主体具有相对的特定性。保险机构和政府在向农户输出风险保障权收益的同时,会要求其负担诚信成本:农业生产经营者需接受来自政府、保险商的必要的检查、监督、建议、指导,并根据这些建议和指导采取必要措施防止风险损失的扩大,增强风险防控能力。

风险保障权的内容也对应为两个方面:(1)主体权利部分,即农业生产经营者在该权利范畴中享有的权利和所负担的义务,属于权利的主要构成。权利包括:对农业保险机构实施监督、建议、申诉甚至参与管理;获得政府财政补贴和符合自身风险保障需求的适当保险工具;在发生自然灾害和意外事故时及时获得赔偿;了解、掌握损失查勘理赔规则、过程及结果,接受农业灾害预防、农业保险知识培训和指导;在其权利不能正常实现时,依法获得救济等。义务包括:不得滥用风险保障权;不得侵犯国家、社会或其他人的合法权益;按照约定及时缴纳保险费、及时参保;诚信履行信息披露义务,及时向保险商和信息中介提供必要的信息资料,在损失发生后及时告知;接受政府、保险商监督、检查、建议,及时采取措施防灾减损等。(2)辅助权利部分,即政府、保险商等为保障该权利实现所负担的义务,属于权利实现的路径。作为第一义务主体,政府对风险保障权的实现负有终极义务和责任,承担宏观规划、制度设计、财政支持、行政监管及救济等义务。保险商作为直接义务主体,为生产者提供保险服务,承担相应义务,法律规定或合同约定是其主要义务根据。其他如农业信贷等机构,依法律及契约约定承担金融支持义务。

2. 关于风险保障权的实现机制

政策性农业保险是一项涉及全局的系统工程,风险保障权的实现也需通贯社会全局。在实现机制构建上,需立足法律赋能的视角,考量立法保障、组织保障及权利救济机制。

第一,立法保障。以立法确认权利和树立规则,是以法律规则的确定性克服经济社会生活的不确定性。将风险保障权纳入立法,可以为农业生产经营者、保险机构、政府及其他相关主体提供准确的行为预设和稳定的心理预期。我国现有立法中尚未有关于风险保障权的明确界定和规则,权利缺乏应有的立法保障。在政策性农业保险立法中确立权利规则,依据规则逻辑,引导主体按照立法架设的方式和目标活动,实现立法推进农业经济发展的终极宏观目标,符合政策性农业保险立法的主旨。

第二,组织保障。各义务主体对风险保障权的实现承担组织保障职能。保险机构是实现风险保障权的中流砥柱;政府通过对各保险机构输出必要的、不同程度的政策扶持、财政支出,确保权利的实现;农业互助组织、农业风险保障基金、农业灾害救济基金等主体是风险保障权实现的补充性功能主体。此外,设立专门的风险保障权能机构,为农业保险提供研究与咨询、业务监督与引导、对农业保险计划实施提供必要配合、为农业保险立法完善提供必需的统计资料和立法建议等,集中权利实现与监管职能,可以为权利实现提供更为精密的组织保障。对于该专门性机构的构建,立法上亟待拾遗补阙,实务中可将其设于国家农业与农村委员会下,作为其执行机构存在。

第三,权利救济机制。权利救济是防止法律沦为空洞的宣言书的必要机制。根据世界各国和地区的先进经验,风险保障权救济机制主要有诉讼、仲裁与诉讼相结合、行政申诉三种主要模式可供借鉴:(1)普通民事诉讼。例如,权利人就保险商的侵权行为可以直接向法院起诉,法院根据诉求,直接作出对保险商行为进行确认、修正或者撤销的裁断。(2)仲裁与诉讼相结合。当保险商与投保人就农业保险合同履行产生争议,可依法定或约定条款,诉请仲裁机构对双方的争议事项主持中立协调、调解、作出裁决;对裁决不服的,还可以继续诉请法院进行裁断。[1] (3)行政申诉。例如,投保人或被保险人对保险理赔结

---

〔1〕 如美国《联邦农作物保险法》规定,从1994年开始,在私营保险公司与保单持有人之间发生的事实性争议均必须采取仲裁的方式加以解决。发生涉及联邦农作物保险公司的索赔争议或对其他事实性的决定产生争议时,索赔者或保单持有人可在规定时效内,在被保险农场所在行政区的联邦区法院对联邦农作物保险公司提起诉讼。参见张长利:《政策性农业保险法律问题研究》,中国政法大学出版社2009年版,第58～59页。

论有异议的，可以向农业保险行政主管部门进行申诉。纠纷处理机构依法可以对争议进行认定，作出行政处理决定。[1] 风险保障权的救济机制综合了民事、行政、仲裁救济的特色，契合农业保险的特殊性、专业性和复杂性的现实需求。

三、效用均衡理论下的制度透明化规则

法律规则与市场价格系统一样透明，并在一定期间内保持稳定，可以促进法律关系的稳定和主体间利益的均衡。透明制度下，行为人进行成本—收益分析和效用函数运算所获得的结论将更为准确，恰如对市场及价格行为的预测一样，系统的法律规则体系构成了不同行为的"隐性价格体系"。[2] 可以确信，在透明化规则和市场价格约束下产生的行为，更易产生理性决策和利益均衡。

（一）效用均衡理论下利益配置规则

均衡效用理论下配置主体利益格局，要从行为人理性出发。规则透明化，可使利益框架的架构清晰、透明和具有可操作性。

1. 行为人理性

这是利益配置规则透明化的主体和主观条件。(1)主体条件。人是其目的理性最大化者，追求手段与目的一致性，以及该一致性下行为效益的最大化。市场中，理性经济人决策的形成，内生于目的，外化于执行过程。行为逻辑上，其表现为对各种可参照实现目的的手段进行判断、选择、效用预估，以至最终实现目的和使目的效益最大化。(2)主观条件。行为人理性及责任能力的充分性，是决定其手段与目的能否达成一致性的充要条件。政策性农业保险中，各具充分法律行为能力和责任能力的主体对契约条件和"政策性"要素的介入规则需要有通盘、透彻的了解，以对其行为进行较为准确的效用预估。其中，处于弱势地位的农业生产经营者需要有更多的渠道掌握有关信息、知识，以获得在农业保险法律关系中更为公平的市场地位，最大限度地实现效用均衡。

---

〔1〕 如斯里兰卡1973年的《农业保险法》第15条规定，如果被保险人遭遇保险公司拒赔或者被保险人对赔偿的数额不满意的，可以在收到相关通知后30日内以书面形式向农业保险理事会提起申诉。该理事会的决定带有终局性，其作出结论后，被保险人不得再向任何法庭提出质疑。

〔2〕 法律规则和市场价格都在不同领域构成了行为人所不能左右的影响选择产出的约束条件。将法律制度体系类比为市场价格体系，行为人理性选择理论就成为法经济学的理论基石，构建起了经济学进入法律分析领域的通道。参见徐兴祥：《合同法原则的法经济学分析——以合同法律制度变迁为视角》，吉林大学2007年博士学位论文，第165页。

2. 行为人预期

这是透明化制度设计的参照条件。制度可以在预期效用理论指导下确立。预期效用理论是效用均衡理论的基础,主体行为的选择限定在能够实现效用最大化的范围内,比较不同行动方案下不同效用水平,来作出决定并付诸执行。效用预期理论下,行为人的行为与结论可能存在不确定性,主体需比较不同概率分布下不同可选方案之间的预期效用。为了使比较结论更为科学,可以借助效用函数进行结论的推导。这里要求效用函数具有通约性、可传递性、占优性和偏好不依赖于选择程序的无关性,函数值源于各制度条款确认的条件。充分的透明度保证了函数运算下决策的准确性。透明化规则还可以约束行为人利益膨胀。在既定规则下,决策者可将其他主体行为选择作为其函数运算的外部环境变量,以满足不破坏外部环境条件、维持利益均衡下的个体利益最大化的行为限定。

3. 行为人效益均衡

这是利益配置的社会性标尺。行为人理性包含自我利益最大化和自我利益实现路径的合理限度两层含义。利益配置规则的有效性在于,为行为人理性提供最大可能的自由选择空间,同时为其自由划定边界。主体间使用比较效用函数时,遵循公平原则来量化主体间的利益水平,使之尽量均衡。决定法律规则能否为理性行为人的行动提供具有类似通约性的计量单位,进行效用均衡计算的因素,除内容本身是否具有科学性、社会性外,还在于能否形成相关主体对立法内容、目的的通识。这是制度透明化的价值所在。当然,法律规则毕竟有别于市场价格体系,其效用更多体现为非货币收益类型的社会效益。不过,市场价格体系运转下货币收益最大化假设与透明化规则体系下社会效益最大化之间,仍可借助主体间理性的行为选择和博弈达到协同,反之亦然。

(二)制度透明化规则下的利益实现

要将预期效用理论和效用均衡理论还原至政策性农业保险法律关系主体的利益分配上,各主体利益最大化需受限于基于社会本位的利益保障需求。制度透明化及行为效用可预期前提下,主体利益的实现以个人主义与集体主义、环境适从性与效用协同性关系的优化处理为条件。

1. 个人主义的约束和集体主义的彰显

个人主义在经济学领域表现为自我利益最大化,始于“理性经济人”假设。

基于个体在社会中的位置,自我利益的实现受制于社会整体利益水平。正如保险商能否获得预期市场收益,很大程度上取决于农业生产经营者的经济水平及参保率。在方法论上,从个体出发理解社会,个体利益构成社会利益的整体,社会利益的实现又将反哺个人利益,诸个体的选择对社会整体利益关系的内容和形式具有内核式影响,个人主义的内在规定性影响着整体的属性和功能。对个人主义的约束,就成为社会各成员增强整体性和凝聚力的手段。集体主义是在经济理性基础上加入了规则和道德的约束,通过对个人主义的约束实现整体性收益均衡,彰显社会本位的意义。个体经济人自我利益最大化和社会整体效用的均衡,在主体经透明化制度引导对行为方式进行判断、选择、决策和执行过程中实现,这也意味着集体主义的彰显与经济人的“理性”不无关联。

2. 环境适从性与效用协同性的优化

环境不相关性理论认为,理性经济人在决策时对环境的基本要求表现为排除历史的、他人的、制度的影响。预期效用函数的运算一般排除历史、他人因素,并假设制度稳定不变。但是,在实际效用测算中,环境不相关性理论并不完全适用,主体利益的实现不得不考虑环境相关性,行为人须遵从环境适从性。环境适从性理论认为,行为人的决策无法完全排斥历史的因素,需受他人行为决策的影响,制度的确立和变迁也将左右行为结论。效用均衡是在预期效用函数运算基础上,将具体环境因素作为变量,为法律关系各主体在不同制度环境下产生的各历史效益进行测定,[1]计算效用的均衡值,以架构使各主体利益基本衡平的有效规则,追求效用的协同、均衡。效用均衡函数加了多个变量,但仍以经济人理性选择理论为工具。单一决策者一般按照自我利益最大化标准来选择最佳行动方案,该方案一般未考虑或较少考虑社会其他主体因素,所以很多时候并不构成集体决策中的最佳选择。基于集体效用均衡目标所作的决策,追求社会每一成员利益的最大化,当然,前提是各成员具有同一社会追求目标,不在同一目标框架下的各主体难以达成效用均衡。效用的社会性协同还需借助规则对个体效益与社会效益实现路径的均衡设计,力求效益互赢:以个体利

---

[1] 一项成熟完善的制度应在相当一段时间内保持基本稳定。不同制度环境不是指制度不适当地朝令夕改,而是指在不同政府治理形态下、不同历史发展阶段中,依据社会生活及市场发展规律进行的具有时代性的规范设计。特定时期稳定制度在效用函数中处于不变值,不同时期不同制度则作为函数变量。

益最大化促进社会效益最大化，从而使社会效益最大化衍生为个体利益分歧最小化，实现最佳资源配置效率。

本章小结

本章内容基于政策性农业保险法律关系的剖析，揭示主体多元化及主体间的利益博弈规律，为经营模式、补贴手段和制度激励的研究打下理论基础。主体范围应当突破传统意义上政府、保险商、农业生产经营者的范围，农业互助组织、农业保障基金、农业信贷机构等关联主体对完善政策性农业保险制度也有着十分重要的意义。各主体之间展开的利益博弈，是统一立法的构建依据。基于法律的博弈分析，为利益配置和实现提供最优化的市场规则；为实现福利最大化，将制度透明度作为行为人充分了解利益博弈结果、进行合理行为选择、实现个人以及集体效用最大化的必要前提。

第三章

政策性农业保险经营模式的理性选择

基于法律市场理论，总结世界各国和地区施行的政策性农业保险经营模式特征，根据成本收益理论，对各模式的施行绩效做实证分析和评价，选择适合我国国情的经营模式，以立法规范之，满足现有制度供给需求。这是提升政策性农业保险综合施行绩效的必要手段。

第一节　农业保险经营模式的选择理论

政策性农业保险经营模式的理性选择，以对现有模式的施行情况进行数据搜集、整理和分析为前提，据以形成理性判断的客观标准。理性选择的理论标准则一般采用法律市场理论和成本—收益理论。实践检验加理论评断，形成了农业保险经营模式理性选择相对独立的判定体系。

一、法律市场理论对农业保险经营模式选择的影响

把经济学中的市场分析方法扩展至对法律活动及其规律的研究上，形成了法律市场理论。该理论下，理性判断和选择构成效率行为基础。在效率最大化目标下，行为人以利益最大化为标准进行不同决策方案的比较、分析、判别和选择。制度发展的目标是实现最佳资源配置效率和最优效用均衡状态，如果立法能促进主体利益最大化，那么行为人对维持资源配置格局、服从效用均衡规则就有了内在激励。各行为人是自身效用实现水平的最佳判断者，当个体对社会

利益形成共识，自愿为之谈判、自我约束，集体利益最大化便会在对个人效益作合理限制下实现。政策性农业保险经营模式的选择，正是基于主体对个人和集体效用的判断、决策下形成的有效结论。

(一)统一市场交易规则下行为的理性选择

1. 统一市场交易规则的含义

在政策性农业保险领域，统一市场交易规则有两层含义：(1)在微观层面，是彼此独立的农业保险产品交易规则。该类规则具有市场性，表现为不同保险标的、险种和责任类型的保险合同。保险商根据市场需求设计、投放产品，产品本身的经济价值是吸引其投入市场、参与竞争的首要选项；投保人根据对产品的不同需求选择适合自身的风险保障产品；宏观调控者为激发产品的社会效益、激励市场发展，采取支持措施增加产品的有效需求和供给。由于调控者不介入交易本身，所以规范化的产品交易规则以合同条款的逐步优化为主要的表现形式。(2)在宏观层面，是统一的农业保险经营体系化规则。也就是说，在总结各微观市场交易规则的共同规律基础上，将统一性规则上升为体系化立法，为微观市场行为形成示范性条款。立法关注的不仅是单一交易下主体权利义务的适当性、规范性，而是在更为宏观的视角上，形成对合规律性行为的系统化规范。统一的交易规则外化为政策性农业保险经营资质审查、合同监管、归责认定等，在形式上更具示范性、强制性。

2. 规则供给对行为选择的影响

按照法律市场理论，统一规则供给以满足市场对规则的有效需求为目的。统一规则下，行为人的理性选择表现为对大前提(宏观规则)和小前提(微观规则)的考量、分析、决策、执行。规范的示范效应在于使行为人对行为结果有明确的预估。保险商对保险产品的设计、投放，与投保人对保险合同条款的理解、选择一样，以合同利益最大化为共同动机，交易量决定着保险市场竞争的格局，并在很大程度上影响着统一规则的供给。对微观交易规则的选择、被选择是统一化规则形成的参照值，一旦形成立法，行为人就须受既定规则体系的约束，不能突破制度藩篱而肆意作为。同样，规则的有效供给和示范以促进主体理性选择和社会利益最大化。政策性农业保险经营模式的选择，以推进农业保险事业发展、农业风险有效防控和农业经济全面稳妥发展为目标，其前提是调动最大范围主体的积极性、激励农业保险市场的发展成熟。这符合规则供给理论。法律是一种集体产品或公共产品，立法者、执法者、司法者、守法者与微观市场各主体一样，通过对法律规则产品的选择、分析、执行（或规避），来寻求自身利益最大化的途径。[1] 所以，法律的供给应当尊重社会利益，强调环境相关性，理解个人利益行为，满足主体对法律的有效需求，这也是立法提升供给效益的追求。因为法律制度的成败很大程度上取决于主体对制度的认同和遵从，主体的遵从程度决定了制度的最终效益。合乎市场规律的制度最能实现法律的有效供给与有效需求一致性的目标。法律制度还有优于微观规则的一个功能，即有效纠偏，通过责任承担和诉讼救济的统一规则适用，纠正不当的资源配置和违背监管条款的利益行为。

（二）农业保险经营模式选择的决定性因素

根据法律市场理论，符合市场规律、可以调动最大范围主体积极性的经营模式，有助于实现集体或社会效益的最大化。从市场到制度，从微观到宏观，经营模式选择的决定因素不是单一、不变的，其制度化也需综合考虑国家历史政治环境、经济发展状况、文化传统以及地域差异等背景条件。

1. 理论因素

法律市场供需理论是制度选择的主要依据。主体对透明的交易规则、稳定的交易市场、公平的资源分配等的诉求，与农业经济和农村社会发展的客观需要，共同构成了立法架构政策性农业保险经营模式的基本目标导向。第一，制度的透明化。这是任何一项规则维持其有效性的基本条件，农业保险经营模式统一规范应以立法形式宣示。第二，稳定的交易市场。其中包含农业生产经营者参保数量的稳定增长、保险商持续进入农业保险市场比重的递增。政策性农业保险经营模式的选择需以之为基本条件。第三，公平的资源分配。“政策性”以政府对农业保险投入财政支持为主要特质，补贴等形式是国家对公共资源进行再分配的主要方式。在此，立法需按照公平公正原则确立分配原则、比例和方法。第四，立法的发展性。社会进步和经济发展会使原法律制度塑就的利益平衡关系逐渐丧失，对“潜在利润”的追求、“权力寻租”的存在会产生对新规则的需求。为维持合规律性和普适性，立法需保持发展性，即遵循社会经济发展

[1] 在理论上区分个人主义和集体主义，符合法经济学的个人主义方法论和集体主义方法论。参见冯玉军：《法经济学范式研究及其理论阐释》，载《法制与社会发展》2004 年第 1 期。

规律重新分配资源，形成新的利益均衡状态，与时俱进。

2. 宏观环境因素

依据环境相关性理论，国际国内经济、政治、金融、文化环境会对立法产生不同程度的影响。（1）国际经济政治环境。这是政策性农业保险立法的重要参照系。向农业及农业保险提供财政补贴被 WTO 认定为是“绿箱”政策，政府以补贴及类似形式扶持农业保险，以及在适度范围参与农业保险决策、经营，将不会被认定为农产品倾销而影响我国农产品在国际市场中的竞争地位。当然，“政策性”要素在农业保险中的介入仍应把握合适尺度。（2）国内经济金融环境。经济持稳、金融行业发展及金融体系安全是政策性农业保险立法的主要支撑。随着金融在社会经济中作用的不断增强，银行、保险、证券等各金融工具间交叉发展和彼此影响加深。农村政策性、合作性、商业性金融形态对政策性农业保险都形成经营模式选择的宏观外部环境，该环境内各独立要素又与农业保险之间以“信贷 + 保险”“债券 + 保险”“风险保障基金 + 保险”等业务关联形态形成多种利益联系，为发挥金融支农效能提供有效路径。

3. 农业经济及农村文化传统因素

（1）农业经济水平和地区发展差异。这是影响政策性农业保险经营模式选择的客观条件。长久以来，我国农业经济发展落后，城乡居民收入差距悬殊，农村基础设施建设薄弱，制约了产业发展步伐。我国农业保险起步较晚，历经萌芽期、突破期和全面发展期三个时段的发展，依然存在供给不足、效益差强人意等境况。即使是在立法摸索期，通过不断地试点经营、政策修正，立法供给与有效需求之间仍存在一定差距。制度供给要适应社会、经济发展现状，才能实现供给的有效性。经营模式的选择及规范化还需考虑市场自发调解与政府宏观调控之间的协调，同时也无法回避因地区差异性所带来的规则适用困境。（2）小农意识、保险意识淡薄等传统文化因素。受小农意识等落后文化影响，农业保险中的道德风险会高于一般保险，这增加了保险经营风险和监管成本。地理环境、传统文化差异形成了不同地区农村迥异的个性差异，由此增加的逆向选择提高了保险机构赔付率和政府财政支出。经营成本过高、财政负担过重的经营模式不符合农业保险的成本—收益核算，也有违制度有效供给的原则。政策性农业保险可以尝试多种经营模式并存，克服小农意识，增加农业保险知识普及，缓和传统文化与现代经济观念之间的分歧。

二、成本—效益理论对农业保险经营模式选择的影响

依成本—效益理论,农业保险经营模式的选择只需考虑模式运作成本和可望获得的经济与社会收益是否对等即可。当然,个体收益最大化与整体及社会收益的均衡性,是经营模式规范化需要考量的目标性指标。

(一)成本—效益理论与行为、制度效益最大化

1. 成本—效益理论下的公平与效率

成本—效益理论的适用,受公平—效率价值论的约束。在政策性农业保险经营模式的界定中,效率呈现为市场和政府合力以效益最大化为原则对保障资源进行最优配置,公平呈现为保险合同私益处置的意思自治和保险保障不充足时公益补偿的充分性。成本和收益的核算以市场配置成本和政府规制成本为基数,计算风险管理和保障的成效。(1)风险管理权适度移转的公平—效率价值。私权与公权配置的结果呈现为政府风险管理权的适度转移,保险商、投保人、农业信贷机构等主体基于公平原则分担风险管理权,并尝试将政府的各项财政支持转化为直接的风险收益,以提高风险管理效率。公私法利益转换成为行为与制度效益最大化的有效路径。(2)制度供给与市场供给的公平—效率价值。前者落实在经营模式的制度架构上,追求主体各方收益均衡、政府权责适度让渡和保险机构和农户对制度的遵从度提升;后者表现于农业保险产品的供给上,即保险商社会责任加强、利润率适当降低、农业生产经营者保险意识增强、生产技术有效投入和防灾减损设施的积极增设,追求综合保障绩效的提升。当这些价值要素都被纳入政策性农业保险经营成本时,其产生的收益也以收益的综合测度为结论,包括:政府管理职能的优化,地方经济各项指标的提升,农业保险机构市场投入和农业保险市场占比提升,农业种养殖业产量产值增加,农民收入提升等。

2. 行为、制度效益最大化的约束条件

成本—收益和公平—效率理论为计算行为及制度效益提供了最基本的公式,行为、制度效益最大化需受制于私人成本、社会成本等要素。

(1)制度选择的成本。市场经济条件下,制度被当作优化资源配置的手段,权利、义务等成为行为人决定其行为函数的变量。社会经济快速发展而制度相对滞后,会促使主体产生对“潜在利润”的期望,这是立法改革的诱致因素。制

度改革的成本—收益一般以计算立法创新的技术、人力、社会成本与可能获得的良好的政治、经济秩序之间是否匹配为依据。这种成本不是静态的，而是按照法律运作的整个动态过程及代价来计算的，从表层设施到深层心理，从静态制度到动态运作，从创作、使用、深化、渗透到社会及经济的各个层面，兼具时空性。当然，制度或法律的社会收益不像经济市场上的收益那么容易量化，更多的是以宏观上社会秩序、民主制度、法律意识、精神文明建设等状况的改善和微观上居民收入增加、福利与就业机会的改善、企业劳动生产率和利润率提高、社会资金流动及配比理性增加等要素来表现。

(2)制度施行中的政府与市场。竞争法理论上，政府是市场的守夜人，承担着“猫头鹰”的角色，[1]既作为规则的供给者，又担负着违规行为的认定和处罚职能，但始终以不主动干预市场为前提。第一，立法的进步与市场兴衰密切相关。立法为市场提供宏观前提，如果立法供给不足、规范环境不佳，会导致市场主体的消极投资及退市，甚至使其转而寻求法律以外的力量保护，这会破坏立法权威及制度基础。第二，立法的完善及透明程度决定市场的规范与成熟。在不主动干预原则下，立法对市场最好的规制方式就是形成最为合理、科学的规范架构，并明示之；市场各主体的合法行为都将以立法明示的逻辑和既定成本获得预期收益。第三，市场行为合成本—收益标准的程度会激发立法的完善。如果一种经营模式实现交易成本降低和社会产出最大化，立法应确认该模式的规范地位，为之提供制度保障。[2] 国家机关在具体施行制度时，应以较低费用提供法律服务，使市场主体尽可能降低成本，实现规模经济效用。第四，制度施行中，政府职权应受到适当约束。立法为政府行为设定边界，目的在于减少或

---

〔1〕 按照古典经济学，政府被定位为市场经济的“守夜人”，这是对政府作为外在强制力约束个人经济投机行为的功能的最经典规定。秩序管制需要遏止每一个人依靠强制来损人利己的政治倾向，给经济提供一个良好的政治秩序，并倡导人们遵守经济互利的原则。现代民主政治的国家理论宣称政府服务于全社会利益，法律的制定、颁布和实施是为了人民的和平、安全和公众福利。参见钱弘道：《法律的经济分析工具》，载《法学研究》2004 年第 4 期。

〔2〕 根据“诺思悖论”，国家既可能提供有效的经济体制，也可能破坏有效的经济体制，由此导致国家本身的不稳定性，即国家的兴衰。国家供给法律，决定产权结构，因而最终要对造成经济的增长、衰退或停滞的产权结构的效率负责。

避免“权力寻租”和“法律寻租”现象的发生,[1]增加制度的有效供给。政策性农业保险中政府角色的渗入较一般市场行为要多,法律施行中私人成本与社会成本间存在的差额也无法完全填补,要保障平等交易,出于利润最大化目的的“法律寻租”“权力寻租”等活动,仍应被作为立法规制的对象。

(二)农业保险经营模式选择效益论

政策性农业保险经营模式选择绩效的结算,依效益论,需考虑产权的界定、契约条款的设计及责任认定与奖惩规则。

1. 产权的界定

在法经济学理论框架下,产权的界定和安排是市场主体行动的指导方案,是实现主体自身利益和产生产权交易行为社会效益的前提。行为人将根据产权归属为自己寻求实现利润最大化所需的交易对象、交易方式、交易时空以及具体交易条款,并付诸实践。产权模糊不清,易使市场主体就交易本身产生争议,为解决纠纷,主体间又开始谈判、协商、调解,这整个过程本身将造成大量的交易成本耗费。若要依法清晰地界定产权,首先,可以为各种产权交易创造良好的前提,为主体行为划定清晰的产权边界,权利界分清晰,能使行为人自觉依法办事,属于“定分止争”的预防性措施。其次,优化产权制度结构,从微观上为每一个市场行为人选择一种交易成本最低的产权结构;进而,在宏观上选择合适的产权制度形式,确定不同形式所占比重,以实现总的交易成本趋于最低,总收益(个体收益和社会收益)最高。将产权的确定以及一般性制度化安排推及至政策性农业保险经营模式,亦以主体间在农业保险中的基础产权关系界定为前提,各方根据产权的归属和产权效益最大化的目标,选择交易模式,搭建交易平台,立法则为平台和模式的构建提供宏观的适用规范和约束机制,引导主体在既定经营模式中依法作为,实现其利益追求。

---

[1] 法律领域的寻租源于主体间不平等的法律地位以及由此给主体带来的额外经济利润。市场行为人为获取竞争上的优势,不断采取贿赂等多种方式拉拢立法者、执法者,后者为了自身政治和经济利益,也通过不平等的法律活动为利益关系人谋取不平等的竞争利益,产生设租(卖法律)和寻租(买法律)的关系,行为人因有关法律活动而产生额外经济利益,以及为追求这些额外利益而向立法者和执法者支付的代价,在经济学分别称为租金和寻租成本。参见钱弘道:《法律的经济分析工具》,载《法学研究》2004 年第 4 期。

2. 契约条款的设计

除了农业保险合同本身,政策性农业保险经营模式中的契约还包含政府与保险机构之间的权利移转契约和补贴契约、政府与农业生产经营者之间的保障契约以及保险机构与其他农村金融机构之间的业务联结契约。各契约融合了私人成本与社会成本的交割、个人收益与社会收益的均衡,因而,如果将农业保险经营模式视为一个相对独立的体系,那么,该体系下主体间彼此交叉的经济关系将成为规则试图理顺和重构的对象。(1)政府的补贴条款。补贴的适当性是确保补贴效益的前提,基于成本—收益理论,政府的财政支持须保持持续性,并且有合理的限度。(2)农业生产经营者获得的双重保障契约条款。一重来自保险合同本身的风险分散和政府补贴条款,另一重来自政府对巨灾下保险合同条款所无法涵盖的风险损失补偿,两类条款确保农户的生产经营活动零风险或几乎零风险,可以产生产业发展的内生性激励。(3)关于保险机构的业务关联条款。信贷与保险的互联涵盖了信息、产品、技术等各种标的,业务关联产生的个人收益是促进两类金融行业合作的直接动力,由此产生的社会收益则属于契约均衡效用的体现,即政策主导下保险与其他农村金融业务的互联以私人收益与社会收益的共赢为契约条款设计的原则之一。

3. 责任的认定和奖惩

在市场交易的各项谈判过程中,行为人将事先确定交易风险值、交易形成的效益以及履约成本,政策性农业保险则还将涉及社会性收益的获得。在产权清晰的前提下,如果主体的合法权利在交易中遭遇非法干预并蒙受损失,那么,对侵权行为的认定和惩处,就成为制度发挥价值的另一种途径。责任的认定,涉及监管者对权利交易行为的监管效益和认定成本,对责任者的惩处,目的是对产权进行保护和补救。在一般产权补救方式中,通常采用法律赔偿和禁令的形式。农业保险合同项下,惩处和补救的方式取决于行为人的角色。例如,政府不当行政干预导致风险损失扩大或效益不均衡的,产权的补救以行政申诉程序和行政诉讼程序为主要途径;保险机构欺诈、违规经营下导致利害关系人利益受损的,依据利益均衡原则,行为人需负担民事赔偿责任,并以负担行政或刑事责任做更大程度的惩戒。依据成本—收益理论,各项救济或惩戒措施的功能在于对违法者征收成本,从而起到威慑作用。行为人的违规行为源于其违规行为成本大大低于其收益,使其受利益驱使肆意侵害他人或社会利益,来获得远超于交易成本的收益。对违规行为加以经济赔偿或其他类型的惩处,增加了行为人的成本,使违法成本大大超过交易收益,可以对行为人产生有效威慑,并戒除违规行为。当然,依据效率论,责任认定和惩戒制度也应在威慑效应的等量线上划定,即以最低的立法成本和施法成本来实现最大限度的威慑效应。这类似于以高效率的工厂运用生产要素的组合,力求以最低成本生产出给定水平的产品。立法者要确定责任威慑的最优目标和总目标,对有限的资源进行配置,实现以最少的成本有效率地实现其威慑,同时惩戒的收益不能过高,防止违法者铤而走险,导致法律边际收益降低。

第二节　国内外政策性农业保险经营模式比较

一、我国农业保险各经营模式评价

(一)上海安信保险模式

1. 模式简介

该模式以上海安信农业保险股份有限公司(以下简称安信公司)农业保险经营形态为模板。该公司作为我国第一家专业性农业保险公司,于 2004 年 9 月筹建设立,采取“政府财政补贴推动、市场化运作”的经营方针,追求经济效益和社会效益的有机统一。(1)股权结构。2014 年中国太平洋财产保险股份有限公司(以下简称太保产险公司)收购并控股安信公司。太保产险公司是中国太平洋保险(集团)股份有限公司(以下简称太保公司)的子公司,太保公司旗下设立寿险、产险、养老保险、健康保险等专业子公司,加上安信保险的农业保险业务,几乎囊括了所有保险牌照。[1] 在经济上,太保公司对各子公司的投资决策和子公司之间的关联交易有助于加强安信公司的资金融通及运营能力,降低业务风险和经营成本;总公司的治理监管、子公司之间的资源共享,对安信公司农保业务经营也有激励或约束作用。(2)运营绩效。如表 3 - 1 所示,2015 ~ 2019 年,安信公司保费收入基本呈稳定上升趋势,2019 年增长率居首位,达到

[1] 2014 年 10 月 21 日,太保产险获保监会批准在新疆维吾尔自治区和浙江省经营农业保险业务。

15%。保险金赔付支出也基本呈上升态势，2019 年因农业保险大灾频发，赔付支出上涨 59%，相应的表现在净利润上为 2019 年降低 24%，与保费收入小幅增长、赔付支出大额上浮的增长率变化形态基本匹配。仅就各主要财务数据绝对值而言，安信公司近几年农业、商业和涉农保险业务量持续增长，为农业发展贡献了重要力量。

表 3－1　2015～2019 年安信公司保费收入及利润

指标	绝对量（人民币：万元，取整）						增长率（±%）				
	2014 年	2015 年	2016 年	2017 年	2018 年	2019 年	2015 年	2016 年	2017 年	2018 年	2019 年
保费收入	110,909	106,780	104,388	113,156	124,894	143,110	－3.7	－2	8	10	15
赔付支出	52,639	56,928	56,822	55,366	62,175	98,632	8.1	－2	－3	12	59
保费准备金	417	2004	2502	2721①	2902②	2878③	381	25	99	7	1
净利润	8660	11,296	11,635	13,646	13,672	10,430	30.4	3	17	0.2	－24

资料来源：安信农业保险股份有限公司官方网站，https://www.aaic.com.cn/nianduxinxipilu/index.jhtml，具体参考了《安信农险 2014 年年度信息披露报告》《安信农险 2015 年年度信息披露报告》《安信农险 2016 年年度信息披露报告》《安信农险 2017 年年度信息披露报告》《安信农险 2018 年年度信息披露报告》《安信农险 2019 年年度信息披露报告》。

① 据《安信农险 2017 年年度信息披露报告》，截至 2017 年 12 月 31 日，安信公司根据《农业保险大灾风险准备金管理办法》（财金〔2013〕129 号）以及所辖地监管部门的要求提取的农业保险大灾风险准备金余额为 154,580,939.65 元。

②据《安信农险 2018 年年度信息披露报告》，截至 2018 年 12 月 31 日，安信公司根据《农业保险大灾风险准备金管理办法》（财金〔2013〕129 号）以及所辖地监管部门的要求提取的农业保险大灾风险准备金余额为 183,533,878.80 元；根据《城乡居民住宅地震巨灾保险专项准备金管理办法》（财金〔2017〕38 号）的要求提取的城乡居民住宅地震巨灾保险专项准备金余额为 70,648.38 元。

③据《安信农险 2019 年年度信息披露报告》，截至 2019 年 12 月 31 日，安信公司根据《农业保险大灾风险准备金管理办法》（财金〔2013〕129 号）以及所辖地监管部门的要求提取的农业保险大灾风险准备金余额为 212,244,078.89 元；根据《城乡居民住宅地震巨灾保险专项准备金管理办法》（财金〔2017〕38 号）的要求提取的城乡居民住宅地震巨灾保险专项准备金余额为 144,435.11 元。

表 3-2 2015~2019 年安信公司偿付能力充足率变动情况

指标	绝对量(%,取整)						同比增长(±%)				
	2014 年	2015 年	2016 年	2017 年	2018 年	2019 年	2015 年	2016 年	2017 年	2018 年	2019 年
偿付能力充足率	368	458	296	310	300	303	91	-162①	14	-10②	3

资料来源:安信农业保险股份有限公司官方网站,https://www.aaic.com.cn/nianduxinxipilu/index.jhtml,具体参考了《安信农险 2014 年年度信息披露报告》《安信农险 2015 年年度信息披露报告》《安信农险 2016 年年度信息披露报告》《安信农险 2017 年年度信息披露报告》《安信农险 2018 年年度信息披露报告》《安信农险 2019 年年度信息披露报告》。

①安信公司对 2016 年偿付能力变化进行了原因说明,"自 2016 年 1 月 1 日起保监会正式实施中国风险导向的偿付能力体系,故 2016 年偿付能力指标与 2015 年无可比性"。参见《安信农险 2016 年年度信息披露报告》。

②实际资本变动主要由于 2018 年实现净利润 1.37 亿元,大灾准备金增加 0.29 亿元,股东分红 0.49 亿元,其他综合收益减少 0.26 亿元。最低资本变动主要原因是:保险风险上升 0.31 亿元,市场风险下降 0.09 亿元,信用风险上升 0.49 亿元,分散风险上升 0.26 亿元。

偿付能力充足率是标示保险公司运营业绩和经营风险的又一指标,也是保监会在对保险公司进行综合风险评级时的主要量化标准。[1] 资本结构是评定保险公司信用等级的基本依据。如表 3-2 所示,2015~2019 年安信公司偿付能力保持充足,尽管 2016 年的充足率下浮较大,但仍符合保监会对 B 类分类监管公司评级标准。[2] 与 2016 年相似,2012 年安信公司的偿付能力充足率也发生过较大

〔1〕 按照我国保监会《保险公司偿付能力监管规则(1—17 号)》的相关规定,保监会主要承担保险公司资本及其结构认定,并结合基础与环境、目标与工具、保险风险管理能力、市场风险管理能力、信用风险管理能力、操作风险管理能力、战略风险管理能力、声誉风险管理能力和流动性风险管理能力等指标,从"制度健全性"和"遵循有效性"两个主要方面对各家保险公司进行综合评级。《保险公司偿付能力监管规则第 10 号:风险综合评级(分类监管)》第 5 条规定:风险综合评级,即分类监管,是指中国保险监督管理委员会(以下简称保监会)根据相关信息,以风险为导向,综合分析、评价保险公司的固有风险和控制风险,根据其偿付能力风险大小,评定为不同的监管类别,并采取相应监管政策或监管措施的监管活动。

〔2〕 关于监管类别,《保险公司偿付能力监管规则第 10 号:风险综合评级(分类监管)》第 20 条规定:保监会按照偿付能力风险大小将保险公司分为四个监管类别:(1)A 类公司:偿付能力充足率达标,且操作风险、战略风险、声誉风险和流动性风险小的公司;(2)B 类公司:偿付能力充足率达标,且操作风险、战略风险、声誉风险和流动性风险较小的公司;(3)C 类公司:偿付能力充足率不达标,或者偿付能力充足率虽然达标,但操作风险、战略风险、声誉风险和流动性风险中某一类或几类风险较大的公司;(4)D 类公司:偿付能力充足率不达标,或者偿付能力充足率虽然达标,但操作风险、战略风险、声誉风险和流动性风险中某一类或几类风险严重的公司。至于信用评级,《保险公司偿付能力监管规则第 11 号:偿付能力风险管理要求与评估》第 6 条规定:满足下列任意两个标准的保险公司为Ⅰ类保险公司:(1)公司成立超过 5 年。(2)财产保险公司、再保险公司最近会计年度签单保费超过 50 亿元或总资产超过 200 亿元,人身保险公司最近会计年度签单保费超过 200 亿元或总资产超过 300 亿元。签单保费是指保险公司按照保险合同约定,向投保人收取的保费。(3)省级分支机构数量超过 15 家。外国保险公司分公司及不满足上述条件的保险公司为Ⅱ类保险公司。保监会可根据监管需要调整保险公司所属类别。

波动，不过原因不同，2012 年下挫的主要原因是台风重创上海、浙江等地区范围的农业生产，安信公司参与浙江“共保体”，上海又是主营地区，受台风影响较大。[1] 2017 年和 2019 年偿付能力充足率提升，源于承保业务收益和投资业务收益的大幅上升，业务结构调整后，效益型业务的收益对农险赔付的补充作用也较为凸显。

2. 模式评价

(1)承保区域和保险范围。江浙沪是安信公司开展业务的主要区域，这一带农耕渔林牧业发展规模适中、态势良好，是该公司在农业保险领域保持市场占有度的保障之一。关于承保险种，安信公司经营的农业保险产品涵盖种植业保险和养殖业保险。前者包括食用菌、西甜瓜、草莓、花卉、水稻、鲜食玉米、林木、油菜等种植或种植成本保险、蔬菜种植价格保险以及大棚设施保险；后者包括淡水养殖(南美白对虾/经济鱼虾)、围网养蟹、羊、肉鸽、家禽养殖(鸭/鸡)、奶牛、能繁母猪、生猪等养殖保险。这些农业保险产品基本覆盖了上海、浙江、江苏种养殖业的主要品种，为该区域种养殖业的可持续发展提供了风险保障。

(2)业务模式。第一，政策性支持与标签。上海市政府为安信公司专营农业保险提供了强有力的财政支持，形成了带有上海标签、具有地方特色的农业保险经营模式。第二，“基本保险 + 补充保险”的业务运作机制。对水稻、奶牛、生猪、家禽四大险种，安信公司实行普惠制基本保险，发生灾害时农户可以获得 30% ~35% 的损失赔偿。同时，安信公司鼓励农户积极参加补充保险，以获得更为充分的保险保障。第三，“以险养险”模式。安信公司推出的商业保险产品包括企业财产保险、家庭财产保险、工程保险、水险、意外伤害险、责任保险、保证保险以及车辆保险等，诸产品收益可以填补农业保险带来的亏损额。第四，政府扶持下的巨灾风险补偿机制。上海市政府建立了特大灾害补偿机制，规定当农业保险赔付金额单次超过 5000 万元、全年累计赔付金额超出公司当前全部赔付能力时，政府可以启动补偿机制，对公司无力补偿部分由政府财政予以补偿。在遇到特大灾害时，政府可以通过特殊救灾政策给予支持。[2]

(3)同业合作与跨业合作。第一，开拓新险种。2011 年安信公司与光明米

---

[1] 参见《安信农险 2012 年年度信息披露报告》。

[2] 参见刘布春、梅旭荣主编:《农业保险的理论与实践》，科学出版社 2010 年版，第 107 页。

业签订保险合作协议，为多个品牌大米提供保额超过 3 亿元的产品质量保证保险及产品责任保险。同年又与中国财产再保险股份有限公司签署合作协议，推出创新型保险产品（“保淡”绿叶菜成本价格保险）再保险合作。第二，提高风险管理能力。2014 年安信公司与上海市气象局签署合作协议，在信息互通、课题研究、数据应用、产品开发等方面开展合作，探索将气象科技成果引入农业保险的新路径，发挥气象监测预警对提高农业保险产品精确度的作用。[1] 第三，降低经营风险的新方式。2015 年安信公司和太保产险公司合作共保，推出国内首个茶叶低温气象指数保险，为浙江绍兴地区茶叶种植大户、茶叶专业合作社和茶叶企业提供风险保障服务。第四，尝试“信贷 + 保险”。保险与贷款捆绑的模式最早源于为信用担保机制尚不完善的中小企业提供低成本融资支持，以上海、宁波、安徽地区作为试点，累计向 500 多家中小企业、农户发放小额贷款超过 2.7 亿元。安信公司为这些企业和农户提供小额贷款保证保险，参保人所获小额贷款的年利率一般为本金的 6‰左右，远低于一般贷款利率，融资成本降低，也为保险公司提高参保率、银行降低坏账率、政府提高风险管理效能保险提供了保障。“保险—信贷”模式在借款人、银行、保险企业和政府之间构建了风险管理模型，实现了共赢。[2]

（二）浙江“共保体”模式

1. 模式简介

浙江“共保体”是浙江省政策性农业保险共保体的简称。2006 年 3 月 1 日，人保财险、中华联合、太平洋产险、平安产险、天安、永安、华安、安邦、太平产险、大地 10 家保险公司在杭州签约成立浙江“共保体”，作为国内首个政策性农业保险共保体，其建立也标志着浙江省政策性农业保险试点的正式启动。[3] 2006 ~

[1] 关于气象指数对农业保险成效的影响，国外众多研究论证过，“保险 + 气象”模式是农业保险业务发展的一个主要方向。See Alexander Sarris, *Weather index insurance for agricultural development: introduction and overview*, Agricultural Economics, Vol. 44:4 – 5, p. 381 – 765 (2013).

[2] 安信农保参与的小额贷款共分两个层次：单笔贷款不超过 50 万元的，信贷资金被指定用于农业农作物的收购及灾后恢复生产等方面；50 万元以上的贷款，由安信公司和中国投资担保公司提供担保。“保险 + 信贷”针对的是“中小企业还款能力差、违约风险大”的特点，将保证保险与贷款相捆绑，借助保险手段降低放贷风险，拓宽金融服务范围，满足遭遇融资瓶颈的中小企业融资需求。

[3] 政策性农业保险共保体在立法上没有明确的界定，理论上一般是指政府授权两家及两家以上的商业保险公司经营运作辖区内的政策性农业保险项目，商业保险公司按照章程约定的比例分摊保费、承担风险和享受政策优惠，共同为当地提供农业保险服务的保险组织形式。

2008年第一轮三年试点期间有2家保险公司退出“共保体”，原因是灾情严重、缺乏经验、亏损巨大；2009年有4家退出“共保体”；但2009年安信农业保险公司加入了“共保体”。2009～2011年人保财险、安信、太平洋、大地、永安5家公司开始第二轮试点。由于巨灾较少、政策完善，形势趋优，经营状况逐步好转，其间成员组成未发生变化。（1）组织机制。“共保体”由浙江省发改委农业保险协调小组办公室综合协调和监督，成员由首席承保人（中国人民财产保险股份有限公司浙江分公司，以下简称人保财险公司）和共保人组成，各成员制订共保章程，明确共保比例及各方权利义务。根据章程，“共保体”经营期内各成员不得单方面提出退出“共保体”的要求，以保持组织稳定性。如因成员公司改组、股权变更等重大原因确需退出的，须上报浙江省农业保险工作协调小组，经批准后方可退出。（2）法律属性。“共保体”不属于独立法人，是基于契约形成的松散型合作组织。各成员依据合作契约分享权利、分担义务，不采用成员共同保险的形式，而是委托首席承保人单独承担合同主体资质，负责业务经营，其他共保人配合支持，并按所占份额定期与首席承保人开展保费、赔款及经营费用的清算，[1]在保险合同上其他共保人只扮演利害关系人角色。（3）财务管理。首席承保人对农业保险和“以险养险”业务采用“账内运行、单独核算”的财务核算方式。各级财政对“共保体”结算实行“按实补贴、一年一结”。[2]浙江省和试点县（市、区）财政对保费补贴资金施行专户管理、专账核算，将每年补贴资金结余部分转入专户，用于以后年度的“以丰补歉”，以此应对未来巨灾可能带来的政府超赔责任。（4）业务经营。参保对象为种养大户、龙头企业、农业专业合作组织，施行自愿保险。以水稻、生猪、鸡等产品作为试点品种，各试点县根据当地特色优势农业发展和抗风险需要，按“1＋X”的模式进行承保，[3]将全省划分为三大风险区域，根据不同品种在不同地域风险程度的高低，实行差

---

〔1〕参见农业部农村经济研究中心：《中国农村研究报告（2012年）》，中国财政经济出版社2012年版，第716页。

〔2〕2015年浙江省财政厅《浙江省农业保险财政补贴结算办法》第5条规定：省共保体经营的省定政策性农业保险品种的保费补贴资金由各级财政直接与省共保体结算，一般一年结算一次。中央及省级财政补贴资金由省财政厅直接拨付给省共保体农险资金专户，县级财政补贴资金由县（市、区）财政局直接拨付至省共保体农险资金专户。

〔3〕“1”为水稻（必须选择的统保项目），X为其他品种（按照当地特色产品和风险情况确定），总量不超过5个。

别费率,遵循“低保障、低费率”原则并制作试点险种目录。〔1〕“共保体”保险以物化成本为主,实行有限责任赔付,最高承担农业保险保费5倍的赔付责任,属于低保额的成本保险,以保障灾后农民及时恢复生产为目的。16年来,“共保体”已为1493.94万户次的农户提供2004亿元的保险保障,累计处理各类赔案71.82万件(次),支付赔款16.41亿元,惠及千万农户。〔2〕(5)运营绩效。作为中国人民保险集团股份有限公司(以下简称人保公司)的子公司,其农业保险业务经营状况在人保公司年度财务决算中可见一斑。如表3-3所示,公司每年在农业保险方面的投入比例和产出都呈稳步增长趋势,2018年农业保险收入同比增长达到21%。农业保险在人保各财产保险产品中只占很小比例,以高比例低支出的非农财产保险覆盖农业保险的高保险支出,“以险养险”模式的优势就凸显出来了。关于偿付能力充足率,如表3-4所示,2017~2020年充足率基本处于稳步上行的情况,公司信用评级始终维持在偿付能力监管充足Ⅱ类要求上,符合保监会分类监管标准。2019年,人保财险公司的已赚保费为3805.78亿元,同比增长10.5%。这主要是由于该公司机动车辆险、意外伤害及健康险、农险、责任险、信用保证险业务的发展。2019年,人保财险公司的投资收益为222.70亿元,同比增长11.1%。这主要是由于该公司较好地把握了权益市场投资机会。2019年,人保财险公司的赔付支出净额为2415.27亿元,同比增长12.5%,赔付率同比增长3.9个百分点。这主要是因为业务增长带来赔付支出增加,同时受猪瘟以及风雹、暴雨、干旱、台风等影响,农业保险赔付率有所上升;受民生类保险规模日益增大影响,责任险赔付率有所上升;受保险业务结构调整影响,信用保证险赔付率有所上升。2020年人保财险公司实现农业保险原保险保费收入357.54亿元,同比增长17.4%。面对洪涝、风雹、冻灾等自然灾害,该公司农业保险进一步提升大灾理赔响应能力,对重大灾害应急响应进行提前部署,妥善应对重大灾害事故,农业保险赔付率同比下降2.4个百分点。由于分保条件变化,农业保险已赚形成率下降,摊回分保费用同比减少,人保财险公司农业保险费

〔1〕参见农业部农村经济研究中心:《中国农村研究报告(2012年)》,中国财政经济出版社2012年版,第716~717页。

〔2〕以上数据参见《浙江省政策性农业保险发展10周年回望》,载中华人民共和国财政部2016年5月11日新闻联播-浙江财政新闻联播,http://www.mof.gov.cn/xinwenlianbo/zhejiangcaizhengxinxilianbo/201605/t20160511_1986218.htm。

用率同比增长4.3个百分点[1]。

表3-3　2017~2020年人保财险公司农业保险业绩统计

指标	绝对量(人民币:百万元)				同比增长(±%)		
	2017年	2018年	2019年	2020年	2018年	2019年	2020年
总保费收入	476,444	498,611	555,271	563,606	4.7	11.4	1.5
农险业务收入	22,090	26,718	30,772	35,754	21	15.2	17.4
农险大灾保费准备金	139	73	608	22	-47	733	-96
保费准备金	655	336	946	206	-48.7①	182	-78②
利润总额	31,498	27,868	29,780	31,644	-11.5③	6.9	6.3

本表数据参见《中国人民保险集团股份有限公司2018年年报》《中国人民保险集团股份有限公司2019年年报》《中国人民保险集团股份有限公司2020年年报》。资料来源:中国人民保险集团股份有限公司官网,https://www.picc.com/information/gkxx/ndxx/,最后访问日期:2021年3月29日。

①该项金额主要变动原因是农险大灾保费准备金提转差减少。参见《中国人民财产保险股份有限公司2018年年报》。

②据《中国人民财产保险股份有限公司2018年年报》披露:“2020年,人保财险的已赚保费为3932.99亿元,同比增长3.3%。主要是机动车辆险、意外伤害及健康险、农险等业务的发展所致。2020年,人保财险业务及管理费为886.67亿元,同比增长13.0%。主要是应对疫情环境创新业务发展新模式,深入推进线上化工作,加大科技研发和业务宣传力度所致。受前述原因影响,2020年人保财险的净利润为208.34亿元,同比下降16.4%。”

③据《中国人民财产保险股份有限公司2018年年报》披露:“2018年度及2017年度,本集团分别有一家联营企业完成非公开发行股份,由于本集团未参与增资,总体持股比例被稀释,由此产生视同处置损失分别为人民币7.37亿元及人民币7.98亿元。2018年度及2017年度该损失在中国企业会计准则下计入资本公积,对归属于母公司股东权益的影响分别为人民币5.08亿元及人民币5.96亿元。在国际财务报告准则下,计入当期损益,对本集团2018年度及2017年度归属于母公司股东的净利润影响分别为人民币5.08亿元及人民币5.96亿元。”

---

〔1〕参见《中国人民保险集团股份有限公司2019年年报》《中国人民保险集团股份有限公司2020年年报》。人保财险公司紧紧围绕国家乡村振兴战略,立足深化农业供给侧结构性改革,一方面扎实推进传统业务提标、扩面,持续提高农业保险保障力度;另一方面加大产品创新力度,不断发展地方特色性业务,新兴业务领域突破发展。农业保险综合服务能力的提升,更好地满足了“三农”领域日益增长的风险保障需求,进一步巩固了人保财险在农业保险市场的领先优势,有效促进农业保险业务规模快速发展。

表 3-4　2017～2020 年人保财险公司偿付能力充足率变动情况

指标	绝对量(%)				同比增长(±%)		
	2017 年	2018 年	2019 年	2020 年	2018 年	2019 年	2020 年
人保财险综合偿付能力充足率	278	275	282	289	-3	7	7

本表数据参见《中国人民保险集团股份有限公司 2018 年年报》《中国人民保险集团股份有限公司 2019 年年报》《中国人民保险集团股份有限公司 2020 年年报》。资料来源：中国人民保险集团股份有限公司官网，https://www.picc.com/information/gkxx/ndxx/，最后访问日期：2021 年 3 月 29 日。

2. 模式评价

"共保体"的优势有：(1)组织与监管优势。"共保体"可以利用多家商业保险公司既有保险资源和专业技能优势，降低市场成本；各成员间合作承保，可以减少市场摩擦，减少农业保险服务体系重复建设、经营费用累加、理赔标准不统一等问题。"共保体"由首席承保人负责经营运作，首席承保人是法律关系上的适格主体，其他共保人只是作为投保人与首席承保人之间合同的利害关系人。政府监管以首席承保人为对象，监管成本并未增多。成员间相互合作、相互监督，有助于减少虚报承保数量来套取财政资金、理赔不到户等违规行为。(2)风险管理优势。浙江省"共保体"模式的特点是"市场运作、政府兜底"，以"政府推动+市场运作+农户自愿参保"为形式，从低保障起步，通过逐步扩大保险品种、保险覆盖面，以及政府不断给予资金补助与政策扶植，形成政府与商业保险公司之间实质的"共保体"。[1] 政府对浙江"共保体"给予四类政策支持：一是农险保费财政补贴。浙江省与试点县(市、区)财政对农户参加列入农业保险产品目录的投保给予不低于 35% 的保费补贴，其中对水稻的补贴不低于 50%，同时对"共保体"的经营管理费用给予 20% 的补贴。[2] 二是"以险养险"支持。"以险养险"业务包括县及县以下财政拨款机关事业单位的车辆险、综合财产险以及农村建房险等其他涉农险种。三是税收优惠，主要指在试点阶段免缴营业税等优惠政策。四是超额赔付责任。浙江省对"共保体"赔偿按照约定比例给

〔1〕 参见刘布春、梅旭荣主编：《农业保险的理论与实践》，科学出版社 2010 年版，第 107 页。

〔2〕 《浙江省农业保险财政补贴结算办法》第 11 条还规定，省财政对经批准的省级特色险种按"以奖代补"方式，以奖励形式再给予一般地区 20%、加快发展的 26 个县及海岛地区县(市、区)30% 的保费补贴。

予财政扶持、由政府分担赔付责任。在试点方案中,赔款总额超过保费2~3倍的部分,"共保体"和政府将按1:1的比例承担赔偿责任,3倍以上按1:2比例分担。[1]"共保体"的劣势在于:(1)信息披露不足。"共保体"尚未建立专门的信息披露平台将农业保险经营及政府政策支持信息合法适当地公开。这一点显然不如地方专业型保险公司,如上海安信公司。后者的经营信息、产品选择、保险范围以及法律责任等内容的信息渠道更为公开透明,对公众而言,信息获得的渠道也更为便利。[2](2)成员结构不足。"共保体"成员所占份额差异较大。其中,首席承保人人保财险公司占77%,排名第二的公司仅占10%,份额最小的公司仅有1%。[3]比例不均及利益关系悬殊可能影响各成员参与农业保险经营的积极性。成员结构的不足也是2011年之前"共保体"成员变动较大的重要原因之一。要维持各成员间利益均衡的状态,需要投入更多的协同成本。

(三)黑龙江阳光保险模式

1. 模式简介

该模式以黑龙江阳光相互保险公司(以下简称阳光公司)农业保险经营形式为模板。该公司于2004年12月正式成立,是我国第一家相互制保险公司[4]。(1)法律属性。2015年《相互保险组织监管试行办法》第2条规定,相互保险组织是指在平等自愿、民主管理的基础上,由全体会员持有并以互助合作方式为会员提供保险服务的组织。相互保险组织是相互制与公司制相结合的特殊保险组织形式,在资本构成、经营目的、投保人地位、盈余分配等方面区别于股份

---

[1] 政府承担部分的责任,分别由省和试点县(市、区)两级政府共同承担。参见刘布春、梅旭荣主编:《农业保险的理论与实践》,科学出版社2010年版,第107~108页。

[2] 关于信息披露的问题,在笔者为获取有关浙江"共保体"的财务数据而查询其相关年度报告过程中,就深有体会。按照我国《公司法》和《公司登记管理条例》第57条规定,公司应当于每年1月1日至6月30日,通过企业信用信息公示系统向公司登记机关报送上一年度年度报告,并向社会公示。保险股份有限公司或专营农业保险股份有限公司的年报信息披露义务为其法定义务,但是浙江"共保体"在法律属性上属于松散型保险公司的集合,关于"共保体"保险业绩财务资料,只能根据各法人成员分别的年度报告进行采集,在资料获取及整理、分析、评估上成本较高。

[3] 参见刘布春、梅旭荣主编:《农业保险的理论与实践》,科学出版社2010年版,第109页。

[4] 在阳光公司之后,我国尚未有新的相互保险公司成立。2015年9月保监会启动了众惠财产相互保险总社、信美相互人寿保险公司、汇友建工相互保险有限公司等三家相互保险公司的审批程序,但到目前为止,并未有相互保险公司的正式设立和公示。参见财新网,http://finance.caixin.com/2015-09-02/100845872.html。

制保险公司。在资本构成上，股份制保险公司资本由股本构成，股东出资属于“所有者权益”；相互保险公司资本包括会员出资、公司借款等初始资金，该项启动资金属于公司“负债”，在开业后一定时期内，在填补公司承保业务损失后将连同利息逐步归还给出资人。[1] 经营目的上，股份制保险公司以营利为目的，相互保险公司通常不以营利为目的，但也不排斥营利，其营利由保险费形成的基金投资获得。在投保人地位上，股份制保险公司投保人只是保险合同当事人，未持有公司股权的情况下一般不会成为公司股东，不享有股东资格。相互保险公司投保人兼具股东和客户双重身份，既享有股东资格，也享有保险合同权利和义务。在盈余分配上，相互保险公司经营盈余理论上归属会员，可以作为盈余公积金或准备金充实保险资金，也可以直接分配给会员。[2] （2）管理体制。阳光公司采取“二三二”管理模式：总公司和保险社双层治理；总公司、省级分公司、保险社三级独立核算；非垦区采用乡级保险服务站和村级保险互助会代办业务，建立“公司＋会员”的利益共享、风险共担的运行机制。（3）业务机制。阳光公司施行四方共同核定制，由核灾定损员、保险分社、保险社、公司核灾定损，准确率一般在95%以上。在业务管理上，阳光公司实施会员监督制，实现“三公开”（承包内容公开、损失测定公开、赔款兑现公开）和“三到户”（承保到户、定损到户、理赔到户），有效维护公司和会员的共同利益。（4）再保险。为降低公司的经营风险、提高赔付能力以及承保持续性，阳光公司与中国再保险公司、国际再保险公司、瑞士再保险公司、韩国再保险公司、美国再保险公司等国内外多家再保险公司合作，通过购买部分作物超赔再保险，保证受灾农户获得及时、充分的损失赔付。（5）大灾应对与运营绩效。如表3－5所示，2014～2018年阳光公司每年提取巨灾准备金或大灾风险利润准备金的绝对值基本都呈上升趋势，2014年公司按照财政部等部门规定将巨灾准备金转入保费准备金

---

[1] 《相互保险组织监管试行办法》第10条规定：“初始运营资金由主要发起会员负责筹集，可以来自他人捐赠或借款，必须以实缴货币资金形式注入。在弥补开办费之前，相互保险组织不得偿还初始运营资金。初始运营资金为债权的，在盈余公积与未分配利润之和达到初始运营资金数额后，经会员（代表）大会表决通过，并报保险监督管理机构批准，可以分期偿还初始运营资金本金和利息。当偿付能力不足时，应停止偿还初始运营资金本息。其他形式的初始运营资金偿付和回报方式由相互保险组织章程另行规定。”

[2] 参见庹国柱、朱俊生：《对相互保险公司的制度分析——基于对阳光农业相互保险公司的调研》，载《经济与管理研究》2008年第5期。

进行会计统计,[1]增长率有所下降,但与年度保费收入值对比,所占比重不减,2015 年提升至保费收入的4.7%。2016 ~2018 年保费准备金的绝对值和同比增长率逐年提升。大灾准备金的提取主要用于平抑保险社综合赔付率超 120%以后的损失赔付,是降低保险经营风险的重要举措。[2] 阳光公司信用评级属于分类监管Ⅱ类。如表 3 -6 所示,2015 ~2019 年阳光公司偿付能力充足,且增长率始终维持在正值,属于经营风险控制稳定性较好的企业。在偿付能力报告中,阳光公司将公司偿付能力充足率稳定提升的原因主要归结为公司营利增加及保费减少导致的最低资本降低等因素。此外,2016 年、2019 年两个年度种植险业务遭受巨灾,公司赔付大幅增加,公司偿付能力充足率下降,净利润等也都有所降低。

表 3 -5　2015 ~2019 年阳光公司主要财务数据增长情况

指标	绝对量(人民币:万元,取整)						增长率(±%)				
	2014 年	2015 年	2016 年	2017 年	2018 年	2019 年	2015 年	2016 年	2017 年	2018 年	2019 年
保费收入	271,193	280,806	313,353	336,070	347,081	342,692	3.5	12	7	3	-1
赔付支出	163,924	180,443	346,337	220,130	229,678	421,694	10.1	182	-36	4	84
净利润	40,522	41,950	16,030	31,180	22,235	1823	3.5	-62	95	-29	-92
巨灾准备金/大灾风险利润准备金	0		26, 943	29, 223	32, 416	2530		—	8	11	-92
保费准备金	16,639	13,154	20,313	34,998	50,054	—	-20.9	54	72	43	-100

表 3 -5 与表 3 -6 的数据参见《阳光农业相互保险公司 2014 年度信息披露报告》《阳光农业相互保险公司 2015 年度信息披露报告》《阳光农业相互保险公司 2016 年度信息披露报告》《阳光农业相互保险公司 2017 年度信息披露报告》《阳光农业相互保险公司 2018 年度信息披露报告》《阳光农业相互保险公司 2019 年度信息披露报告》。资料来源:阳光农业相互保险公司官网,https://www.samic.com.cn/servicesShow/444.html。最后访问日期:2021 年 3 月 29 日。

---

〔1〕《阳光农业相互保险公司 2014 年度信息披露报告》规定:按财政部关于印发《农业保险大灾风险准备金会计处理规定》的通知(财会〔2014〕12 号)进行相应的会计处理,不再按原办法计提和使用巨灾风险准备金,公司将原按保费提取的巨灾准备金余额转入"保费准备金"。

〔2〕另外,按照相互制公司的特点,在公司出现无法承担赔付时,可以采取按比例削减保额的方式降低赔付标准。

表 3－6　2015～2019 年阳光公司偿付能力充足率变动情况

指标	绝对量（%，取整）						同比增长（±%）				
	2014 年	2015 年	2016 年	2017 年	2018 年	2019 年	2015 年	2016 年	2017 年	2018 年	2019 年
偿付能力充足率	474	569	227	355	423	268	95	－342	78	68	155

数据来源同表 3－5。《阳光农业相互保险公司 2016 年度信息披露报告》披露称，公司偿二代监管规则下 2016 年偿付能力充足率为 227.30%，偿付能力充足，相比 2015 年降低了 218.07%，降低的主要原因是保费的增长和种植险赔付的大幅上升导致保险风险最低资本大幅增长及公司本年营利减少导致实际资本减少综合影响所致。《阳光农业相互保险公司 2017 年度信息披露报告》披露称，公司 2017 年偿付能力充足率为 355.30%，偿付能力充足，相比 2016 年增长了 128%，增长的主要原因是公司本年营利的增长导致实际资本增加和种植险 2016 年赔付较高导致保险风险最低资本报告年度较上年度减少综合影响所致。《阳光农业相互保险公司 2018 年度信息披露报告》披露称，公司 2018 年末经审计的偿付能力充足率为 423.16%，偿付能力充足，相比 2017 年增长了 67.86%，增长的主要原因是公司本年盈利的增长导致实际资本增加和市场风险最低资本较上年度减少综合影响所致。《阳光农业相互保险公司 2019 年度信息披露报告》披露称，公司 2019 年偿付能力充足率为 267.76%，同比下降 155.4 个百分点。降低的主要原因是 2019 年公司承保的种植险业务遭受巨灾，赔付大幅增加，从而影响公司偿付能力。

2. 模式评价

阳光保险模式的优势：（1）经营管理优势。阳光公司启用相互制，解决了农户规模小、抗灾害能力差、农村社会保障不完善、农民参保主客观障碍多等问题，实现农户大部分参保的目的。所有参保农民都是会员，公司与会员之间“利益共享、风险共担”，减少了农业保险中的道德风险。阳光公司承保险种基本覆盖了黑龙江垦区农民农业生产的全部品种，包括水稻、玉米、大豆、小麦、马铃薯等在内的种植业保险和奶牛、能繁母猪等在内的养殖业保险；“以险养险”业务涵盖财产保险、责任保险、机动车辆保险、部分寿险和其他涉农保险等产品。公司将保险经营盈余作为风险基金留存或扩充运营资金，用以增强公司实力以备大灾之年或返还会员利益，从而保护大多数会员的长久利益。阳光保险模式采用省县两级风险分摊机制。公司提取巨灾准备金后，保费按 5∶5 的比例在县级保险社与省级分公司分配，超过赔付能力的，保险社可以用历年保费结余或从省级分公司借款来赔偿，分公司可以向总公司购买再保险提高赔付能力和抗风险能力，综合赔付率上限均为 120%，超过 120% 的，超赔部分由总公司动用大灾准备金弥补，并以部分大灾准备金购买再保险。[1]（2）风险防范优势。除管

〔1〕参见王朋良、龙文军、杜正茂：《相互制保险公司在中国的实践与启示——基于黑龙江阳光农业相互保险公司的调查》，载《中国农垦》2010 年第 5 期。

理体制上会员与投保人身份合一带来的自我约束、自我激励、道德风险防范效益外，阳光公司的“四级核灾定损制”让会员全程参与承保、查勘、定损过程，发挥其自我约束、自我管理、自我发展的能力。公司成立定损小组，聘请专业技术人员、监督员、受灾农户全程参与，保证定损理赔的真实准确。公司同时建立核灾定损公示制度，将损失测定、赔款兑现在保险分社分别公示7天，没有异议再予以兑现。[1] 这些做法切实保护农户利益、最大限度地避免道德风险和逆向选择，对核灾定损的客观性、公正性而言十分重要。

阳光保险模式的劣势在于：(1)业务规模有限。阳光公司的展业地域主要局限于黑龙江省，依据“大数法则”，要有效分摊经营风险，还应开拓更大范围的会员以提高参保量。[2] (2)相互制功能不显著。公司对会员无灾利益返机制空白、会员统一跟踪管理机制缺乏、会员参与决策程度低等缺陷影响了农民投保的积极性，也约束了公司经营规模的扩大和社会效益的增长。(3)政府补贴标准的统一化、固定化。黑龙江省属于粮食主产区、商品粮基地，目前政府补贴过低，省级、县级补贴按照与国家标准5∶5的比例发放，未考虑省、县的财政差异和作物差异，补贴比例缺乏灵活的差异化调整机制，是影响农业保险业务开展的主要因素之一。[3] (4)法律法规不健全。目前关于相互制保险公司的规范文件只有2015年保监会出台的《相互保险组织监管试行办法》，缺乏更高位阶的基础规则，不利于相互制保险公司的规范发展。

（四）四川中航安盟保险模式

1. 模式简介

该模式指称中航安盟财产保险有限公司（以下简称安盟公司）的农业保险经营模式。安盟公司属于商业化经营的综合性财产保险公司，其法律属性与一

---

〔1〕 参见王朋良、龙文军、杜正茂：《相互制保险公司在中国的实践与启示——基于黑龙江阳光农业相互保险公司的调查》，载《中国农垦》2010年第5期。

〔2〕 目前，阳光公司业务规模仍局限在黑龙江省区，经营区域的有限性，使得自身抵抗大灾的能力有限，保障程度偏低，仅初步满足了农民的基本保险需求。阳光公司规定综合赔付率超过120%小于200%时，尚有大灾准备金和再保险可以依赖，但是赔付率一旦超过200%，保险公司就只能采取全体会员同比例降低保险赔付率的办法。参见王朋良、龙文军、杜正茂：《相互制保险公司在中国的实践与启示——基于黑龙江阳光农业相互保险公司的调查》，载《中国农垦》2010年第5期。

〔3〕 黑龙江农垦系统内农工的保费上缴实行“农户缴一块、农垦总局筹一块、国家补一块”的办法，还缺乏县（农场）一级的财政补贴，也在一定程度上影响了保险业务的开拓。

般财产保险公司无异,是作为第一家进入我国农业保险市场的外资保险公司,且发展迅猛。(1)发展概况。2004 年 10 月 28 日,法国安盟保险公司[1]成都分公司成立,2010 年 12 月 31 日,该公司从分公司正式转为子公司,更名为“安盟保险(中国)有限公司”。2011 年 6 月 2 日,安盟公司从 2.5 亿元增资至 5 亿元人民币,由中国航空工业集团公司(以下简称中航公司)认购新增资本,由中航公司与法国安盟公司分持各半比例股权。[2] 2012 年 3 月 5 日,公司正式更名为“中航安盟财产保险有限公司”。安盟公司组织形式及股东结构的变化,与中国保险市场变动及经营战略不无关联。主体人格的独立化是安盟公司适应中国保险市场竞争机制不健全、防范经营风险和信用风险的一种手段,法人人格独立,有利于其总公司在巨灾及系统性风险中全身而退。中航公司注资实现股权配置中国化,可使其有效利用中国企业资本、人力、信息、技术、地理及政策等优势,缓解市场风险。(2)经营特点。基于法国安盟公司较为成熟的农业保险经营管理模式,安盟公司在运营网络、资金、管理等方面有较多优势,为其在四川、吉林、辽宁、陕西、黑龙江、内蒙古等地迅速开辟农村保险市场奠定了基础。作为中国首批专业农业保险公司,安盟公司推出了 31 个涉农保险产品,其中 15 个险种为国内首创。目前其所经营的农业保险产品基本覆盖了玉米、水稻、小麦等主要作物种植保险。此外,该公司还结合地方特色开发保险产品,如陕西省猕猴桃、葡萄、柑橘、石榴、茶树产品种植保险,四川省芒果、柠檬与成都市食用菌等特色产品种植保险。2013 年 8 月公司分别在四川省和大连市推出育肥猪价格指数保险产品和海参养殖保险产品,属于国内领先业务。[3] 此外,运用“以险养险”,也是安盟公司分散经营风险、确保商业保险收入、有效应付农

---

[1] 法国安盟保险集团公司(以下简称法国安盟)源于法国农业互助组织(les Mutuelles Agricoles),后来逐渐发展壮大成为一家多元化的国际化金融保险集团,距今已有近 120 年历史。法国安盟业务范围涵盖保险、银行和资产管理等多个金融领域,在全球 12 个国家和地区建有分支机构,是欧洲最大的相互保险和农业保险公司,具备农业全产业链保险产品开发能力。2014 年,法国安盟总资产达 1064.4 亿欧元,净资产 80.6 亿欧元,保费收入达到 136.3 亿欧元。资料来源:中航安盟财产保险有限公司官网,http://www.groupama-avic.com.cn/guanyuwomen/gongsijianjie,最后访问日期:2016 年 6 月 7 日。

[2] 2013 年 12 月 25 日,安盟公司又增加了注册资本 6 亿元,目前,公司注册资本达 11 亿元。

[3] 2013 年 8 月 13 日,公司在四川省推出育肥猪价格指数保险,在西部地区首家推出育肥猪价格指数保险产品。同年 8 月 16 日,该公司与中国渔业互保协会和大连瓦房店海参协会签署了海参养殖保险统保与再保协议,这是全国海参养殖保险第一单。

业大灾损失的有效手段。(3)风险管理机制。因具有外资保险属性,且缺乏政府补贴,安盟公司的经营风险应对多依赖自身风险管理机制的完善,集中在风险管理架构和策略上。风险管理架构以风险管理委员会和风险管控联席会为主要特质。风险管理委员会负责宏观风险管理,隶属董事会,为董事会就承保原则、监督分级授权的承保方案与企划书的一致性、合规政策、投资原则、风险管理团队职能、内部控制、风险管理和合规方面的评估报告等提供建议。风险管控联席会负责经营管理层面的风险管理,负责对重大风险管理事项进行协调、检查、督办,对经营过程中可能产生的各种风险进行管控。安盟公司确立了"以偿付能力风险管理为核心,建立全面的风险管理机制"的风险管理总体策略,以风险监测、识别、分析、评估、报告等措构成其日常风险管理的主要内容。(4)运营绩效。如表3-7所示,2015~2019年安盟公司保费收入基本呈上涨趋势,2019年略有下降,但下降幅度不大。赔付支出额除了2016年,其他四年均呈正增长。收入与支出比重相应反映在净利润增长比例上,增减变动也较为明显。2018年利润下降,与安盟公司在各地开设支公司和业务经营服务点有密切关联,2017年净利润增长较快,2017~2019年大灾风险利润准备金呈逐步增长,持续盈利以持续储备的形式出现。[1] 在保费收入、赔付支出及净利润等指标上,安盟公司落后于上海安信、浙江"共保体"。如表3-8所示,从偿付能力充足率指标上来看,其表现尚积极,尽管综合充足率有所波动,但安盟公司信用评级始终维持在监管Ⅱ类金融企业水平。

表3-7 2015~2019年安盟公司农业保险主要财务数据统计

指标	绝对量(人民币:万元,取整)						同比增长(±%,取整)				
	2014年	2015年	2016年	2017年	2018年	2019年	2015年	2016年	2017年	2018年	2019年
保费收入	152,506	164,140	187,579	213,425	234,889	222,162	8	14	14	10	-5
赔付支出	92,085	129,024	102,756	120,559	133,820	160,920	40	-20	17	11	20
净利润(总)	-11,839	1456	2023	4698	3483	1666	112	39	132	-26	-52

[1] 根据《中航安盟财产保险有限公司2015年年度信息披露报告》,安盟公司2016年第一季度季末偿付能力充足率为272.36%,较上季度末的263.64%有所增长;在保监会2015年第4季度分类监管评价中,安盟公司继续被定为B类。从目前情形来看,公司处于持续良好经营状况。

续表

指标	绝对量(人民币:万元,取整)						同比增长(±%,取整)				
	2014 年	2015 年	2016 年	2017 年	2018 年	2019 年	2015 年	2016 年	2017 年	2018 年	2019 年
保险责任准备金	17,601	20,498	7440	7276	6537	12,847	-17	-64	2	-10	97
大灾风险利润准备金	5977	—	53	301	796	1171	—	—	468	164	47
保费准备金	—	261	4845	9518	11,923	4456	—	1756	96	25	-63

注:本表数据参见《中航安盟财产保险有限公司 2015 年年度信息披露报告》《中航安盟财产保险有限公司 2016 年年度信息披露报告》《中航安盟财产保险有限公司 2017 年年度信息披露报告》《中航安盟财产保险有限公司 2018 年年度信息披露报告》《中航安盟财产保险有限公司 2019 年年度信息披露报告》。资料来源:中航安盟财产保险有限公司官网,https://www. groupama - avic. com. cn/annualInfo. html,最后访问日期:2021 年 3 月 29 日。

表 3-8　2015~2019 年安盟公司偿付能力充足率变动情况

指标	绝对量(%)						同比增长(±%)				
	2014 年	2015 年	2016 年	2017 年	2018 年	2019 年	2015 年	2016 年	2017 年	2018 年	2019 年
偿付能力充足率	336	264	249	247	218	254	-72	-15	-2	-29	36

注:如表 3-7 所示,2016 年安盟公司偿付能力充足率较 2015 年下降了 15%,依然维持在监管Ⅱ类。对此,安盟公司在其年报中说明偿付能力充足率变动的主要原因是由于最低资本上升 4650 万元,实际资本增长 6013 万元,而最低资本的增长率大于实际资本增长率,所以总体偿付能力充足率下降。参见《中航安盟财产保险有限公司 2016 年年度信息披露报告》。2017 年安盟公司偿付能力充足率下降了 1.23%,与 2016 年基本持平。《中航安盟财产保险有限公司 2017 年年度信息披露报告》披露称,由于最低资本上升 3530 万元,实际资本增长 8220 万元,而最低资本的增幅大于实际资本增幅,所以总体偿付能力充足率略微下降。2018 年安盟公司偿付能力充足率为 218%,较 2017 年下降 29.72 个百分点,较 2017 年有所下降,满足保监会监管要求。2018 偿付能力充足率下降,主要是由于最低资本上升 7654 万元,实际资本增长 3255 万元,而最低资本的增幅大于实际资本增幅,所以总体偿付能力充足率下降。参见《中航安盟财产保险有限公司 2018 年年度信息披露报告》。《中航安盟财产保险有限公司 2019 年年度信息披露报告》披露称,2019 年偿付能力充足率为 253.80%,较 2018 年上升 36.14 个百分点,满足银保监会监管要求。偿付能力充足率的变化,主要是由于最低资本下降 9622 万元,实际资本下降 5355 万元,而最低资本的降幅大于实际资本降幅,所以总体偿付能力充足率上升。

2. 模式评价

外资属性是安盟公司区别于其他农业保险经营机构的关键因素,目前政府不以保险补贴作为"介入"形式,主要借业务、风险监管进行规范和引导。(1)业务监管。自 2020 年 1 月 1 日起实施的《外商投资法》第 41 条规定,"对外国投资者在中国境内投资银行业、证券业、保险业等金融行业，或者在证券市场、外汇市场等金融市场进行投资的管理，国家另有规定的，依照其规定”。在此之前，国家发展和改革委员会、商务部出台的《外商投资产业指导目录（2015年修订）》将保险行业列入“限制外商投资产业目录”；[1] 根据国务院2014年《外商投资项目核准和备案管理办法》《政府核准的投资项目目录（2014年本）》等文件，保险外资准入适用核准制。[2] 这是国家出于外资安全性和金融系统性风险控制的考虑而设定的必要门槛。据此，安盟公司在进入中国农业保险市场时，需经所在地省级政府审核批准。从目前来看，安盟公司未对其他同业保险公司产生负面的竞争效应，相反，在促进农业保险险种创新、完善“以险养险”业务方面，安盟公司还提供不少卓有成效的经验。《鼓励外商投资产业目录（2019年版）》取消了对外资进入保险行业的资格和业务限制，至于制度上是否应当依据国民待遇原则给予安盟公司以相应的保险补贴，是推进农业保险业务及监管中亟待确定的问题。（2）风险监管。安盟公司内部风险管理架构较为完善，以风险管理为重心构筑了三道防线，使之在缺乏政府财政支持下依然获得了较为稳定的良性发展。第一道防线为业务前端识别、评估、应对、监控与报告风险；第二道防线综合协调制定各类风险制度、标准和限额，提出应对建议；第三道防线针对风险管理流程和各项风险控制程序进行审计监督。[3] 政府外部监管主要涉及市场准入、险种审批、经营评价、违法行为处置等各内容。2015年保监会出台的《保险公司经营评价指标体系（试行）》将速度规模、效益质量、社会贡献等设为指标对保险公司进行评价，并根据评价结论督促保险公司改进经营管理。农业保险属于产险范畴，其经营评价以保费增长率、自留保费增长率、总资产增长率、综合成本率、综合赔付率、综合投资收益、净资产收益率、净现金流、

---

〔1〕《外商投资产业指导目录（2015年修订）》规定：“25. 保险公司（寿险公司外资比例不超过50%）。”

〔2〕《外商投资项目核准和备案管理办法》第4条第1款第2项规定，根据《核准目录》［指《政府核准的投资项目目录（2013年本）》］，实行核准制的外商投资项目的范围为：《外商投资产业指导目录（2015年修订）》限制类中的房地产项目和总投资（含增资）5000万美元以下的其他限制类项目，由省级政府核准。根据《政府核准的投资项目目录（2014年本）》第11项“外商投资”的规定：《外商投资产业指导目录（2015年修订）》限制类中的房地产项目和总投资（含增资）小于1亿美元的其他限制类项目，由省级政府核准。在当时的政策背景下安盟公司中方投资低于该两项标准，需由省级政府核准投资经营。《政府核准的投资项目目录（2016年本）》则已取消该核准程序。

〔3〕参见《中航安盟财产保险有限公司2015年年度信息披露报告》。

风险保障贡献度、赔付贡献度和纳税增长率、增加值增长率等为具体指标。保监会2015年出台的《产险公司法人机构经营评价指标》第5条规定，“中保协和地方行业协会每年评价一次保险公司法人机构和分支机构的经营状况”，以保证保险公司经营状况评价的持续有效性。

（五）吉林安华保险模式

1. 模式简介

该模式指称安华农业保险股份有限公司（以下简称安华公司）的农业保险经营模式。安华公司于2004年12月30日在长春正式成立，目前注册资本10.575亿元，是继安信公司之后我国第二家专业性商业农业保险公司。（1）经营机制。公司以“根植农村、安身农业、贴近农民、服务三农”为宗旨，采取以“商业化运作、综合化经营”方式，“为政府经办”政策性农业保险业务。[1] 到2015年年底，公司承保区域已覆盖吉林、内蒙古、辽宁、山东、北京、四川等地；主推水稻、玉米、草莓、奶牛、肉鸡等10多个种养殖保险险种。[2] 此外，该公司开展“以险养险”业务，经营财产损失保险、责任保险、信用保险、保证保险、意外伤害保险与其他涉农保险等，并开办上述险种的再保险业务，以分散经营风险。（2）运营绩效。如表3－9所示，2015～2019年安华公司保费收入和赔付支出基本呈稳定增长趋势，尽管每年度同比增长率有所波动，但整体仍处于保监会对保险公司经营评价B级的标准。[3] 如表3－10所示，2015～2019年该公司偿付能力充足率绝对值相对稳定，符合保监会分类监管标准Ⅱ类要求。至于若干年度偿付能力充足率变动较大，原因如下：公司2016年的偿付能力充足率比上

---

〔1〕为政府“经办”与“代办”，区别了农业保险经营模式的属性。为政府“经办”，表明保险公司具有政府扶持性质，与政策性农业保险公司趋同。实践中，随着安信公司与安华公司在市场上竞争力逐步提升、保险经营战略逐步成熟，政府的经济及政策约束逐渐减少，公司逐步向综合性、商业性转化。为政府“代办”，表明保险公司作为政府间的受托人，接受委托从事农业保险经营，为政府分散农业风险、完善农村社会保障体系。保险公司实质上是代为行使政府风险管理权，这种关系以适用于大部分适格的商业性保险公司。

〔2〕这些险种基本涵盖了吉林省主要畜禽养殖品种、大宗经济作物和粮食作物，符合以吉林为其农业保险业务基地的特点。

〔3〕保监会2015年8月7日发布的《保险公司经营评价指标体系（试行）》第2条“评价类别”中规定：根据保险公司和分支机构的经营状况，将其分为A、B、C、D四类：（1）A类公司是指在速度规模、效益质量和社会贡献等各方面经营状况良好的公司；（2）B类公司是指在速度规模、效益质量和社会贡献等各方面经营正常的公司；（3）C类公司是指在速度规模、效益质量和社会贡献某方面存在问题的公司；（4）D类公司是指在速度规模、效益质量和社会贡献等方面存在严重问题的公司。

年有较大下降，是由于受公司业务发展及业务结构影响、受资本市场波动影响，获利水平较上年有所降低，公司增加保费准备金，加强储备。2017 年公司赔付支出较多，但基本维持良好的盈利状况，偿付能力充足率为 130%，保持"充足Ⅱ类公司"水平。2018 年公司盈利降低，但在良好储备基础上维持了 153% 的偿付能力充足率，2019 年公司保费规模增大，偿付能力充足率为 185%，相比上年初有较大幅度提升。两个年度都维持在"充足Ⅱ类公司"水平。

表 3－9　2015～2019 年安华公司农业保险主要财务数据统计

指标	绝对量（人民币：万元，取整）						同比增长（±%，1 以上取整）				
	2014 年	2015 年	2016 年	2017 年	2018 年	2019 年	2015 年	2016 年	2017 年	2018 年	2019 年
保费收入	326,497	397,892	460,859	506,613	508,183	565,701	22	16	10	0.3	11
赔付支出	170,052	226,264	229,964	427,903	325,783	326,167	33	2	86	－24	0.1
净利润（总）	5066	8758	1226	415	－32,868	7146	73	－86	－66	－802	122
保险责任准备金	5838	27,046	94,262	66,659	20,342	5069	363	249	－29	－69	－100
巨灾准备金/大灾风险利润准备	—	—	99	—	—	—					
保费准备金	4397	5903	19,768	—	11	204	34	235	－100	110	203

注：表 3－9、3－10 数据均参见《安华农业保险股份有限公司 2014 年年度信息披露报告》《安华农业保险股份有限公司 2015 年年度信息披露报告》《安华农业保险股份有限公司 2016 年年度信息披露报告》《安华农业保险股份有限公司 2017 年年度信息披露报告》《安华农业保险股份有限公司 2018 年年度信息披露报告》《安华农业保险股份有限公司 2019 年年度信息披露报告》。资料来源：安华农业保险股份有限公司官网，http://www.ahic.com.cn/ndxxplbg.jhtml，最后访问日期：2021 年 3 月 29 日。

表 3－10　2015～2019 年安华公司偿付能力充足率变动情况

指标	绝对量（%）						同比增长（±%）				
	2014 年	2015 年	2016 年	2017 年	2018 年	2019 年	2015 年	2016 年	2017 年	2018 年	2019 年
偿付能力充足率	242	207	113	130	153	185	－35	－94	17	23	32

2. 模式评价

安华公司经营农业保险的特色之处在于依托农业产业化组织提高农业生产经营者的投保能力和组织化程度，解决农户组织化程度低、投保能力低等难题，引导农业产业化和集约化的发展，符合公司"以农业产业化为纽带、以农业龙头企业为依托"的业务定位。依托龙头企业开展农业保险业务，有一定的优越性，具体表现在：(1)成本降低，参保率提高。通过这一模式可以更有效地组织农户参保，有效降低保险公司面对众多分散农户开展业务的成本。通过龙头企业对参保农户进行补贴，鼓励龙头企业为农户垫付保险费，增加农户投保率、减轻保费压力。(2)监督加强，道德风险降低。依托龙头企业，现场查勘、损失鉴定更有效率，有利于成员之间相互制约、相互监督，降低了理赔不到位及道德风险等问题。另外，产业化组织有利于信息透明化和对称分布，可以有效避免农户在参保时的逆向选择问题。

总体上，吉林安华保险模式在调整农业产业结构、加快农业产业化进程、稳定农业生产、增加农户收入等方面呈现积极效能，是我国政策性农业保险发展模式的良好示范。当然，补贴与税收优惠不力、法律供给不足、巨灾风险基金缺失、再保险机制不健全等农业保险领域普遍存在的问题，也同样影响着安华保险模式的持续运转。

二、美、日、法及亚洲部分国家农保经营模式评价

（一）美国模式

美国农业保险经营模式具有政府主导性，其政策性扶持也是推动农业保险发展的核心要素。

1. 发展历程与现况

美国自 1939 年开始实施政府农作物保险计划，至今已有近 80 年历史，可分为三个主要阶段：(1)政府专营的"单轨制"阶段（1938 ~ 1980 年）。1938 年，美国国会颁布《1938 年农业法案》，[1] 要求农民参加农作物保险项目。同年美

---

〔1〕 美国国会在 1933 年通过了第一个《农业法案》，该法案出台于"大萧条"（Great Depression）时期，旨在为美国农民提供财政援助，应对农作物生产过剩导致低价的情形。该法案规定政府向农民购买多余的谷物，这些谷物可以在出现恶劣天气或其他对农作物产量造成负面影响的情况时出售。1938 年，国会认为农场收入应由自由市场控制，因此制定了长期性的《农业法案》。该法案要求农民参加农作物保险项目，通过保险方式分散农作物生产过程中可能遭遇的各种风险。传统上，国会每隔 5 年重新批准《农业法案》，从 1933 年至今已经出台了 17 项农业法案，目前施行的是 2014 年版本。资料来源：美国国务院官网"New U. S. Farm Bill Ends Direct Crop Subsidies"，http://iipdigital. usembassy. gov/st/english/article/2014/02/20140207292475. html # ixzz4BkR4qeWghttp://iipdigital. usembassy. gov/st/english/article/2014/02/20140207292475. html#axzz4BkLsEVNG。

国颁布了《1938年联邦农作物保险法》,对农作物保险的目的、性质、开展办法、经办机构等作了明确规定,揭开了联邦政府机构开展农作物保险业务的序幕。1939年,美国联邦政府开始在局部地区试验实施农作物保险计划,从最初只承保小麦作物保险扩大到棉花、烟草等农产品,由联邦农作物保险公司直接开展业务。此间,农作物保险承保地域及险种范围有限,农户参保率低。对此,1938~1980年,国会对《联邦农作物保险法》先后修改了12次。(2)公私合营的"双轨制"阶段(1980~1996年)。1980年美国开始全面推广农作物保险计划,以补贴和再保险等方式吸引私营商业保险公司参与政府农作物保险经营,形成联邦农作物保险公司与私营保险公司共同经营农作物保险业务的"双轨制"。1994年《农作物保险改革法》把所有农作物生产者都纳入农作物保险范围,规定不参加政府农作物保险计划的农民不能得到政府其他计划(农户贷款计划、农产品价格支持和保护计划等)的福利。该法将险种承保作物从1980年的30种扩大到47种,对农作物保险实行自愿与强制相结合,促使参保率迅速提高。1995年美国全境农作物保险承保面积达到2.2亿英亩,占当年可保面积的82%。(3)商业保险公司完全经营的"单轨制"阶段(1996~2014年)。1996年美国国会颁布《农场法》(1998年作了修订),代表美国政府的联邦农作物保险公司逐步退出农作物保险经营,将业务全部交由私营商业保险公司经营或代理,前者只负责保险政策和规则的制定、履行稽核和监督,并提供再保险以分散后者的经营风险。[1] 2013年,美国农作物保险可参保作物已达120余种,保险业务主要由19家私营保险公司经营,这些公司提供了约20余种农作物保险计划和200多万张农作物保险保单,承保面积接近3亿英亩。从2010~2014年,美国农业保险规模呈稳步增长,政府保险补贴比率基本维持在62%,累计赔付率约为91%,基本维持收支平衡。[2] (4)政府加大扶持新阶段(2014年至今)。2014年美国

---

〔1〕 除了联邦农作物保险公司,美国农业部农业风险管理局(RMA)也实际分担对私营商业保险公司经营农作物保险的风险监管职能。风险管理局是美国农业部(USDA)根据1996年《联邦农业改善与改革法》成立的,以政策设计为主,向农业生产者提供各种作物保险计划,并负责对美国联邦农作物保险公司的日常工作进行监管。

〔2〕 《美国农业保险的现状》,载《期货日报》2014年11月16日。本处引用来自新浪网,http://finance.sina.com.cn/money/future/fmnews/20141116/223920832236.shtml。

前总统奥巴马签署了《新农业法案》(又称《2014 年美国农场法案》)。[1] 该法案取消了农业直接补贴(实施近 18 年、每年耗资近 50 亿美元),扩大了农业保险覆盖范围和对应补贴额度,以农业保险补贴取代农业直接补贴,突出了保险的作用。美国国会预算办公室(CBO)预计该法案规定项目在 2014～2023 年度联邦政府直接支出为 9560 亿美元,主要集中于食品券和营养品项目、农作物保险、农业商品化项目以及自然保护项目,其中农作物保险支出为 898 亿美元。[2] 该法案新增农业风险保险,规定当农产品价格低于过去 5 年平均水平的 14% 时,参保农民将开始获得补偿;保险赔付不设上限,保证农民在农产品价格下跌时,依然能获得往年平均水平 86% 的收益;保费方面,参与该保险的农民只需承担 35%,剩余由政府承担。[3] 该法案完善了收入保险规范,改变了原来无差别农产品补贴(无论农户是否种植作物,都会获得该项补贴)。此外,该法案还明确农民在播种前需做出决定加入政府何种作物保险(作物收入保险或目标价保

---

〔1〕 美国农业法案一般为五年期立法,上一期的农业法案《2008 年食物、自然保护与能源法案》已于 2012 年失效,《2014 年农业法案》的生效时间比预计延迟了两年。关于美国农业永久法和农业法案生效的问题,一般解释称:当一项美国农业法案失效而新的农业法案尚未生效时,在此期间应适用农业永久法的相关规定。美国农业永久法指《1938 年农业调整法》、《1949 年农业法》以及《1948 年农产品信用企业章程法》等长期有效的立法。每一期的美国农业法案在当期构成对美国农业永久法相关条款有期限的修改。根据五年期立法规律,《2008 年食物、自然保护与能源法案》于 2012 年 10 月至 12 月短期失效;由于农业法案失效时间较短而农业项目周期较长,农业法案的失效并未留下实际实施中的空白。2013 年 1 月 2 日《2008 年食物、自然保护与能源法案》的效力被延期一年;所有在 2012 年 9 月 30 日依然有效的条款在 2013 农事年或财政年内持续有效。2013 年 10 月 1 日法案大多数条款再次失效,而此时绝大部分法案相关项目已经停止运作。因此,从 2013 年 10 月《2008 年食物、自然保护与能源法案》再次失效后至 2014 年 2 月 7 日《2014 年农业法案》生效前美国农业法案缺位,该期间内美国联邦政府对美国农业的管理适用《1949 年农业法》等农业永久法。参见《以美国 2014 年及 2008 年农业法案为例简析美国联邦政府对农业的财政投入》,资料来源:https://www.caigou2003.com/gi/alfx/305784.html。

〔2〕 参见《以美国 2014 年及 2008 年农业法案为例简析美国联邦政府对农业的财政投入》,资料来源:https://www.caigou2003.com/gi/alfx/305784.html。

〔3〕 参见王月荣、张秀珍:《美国 2014 年新农业法案的特点、影响及其启示》,载《世界农业》2014 年第 7 期。

险),不同保险类别下,其补贴计算依据和赔付比例不同[1]。

2. 模式评价

(1)保险覆盖。目前美国已有150多种农作物被纳入农业保险范畴,保险品种包括玉米、棉花、大豆和小麦等主要大宗农作物和区域性农作物。保险产品包括:传统的保障直接损失的产量保险、成本保险,新型的保障农作物间接损失为目的的作物收入保险、目标价保险。[2] 将农户因农产品价格波动可能受到的损失也纳入保障范围,增加了农户的参保积极性。美国还将农业保险分为基础性、附加性、一般商业性保险三个层次,以提高保险覆盖率:巨灾保险为基础性保险,由政府全额补贴以提供最基本的保障;附加性保险由政府提供部分补贴,并指定私营保险公司经营;一般商业保险可由所有保险公司经营,政府不予干涉也不予补贴。[3] (2)道德风险控制。其一,集体风险保险计划。《1994年农作物保险改革法》推出主要以玉米、大麦、小麦、花生、棉花、饲料等作物为保险标的的计提保险计划,计算保险金额时,以单个县中多个农场预估产量的一定比例为依据。被保险人获得保险赔款以遭遇灾害事故时全县平均实际产量低于保险产量为数量条件,以此促使投保人加强作物管理,避免高风险地区的

---

〔1〕 作物收入保险(CRC)是目前美国使用最广泛的一种作物价格保险(不仅承保作物因灾减产的损失,而且承保因市场价格降低造成的农作物收入损失),分为收入保护产品(Income Protection, IP)、作物收入覆盖产品(Crop Revenue Coverage,CRC)和收入保障产品(Revenue Assurance ,RA)等主要产品。IP的作物价格事先定好,CRC和RA只定保底价格,可以随市场走高不封顶。这些保险产品的单产保障水平仍然以实际生产历史平均值为基准,农民可以选择50%~75%(某些地区85%)的单产,按农业风险管理局预测价格计算出保额(IP)。实际收入由实际农场单产与收获月份期货市场到期合同平均收盘价相乘得来。当实际收入低于保额时,损失部分给予赔付。CRC和RA类保险产品的保额,取RMA预测价格与期货市场收获月份均收盘价二者中高的来计算,这样对农民有利,因为当市场价格走高时,保额也相应提高。参见张峭、汪必旺:《农产品目标价格保险的思考》,载中保网,http://www.sinoins.com/zt/2014-06/09/content_114608.htm。

〔2〕 目标价保险(贷款差额保险LDP),用以应对农产品市场价格严重下跌给农户造成的损失风险,一般由商业保险公司提供保险保障价格,在农产品实际价格低于保险合同中规定的保障价格时,由保险公司就此类农产品市场风险向投保农户进行定损理赔,政府按照政策目标对商业保险公司提供一定比例的保费补贴。

〔3〕 美国的巨灾保险属于强制性保险,提供平均产量50%的保障力,低于此保障力时,可获得该作物市场价格55%的赔偿。附加性风险属于自愿性保险,需要投保人额外购买,最高投保产量可为平均产量的85%,最高赔付可获得市场价格100%的赔付。此外,投保人还可以购买区域风险保险,其特点是根据投保地区的平均产量为基准,当产量低于投保产量时,保险公司进行赔偿,不考虑此地区参保农户的个体产量情况。参见《看美国农业保险的成长之路》,载《农民日报》2015年7月6日,http://news.xinhuanet.com/politics/2015-07/06/c_127987190.htm。

逆向选择。其二,保险险种创新。传统农业保险产品以产量为基础,即以产量损失达到一定程度作为赔偿发生条件。作物收入保险、目标价保险等以收入为基础的保险产品把由价格变化所引起的收入的不确定性纳入保险承保的风险责任范围,将农业保险赔付的触动机制设定为收入低于一定水平。把投保人的农作物分类分层计算保额,以农业法案提供的保险基数目标价格来确定保险条款,可以有效控制道德风险和逆向选择。(3)监管与激励。目前美国农业保险以风险管理局与联邦农作物保险公司双重监管为管理特色,两家机构作为联邦农作物保险管理机构,具体职责包括:制定农业保险政策、开发农业保险新品种、对经营农业保险的私营保险机构进行补偿、提供农业再保险等。"政策性"激励包括保费补贴、经营管理费用补贴、再保险和税收减免。《2014 年美国农场法案》削减了持续近 20 年的农业直接补贴,扩大了农业保险补贴项目和额度。[1] 政府给予的经营管理费用补贴与保险公司的业务量挂钩,目前的补贴标准是保险公司所收取保费的 18.5%。[2] 联邦农作物保险公司向私营农业保险公司提供一定范围的成本相对低廉的再保险保障;超出范围部分,再由公司向商业市场购买再保险。税收优惠方面,1980 年《联邦农作物保险法》规定,联邦、州及其他地方政府对私营保险公司经营农业保险业务的,只征收 1% ~4% 的营业税,其他税收免征。

不能否认,美国农业保险模式也不可避免地存在一些负面因素。(1)过度补贴促使农业经济形成对政府的高度依赖。美国农业经济过分依赖联邦政府和地方政府的财政补贴,长期、持续地对农业保险行业进行大量财政补贴也给政府造成较大的财务压力。如果政府对农业经济的财政支持力度和项目投资降低,必然会引起农业经济发展的波动。(2)过度干预打破了美国农业经济的

---

[1] 《2014 年美国农场法案》促使美国农业发展从直接补贴时代向农民根据自身需求和风险承受能力购买不同农业保险的时代转变。该转变使政府的直接支出大幅减少,相应使农民的支出逐渐增加,这会使农产品价格成本逐步提升,从而影响产品出口竞争力。农业保险是一种市场化运作机制,减少政府对市场的直接干预,以市场方式解决市场本身的问题,更符合市场发展规律。这是改变农业直接补贴为保险补贴的经济理论意义。参见《聚焦美国新农业法案》,载上海农业网,http://e-nw.shac.gov.cn/scjg/scfx/jckdt/201510/t20151010_1585154.html。

[2] 在财政补贴方面,目前仍主要沿用 2007 年的农业保险补贴标准。参见《美国农业保险政策对农业经济的影响》,载中国农村研究网,http://www.agri.cn/V20/ZX/sjny/201407/t20140702_3956583.htm。

自由市场。[1] 在传统自由竞争模式下，地区性农业自然灾害通常只影响该地区农业再生产能力；政府干预下进行再生产资源配置，调集其他地区优质资源来补偿灾害地区风险损失，必然会影响其他地区的农业经济发展。农业保险政策的实施有利于美国整体经济的发展，但也会在一定程度上缩减部分地区农业经济发展资源。

（二）日本模式

1. 发展历程与现状

日本国土面积狭小，可耕地和农业人口少，农产品需求量高，灾害事故频发，却丝毫不妨碍日本农业经济发达的市场地位，这与日本较为先进和健全的农业发展保障制度不无关联。《农业灾害补偿法》是日本农业保险基础性立法，从 1947 年至今共修订过 23 次，2009 年的修订版为最新版本，与该法相配套的立法有 1967 年《果树保险临时措置法》、1973 年《旱田作物共济以及园艺设施共济临时措置法》。2009 年《农业灾害补偿法》全面扩大了共济范围，并明确了强制保险范围。相比于美国采用国有联邦农作物保险公司推行农业保险的模式，日本主要依靠民间相互会社来推动。鉴于政府的主导作用在其中的发挥，该模式被称为政府主导下的相互会社模式。[2]

2. 模式评价

（1）组织体系。日本农业保险组织体系由三个层次组成：第一层次为基层农业共济组合，在市、町、村一级建立；第二层次的农业共济组合联合会，在道、府、县一级建立（部分没有设立农业共济组合的地区也由市、町、村基层政府负责，在道、府、县一级直接设立联合会）；第三层次的全国农业保险协会，设在农林省的农业共济再保险特别会计处。第二层次的农业共济组合联合会接受第一层次的农业共济组合的分保，并对其进行防灾防损的技术指导，第三层次的农业共济再保险特别会计处接受农业共济组合联合会的分保。具体运作上，分为共济与保险两种关系，前者通过农民向农业共济组合（或地方政府专门机构）上交保费形成，后者通过共济组合向农民收取保费，以其中一定比例上交农业

---

[1] See Francisco J. Zagmutt, Stephen H. Sempier & Terril R. Hanson, *Disease Spread Models to Estimate Highly Uncertain Emerging Diseases Losses for Animal Agriculture Insurance Policies: An Application to the U. S. Farm – Raised Catfish Industry*, Risk Analysis, Vol. 33:10, p. 1924 – 3861(2013).

[2] 参见王德迅：《巨灾风险管理：日本经验及其借鉴》，载《国际经济评论》2010 年第 5 期。

共济联合会形成。在再保险关系的形成上,农林水产省下设农业保险专门账户,由农业共济联合会向其上交一定比例的再保险金。互助共济构成日本农业保险组织的基石与灵魂。(2)保险覆盖。日本农业保险险种分为农作物共济、家畜共济、水果和果树共济、经济作物共济和园艺设施共济五类,涵盖了该国主要农产品:农作物共济属于强制保险,适用于水稻、大小麦作物因自然灾害等引起的损失;家畜共济由国家再保险负责赔偿,适用于牛、马、猪饲养过程中发生的伤、残、病(含法定传染病)及巨灾引起的损失;水果和果树共济适用于多种水果及果树因自然灾害及病虫害等引起的产量下降及果树死亡;经济作物共济主要针对大豆、洋葱、甜菜、南瓜、甘蔗、蚕茧等灾害损失。加入此五类共济后农民可享受政府不同程度的保费补贴。[1] 日本农业保险根据险种不同采取强制与自愿保险相结合的方式,强制性保险主要针对关乎国计民生的粮食作物和牲畜。(3)政府扶持与监管。日本政府扶持农业保险的方式有保费补贴、提供再保险、对农业再保险组织提供信贷支持、承担农业共济组合费用等。补贴方面,《农业灾害补偿法》规定:其一,政府负担约1/2农业保险费。例如,政府补贴农户水稻保费的50%、麦类保费的50%~55%,家畜保费的50%(其中猪为40%)等。[2] 如果发生大范围病虫害、冻害等非常严重的自然灾害,国家财政还给予兜底补贴。其二,政府为农业保险经营机构提供50%以上的经营管理费用补贴,承担大部分事业费用(包括人员工资、福利、办公经费、房租等)。[3] 监管方面,政府施行分级分类监管,农林水产省重点监督共济联合会,都道府县主要监管联合会和共济组合。农林水产省经营局下设农业保险课和农业保险监理官,对农业保险经营管理工作进行两年一次的例行监督检查和必要抽查。

(三)法国模式(欧洲模式)

1. 发展历程与现状

法国、德国、意大利、西班牙、荷兰等西欧农业发达国家,普遍采用"商业组织或互助保险社经营+政府扶持"的民办公助的农业保险模式,政府不直接参

---

[1] 在此之外,日本设立了农户房屋等财产共济,对农户的住房、畜舍、农机具等因遭受火灾以及一些自然灾害所引起的损失给予保险,由农户自愿加入,政府不予补贴。参见王德迅:《巨灾风险管理:日本经验及其借鉴》,载《国际经济评论》2010年第5期。

[2] 资料来源:http://www.aisixiang.com/data/27219.html,最后访问日期:2009年5月14日。

[3] 参见王德迅:《巨灾风险管理:日本经验及其借鉴》,载《国际经济评论》2010年第5期。

与经营,但是给予农业保险以必要补贴及政策扶持。商业保险公司和互助保险社在农业保险市场上平等竞争。各国在该模式的具体运行机制上有各自特色,但基本规则趋同,被统称为欧洲(西欧)模式,其中,法国模式因其成熟度和完善性而居首。[1] 法国是欧盟最大的农业生产国,2011～2015 年农业总产值持续增长,从 2011 年的 694 亿欧元增长至 2015 年的 746 亿欧元,占欧盟农业总产量的 22%,是世界主要农产品和农业食品出口国。[2] 法国农业生产主要以中小农场为主,多采用规模化、机械化生产。法国自然灾害也较多发,风暴、干旱等对农业生产产生了严重影响,政府选择将农业互助保险作为抵御自然风险、减少损失的主要手段。1840 年法国伊泽尔省部分农民自发成立地方相互保险组织,以应对冰雹、牲畜死亡等风险。1900 年法国颁布《农业互助保险法》,确定农村互助保险组织的法律地位。1900～1936 年法国有超过 5 万家相互保险组织成立,并逐步形成大区经营。20 世纪 40 年代,政府对相互保险机构进行联合、重组,在中央及各大区成立中央互助保险机构和再保险机构。1982 年法国颁布《农业灾害救助法》,实行强制自然灾害保险。1986 年成立农业相互保险集团公司(国家保险公司),下设的农业相互保险公司对全国农民的财产、疾病及意外伤害进行保险,之后发展为安盟保险公司[3]安盟保险公司约占法国整个农业保险市场份额的 65%,2004 年以分公司形态进入中国市场。

2. 模式评价

法国政策性农业保险的特色在于较为稳固的金字塔式相互保险模式,以及政府在其中充分的黏合剂角色。(1)组织体系。法国农业保险组织以“金字

---

[1] 欧盟几乎每年都就农业保险经营绩效作专题总结,2015 年普通作物保险中,法国的保险经营绩效数据仍占据榜首。See European Union, *Agriculture and enlargement*, Luxembourg Publications Office of the EU Press, 2012. European Union, *The EU's Common Agriculture Polity*, Luxembourg Publications Office of the EU Press,2015.

[2] 参见《法国农业保险考察报告》,载浙江省渔业互保协会网,https://www.zfmi.com/zfmi/news/2013011100016.html。

[3] 安盟保险公司(GROUPAMA)最早源于 1900 年法国农民自发创立的农业相互保险组织(AMA),1986 年,法国政府将 AMA、SAMDA 和 SORAVIE 三家组织合并创立 GROUPAMA 品牌。安盟保险集团是法国第二大综合性保险公司,其起家的农险市场稳居欧洲市场第一位,名列世界 500 强。2010 年,安盟资产总额 906 亿欧元,保费收入 174 亿欧元,按照欧盟偿付能力标准 130%,财产险赔付率为 102.6%,国际业务收入为 43 亿欧元。参见《法国农业保险考察报告》,载浙江省渔业互保协会网,https://www.zfmi.com/zfmi/news/2013011100016.html。

塔”型为结构:塔顶为中央保险公司,负责政策制定,对地区或省级保险公司提供再保险;中层是 22 家大区或省级保险公司;底层是 9000 家农业保险社,为地区农户提供农业保险及相关服务;基础层是相互保险合作社 500 多万会员(和客户)以及会员选举产生的 5 万名会员代表。[1] 在互助共济、自愿平等原则下,农民作为会员,兼具投保人和保险人身份。机构具有非营利性,主要通过“以险养险”、向官方(中央政府农业再保险特别会计)和非官方(国家保险协会)机构进行农业再保险、获得补贴等方式弥补亏损、分散风险。这种“金字塔”式的相互保险模式根基扎实,运行稳定,对风险分散、经济安全保障的作用十分显著。[2] (2)保险覆盖。法国对农业风险的界定较为宽泛,基本涵盖了:农业建设及其内容(设备,工具和仓储)和农用车辆面临的风险,农作物和动物产品以及农民就地加工的产品面临的风险,在农业占有地上工作或生活的人们面临的风险,遭受损失时对第三者的民间责任,以及经济风险[3]、健康风险、环境风险等。目前,法国农业保险市场提供的保险服务主要分为基本风险保险、农业生产保险、农用机械保险、人身保险四大类。[4] 其中,农业生产保险主要为农作物提供冰雹、干旱、水灾在内的 12 种气候风险保险,同时为养殖业提供死亡和其他特殊风险保险。[5] (3)政府扶持。法国政府对农业互助保险给予保费补贴、运营费用补贴、再保险、风险基金及免税等扶持政策。补贴方面,标准因受

[1] 作为一项成熟的保障体制,法国农业保险将每一块农业用地均赋予保险保障。2011 年,近 50 万个农业占有地市场的保险价值在 50 亿欧元左右。法国农业保险涵盖拖拉机和其他农用设备保险,农用货物保险、农作物气候保险等。以法国农户平均毛产品总量为 20 万欧元的基础测算,每年各项费用支出高达 162,000 欧元,其中保险费用支出约为每年 5000 欧元,占农户平均产出的 2.4%;农民各项社会福利支出约为每年 9300 欧元,占农户平均产出的 4.5%。因此,法国平均每户农民保险花费约占其产出的 7%。

[2] 作为中央保险公司的农业相互保险集团,公司的行政经费和农业保险基金赤字都来自政府的财政补贴,当公司入不敷出时,还可从农业保险基金(来自政府的保险预算)中得到补足。资金运作的畅通解除了农业相互保险集团公司的后顾之忧,保障了其政策性农业保险业务的顺利开展。

[3] 经济风险包括:经济危机,增长和衰退的交替期,缩水的市场,主要市场增长和下降,占有地经营变化(合约外包生产,多样化,技术选择等),市场风险(生产多少? 卖多少? 卖给谁? 什么价格?)等。健康风险包括:健康危机,流行病,寄生虫,病原体扩散,细菌,病毒,寄生虫等。环境风险包括对环境造成的危害(水,土壤,物种和自然栖息地)、污染等。

[4] 法国的农业保险还尚未覆盖全部的自然灾害风险,其将一些非正常强度的自然事件(旱灾、水灾、龙卷风、霜冻、地震、植物寄生虫、动物流行病等)列为不可保风险。

[5] 参见《法国农业保险考察报告》,载浙江省渔业互保协会网,https://www.zfmi.com/zfmi/news/2013011100016.html。

益人、产品、年度各异，如 2010 年执行的最高补贴标准为 65%（其中欧盟承担 3/4，法国政府承担 1/4），农民只需支付保费的 35%。[1] 政府鼓励农户购买农作物综合风险保障保险，在保费补贴之外，一旦发生大灾，投保农户还可以获得储蓄免税。再保险方面，中央再保险公司是农业经营风险的最终承担者，下设农业再保险公司为农业相互保险公司提供再保险支持，而大区或省级相互保险公司则向基层保险社提供再保险。风险基金方面，1985 年法国建立重大自然灾害预防基金，在损失超过一定比例时，启动灾害基金进行赔偿。此外，法国政府对所有农业保险部门的资本、存款、收入和财产都实行免税政策，1984 年《农业保险法》将该项政策上升为立法，其统一、明确的法律保障有利于规范和促进农业保险的发展，也有利于保持农业保险模式及相关政策的权威性和稳定性。[2]

（四）亚洲模式：菲律宾与印度的政策性农业保险

亚洲多为发展中国家，印度、菲律宾、巴基斯坦等国又多以农业为其支柱性产业，受国家经济实力的限制，各国农业保险施行时间较短，经验欠缺，险种、保险责任范围等也较为狭窄，一般由政府参与或联合共保，施行强制性保险，并将农业生产贷款与农业保险相联系，被称为国家重点选择性扶持模式，尤以印度和菲律宾的农业保险模式最为典型。

1. 印度模式

（1）概况

印度是典型的人口大国和农业大国，土地资源丰富，耕地面积据亚洲之首（1.73 亿公顷），全国目前有近 2/3 的人口为依赖农业而生的农民，主要农产品有稻米、小麦、甘蔗、油料、棉花、茶叶等，山羊、绵羊、水牛等畜牧养殖总量居世界第一，粮食产量近几年一直居于第二（中国居于产量总量第一，但是出口相对

---

[1] 在具体操作中，农民预先缴纳 100% 保费，财政补贴部分在第二年续保时（一般是 3 月）兑现。参见李传峰：《公共财政视角下我国农业保险经营模式研究》，财政部财政科学研究所 2012 年博士学位论文，第 165 页。

[2] 20 世纪 80 年代，法国率先提出“理性农业”概念。“理性农业”，是指在现代农业种植过程中，通盘考虑和全面兼顾生产者经济利益、消费者需求和环境保护，以实现农业可持续发展。为实现“理性农业”，法国政府制定和颁布了一系列保护农业生态环境和生物多样性的法律法规，其中，分散灾害风险、保障农民利益、保护农民种粮积极性的政策性农业保险业构成其中重要的一项内容。参见《法国“理性农业”带来的启示与借鉴》，载《农业工程技术》2016 年第 11 期。

量不及印度)。[1] 印度农业也常遭遇干旱、洪水、极寒极热等自然灾害,建设完善的农业风险管理体系是政府逐年重视的内容。该体系由两部分构成:①自然灾害管理组织体系及救助计划。其是以防灾减灾为主要功能的一项国家救助项目。印度在国家、邦、县和区各级设有统一的灾害管理机构,灾害发生后,中央政府负责交通运输、灾情警报、粮食跨境调运等有形资源、财政资源和其他补救措施的支援;邦政府负责具体营救、赈灾和安置;县、区政府接受邦政府指令,进行具体的营救、资源配送、灾民安置工作等。②农业保险。印度从1942年开始研究农作物保险,1961年开始在旁遮普邦对水稻、小麦等主要农作物开展农业保险试点,承保小麦、棉花、大豆和甘蔗的一切险。由于缺乏财政支持,在没有充足资金援助下该试点没有实质进展。1972年印度建立全国性保险机构——印度综合保险公司,直接组织和经营农业保险,经营管理费用由国家全部负责,农业保险得以迅速发展。1973年印度实施一般保险企业国有化,设立印度综合保险公司子公司,陆续开办奶牛、肉牛等牲畜的自愿保险种类。1979年印度推出《农作物保险指导计划》等实验性农作物保险计划。1985年印度推行第一个完整的国家农业保险项目《农作物综合保险计划》,由于计划所涉保障区域仅占到全国农业区域的10%,承保组织少、业务质量不高,非贷款类农户参与农业保险比例奇低,风险管理效能不明显。1999年印度出台《国家农业保险计划》来取代《农作物综合保险计划》,其中包含国家农业保险计划、种子作物的保险试验计划和牲畜保险计划,将被保险人扩大到所有农户,承保险种基本涵盖谷类、粟类和豆类等所有农作物,理赔标准和保费厘定更科学,[2] 该项计划反

---

[1] 也有观点认为,印度虽然拥有世界排行第二的农业品(包括大米和小麦)生产量,但更愿意秉持相对克制的贸易政策,对全球市场并不积极融入,进口农产品局限于国内无法足量生产的含油种子和高蛋白种子(豆类)等,而对于出口,印度倾向于采取遏制措施,以保证国内供应。即使如此,与中国相比较,印度农产品出口总量还是高于中国。参见迪帕克·戈皮纳特:《印度农业危在旦夕》,载 http:www.mx.cn/opinion/2013-04/1204854.shtml。

[2] 如珍珠粟和含油种子的保险费率是3.5%,其他秋收作物的保险费率则为2.5%;小麦的保险费率为1.5%,其他早春作物为2%。对于"小农""边际农"(耕种土地不足半公顷)和一些比较贫困的农户,政府对其补贴保险费的50%,这补贴由印度中央政府和邦政府平均分担。参见李筱菁、任金政:《印度农业保险的发展历程及启示》,载《世界农业》2008年第11期。

应积极,全国有21个邦和2个联邦属地参加并实施该计划。[1]

(2)模式评价

印度农业保险模式充分凸显政府重点扶持的特点,并将保险和信贷业务关联,保证金融供给的充分性和安全性。第一,在保险主体上,印度以国有综合农业保险有限公司为运营机构,贯彻和实施国家农业保险策略。第二,在承保对象上,印度以优势产业粮食为主,以保持国民经济稳定和农业生产经营者收入稳定为主要目的。第三,在保险方式上,印度采用自愿保险与强制保险相结合,并将强制保险与农业生产贷款相关联。一般来说农业保险是自愿的,但对于申请农业贷款的农民而言必须则强制参保农业保险。保险期间若有灾害损失发生,保险公司在理赔时将赔款直接支付给贷款机构。这部分业务从实质意义上来说是农业信用保险。第四,在财政补贴上,印度的强制保险也是财政补贴的依据。印度农业保险政策性补贴来自中央政府和州政府,并由印度综合保险公司管理,由乡村金融机构具体操作。由于财力有限,为确保财政支持取得应有效益,印度政府限定了农业保险覆盖范围,只将关系国计民生的主要农作物和养殖业中的主要牲畜纳入承保范围。与欧美发达国家相比,印度农业保险保障功能略显逊色。不过,依成本—收益理论,这种重点选择扶持模式契合财政能力与产业安全的实际状况,依国情判断,是一种理性选择。[2]

2. 菲律宾模式

(1)概况

菲律宾也是典型的农业国家,主要出产大米、椰子、甘蔗、香蕉、芒果、牛肉等农产品,其中椰子、甘蔗、马尼拉麻和烟草是菲律宾的四大经济作物。菲律宾农业产值占国内生产总值的18.9%,是经济的重要组成。菲律宾农业人口占总人口的2/3以上,全国有48%的农民种植水稻,约有1/3的人以椰子行业收入为生。近年包括椰子在内,菲律宾平均每年农产品贸易额达到50亿美元左右。

---

[1] 这些地区分别是安得拉邦、阿萨姆邦、比哈尔邦、查蒂斯加尔邦、果阿邦、古吉拉特邦、喜马偕尔邦、贾坎德邦、卡纳塔克邦、喀拉拉邦、中央邦、马哈拉斯特拉邦、梅加拉邦亚、奥里萨邦,锡金邦、泰米尔纳德邦、特里普拉邦、北方邦、西孟加拉邦、北安查尔邦、查谟和克什米尔邦以及联邦属地安达曼、尼咯巴岛和本地治里。

[2] See Architesh Panda et al., *Adaptive capacity contributing to improved agricultural productivity at the household level: Empirical Findings Highlighting the Importance of Crop Insurance*, Global Environmental Changes, Vol. 23:4, p. 782 – 1572(2013).

菲律宾自然灾害多发,台风、干旱、虫害等极大地威胁着农业生产,但是政府研究实施农业保险计划较为滞后。20 世纪 70 年代初,为调动农民的种粮积极性,政府推行马萨加那计划,这是一项旨在实现大米自给的水稻生产计划。1975 年政府制订和实施农作物保险计划,鼓励农业生产经营者投保。1978 年 6 月菲律宾颁布《农作物保险法》,构建了自然灾害补偿制度。为全面推行该法,该国于 1978 年 9 月成立菲律宾农作物(农业)保险公司,尝试农作物保险国家经营模式。菲律宾农业保险公司在全国 12 省设地区机构,地区公司设展业处、理赔处、财务处和办公室等职能部门。[1] 为应对经营中的资金风险,公司设置总准备金、赔款准备金和从已收保费中提取的待收保险费准备金,以应对大灾和日常赔款。

(2)模式评价

菲律宾农业保险经营模式也是国家重点扶持型。第一,保险人。菲律宾国家农业保险公司专营农业保险,其资本的 2/3 由政府认购。农作物的保险费由政府、银行、农业生产经营者共同承担。为支持和扩大农业保险效能,政府承担保费补贴,并在国内外进行分保,对国家农业保险公司提供再保险支持。为确保国家农业保险公司经营安全性,政府参与农业保险定损。第二,财政补贴与再保险。政府为投保人提供保费补贴。例如,玉米保险保费的补贴比例为 64.3%(对贷款农户的补贴)和 81.4%(对自给资金农户的补贴),水稻保险分别为 56% 和 75%。参与农业保险的农民,还可以得到银行承担的保费补贴支持。保费补贴的比例根据投保人是否贷款有所差异,这是将保险与信贷相结合的典型做法。银行提供的保费补贴实质源于国家对信贷提供的财政支持,是菲律宾为鼓励银行向农业生产经营者投放信贷资金采取的一项措施。再保险仅对水稻保险适用,但因其业务广布,能在相当大程度上分散本国农业风险损失。第三,承保范围和保险方式。菲律宾将 90% 以上的主要农作物、高附加值农作物、家畜、农业设备等都纳入保险计划,但是国家重点选择性扶持保险计划仅涵盖水稻、玉米两种农作物。保险理赔的灾害类型包括台风、地震、干旱、洪水和火山爆发以及农作物病虫害等。保险方式根据是否贷款采用强制与自愿相结合。农民只要从政府农贷机构或商业银行获得短期贷款,就被强制参加保险,保费

---

[1] See Bardsley P, Avey A & Davenport S, *The Economics of Insuring Crops against Drought*, Journal of Agricultural Economics, Vol. 28:4, p. 1 - 14(1984).

从贷款中直接扣除;没有贷款的农民则可按照自愿原则参保。针对不同保险方式,政府给予的补贴额度有差异,在据以计算补贴的保险金额核算上,采取政府监督计划的贷款上限和农作物生产成本之中的较低者。从总体上来看,与欧美发达国家相比,菲律宾农业保险的保障水平属于偏低型。[1]

第三节　政策性农业保险经营模式的制度选择

综观各国农业保险经营模式实践,由于农业经济环境、国力水平不同,采用的模式各异,但是目标基本一致:宏观上追求农业经济稳步发展,农民权益得到充分保障,收入水平不断提升;微观上围绕应对农业保险经营中可能的保险风险、信用风险、市场风险、操作风险、战略风险、声誉风险等各类风险,致力于维持保险经营持续性和系统安全性。综合各模式实践,可形成以下可借鉴经验:(1)政策扶持与商业运作相结合。美、欧多采用此模式。[2] 国家专门性农业保险公司和一般商业性财产保险公司构成农业保险经营主力。因政府授权、投保会员入股,商业保险公司股权呈多元化结构,实践了以社会多主体共同分担风险管理权能的理论,而多方出资也减轻了国家及商业机构单一力量应对风险的压力。(2)自愿保险与强制保险相结合。欧、美、亚各地普遍采用。自愿或强制保险方式取决于保险类型、承保范围、"保险＋信贷"关联等因素。一般农业保险以自愿为原则,将农业风险管理的自主权回归给农户,而由国家、保险机构供给农户参保决定权所需的充分知识及信息。强制保险多集中于确保信贷资金安全性方面的功能。(3)农业保险与"以险养险"业务相结合。对此,欧美经验

---

〔1〕 单从作物保险的效应来看,市场化运作的保险机制有资本优势、系统性风险控制优势等,菲律宾农业保险还是主要依赖政府主导,市场资源配置的优势不凸显,当然,其农业保险效能最主要还是受国家财力与公共资源的限制。See Miranda M J& Glarber JW, *Systemic Risk, Reinsurance, and the Failure of Crop Insurance Markets*, Journal of Agricultural Economics, Vol. 79:2, p. 206 - 215(1997).

〔2〕 如芬兰,一般农业保险业务由商业性保险机构经营,但是在遭遇大灾时,为维持保险市场平衡,政府会为保险赔付金额及比例较大的企业给予补贴或风险保障金补偿,这部分补偿金在传统保费补贴和经营管理费用补贴之外进行拨付。See Asseldonk Marcel A. P. M. et al., *Trade - offs between Catastrophic Assistance and Subsidized Insurance in European Agriculture*, Outlook on Agriculture, Vol. 42:4, p. 225 - 456(2013).

比较成熟。农业保险经营风险较高、经营收益偏低,决定了在缺乏一定激励机制和风险分散机制的情况下,一般商业机构投入农业保险市场的积极性偏低。在政府财政支持之外,鼓励保险公司通过“以险养险”业务,以其他险种的经营收益来弥补农业保险经营亏损,是各国提高保险机构应对经营风险和投入农业保险市场积极性的主要手段。(4)普适性立法与因地制宜机制相结合。各国基本形成以《农业风险保障法》《农业灾害补偿法》《农业保险法》等为形式的立法体系,在国家统一推行政策性农业保险。在彰显立法普适性的同时,各国就不同地区依其农业发展水平、风险水平以及农民收入水平的差异,对险种覆盖、财政补贴、再保险、信贷优惠程度等实施差别适用,采因地制宜规则。

一、政策性农业保险经营模式选择的制度目标

成本—效益理论对制度预设具有指导性,在确定适合本国经济发展规律的政策性农业保险经营模式的时候,能否实现各主体个人收益、社会整体收益的最大化与个人收益与社会效益的均衡性,是制度考量的目标性指标。个人收益和整体收益的最大化,符合效率价值追求,个体与社会效益的均衡性,也符合公平价值追求。

(一)公平

判定一项制度的公平与否,取决于规则设定的公平性和执行的平等性。政策性农业保险制度也不例外。

1. 公平对趋利性的吸纳

这一点在保险经营管理机制上表现得十分明显。对公平性价值的追求,在一定程度上表现为保险经营机制对市场主体趋利性本性的容忍、吸纳与转化。从各国政策性农业保险经营模式的选择上看,许多国家历经了“政府专管保险——商业主营保险——政商结合保险”的过程,多数又立足于多层次、广覆盖的风险治理理念,将农户私法资格、保险人私法利益与政府公法管理目标形成各种形式的组合。其中,相互保险模式是最为典型的将社会成员的权利义务与社会经济资源融合及互换的成功尝试。无疑,理性政府往往会追求风险管理收

益最大化，这是治理经济和鼓励农业发展的必要前提。[1] 当所有参保农户的私人利益能在既定保险模式下获得平等保障，甚至能够在该模式（相互保险、共济保险等）下获得对等的融资和收益机会时，个体对保险理念及经营的趋同性认识会增强，从而增大保险及相关制度的社会认同度，这也是实现制度普适性的标志之一。显然，这里的前提是公平不否定趋利性。在某种程度上，趋利性是制度实现普适性价值的一种必要动机，毕竟，任何主体都是在成本与收益的衡量中制订并实践着能为自身带来最大化利益的规划。将这种私人属性的规划与宏观制度相融合，一方面意味着以个体趋利为规则设计的动机，另一方面又尝试将个体私人利益与社会公共利益进行整合，以实现公私利益间的转换，降低制度的遵行和执行成本。例如，日本的政策性农业保险经营模式，从自发的互助共济保险模式到政府支持下的共济保险利用个体及个体之间的风险自治协议的规律性，将其与政府宏观风险管理融为一体，从而降低个体协议在应对风险时的弱质性；[2] 至于在未形成风险管理协议关系的领域，通过国家立法或政策推行同样的规划，满足不同地域农业生产经营者对风险应对和损失分散的平等诉求，实现制度统一施行的权威和效能。以成本—效益理论中的公平价值来对趋利性进行吸纳和调整，是我国在确定政策性农业保险经营模式时可以充分应用的经济伦理，也是我国的制度目标之一。

2. 公平对安全性的供给

自愿保险与强制保险的结合为个体间实现实质公平提供了平等的机会。对自愿与强制保险方式的划分，多源于保险范围和承保险种的差异以及保险与信贷间的业务联合方式。一方面，投保人对险种的选择常常决定了其在保险法律关系中的地位。于是，各险种不同条款的设计成为制度在驱动投保人对自身利益最大化这种本性进行约束时需要最多考量的要素之一。自愿保险意味着

---

〔1〕 在公法利益与私法利益的角逐中，政府角色往往决定了利益最大化的最终状态；这不仅是法律可以实现的角色，更多的还是在经济、金融发展过程中形成的功能优化，立法只是将功能规范化。*Unexpected Guest: Law and Economics, Law and Other Cognate Disciplines, and the Future of Legal Scholarship*, in Chicago - Kent Law Review, Vol. 79: 2, p. 403 - 430 (2004).

〔2〕 在艾伦·希尔·博姆和帕特里克·斯文森关于全球农业保险模式转换的历史陈述中，对几乎各种不同的农业保险模式进行了总结和评价，认为国家、社会、个体等在农业保险经营方式选择中的立场，对选择结论具有不同层次和深度的影响力。See Ellen Hillbom & Patrick Svensson, *Agricultural Transformation in a Global History Perspective*, Routledge Press, 2013, p. 56 - 58.

存在多种可供选择的契约条款,这在客观上为保险法律关系主体决定各自权利义务以及担负责任提供了自主权。对未来权利义务及责任的预判及接纳,是行为人基于对契约的理性判断为自身所作的谋划,安全、获益、稳定是其谋划的关键词。充分的意思自治和选择权是实现机会公平的主要前提,[1]而机会的平等性也源于在这一平台上主体可以获得的交易安全性保障。另一方面,保险与信贷的业务联合,是很多国家在农业保险经营模式上界分自愿保险与强制保险的分水岭,也呈现了"安全性供给"的另一个重要内容。[2] 例如,美国、印度、菲律宾的政策性农业保险都将是否参与信贷作为是否列入强制保险范围的条件。撇开信贷本身所具有的增强投保人(被保险人)收入能力的功能不谈,仅就信贷与保险之间的业务关联性而言,两者同属金融系统的不同行业,彼此形成保障关系是维系金融系统安全的最好选择。而这种安全性,为保险、信贷及其他相关法律关系主体提供了参与各类契约关系、追求利益最大化过程中最需要的稳定性金融环境及经济环境,这也是实现主体间实质公平的必要条件。

无论是私法层面上对商业保险合同利益进行的初始配置,还是公法层面上对保险、社会保障、农村金融等各领域进行利益的最终平衡,公私法利益博弈的过程,正是资源配置的过程。要确保资源配置效益的最大化,利益博弈和转圜都需要在一个公平的平台上进行,除机会平等、利益公平、程序公正外,平台还要保障配置过程的安全、稳定以及配置结果的实质公平。正如一般交易过程中市场主体所诉求的交易安全性一样,主体会根据制度预判自己行为的结果,并以此作出既定框架下行为的理性选择。制度可供的安全性和稳定性成为主体在进行理性选择时主要考量的要素。[3] 在政策性农业保险经营模式制度化的摸索中,各国基本都历经了超过60年的"试点—普及—立法"的过程,在获得制

---

[1] 参见张恒山、王健:《对科斯产权界定主张的法律分析——兼谈正义与效率的优先性问题》,载《天津社会科学》1994年第6期。

[2] 在本节中,"安全性供给"与"利益最大化"并不矛盾。古典经济学注重经济总量、国家利益、社会利益的概念,与福利经济学所偏重的个人利益最大化研究有所区别。但这只是研究侧重的不同。从个人利益与社会利益的协调性角度而言,社会整体安全性(包括政治、经济、文化安全)是个人利益最大化的前提,而后者又能在一定程度上保证安全性的实现。See *Law and Neoclassical Economic Development in Theory and Practice: Toward an Institutionalist Critique of Institutionalism*, in Cornell Law Review, Vol. 96: 4 p. 967 - 1024(2011).

[3] 参见李省龙:《论法经济学分析范式的一般结构——作为一种研究方式的考察和理解》,载《法学家》2008年第2期。

度施行效益数据，并度量、调整到可能的最佳效益后，才最终确定了适合各自国情的规范体系，并且在社会进步过程中仍然不断进行调试。制度的安全供给加上市场主体的自主性选择，是确保保险经营模式合理运转的必要条件。

（二）效率

效率的实现在政策性农业保险经营模式中呈现为：保险商、投保人、农业信贷机构等保险法律关系主体（或关联性主体）实现利益最大化，公共资源配置实现最优，制度成本达到最低。个体利益与社会公共利益的最大化符合制度供给的成本—收益理论。在具体核算中，成本有市场调适成本、政府规制成本、各项财政支持等。收益则以风险管理收益为先；其次为制度供给的优化；再次为主体各方收益在均衡基础上满足最大化；最后是主体自我素质的提高和自我约束的增强使制度执行和遵行成本进一步降低，收益再次提高。各收益依此循环，逐渐递进，实现法治完善、社会进步。而要实现效率目标，制度的架构还需承受很多约束条件。

1. 效率之于国情的约束

任何制度收益都受限于所在国度的基本状况，包括经济、文化、社会等综合要素。日本、法国等国家选择以互助共济或相互保险作为政策性农业保险经营的基本形式，与这些国家农业资源精致、农业经济在国民经济中所占份额偏小但又不可或缺等原因有关。在精细化耕作、养殖等难以承受自然灾害带来的风险侵蚀时，农业生产经营者选择以互助共济的方式为彼此分散风险损失，之后这种经营模式被国家施以财政支持并制度化。互助共济或相互保险模式是农业生产经营者对风险管理成本和收益进行自我核算后，通过彼此权益让渡来共担风险、共享收益的救济方式。作为理性经济人，会员之间通常是在清晰评估和判断自己行为的结论后，决定构建或是否参与这种模式，对行为结论的接纳程度会反馈在主体对这种模式运营过程中的忠诚度和支持度上。待发展到成熟阶段，这种模式通常会比自上而下推行的农业保险更具稳定性，被遵行程度也更高；因而，一般认为国家对其的认可和扶持所产生的效益会更易实现效益最大化目标。当然，互助共济等推行的基础是农业生产经营者所具有的相对成熟的风险意识和管理、投资经验。在印度、菲律宾等地，农业资源广博、农业人口巨大、农户知识水平低下导致农户之间自发形成自助救济保险模式的机会相对渺茫，所以政府多选择自上而下推行农业保险的模式，并以国家财政支持的形式进行多种激励。这种被动式接纳保险的方式会增强农业生产经营者的信任，延长其参与农业保险的时间，但制度成本、知识普及成本以及管理经济成本等相对较高。当然，任何一种政策性农业保险模式在形成对农业经济的扶持效益且效益呈稳定化状态时，都可证明其符合国情、遵循市场规律的特质。毕竟，效益的获得和最优化是在作制度选择时的首选要素。

2. 效率之于公平的约束

效率和公平常常同时出现在成本—收益理论的阐释和论证中，两者互相约束，也相辅相成。如前所述，社会整体收益的均衡性是制度的公平目标之一。在社会资源总量不变的条件下，满足每一法律关系主体个体收益的"最大化"，意味着要对每一个体的收益进行一定比例的约束，所以低成本、高收益也往往是一个相对的概念。制度追求高效率，只是追求在相对较低的成本下获得相对较高的收益，而且成熟制度下，高效率应当是一种可持续性效益，而不是短视、一时的，这种持续性以满足社会总量分配均衡为条件。[1] 在政策性农业保险经营模式中也是如此。在宏观层面上，政府风险管理权责的适当让渡、商业保险公司经营利益的退而居次与社会责任逐步加强，都是主体对自身收益的适当抑制。当这种抑制有助于使社会风险得到控制、损失得以分散、农民利益获得保障、风险管理意识加强、技术水平提升、农业经济整体发展环境优化等宏观目的得到实现时，制度的效率目标也实现了大部分。在微观层面上，农业保险承保机构运作的高效率诠释了制度效率的另一层意义。基于保险模式的风险分析，形成满足农业风险管理效益最大化的组织架构，是维护农业保险模式稳定性、规范权威性的最大助力，即保险人抵御风险的能力以及这一能力的持久力形成了对经营模式效率高低判定的主要依据。事实上，对农业保险承保机构而言，风险规制效益也是其在衡量成本和收益时首要考虑的指标，毕竟风险规制的成效是保险机构能否保持足够偿付能力、能否确保保险经营持续力的关键。保险人内部效率高低的判别和认定，常常在外观上表现为其在农业保险市场份额上的占比。

根据我国保监会出台的《保险公司偿付能力监管规则第 10 号：风险综合评

---

〔1〕 法经济学上关于公平、效率、成本、收益等概念在不同著述中有不同陈述，但是相关性论证中并无本质差异。See Francesco Parisi, *The Language of Law and Economics: A Dictionary*, Cambrigde Press, 2013, p. 97 – 103.

级（分类监管）》归纳的风险类别，判断保险公司经营持续力的关键性指标——“偿付能力风险”主要由固有风险和控制风险组成。[1] 固有风险包括量化风险和难以量化风险，前者有市场风险、保险风险、信用风险，后者有战略风险、声誉风险、操作风险、流动性风险。控制风险是由于保险公司内部管理、控制不完善（及无效），未能及时识别和控制固有风险及相关偿付能力风险而产生的。在计量和监管层面，可量化的固有风险和控制风险通过最低资本进行计量，难以量化的固有风险被纳入风险综合评级予以评估。[2] 从总体上来看，只有在保险人能够有效防控各类风险的前提下，其经营方可持续。为保障经营风险可控，保监会对保险公司采取风险综合评级和分类监管。前者是根据保险公司偿付能力风险大小，评定为不同的监管类别，并采取相应监管政策或监管措施的监管活动；[3] 后者以前者为依据，由保监会负责，对保险公司及其分支机构进行风险信息采集、评价及具体监管。[4]

以提高效率为目的，农业保险经营主体完善自己的组织架构、管理方式，对投保人、被保险人增加监督检查，对其生产技术应用与更新投入可能的各种成

---

〔1〕 2015 年保监会《保险公司偿付能力监管规则（1—17 号）》的印发通知中指出，监管规则追求“完善我国保险监管体系，改进和加强偿付能力监管，深化保险业市场化改革，转变行业增长方式，更好地保护保险消费者权益”。该套规则源于保监会于 2012 年启动的“中国风险导向偿付能力体系”（“偿二代”）建设工作，所形成的“偿二代”全部主干技术标准以 17 项监管规则呈现，分别对实际资本、最低资本、寿险合同负债评估、保险风险最低资本（非寿险业务、寿险业务、再保险公司）、市场风险最低资本、信用风险最低资本、压力测试、风险综合评价（分类监管）、偿付能力风险管理要求与评估、流动性风险、偿付能力信息公开披露、偿付能力信息交流、保险公司信用评级、偿付能力报告、保险集团等作了分类监管。

〔2〕 《保险公司偿付能力监管规则第 10 号：风险综合评级（分类监管）》第 4 条第 2、3、4 款规定：固有风险是指在现有的正常的保险行业物质技术条件和生产组织方式下，保险公司在经营和管理活动中必然存在的客观的偿付能力相关风险。固有风险由可量化为最低资本的风险（简称量化风险）和难以量化为最低资本的风险（简称难以量化风险）组成。量化风险包括保险风险、市场风险和信用风险，难以量化风险包括操作风险、战略风险、声誉风险和流动性风险。控制风险是指因保险公司内部管理和控制不完善或无效，导致固有风险未被及时识别和控制的偿付能力相关风险。可量化的固有风险和控制风险通过最低资本进行计量，难以量化的固有风险纳入风险综合评级予以评估。

〔3〕 《保险公司偿付能力监管规则第 10 号：风险综合评级（分类监管）》第 5 条规定：风险综合评级，即分类监管，是指中国保险监督管理委员会（以下简称保监会）根据相关信息，以风险为导向，综合分析、评价保险公司的固有风险和控制风险，根据其偿付能力风险大小，评定为不同的监管类别，并采取相应监管政策或监管措施的监管活动。

〔4〕 《保险公司偿付能力监管规则第 10 号：风险综合评级（分类监管）》第 6 条规定：保监会负责对保险公司法人机构实施分类监管。保监局参与对保险公司法人机构的分类监管，提供辖区内保险公司分支机构的相关风险信息和评价结果。保监局负责对保险公司分支机构实施分类监管，具体规则另行制定。

本,并有意识地加强与政府之间的沟通、合作,这些举措在提高其收益的同时,也在客观上完善了政策性农业保险整体架构,其中包括了投保人、被保险人的风险意识、农业生产技术和管理技能,以及政府理性执政的水平等。于是,微观与宏观双层效率的追求实践了制度的效率目标。

二、政策性农业保险经营制度的具体预设

以成本—收益理论为基础,"公平—效率"形成了政策性农业保险经营模式的制度目标。渗透在具体规则上,表现为保险机构组织形式(主体)、农业保险合同条款(行为)、保险经营要素(环境)、经营界限(规制)的准则预设。如图3－1所示,政策性农业保险经营模式牵涉政府、农户、保险人、信贷及证券机构等多主体,制度的架构应当将各主体属性及相互之间关系纳入规范范围,以最大化主体价值和功能。

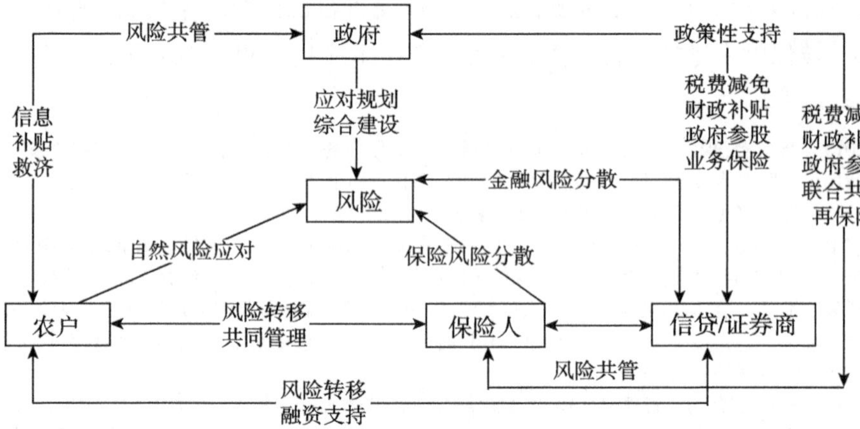

图3－1　政策性农业经营模式关系架构

(一)保险经营组织形式的确定原则

美、欧、日及亚洲部分农业国家在政策性农业保险经营组织形式的选择上,有国有化政策性农作物保险公司(如美国、法国、菲律宾、印度)、政府主导下的私营商业性保险公司(如美国、法国)、互助共济保险社或相互制保险公司(如日本、法国)等多种形式。组织形式的取舍,源于各国迥异的经济、社会、文化传统及发展水平,而这些结论又最终形成于各个国家和地区历经几十年的实践及总

结，在立法确认下，目前多处于相对稳定的状态。[1] 从总体上来看，各国在确定农业保险经营组织形式时，都遵循了一个基本思路，即允诺并实践国家财政对农业保险的扶持。只是，因组织形式、保险承保及覆盖范围不同，国家财政支持的方式和程度会有所差异。这些经营组织形态确立的完整过程是我国在选择政策性农业保险经营形式时的重要借鉴，是否符合我国国情，是否契合农村经济发展规律，是否与金融系统稳定性目标相匹配，是在确定主体组织形式时的重点考量要点。[2]

1. 国情决定论

以国情论，组织形式的多元化是保证效率的上选。国情是一个非常宽泛的概念，囊括了包括经济、政治、社会、文化、生态、地理等多种综合因素，[3]选择并确定符合国情的农业保险经营组织形式，意味着不能用狭隘而单一的思维去考量并下结论。在复杂、发展水平不平衡的经济形态下，一国的政策性农业保险经营组织形式如果单一化，除依据“地域论”容易导致水土不服外，从“公平—效率”的视角来看，“一刀切”也不易化解组织经营过程中可能产生的内外各利益层（保险合同法律关系、关联性法律关系等）的冲突，并易致使其发展进入“瓶颈”。以满足多层次、非均衡农村经济水平下的农业风险管理需求，组织形式的多元化成为一种合规律性选择。故应细分国有农业保险公司、私营商业保险公司、农业保险社、相互制保险公司四种主要形式，并区别经营：国有化形式有利于从上而下、主导式地推广农业保险，一般适宜于农业资源丰富但农业技术水平和风险管理水平落后、法治建设不甚健全的地区，如我国中部、西南部地区，以及河南、贵州等地；私营商业性保险公司在政府主导下兼营农业保险，比较适合于农业资源丰富且法治相对健全的东部地区，如江、浙、沪、皖、闽，适宜采用以市场为资源配置主体、政府适当干预、监管的模式；互助共济的农业合作社主要适合于农业经济发达、农民农业风险管理经验丰富、自主意识和法治观念较

---

〔1〕 本观点借鉴了艾伦·希尔·博姆和帕特里克·斯文森关于全球农业保险模式转换的历史陈述。See Ellen Hillbom & Patrick Svensson, *Agricultural Transformation in a Global History Perspective*, Routledge Press, 2013, p. 56 – 58.

〔2〕 法律的转变往往取决于社会条件，包括政治、经济、文化以及习惯传统等。参见［美］诺内特、塞尔兹尼克：《转变中的法律与社会》，张志铭译，中国政法大学出版社1994年版，第34页。

〔3〕 国情决定立法综合框架，在法律结构体系里，能比较清晰的洞见所属国的这些要素。See *Structure of Legal Systems*, in American Journal of Jurisprudence, Vol. 37, p. 291 – 318(2004).

强的地区，如我国东北部如黑龙江等地区，这些地区已经在历史上形成了自助救济的习惯，国家再以立法确认，是保障其农业经济平稳发展的良好选择。应对不平衡的境况，依地区化作差异性选择，是在确定农业保险经营组织形式时的基本原则，也符合“成本—收益”理论中公平与效率的制度价值标准。

2. 稳定论

以稳定论，财政支持的统一性是维持公平的基础。此处的稳定，兼指农业经济的稳定和农村金融系统的稳定，前者主要考虑农业灾害风险管理与农业保险经营风险管理绩效对农民收入水平、农村整体经济实力的影响，后者重点考量财政支持对农村金融安全性、国家整体金融系统稳定性的影响。至于财政支持的统一性，并不是指对任一形式的农业保险组织实施同一水平的财政补贴、税费减免及其他资助，而是强调适用标准的统一性和政策实施的公平性。对补贴的计算依据将在下一章中作详细解释。从总体上来看，补贴金额以承保品种、保险责任等为主要计算依据，税费减免也区分不同保险组织形式以及不同地区财政收入及财税制度差异，再保险补贴等需要根据业务额度及承保品种进行确定。显然，统一财政支持是有差异的统一。为维持经济及金融系统稳定而主张的统一性是指，对任何一种组织形式，只要符合国家立法所确定的从事农业保险承保业务、管理承保地域农业灾害或社会风险、与农业信贷行业之间构建起共担风险责任等行为范围的，都应当获得法定的国家财政补贴、税费减免等政策性扶助，任何主体不得干涉、阻挠其获得扶持的权利。将财政支持上升为统一的法定权利，是政策性农业保险中政府三大职权之“政策扶持权”的落实。既然为法定权利，主体便可以依法行使，也可以作适当处分。如果保险公司不愿意按照立法规定的程序，接受国家保险监督管理机构的监督、报呈农业保险相关经营报表资料以获得财政补贴等，不影响其放弃该项权利的自由。财政支持统一性所践行的公平性，应当是建立在保险组织遵循保险监管规则前提下享有完全意思自治的立法授权，[1] 即对农业保险经营组织的财政支持，应当成为保险组织享有的合法权利。

(二)保险经营组织的准入规则

此处对保险经营组织形式准入的讨论，以确定组织形式类型为前提，按照不同组织形式，在规则上为其设定不同的准入门槛。从立法的角度来看，涉及

---

〔1〕 参见张宇润、江玉荣:《农村金融创新的法律激励机制探析》，载《学术界》2013 年第 10 期。

《公司法》《保险法》等规则，具体的准入还包括设立主体、资本要求、章程设计以及监管部门的责任落实等系列环节。

1. 主体准入规则

无论是国有农业保险公司、私营商业保险公司、相互制保险公司等本身以"公司"命名并据此界定责任形态及市场准入条件的，还是以"社"命名、人格形态可在合伙与公司之间进行选择的农业保险机构，从主体法律人格责任和责任分界的角度来看，以"公司制"为主体资质规则的上选。"公司制"为经营组织人格独立、财产独立和责任独立打造了较为完善的基础规则。对于农业保险经营主体而言，出资者的身份、形态、行为等如果影响了保险资本运作的独立性，就会在很大程度上改变保险偿付能力评估和保险组织信用评级的结论。[1] 人格独立是保险资本独立的前提，公司制成为我国立法确定保险经营组织形式的唯一选择，也为投资者与保险机构之间的法律人格独立和责任独立打造了最为适当的判定标准。[2] 我国《公司法》为有限责任公司和股份有限公司提供了最低的市场准入标准。[3] 《保险法》在此基础上进一步明确了保险公司法定人格的必备要件，包括主要股东、章程、注册资本、高管人员、组织机构及住所等；其中，主要股东要求信誉良好、净资产不低于人民币 2 亿元、有持续盈利能力、最近 3 年内无重大违法违规记录等。[4] 也就是说，为确保保险公司股权结构的合理性、资本来源的稳定性、投资决策的科学性，法人或非法人组织等非自然人是保险公司的核心投资主体。但这并不影响自然人投资入股。在农业保险社和

---

〔1〕 参见刘友芝：《论构建中国保险信用评级制度的微观基础》，载《财经理论与实践》2002 年第 5 期。

〔2〕 《保险法》第 10 条第 3 款规定：保险人是指与投保人订立保险合同，并按照合同约定承担赔偿或者给付保险金责任的保险公司。

〔3〕 《公司法》第23 条规定：设立有限责任公司，应当具备下列条件：(1)股东符合法定人数；(2)有符合公司章程规定的全体股东认缴的出资额；(3)股东共同制定公司章程；(4)有公司名称，建立符合有限责任公司要求的组织机构；(5)有公司住所。该法第 76 条规定，设立股份有限公司，应当具备下列条件：(1)发起人符合法定人数；(2)有符合公司章程规定的全体发起人认购的股本总额或者募集的实收股本总额；(3)股份发行、筹办事项符合法律规定；(4)发起人制订公司章程，采用募集方式设立的经创立大会通过；(5)有公司名称，建立符合股份有限公司要求的组织机构；(6)有公司住所。

〔4〕 《保险法》第 68 条规定：设立保险公司应当具备下列条件：(1)主要股东具有持续盈利能力，信誉良好，最近 3 年内无重大违法违规记录，净资产不低于人民币 2 亿元；(2)有符合本法和《公司法》规定的章程；(3)有符合本法规定的注册资本；(4)有具备任职专业知识和业务工作经验的董事、监事和高级管理人员；(5)有健全的组织机构和管理制度；(6)有符合要求的营业场所和与经营业务有关的其他设施；(7)法律、行政法规和国务院保险监督管理机构规定的其他条件。

相互制保险公司中,自然人股东是这两种保险组织形式区别于一般保险机构的必要特质。在达到法定主要股东出资底限的前提下,兼具保险人和被保险人身份的农业生产经营者,可以社员或会员身份入股,据其出资享有股东权益与投保人及被保险人利益。国有农业保险公司的股权结构可以参考国有独资公司和国有控股公司,由国家授权主体作为股东代为单独出资或与其他法人、非法人组织及自然人共同出资,行使股东权利和承担股东义务。私营商业保险公司则依据《保险法》等法律法规关于股东资格获得的规定,划定主体准入门槛。

2. 资本准入规则

第一,资本条件。注册资本、出资形式、股权结构是衡量保险公司能否入市的主要依据;股东资格、股东出资比例、认缴及实缴资本数额是保险公司入市的资本要件。这些条款可以纳入政策性农业保险立法的准入规则。第二,准入标准。设立资本的合规性判定由国家保险监管机构、国家工商登记机构进行。注册资本准入规则不同于偿付能力监管规则,注册资本往往是静态、直观、辨识度高的,可依公司规则统一规范;偿付能力监管对资本、资产的区分和认定往往是动态、复杂、技术性较强而为普通民众所不熟知的。在准入标准的判断上,采用“注册资本论”,是为了有别于保险公司偿付能力监管规则中的“实际资本”概念。农业保险机构的偿付能力风险更甚于一般财产保险公司。一般财产保险公司主要需应对固有风险(含保险风险、信用风险、声誉风险、市场风险、战略风险、操作风险、流动性风险)和控制风险(因公司内部管理控制机制不完善引发的)。如果经营管理不善,各风险有可能使公司盈利转负、实际资本下滑,并造成公司评级降低、承受监管惩处等负面影响。不容置喙的是,在政策性农业保险领域,这一结果可能产生的实质损害可能更为深远。保险经营组织资本信用评级和偿付能力降低,会打击农业生产经营者对其的信任度,从而降低投保积极性,长此以往就会影响保险公司农业保险业务的推广,最终影响政策性农业保险政策目标的达成。所以,在确定市场准入的资本门槛时,在注册资本规则之外,一般会要求通过公司法资本三原则(资本确定原则、资本维持原则、资本不变原则)就资本结构、实际资本当量维持规则进行保险监管和工商核准申报,实现最基础的目的,强化保险公司对其固有风险的及时识别、适当控制,维持并提升偿付能力。作为相对静态的资本概念,保险公司一般会选择通过合法程序增加注册资本。而减资虽为立法所允许,但在保险行业中,由于保险合同标的本身属于期待权利，具有第三方信用的属性，故可能造成信任度降低的减资行为一般不为保险公司所“青睐”；毕竟，在法人独立人格的原则下，保险公司原始（注册）资本限额无疑是保证风险应对效益的最基本要件。[1] 第三，关于实际资本。实际资本可能发生的重大变化是公司更需警惕的风险，保险监督管理机构为此对保险公司的资本结构、运营模式及投资方式等设计了多项监管规则。保险公司获得市场准入后，其资本属性及结构会成为保监会据以评定保险公司信用等级的基本依据。按照我国保监会《保险公司偿付能力监管规则（1—17号）》的相关规定，自保险公司入市经营始，其注册资本的概念就被弱化，保监会根据资产认定标准，将保险公司的资产根据能否为公司控制、拥有、自由处置的标准区分为认可资产和非认可资产。其中，无形资产、经营亏损引起的递延所得税资产、长期待摊费用等因处置的非自由性而被纳入非认可资产，这些资产是损耗注册资本额度的构成，会影响保险公司信用评级的等级。保监会根据资本吸收损失的性质和能力，对保险公司进行实际资本分级监管，公司准入时与准入后的监管采用不同的资本概念，宗旨不变。除资本外，在政策性农业保险经营组织的章程设计规则中，股东结构和资本结构是保险经营组织章程的核心内容，其他如法定名称、注册地、成立时间、法定代表人、经营范围和经营区域、管理架构、社会责任等，都可以参照《公司法》和《保险法》的相关规定进行确认。

3. 准入程序规则

对于农业保险经营机构的股东资格审核、公司资本结构及合规性审查、法定代表人及管理组织架构的合理性审查等内容，立法上都应当设计专门的程序，以公示形式表明政府机构对拟设保险公司入市资格的确认依据及结论。（1）监管部门。在我国，保险监督管理机构和工商行政管理机构显然是进行主体资格审核的主要部门。前者在行业领域专业审核保险经营组织机构的主体资质，审核面较窄但专深；后者在市场宏观监管领域审核市场主体的行为资格，执业审查以形式为主但涉及面广。现有立法也常以行业审查合格作为执业审查的前提。政策性农业保险立法需要协调这两大机构的职能，并就目前监管规

[1] 资本结构，此处主要指注册资本和实际资本的配比，当然，前者是静态的，后者是动态的，所以根据保监会《保险公司偿付能力监管规则第1号：实际资本》第6条规定，保监会根据资本吸收损失的性质和能力，对实际资本实行分级监管。保险公司应当准确计量各级资本，优化资本结构，提高资本质量。对保险公司偿付能力的判定，以实际资本为主要依据。

则(含程序性规则)进行统一化、规范化。(2)准入监管的基本程序。监管部门对拟设保险公司的股东、资本、章程等内容的审核标准可参照本节论证的内容,除在程序上注重审查标准的公开性和审查过程的透明度外,还应当在规则上注重时间性和时效性,即在坚持审慎原则基础上,加强行政行为的高效性。

(三)保险经营组织的经营规则

将保险法规范分为保险合同法和保险业法(或称保险监理法),前者旨在规范保险合同,以使保险合同当事人、关系人、辅助人相互之间的权利义务有所依循,后者旨在监督保险业者的经营行为,以保证保险业的正常运作,促进其健全发展。[1] 保险经营组织的经营规则属于后者。在现有立法中,我国《保险法》第四章"保险经营规则"较为全面地规定了一般保险公司的业务规则,内容涵盖保险公司业务范围、再保险、保险偿付能力、资金运用限制等。这些规则在约束并规范保险公司经营行为时,以维护投保人、被保险人利益,保障保险系统经营稳定性等为目标。相较于一般保险公司,政策性农业保险对业务安全性和稳定性的要求更高,因而,在参照《保险法》相应监理规定的同时,政策性农业保险经营组织的经营规则可以设计得更为审慎。

1. 关于业务范围的规则

目前,国内外政策性农业保险经营组织的业务范围依其组织形式的不同而有所差异。政策性农业保险公司、农业保险社、相互制保险公司多集中经营农业保险,包括种植业保险、养殖业保险、涉农类财产和人身保险,并依据"以险养险"的理念,适当经营商业类财产保险、保证保险、责任保险和意外保险等,弥补农业保险经营中可能的利益损失,平衡收支,保障农业保险经营的持续性。政府主导下的商业保险公司通常以经营一般财产保险或人身保险业务为主,并兼营农业保险,其在商业保险中所获收益可以在更大层面上弥补农险经营可能的风险损失。政府在其中的主导作用,主要体现为对商业保险机构农业保险业务

---

[1] 世界上很多国家保险立法体制对这两项支点采用合并立法和分别立法体制,或将保险合同法与保险业法合并于同一法典,或分别制定保险合同法与保险业法。参见樊启荣:《保险法诸问题与新展望》,北京大学出版社 2015 年版,第 2 ~ 5 页。樊启荣在该著述中认为,保险合同法与保险业法同等重要,我国目前采用的"两法合并"的立法体制已在很大程度上成为我国修改和完善保险法的制约因素,未来修法时应当回归大陆法系的传统,采用两法分离体制。本论著就政策性农业保险立法进行探究时,以一般保险原理为基础,在经营制度的论证中,也区分保险合同法与保险业法,但立法的架构中,还是将两者合并于政策性农业保险法的统一架构中。

经营的规范和激励，尤其强调其营利性、市场性与公益性、政策性的协调统一。我国《保险法》规定保险人不得兼营人身和财产保险业务，必须在保监会依法核准的业务范围内从事保险经营活动等要求，与法定主体资格准入规则相匹配。此外，根据我国现行立法，各农业保险经营组织可经保监会批准经营分出和分入再保险业务，分散保险人的风险，衡平保险市场整体风险水平。〔1〕 再保险，是指保险人将其承担的保险业务，以分保形式部分转移给其他保险人；其法律关系的本质是再保险合同当事人之间为危险责任转移所形成的利害关系，〔2〕农业保险中原保险人承保标的的周期性、生长性等特点，决定了原保险人所承担的如实告知、防止损失扩大等义务在再保险法律关系中更为显著。在政策性农业保险立法体系中，为彰显再保险对分散农业保险经营风险的价值，除了保险业法的相关条款，还可以在保险合同法中通过指导性契约条款，落实政策性农业保险再保险规范体系。〔3〕

2. 关于保险偿付能力的规则

在计量上，保险人偿付能力是指当实际总索赔额超出预期总索赔成本时保险人所具有的经济补偿能力。〔4〕 在确定某项保单的保费时，保险人一般通过分析以往长期、大量同类风险的发生概率、损失赔付数额资料，依据一定的数理模型，假设过去同类责任赔款和给付经验与未来状况大致相同，计算得出该类风险将来可能的损失概率。随着时间推移，风险发生的随机性、事故的不确定性、风险计算的技术误差等因素难免会导致实际损失额与预计损失概率之间有偏

〔1〕《保险法》第103、105条将再保险作为保险偿付能力监管的一项重要内容。其中第103条规定，"保险公司对每一危险单位，即对一次保险事故可能造成的最大损失范围所承担的责任，不得超过其实有资本金加公积金总和的百分之十；超过的部分应当办理再保险"。第105条规定，"保险公司应当按照国务院保险监督管理机构的规定办理再保险，并审慎选择再保险接受人"。

〔2〕参见樊启荣：《保险法诸问题与新展望》，北京大学出版社2015年版，第508页。

〔3〕樊启荣在其著述中称，在立法政策上，为服膺于再保险合同为商人保险所固有之契约自由的精神，再保险合同立法构造应以任意性规范为主，保险法应尽量避免强行介入当事人间的契约关系，其权利义务以"契约自行规范"为主，以保有再保险所需求之较高程度的契约自由，以免侵害契约自由。参见樊启荣：《保险法诸问题与新展望》，北京大学出版社2015年版，第518页。但是，不同于一般再保险业务，"政策性"介入农业保险再保险业务，一方面通过对再保险合同的立法条款指导，另一方面通过对再保险合同的签订和履行实施间接监管实现，如对一定标的限额以上的再保险合同实施保监会的备案审核制。在国外，再保险公司参与农业保险再保险交易，需遵循国际上再保险服务自由化及再保险监管协调化的原则；监管重点放在对再保险人保险业务的规制和再保险合同安排的定期核报之上。

〔4〕王斌、梁平、殷李松：《论我国保险偿付能力监管体系》，载《财贸研究》2004年第1期。

差，当前者大于后者（"负偏差"）时，保险人就将面临偿付能力问题。维持保险人偿付能力水平，内外部监管必不可少。从现有世界各个国家和地区立法及实务看，外部监控多以国家监管、社会监督和保险行业自律为主，内部监管主要由保险公司自身风险调控系统设计形成完整的自控脉络构成。[1]

（1）国家监管。立法、司法与行政监管构成了保险偿付能力监管的主要方面。行政监管是保险偿付能力监管的主要方式，一般由保险行业监管机构行使行政监管权，如美国的保险监管官协会（NAIC）[2]、日本财务省的金融厅、我国的保监会等；农业保险监管机构则分别对应美国的农业部风险管理局与联邦农作物保险公司、日本的农林水产省和都道府县和我国的农业部、财政部以及保监会。偿付能力监管项目主要集中在最低资本金、风险资本、保险保障基金以及监管预警系统之上。①资本金。我国《保险法》第101条规定，"保险公司应当具有与其业务规模和风险程度相适应的最低偿付能力。保险公司的认可资产减去认可负债的差额不得低于国务院保险监督管理机构规定的数额；低于规定数额的，应当按照国务院保险监督管理机构的要求采取相应措施达到规定的数额"[3]。资本金不足的预防与纠正措施有：责令办理再保险，业务转让，

---

〔1〕 比如，安盟公司就以风险管理委员会和风险管控联席会为主要特质形成自身的风险管理架构，确立"以偿付能力风险管理为核心，建立全面的风险管理机制"的风险管理总体策略，且收效良好。

〔2〕 参见许闲：《美国保险监管之争：联邦统一监管或各州独立监管?》，载《上海保险》2016年第2期。在Floor M. Brouwer和Martin van Ittersum的著述中也对NAIC的职能进行了简要的陈述，并认为该机构更多的是协调职能，在行政监管强制性方面不凸显。See Floor M. Brouwer & Martin van Ittersum, *Environmental and Agricultural Modelling: Integrated Approaches for Policy Impact Assessment*, Springer Press, 2010, p. 31 – 32.

〔3〕 除了该基础性标准，基本法层面，我国《保险法》第97～102条有关保险保证金、责任准备金、公积金、保险保障基金、自留保险费的提取与留存规定，加上第106条有关保险资金运用规则的规定，一起构成了对保险公司维持其保险偿付能力的基本行为准则。《保险法》第97条规定：保险公司应当按照其注册资本总额的20%提取保证金，存入国务院保险监督管理机构指定的银行，除公司清算时用于清偿债务外，不得动用。第98条规定：保险公司应当根据保障被保险人利益、保证偿付能力的原则，提取各项责任准备金。保险公司提取和结转责任准备金的具体办法，由国务院保险监督管理机构制定。第99条规定：保险公司应当依法提取公积金。第102条规定：经营财产保险业务的保险公司当年自留保险费，不得超过其实有资本金加公积金总和的四倍。第106条规定：保险公司的资金运用必须稳健，遵循安全性原则。保险公司的资金运用限于下列形式：（1）银行存款；（2）买卖债券、股票、证券投资基金份额等有价证券；（3）投资不动产；（4）国务院规定的其他资金运用形式。保险公司资金运用的具体管理办法，由国务院保险监督管理机构依照前两款的规定制定。行政法规规章层面，中国保监会《保险公司偿付能力监管规则（1—17号）》是实务中判定、规范保险经营组织偿付能力的主要依据。

增资扩股和重组资产或直接接管,目的是避免投保人、被保险人利益受到损害,确保保险业整体信用和正常经营。②风险资本。风险资本监管主要通过限制保险公司从事风险活动、约束风险性资产投资、降低风险投资规模,来控制资本使用风险。对风险投资能力的判断,主要依据风险资本计算方法计算得出的各项资本数据进行。美国 NAIC 的 RBC 方法是目前比较成熟的风险资本计算方法,它根据保险公司行为风险程度的高低,对采取高风险行为的保险公司,要求其拥有更多的实际资本来满足风险资本要求。[1] ③保险保障基金。为保护无偿付能力保险公司保单持有者的利益,我国《保险法》第 100 条规定,"保险公司应当缴纳保险保障基金",该项基金可在保险公司被撤销或者被宣告破产时向投保人、被保险人、受益人等主体提供救济。[2] ④监管预警体系。监管预警以风险预警指标体系的构建和完善为前提,重点指标有保险公司财务数据、公司特许价值、资金成本等安全激励因素的变化。目前,我国所实施的监管预警体系主要通过保险公司财务年报制度、定期检查制度等,来实现对保险公司的偿付能力、盈利能力、资产的流动性和安全性日常的监督;[3] 对不符合要求的情况,通过要求其及时更正等措施,保持其偿付能力。[4]

(2)社会监督。信息中介信用评级构成对保险公司偿付能力社会监督的主

---

〔1〕 监管部门通常将保险公司在风险性资产上的投资总额和在单一发行方发行的证券上的投资额限制在保险公司资本或资产的特定百分比之内。See Floor M. Brouwer & Martin van Ittersum, *Environmental and Agricultural Modelling: Integrated Approaches for Policy Impact Assessment*, Springer Press, 2010, p. 32.

〔2〕 《保险法》第 100 条规定:保险公司应当缴纳保险保障基金。保险保障基金应当集中管理,并在下列情形下统筹使用:(1)在保险公司被撤销或者被宣告破产时,向投保人、被保险人或者受益人提供救济;(2)在保险公司被撤销或者被宣告破产时,向依法接受其人寿保险合同的保险公司提供救济;(3)国务院规定的其他情形。保险保障基金筹集、管理和使用的具体办法,由国务院制定。

〔3〕 监管机构对存在风险的保险公司应增强日常监测,对异常经营状况进行分析、预报、指导,并及时采取适当的处置措施。对不同风险等级的公司实施分类监管:对正常企业以日常风险监测和监管为主,防止风险增大而转变为风险企业;对风险企业,采取必要措施控制和化解风险,督促保险公司完善内控机制,控制偿付能力风险,防止其恶化为危机企业;对危机企业,纠正措施的力度和强度更为显著,从政府监管到内控机制全方位调动,在最大限度内防止危机蔓延,防止危机蔓延到整个保险市场而引起系统性风险。参见夏远飞、王媛媛:《中国保险监管的有效性研究》,载《天津经济》2011 年第 6 期。

〔4〕 我国保监会要求保险公司定期报送反映公司财务状况的财务报表,监管部门可以通过这些报表、资料,分析公司的资本充足率、责任准备金、盈利能力、偿付能力,判断公司是否达到稳健经营和保有最低偿付能力的要求。参见王斌、梁平、殷李松:《论我国保险偿付能力监管体系》,载《财贸研究》2004 年第 1 期。

要内容,审计与专业金融评定形成对社会监督的重要补充。保险信用评级符合完全信息假定条件下行为人利益最大化的决策前提,可以改变信息不完全状态下交易成本过高的不合理状况,有利于市场的形成和交易规模的扩大。[1] 保险信用评级,是由专业化保险信用评级机构(信息中介机构)利用保险市场公开包括部分企业内部信息在内的信息,将其加工处理为一定的信息符号向社会大众进行公示的一项制度安排。该项制度的应用,可以将复杂的保险公司业务与财务信息转变成级别符号,后者反映保险公司的经济实力和信誉程度,易于为公众所理解,是市场上的信息甄别工具,可以有效矫正保险市场信息不对称问题。保险人也可借评级结论标明信誉、降低融资成本、提升竞争力。[2] 保险信用评级被称为是保险监管中的"第三只眼睛",以之配合政府监管,能够有效降低保险市场信息不对称造成的风险,可以确保保险业务健康有序发展;[3] 在政策性农业保险领域,保险经营组织的信用评级更是事关农业风险管理绩效的关键。借助信用评级制度,可以缓解偿付能力监管过于宽松的情形下,农业保险市场需求增加和风险增大之间的矛盾,借助第三方(信息中介)信息信用,减少交易的信息成本,提高监管效率。独立审计是利用注册会计师事务所和审计师事务所对保险公司的会计报表及相关资料进行独立审计、发表审计意见的手段,是对保险公司偿付能力进行定期审查、判断和公示的有效方式。通过审计机构提供审计意见的社会监督方式是国家监管的重要辅助,利用的是独立审计的客观公正性和审计结果的准确性,市场和监管机构可以依据其结论直接判断保险公司偿付能力,能够节省监管信息成本。[4]

(3)行业自律和内控机制。以保险行业协会自律和保险公司内部控制机制构建为主要内容。保险行业协会是保险人或保险中介机构组成的社会团体,可以对本市场发挥协调作用,为各保险人或中介机构提供交流合作的平台。美国

---

[1] 参见刘友芝:《论构建中国保险信用评级制度的微观基础》,载《财经理论与实践》2002 年第 5 期。

[2] 何绍慰:《借鉴美国经验　构建我国保险信用评级制度》,载《上海保险》2006 年第 5 期。

[3] 目前较为权威的保险信用评级机构主要有贝氏(A. M. Best)、标准普尔(Standard & Poor's)、穆迪(Moody's)和惠誉(Fitch)四家,其对国内外知名保险公司的信用评级为肃清保险市场良莠不齐的竞争态势起到了重要的作用,也为保险信用评级在社会监督中所处的位置奠定了重要的实践基础。

[4] 中国保监会早在 1999 年发布的《关于保险公司委托会计师事务所开展审计业务有关问题的通知》中就规定,保险公司向保险监管机构报送营业报告、财务报告和其他有关报告时,应提交符合条件的会计师事务所出具的审计报告。

NAIC 也具有协会自律功能，协调共通性监管事务，可以有效避免过度同业竞争造成的亏损和偿付能力不足，促进行业自律自控，也可以在一定程度上防止国家过度干预。保险公司内控机制对应于偿付能力监管规范，包括资本金、资产选择、再保险等内容。资本金是衡量保险公司偿付能力的重要指标，在保险公司实际索赔成本超过预期索赔成本时可以起缓冲作用。除初始筹建资本外，保险公司还可以通过增资扩股的方式增加资本金，提高偿付能力。资产选择是影响保险公司偿付能力的关键，其中，投资决策和投资组合的科学性、合理性会直接影响保险公司资本金水平。我国《保险法》第 106 条限定了保险公司资金运用形式，其出发点是固定资本金额度，减少保险公司偿付能力不足的发生概率。通常，将保险公司投资项目限定在那些平均违约风险较小、投资收益稳定的中长期固定收入证券或者对利率不敏感的短期固定收入证券中，或者通过金融衍生产品的对冲来抑制利率风险。再保险是保险公司有效抑制承保风险、在不增加资本金绝对值的前提下仍然保持相应偿付能力的一种有效手段。除了再保险，分散承保风险的手段还有分散性保单，即通过在不同地区销售不同保障类型的大量保单来抑制承保风险。农业生产本身具有地域分散性和差异性，采用不同类型的保单可以避免同类保单因灾害相关性因素导致保单索赔成本间的相关性，以及单一类型保单可能导致的大量单一风险类型的聚集。[1] 当其他条件不变时，该措施可以减少保险公司持有的与负债相对应的资本金数额，将偿付能力不足限定在给定水平。

3. 关于保险经营审慎监管的其他方面

关联交易限制、信息披露制度、规范保险代理人行为等也是降低保险机构经营风险的重要制度内容。(1)关联交易监管。关联交易是影响公司保险偿付能力的因素之一。为限制不当关联交易削弱保险经营组织的偿付能力，我国《保险法》第 108、109 条分别规定，“保险公司应当按照国务院保险监督管理机构的规定，建立对关联交易的管理和信息披露制度”，“保险公司的控股股东、实际控制人、董事、监事、高级管理人员不得利用关联交易损害公司的利益”。农

---

〔1〕 美国没有分散性保单这类特定保险产品，但是有与之类似的“差异性市场”供给措施，表现在保险产品按不同险种、承保范围、费率进行销售，根据市场不同，确定的方法比较简单。See Angelina Lawrence, *Natural Catastrophe Insurance in the United States: Market Assessments and Issues*, Nova Science Publisher Inc. Press, 2016, p. 76.

业保险立法可以参照该两项条款,对保险公司及高管的关联交易行为进行监管和限制,以确保保险合规化经营。(2)信息披露制度。经营信息披露制度与制度透明化有着异曲同工的价值,是降低立法、执法、守法成本的保障。在法律适用与理性选择的逻辑上,制度透明化是保险经营组织据以展业的行为准则,是审慎监管的必要前提。经营信息披露制度则为审慎监管提供充分有效的依据。我国《保险法》第110条中规定,"保险公司应当按照国务院保险监督管理机构的规定,真实、准确、完整地披露财务会计报告、风险管理状况、保险产品经营情况等重大事项"。除信用评级、独立审计之外,保险公司原始的财务会计报告仍可作为监管人对公司审慎经营的直接判定依据。(3)保险中介规范。在开拓农业保险市场之外,农业保险代理人还主要承担宣传农业保险知识、指导农业生产技术改进、检查和建议农业生产经营者防灾减灾设施及措施等职责。适格的农业保险代理人在具备必要的保险业务知识之外,还必须掌握必要的农业生产经营常识。目前我国立法上尚未有针对农业保险代理人的权责规定。我国《保险法》第111、112条规定了普通保险代理人的任职资格条件。第111条规定:"保险公司从事保险销售的人员应当品行良好,具有保险销售所需的专业能力。保险销售人员的行为规范和管理办法,由国务院保险监督管理机构规定。"第112条规定:"保险公司应当建立保险代理人登记管理制度,加强对保险代理人的培训和管理,不得唆使、诱导保险代理人进行违背诚信义务的活动"。政策性农业保险立法应当进一步明确农业保险代理人的任职资质,并通过保险公司内部登记管理和培训机制的独立性规定,为农业保险代理人的业务和责任范围设定相对独立且完整的规范框架。[1]

(四)保险经营组织经营条款的拟定及履行监管规则

统一的市场交易规则是实现行为人理性选择的前提之一。在政策性农业保险领域,该规则包括狭义上的农业保险产品规则和广义上的农业保险立法规则(含产品规则),前者以政策性农业保险合同条款为载体。保险合同是典型的格式合同,保险人在拟定产品条款时,应在条款中强调对投保人和被保险人利

---

〔1〕《保险法》第116条中有关于保险代理人的基本行为规范。该条规定:"保险公司及其工作人员在保险业务活动中不得有下列行为:……(十)利用保险代理人、保险经纪人或者保险评估机构,从事以虚构保险中介业务或者编造退保等方式套取费用等违法活动……"

益的维护，并明示自身责任。相比于一般的保险合同，政策性农业保险对格式条款制定者赋予的诚信义务和告知责任更具典型性。为确保格式条款的公平、公正，监管覆盖了事前准入、事中运作及事后责任追究等各个环节，还触及条款制定、修正环节的审核。保险合同的制定和审核也使市场需求的迎合与市场行为的调控实现了对接，将事前准入监管延伸至事中条款确定，显现出“政策性”介入的特质，即国家和政府角色对农业保险的影响力及干预方式。当然，保险归根结底还是一种市场行为，“政策性”介入始终以遵循市场规律为边界。“政策性”和“市场性”的拿捏可以在保险合同总则及分则条款的制定、审核过程中把握。

1. 保险经营组织经营条款的拟定规则

(1) 总则及综合性条款

总则条款包括合同制定依据、适用说明、合同构成等内容，是农业保险“政策性”特征彰显的平台。监管机构对保险合同的干预可以通过合同制定及适用的指导思想和合同目的等总则性条款的设计来实现，渗透和贯彻国家的政策目的和保险监管原则。以种植业保险的合同条款框架为例，[1]总则条款可以包含如下主要内容：①合同条款制定依据。在条款中注明，“本条款框架根据×××××年××月××日生效的《农业保险法》修改，具体条款内容可根据需要增、减。……保险人的免责条款说明义务应当以加粗描黑方式凸显……个别产品确需采用明显不同于本框架范本的，可按有关规定向保险监管部门申报”。②合同制定的指导思想和目的。可以明确“本合同以保护投保人和被保险人合法利益，维护农业保险市场稳定，促进农业经济发展，协助保障农民收入安全和生产生活安全为宗旨”。该指导思想和目的与政策性农业保险立法目的一致。③合同构成。需列明“本保险合同由保险条款、投保单、保险单、保险凭证以及批单组成。凡涉及本保险合同的约定，均应采用书面形式”。④合同制定和修正的审批。可以注明，“对合同中的相关条款进行修订，应当以相应法律依据调

〔1〕 此处讨论的条款借鉴了《种植业保险条款框架范本》，参见 http://wenku. baidu. com/link? url = jg5MyZEPtTswTipV193k4d9Hd1RS78sgMWl0bEj4LiK2T2RBmvb0a_Hnap2iojB2XOamger_tAKgld-NZjGZ0ajjd9y1GB1XNrcOGWI0_DzK，最后访问日期：2016 年 9 月 25 日。《养殖业保险条款框架范本》，http://wenku. baidu. com/view/b203bc4dfe4733687e21aa1b. html? re = view，最后访问日期：2016 年 9 月 25 日。

整和市场状况发生变化为前提，具体条款内容涉及审批或者备案的，应履行相应手续”。以上条款以尊重市场规律为前提，形成示范性条款，可供不同模式的农业保险经营组织纳入其个性化保险产品。⑤赔偿处理与法律适用原则。赔偿处理会根据保险标的的不同，在保险利益的计算上存在差异，但总则中仍可以列明：“保险事故发生时，被保险人对保险标的不具有保险利益的，不得向保险人请求赔偿保险金”，以此作为保险标的损失计算、残值处理、超额保险、重复保险以及不实索赔的依据。至于争议处理和法律适用条款，在一般财产保险合同中，常常规定争议处理的基本规则为“因履行本保险合同发生的争议，由当事人协商解决。协商不成的，提交保险单载明的仲裁机构仲裁；保险单未载明仲裁机构且争议发生后未达成仲裁协议的，依法向人民法院起诉”。相应的法律适用为“与本保险合同有关的以及履行本保险合同产生的一切争议，适用中华人民共和国法律（不包括港澳台地区法律）”。在政策性农业保险合同中，还应进一步明确“《农业保险法》对本合同的约束力”。

此外，保险合同中还有合同生效、终止以及保险标的转让退保等确认性条款，在政策性农业保险合同中，因标的的生命性、周期性特点的影响，这些关系合同效力产生、变更以及终止的条款，比一般财产保险合同更具条件性。首先，合同生效条款，通常可以根据承保业务的实际情况，进行 AB 款选择：“A. 本保险合同自成立时起生效（适用于没有对保险合同的生效附条件或附期限的情况）；B. 本保险合同自××条件成就时起，自××期限届满时起生效（适用于对保险合同的生效附条件或附期限的情况）。”在政策性农业保险中，B 款的适用会更为频繁。其次，保险标的转让退保约定，通常设计为“因保险标的的转让导致危险程度显著增加的，保险人自收到第××条规定通知之日起三十日内，可以按照保险合同约定增加保险费或者解除保险合同”。农业保险中，对农作物或养殖产品的种养经验会影响灾害应对成效；但是，因保险标的转让而退保，显然不利于规模化农业生产的安全性和持续性，所以，转让退保的审核权应当不仅仅在保险人内部，条款中还应注明“就转让退保产生争议的，双方可将争议提交保监会申请审议”。最后，针对合同终止，一般应当约定，“保险标的发生全部损失，属于保险责任的，保险人在履行赔偿义务后，本保险合同终止；不属于保险责任的，本保险合同终止，保险人按比例（按年承保为‘短期费率’，短期承保为‘日比例’）计收自保险责任开始之日起至损失发生之日止期间的保险费，并退还剩余部分保险费”。

（2）分则及分项式条款

分则条款包括保险标的、责任范围、保险金额等内容，可以为农业保险的“市场性”特征提供自由发挥、自律自控的平台。各保险组织可以政策性农业保险合同总则为指导，依据投保人、保险标的、保险风险、市场需求等要素的不同，设计符合自身经营模式需要的分则条款，并可依各自特色分项列述。对分则条款，监管机构应以事后监管为主，事前作总则化指导。

具体内容上：①保险标的条款。根据保险承保对象范围，在合同中列明："符合下列条件的，可作为本保险合同的保险标的。"如果是种养殖业标的，投保人应当承诺将范围内符合条件的种植物或养殖物全部投保，一般不允许选择性投保。同时应标注非承保范围的标的。②保险责任条款。一般约定："在保险期间内，由于下列原因直接造成保险标的的死亡或损失，损失率达到××%以上的，保险人按照本保险合同的约定负责赔偿。"同时应注明保险人的免责范围和免责事由："下列原因造成的损失、费用，保险人不负责赔偿：（一）投保人及其家庭成员、被保险人及其家庭成员、投保人或被保险人雇用人员的故意行为、管理不善；（二）行政行为或司法行为；等等"；"下列损失、费用，保险人也不负责赔偿：……A. 本保险合同中载明的免赔额；B. 按本保险合同中载明的免赔率计算的免赔额；C. 本保险合同中载明的免赔额以及按本保险合同中载明的免赔率计算的金额，两者以高者为准……"。此外，针对其他不属于合同责任范围内的损失和费用，保险人也可以将其列入赔偿的除外情形。③保险金额与免赔额（或免赔率）。该条款与保险费率条款一样，均是核算政策性补贴和税费减免额度的基础依据。合同中可以注明"保险标的每亩保险金额为××元或参照××标准，由投保人与保险人协商确定，并在保险单中载明，但最高不得超过××元"。通常，"保险金额＝每亩保险金额×保险面积（数量）"，"保险面积以保险单载明为准"。同时，可在合同中约定免赔额（率），或直接以条款注明"每次事故的免赔额（率）由投保人与保险人在订立保险合同时协商确定，并在保险单中载明"。④保险期间与保险费。种植业可以依其生长周期确定承包期间，也可以从约定，因而在条款上，可以确定为明示的或推算的期间，目前常见为 A、B 条款的选择："A. 本保险合同的保险责任期间自××时起至××时止，但不得超出保险单载明的保险期间范围（适用于按生长周期承保的情况）；B. 除另有约定外，本保险合同的保险期间为一年，以保险单载明的起讫时间为准（适用于按年承保的情况）。”保险费依据承保标的和保险期间长短确定，并以条款明示之。⑤保险人、投保人、被保险人的义务。保险人的义务包括签发保单义务、明确说明义务、保险合同解除权行使期限、补充索赔证明和资料的通知、及时核定、先行赔付及赔付义务等；[1]投保人、被保险人的义务包括交付保险费义务、如实告知义务、防灾义务、保险标的转让通知义务、危险程度增加通知义务、保险事故通知义务、索赔材料提供义务等。[2]

---

〔1〕各项义务的具体内涵可以在合同中分别如下设计：(1)明确说明义务：订立保险合同时，采用保险人提供的格式条款的，保险人向投保人提供的投保单应当附格式条款，保险人应当向投保人说明保险合同的内容。对保险合同中免除保险人责任的条款，保险人在订立合同时应当在投保单、保险单或者其他保险凭证上作出足以引起投保人注意的提示，并对该条款的内容以书面或者口头形式向投保人作出明确说明；未做提示或者明确说明的，该条款不产生效力。(2)签发保单义务：本保险合同成立后，保险人应当及时向投保人签发保险单或其他保险凭证。(3)保险合同解除权行使期限：保险人依据本合同第××条所取得的保险合同解除权，自保险人知道有解除事由之日起，超过30日不行使而消灭。保险人在合同订立时已经知道投保人未如实告知的情况的，保险人不得解除保险合同；发生保险事故的，保险人应当承担赔偿责任。(4)补充索赔证明和资料的通知：保险人按照第××条（投保人、被保险人义务中索赔材料提供义务条款）的约定，认为被保险人提供的有关索赔的证明和资料不完整的，应当及时一次性通知投保人、被保险人补充提供。(5)及时核定、赔付义务：保险人收到被保险人的赔偿保险金的请求后，应当及时作出是否属于保险责任的核定；情形复杂的，应当在30日内作出核定，但本保险合同另有约定的除外。保险人应当将核定结果通知被保险人；对属于保险责任的，在与被保险人达成赔偿保险金的协议后10日内，履行赔偿保险金义务。保险合同对赔偿保险金的期限有约定的，保险人应当按照约定履行赔偿保险金的义务。保险人依照前款约定作出核定后，对不属于保险责任的，应当自作出核定之日起3日内向被保险人发出拒绝赔偿保险金通知书，并说明理由。(6)先行赔付义务：保险人自收到赔偿保险金的请求和有关证明、资料之日起60日内，对其赔偿保险金的数额不能确定的，应当根据已有证明和资料可以确定的数额先予支付；保险人最终确定赔偿的数额后，应当支付相应的差额。

〔2〕各项义务的具体内涵可以在合同中分别如下设计：(1)如实告知义务：订立保险合同，保险人就保险标的或者被保险人的有关情况提出询问的，投保人应当如实告知。投保人故意或者因重大过失未履行前款规定的如实告知义务，足以影响保险人决定是否同意承保或者提高保险费率的，保险人有权解除本合同。前款规定的合同解除权，自保险人知道有解除事由之日起，超过30日不行使而消灭。自合同成立之日起超过2年的，保险人不得解除合同；发生保险事故的，保险人应当承担赔偿责任。投保人故意不履行如实告知义务的，保险人对于合同解除前发生的保险事故，不承担赔偿保险金的责任，并不退还保险费。投保人因重大过失未履行如实告知义务，对保险事故的发生有严重影响的，保险人对于合同解除前发生的保险事故，不承担赔偿保险金的责任，但应当退还保险费。保险人在合同订立时已经知道投保人未如实告知的情况的，保险人不得解除合同；发生保险事故的，保险人应当承担赔偿保险金的责任。（该条款与保险人义务中的保险合同解除权行使期限相呼应。）(2)交付保险费义务：除另有约定外，投保人应在保险合同成立时交清保险费。

总体上，因政策性农业保险的特殊性，有关总则性条款以及分则中的费率等项目，应当由政府相关部门主导制定为主，或者由政策性农业保险经营组织负责起草，报经政府主管部门审批，一经确定，不得轻易更改，如需更改，仍需经过相关的审批程序，以此来保障政策性农业保险经营的稳定性、发展性。

2. 保险经营组织经营条款履行监管规则

在确定以立法为宏观规则大前提、合同为微观规则小前提的统一市场交易规则后，保险经营组织应当依法定或约定权利，在履约同时，对投保人、被保险人的生产过程进行监督、指导、建议以及提供技术、信息、咨询等支持，并依据“政策性”关键词享受政策收益，接受相应监管。

根据行为与收益的协同性，在农业保险合同关系确定后，保险合同的履行和对保险事故损失的控制成为同时关乎保险人、投保人和被保险人利益的关键。出于对自身利益的维护和将风险损失减少到最低程度的目的，各方将以最大限度的小心，确保农业生产过程的安全和最终产出收益（包括但不仅限于农

(3)防灾义务：被保险人应当遵守国家以及地方有关种植管理的规定，搞好种植管理，建立、健全和执行田间管理的各项规章制度，接受农业部门和保险人的防灾检查及合理建议，切实做好安全防灾防损工作，维护保险标的的安全。保险人可以对被保险人遵守前款约定的情况进行检查，及时向投保人、被保险人提出消除不安全因素和隐患的书面建议，投保人、被保险人应该认真付诸实施。投保人、被保险人未按照约定履行其对保险标的安全应尽责任的，保险人有权要求增加保险费或解除保险合同。(4)保险标的转让通知义务：保险标的转让的，被保险人或者受让人应当及时通知保险人。因保险标的转让导致危险程度显著增加的，保险人自收到前款规定的通知之日起30日内，可以按照合同约定增加保险费或者解除合同。被保险人、受让人未履行本条规定的通知义务，因转让导致保险标的危险程度显著增加而发生保险事故的，保险人不承担赔偿保险金的责任。(5)危险程度增加通知义务：在保险合同有效期内，保险标的的危险程度显著增加的，被保险人应当按照合同约定及时通知保险人，保险人可以按照合同约定增加保险费或者解除合同。被保险人未履行前款约定的通知义务的，因保险标的的危险程度显著增加而发生的保险事故，保险人不承担赔偿保险金的责任。(6)保险事故通知义务：知道保险事故发生后，被保险人应该：①尽力采取必要、合理的措施，防止或减少损失，否则，对因此扩大的损失，保险人不承担赔偿保险金的责任；②及时通知保险人，并书面说明事故发生的原因、经过和损失情况；故意或者因重大过失未及时通知，致使保险事故的性质、原因、损失程度等难以确定的，保险人对无法确定的部分，不承担赔偿保险金的责任，但保险人通过其他途径已经及时知道或者应当及时知道保险事故发生的除外；③保护事故现场，允许并且协助保险人进行事故调查。(7)索赔材料提供义务：被保险人请求赔偿时，应向保险人提供下列证明和资料：投保人、被保险人所能提供的与确认保险事故的性质、原因、损失程度等有关的其他证明和资料。被保险人未履行前款约定的义务，导致保险人无法核实损失情况的，保险人对无法核实的部分不承担赔偿责任。

业生产收益)的均衡。保险人主要通过对保险标的定期检查和监督、对投保人和被保险人抗灾设施、抗灾措施的建议和指导,来降低风险发生率。投保人、被保险人除了履行主合同义务之外,主要基于丰富的农产及风险防御经验,以及吸收保险人的可行性建议,完善生产抗灾设备,减少风险损失。这些协同性义务,并不一定写入合同,当然也不排除通过主合同条款、合同的备注性条款或政府指导性意见来加以落实。主合同条款、合同的备注性条款连同政府的指导性意见及建议,共同构成了政策性农业保险经营制度必不可少的组成部分。在规则透明度原则下,行为人可以在全面、系统、公开、公平的规范条件下,进行理性选择,以尽可能低的成本争取可能的高效、高质收益。

根据效率与公平兼顾的原则,保险经营组织行使政策性农业保险经营权的自由以及实现行为效益最大化的目标,都以一定的行为边界为前提,包括明确的立法边界、合同义务与责任边界以及接受政府监管。政府对保险合同履行的监督和激励,在合同条款预设建议之外,其监督多表现为事中监督、争议处理和保险关系的维护等;至于激励,则主要表现为根据合同标的额、经营费用支出、盈利情况等进行财政补贴、税费减免等,本书第四章将对激励作具体论证。[1] 在经营条款的监管方面:(1)关于事中监管。我国《农业保险条例》第11条规定,在农业保险合同有效期内,合同当事人不得因保险标的的危险程度发生变化增加保险费或者解除农业保险合同。显然,这不同于一般财产保险合同中立法只约束保险人合同解除权的情形。[2] 农业保险中,投保人需要与保险人一同依约维持保险合同的效力。此时,监管机构的监管范围需涵盖投保人与保险人之间可能根据解除权产生的争议,除了以软性的建议和指导手段加强各方对农业保险合同的个体价值和社会价值的说明外,还应当增加对争议的行政处理职权及处理规则的构架。(2)关于具体争议的认定和处理。我国《农业保险条例》第四章规定了农业保险经营的法律责任,其中,保险监督管理机构是对保险机构经营行为进行监管和对其违法违规行为进行处罚的主要行政部门。但该条例没有就保险机构与投保人、被保险人之间就保险合同履行争议的行政申诉

---

〔1〕 激励方式中,保险补贴作为重中之重,将安排在下一章中详细论证,此处不做赘述。

〔2〕 我国《保险法》第15条规定:除本法另有规定或者保险合同另有约定外,保险合同成立后,投保人可以解除合同,保险人不得解除合同。

条件与程序进行规定。对于争议的认定，可以《保险法》相关规定为依据对保险经营条款界定及适用进行判别。我国《保险法》第 114 条较为概括地规定了，“保险公司应当按照国务院保险监督管理机构的规定，公平、合理拟订保险条款和保险费率，不得损害投保人、被保险人和受益人的合法权益。保险公司应当按照合同约定和本法规定，及时履行赔偿或者给付保险金义务”。作为条款的制定者，保险人所提供的保险经营条款公平、合理与否，成为在争议发生时判定保险人责任的主要依据之一。至于政策性农业保险，《保险法》第 135 条第 1 款和第 136 条明示，“关系社会公众利益的保险险种、依法实行强制保险的险种和新开发的人寿保险险种等的保险条款和保险费率，应当报国务院保险监督管理机构批准。国务院保险监督管理机构审批时，应当遵循保护社会公众利益和防止不正当竞争的原则。其他保险险种的保险条款和保险费率，应当报保险监督管理机构备案”；“保险公司使用的保险条款和保险费率违反法律、行政法规或者国务院保险监督管理机构的有关规定的，由保险监督管理机构责令停止使用，限期修改；情节严重的，可以在一定期限内禁止申报新的保险条款和保险费率”。政策性农业保险合同条款和费率符合《保险法》第 136 条规定属于关系社会公共利益的合同规范范围，在审查、备案之外，保险监督管理机构、农业行政主管部门等对条款和费率有直接的建议权。这是保障农业保险政策性扶助项目取得既定效果、不至于付诸东流的一种举措。如果主体之间就这些条款发生争议，在农业保险立法框架下，应当允许并设定法律关系主体向保险监督管理机构、农业行政主管机关进行申诉的权利和程序；在行政救济之外，添加司法救济为最终保护屏障的救济条款。

本章小结

本章内容着眼于政策性农业保险经营模式选择的规律性研究。基于对国内外政策性农业保险各经营模式的分析和评价，剖析法律市场理论、成本—收益理论对模式选择的本源性意义，揭示政治、经济、社会、文化背景差异下，政策性农业保险立法在确定经营模式时的基本原则和具体制度。政策性农业保险经营制度应当遵循公平—效率价值论，确定保险经营组织形式、为其设定合理的市场准入门槛，制度的理性选择涵盖经营主体、经营条款、责任追究以及监管途径等综合内容，诸内容构建的成熟的经营规则和可能的最优宏观环境，为保险经营组织在农业保险市场中规范化、合规律性运作划定行为边界，埋设激励基础。需特别注意的是，立法上，对国内外较为成熟的政策性农业保险经营组织形式进行科学而详尽的揣摩，是制度具体落实的重要参考。但这并不意味着可以照搬照抄，无论是激励机制还是经营模式的科学安排，都应以我国农业经济和农业保险发展现状为客观依据，在最终形成的关于政策性农业保险统一立法的完备框架中，始终要围绕克服地区发展不平衡、利益分配不均展开，促进农业保险更好更快发展，助力我国农村经济等经济和社会目标。

第四章

农业保险补贴制度的成本—收益分析

政府监管与财政激励可以共同构成对农业保险合规经营的有效外力。财政激励的具体举措中，农业保险补贴是国内外实践最多、较为符合成本—收益框架分析的一种手段。纵观立法和实务演化的历史，就“政策性”要素在农业保险中的落实方式而言，补贴也是最普遍、最传统、最具典型性的。至于实务中农业保险补贴涉及的问题，通常集中在：补贴多少？在哪些险种中适用多少比例的补贴？补贴是否需要区别地域经济差异？中央和地方之间如何界分财政补贴义务？以及，补贴不当和滥用补贴的法律后果及责任形式、范围如何？等等。将农业保险补贴列入政策性农业保险立法，主要依据法律博弈和成本—收益理论，利用农业保险补贴的实证分析，[1]对以下要素进行准确计量，据以进行适当的立法设计：(1)立法所需的人力、物力、财力、时间资源；(2)社会主体遵守或规避该立法的各种可能以及行为概率；(3)各利益集团的立场，利益格局变动下产生的社会成本以及立法可以给相关利益主体带来的直接和间接收益。理想的论证应该是在对各种博弈关系和成本进行反复测算、调适的过程中进行的，如是，得出的设计方案才可能最符合成本—收益模型。[2]

---

〔1〕 实践中，2007 年以来中央和地方农业保险补贴落实的各种统计数据，是评判补贴绩效的主要依据之一。

〔2〕 本章的研究最终也将落脚于政策性农业保险补贴规则架构，而补贴的经济价值和法律意义是规则设计的理论前提，补贴品种、补贴类型、补贴区域、补贴比例的确定和规范是规则设计的核心，补贴落实过程中，对骗取补贴、滥用补贴等违法行为进行责任的追究是提高规则执行力的保障。

第一节　农业保险补贴制度的理论依据

理论先行于制度。政策性农业保险补贴制度的确立，以现行制度的实施绩效为依据，根据绩效优劣对制度进行修正，而恰当的理论可以为现行规则进行修正、规划提供合理引导：(1)依据“智猪博弈”理论，界定中央和地方政府之间的补贴责任；(2)依据风险管理利益与责任在公私法主体之间的转移，分配政府、保险商、农户、关联性主体之间的风险责任；(3)依据效率与公平价值，进行保险商与农业生产经营者之间的利益均衡，减轻保险商的交易成本，增强投保人、被保险人的保费支付能力。

一、农业保险补贴的制度价值

无疑，政策性农业保险分散农业风险、稳定农民收入、为农业信贷提供“担保”等作用的发挥，单纯依赖农业保险产品规则本身，有时候难以达到预期效果。我国《农业保险条例》规定，“农民或者农业生产经营组织投保的农业保险标的……由财政部门按照规定给予保险费补贴……”，但到目前为止，该条例及相关文件对补贴标准、办法及比例等都没有在国家层面出台明确统一的适用依据，只笼统授权国务院财政部门同农业、林业主管部门和保监会（已撤销）制定，中央和地方财政实际拨付的差异在我国不同地区不可避免地存在，影响了施行效益。[1] 制度要显示和实现其价值，首先要填补这些空白，解决农业保险供需不平衡、成本收益不匹配等各类矛盾；梳理公私权力（利）之间的关系、平衡政府与市场之间的利益协同性。补贴制度的施行，理想的形态是形成公私法利益的移转以及公私资源的合理重置、政府与市场间有机交互。

（一）公权力、私权利及相互间资源的重新配置

政府（中央和地方）、保险公司、农业生产经营者、中介机构以及关联性农村

---

〔1〕 我国2016年《农业保险条例》第7条规定：农民或者农业生产经营组织投保的农业保险标的属于财政给予保险费补贴范围的，由财政部门按照规定给予保险费补贴，具体办法由国务院财政部门商国务院农业、林业主管部门和保险监督管理机构制定。国家鼓励地方人民政府采取由地方财政给予保险费补贴等措施，支持发展农业保险。

金融机构构成了农业保险法律关系最为完整的主体关系网，各主体间私权与公权的处分与相互渗透呈现为政策性农业保险中公权力、私权利之间利益与资源的流动、配置及重新配置。而流动与配置均需遵循成本—收益论。

1. 私权配置及私权公法化

通过政策性农业保险合同条款的设计，保险公司与农业生产经营者彼此之间交换、分享私权资源；并借农业补贴这一"政策性"要素的载体，与政府共同分享、分担风险管理权。私权因而可以渗入公权领域，共享公权力资源。依合同自治论，农业保险合同属于保险人与投保人、被保险人之间基于自主意志的私权处分；出于促进农业保险市场、农业经济发展的宏观性目标，公权力借补贴形式渗入保险合同，干预主体对利益的自主处分。[1] 农业保险在享有政策性补贴带来市场效益的同时，也需受领补贴适用规则下必要的监管和行为约束。

根据农业保险准公共物品属性的论证，该物品的排他性和非竞争性决定了投保农户独自享受农业保险保障的权利，而且各农户享受农业保险服务不会影响到其他农户享受农业保险服务的数量。不过，农户实际保险支付能力偏低、各地农户收入水平差距悬殊、农业保险知识贫乏等会影响其享受农业保险服务的质量；加上"搭便车"现象普遍、政府习惯性主动担负灾害救济等因素的存在，农户投保消极，农业保险有效需求就会逐渐不足。相同成本下农业保险所获收益并不理想。根据农业保险供给所具有的成本弱增性，[2] 作为大型资本密集型产业，农业保险市场需要投入大量基础设施和专业人员，单个保险经营机构经营农业保险业务的成本要低于多家保险经营机构的经营成本；当然，在保险机构单打独斗的情形下，农业保险市场也无法具备国家所期待的对整体农业经济的保障和促进价值。因而，从宏观管理角度出发，在形成规模化农业保险事业过程中，如果没有公权力资源投入或配套设施的公共支出，农业保险规模的扩大仍然会在私主体个人理性左右下形成较大阻碍。需注意的是，行业本身的自然垄断性并不意味着经营的垄断性，我国地区经济、文化、社会背景差异化较大，政府或部分大型保险集团专营农业保险并不具有成本—收益优势。对多种

---

〔1〕 参见[美]查尔斯·沃尔夫：《市场或政府——权衡两种不完善的选择/兰德公司的一项研究》，谢旭译，中国发展出版社 1994 年版，第 127 页。

〔2〕 承认农业保险行业的自然垄断性，是强调政策性要素在该行业中独占适用的必要性，但并不意味着农业保险经营模式的单一化。

保险经营模式进行立法确认(参见第三章关于保险经营组织形式的论证),鼓励商业性、非专门性保险机构从事农业保险,在某种意义上可以克服行业的自然垄断属性,或在其框架内,改变这种属性对农业保险经营成本过大和收益受限的不均衡状态。所以,表面上私权意义上的合同处分因补贴的享有而产生对公权力资源和风险管理权力的共享,而此项私权的公法化,也需在同一层次上接受公权力行使的边界,[1]始终围绕成本—收益论,促进公共资源效益的最大化。

2. 公权配置及公权私法化

就公权配置而言,按照行政区划,政府资源界分为中央和地方两个层面。作为公权力的代表,中央政府和地方政府依据法定授权,通过补贴等财政手段对农业保险施加政策性激励,在形式上完成公共资源向私权资源的某种转移。就保险补贴这个载体而言,公权资源的内部分配和向私权领域的转移和再配置,涉及中央和地方政府资源的配置方式和比例。从利益归属和资源配置目的分析,中央与地方政府对农业保险的预期追求表现为经济和政治两方面,两者都追求规避农业风险、稳定农业生产、提高农户收入水平、促进农业现代化等。不同的在于,中央政府更侧重于整体经济利益的提升,在政治上掌控全局,注重引导农业保险计划对国家整体经济的影响力,资源流动和配置中的公有属性更为明显;地方政府更侧重于局部利益,倾向于实现本地利益的最大化,带有私权的属地性。呈现在政治上,表现为地方政府对地方经济的特定性干预和调节容易催生地方保护主义;反映在经济上,表现为地方资源重置和竞争可能具有某种非理性、非全局性的特征。在农业保险补贴制度中,中央和地方都按一定比例列支财政,其中,地方财政列支比例一般根据各地财政收入状况确定,目前各省比例保持在60% ~80%,而且各省在其农业保险保费补贴政策文件中可依授

---

[1] Floor M. Brouwer 和 Martin van Ittersum 在有关环境相关性和农业发展模型中验证认为,就公权与私权进行政策协调,首先要对政策影响力进行评估。立足于本论著的观点,笔者认为该项评估其实也是对公权让渡的尺度进行把握。See Floor M. Brouwer & Martin van Ittersum, *Environmental and Agricultural Modelling: Integrated Approaches for Policy Impact Assessment*, Springer Press, 2010, p. 102 – 105.

权范围适当调整比例。[1] 中央财政补贴比例近年来呈逐渐提升的趋势。[2] 补贴比例提升的出发点在于缓解产粮大县财政支出压力、扩大农业保险覆盖面、维护国家粮食安全。[3] 具体数值上,中央和地方财政补贴支出比例不同,这源于两者的财权与事权的不一致。也正是出于平衡地方政府在保险补贴上的支出和收益比,近几年中央财政补贴支出比例逐年提升。公权配置越来越注重收益的叠加。

补贴在公权私法化上的价值解读,主要在于其对农业保险经营行为可以在多大程度上、产生怎样的激励效应。依主体论,因理性经济人的本能驱使,无论是农业生产经营者还是保险公司,都在追求利益最大化的路径上作出行为决策。当收益可以覆盖或高于成本时,行为人可能产生积极选择,反之,则作消极选择。对农业生产经营者而言,农业保险产品价格是左右其决策的主要因素,小农生产传统、农业商品化率低、收入低下以及保险意识缺乏等因素,都会使之缺乏主动投保欲望,产生侥幸、"搭便车"等心理。对保险公司而言,低投保率会导致其无法根据大数法则设计合适的产品,市场的消极应对将直接降低保险公司的经营收益,增加经营风险,理性经济人会因此逃离市场。政府补贴一定程度上克服了农业生产经营者在决策时的价格畏惧,填补了农业保险公司在决策时的利益差,生产利润、市场份额、竞争优势等积极词汇出现在主体行为决策单

---

〔1〕 例如,2015 年 11 月 26 日四川省财政厅《2015 年农业保险保费补贴资金公示》称,该省水稻、玉米、油菜、马铃薯、小麦和青稞等种植业保险保费政府补助 75%,参保农户负担 25%;育肥猪、能繁母猪、奶牛、牦牛和藏系羊保险保费政府补助 80%,参保农户负担 20%;公益林保险保费政府补助 90%,参保农户负担 10%;商品林保险保费政府补助 75%,参保农户负担 25%。资料来源:http://www.sc.gov.cn/10462/10464/10465/10574/2015/12/7/10361444.shtml。

〔2〕 2013 年 6 月 27 日国务院《关于农村金融改革发展工作情况的报告》称,补贴比例上,中央财政先后多次提高农业保险保费补贴比例。2012 年,种植业保险保费补贴比例由 25% 提高至中西部 40%、东部 35%。2016 年 1 月始,中央财政又进一步提高了对产粮大县的农业保险保费补贴比例:一是对政策出台前,省级财政产粮大县三大粮食作物农业保险保费补贴比例已高于 25%(现行补贴比例)的部分,中央财政承担高出部分的 50%。二是如省级财政进一步提高农业保险保费补贴比例,并相应降低产粮大县县级财政保费负担,中央财政还将承担产粮大县县级保费补贴降低部分的 50%。上述政策实施后,中央财政对农业保险保费的补贴比例,将由目前的中西部 40%、东部 35%,逐步提高至中西部 47.5%、东部 42.5%。资料来源:http://money.163.com/16/0108/10/BCQ4F4O000252G50.html,最后访问日期:2016 年 10 月 6 日。

〔3〕 2007 年至 2015 年,中央财政共拨付保费补贴资金 780 多亿元,年均增长 27%,累计为 14 亿户次农户提供风险保障超过 7 万亿元。下一步,财政部将继续贯彻落实党中央、国务院要求,不断开拓创新,推动农业保险工作提质增效,进一步发挥农业保险强农惠农的积极作用。参见《中央财政对农业保险保费补贴比例将大幅上升 7.5%》,载网易网 2016 年 1 月 8 日,http://money.163.com/16/0108/10/BCQ4F4O000252G50.html。

上，从而左右了私权处分意义上的农业保险合同的方向。此外，如前所述，作为农业保险产品规则，保险合同受到国家包括农业部、财政部、保监会在内多部门的监管，除了保险大数法则的约束外，公法属性的利益决策规则也在保险条款中一一体现，补贴的意义扩展至主体私权处分的范围、方式和责任。

（二）政府与市场的交互作用

自治性保险契约承担与外力式补贴激励在各主体间形成了公权力、私权利两种资源相互之间流转的完整过程，也实现了政府与市场的有机交互。

其一，农业保险辐射效应下政府对市场的价值预设和实现路径。农业保险因其所涉行业、主体、地域之广可以产生相应的辐射效应，效应及于社会、经济、政治等各个方面。该效应具有的综合性、发散性会促使政府偏重对农业保险市场进行监督、观察、建议和管控，以确保能实现其应有的市场价值。与强制性的监管措施不同，保险补贴以公权力资源配置的方式渗入市场，其发放条件的确立、审核及程序进行，均显示着国家对农业保险市场的价值预期。以农业保险各层面效应分析，内部效应方面，保险补贴以影响农业生产经营者和保险公司之间的契约自治为手段，增加主体参与市场的积极性，形成农业保险经营的规模化、普及化效应。外部效应方面，农业保险的辐射可以企及农业经济、社会整体经济以及生态经济各个方面。农业保险对农业经济具有风险保障功能，保险补贴的价值稳固了农业保险市场的充足性，能够更好地发挥保险在分散风险、降低损失、稳定收入中的综合作用；农业经济的稳步发展又为社会整体经济实力的提升创造了基础性条件。农业本身具有无穷的生态价值，能够提供大量的生态产品，对农业的支持将增加国民收入、提高社会福利水平。[1] 如果由于农业比较利益低下、农业自然风险和市场风险显著，补贴等政策支持可以使农民收入更趋社会平均水平，无论是生态经济抑或农业经济，都将在经济规模化、生态化、高科技化趋势下，构成国家整体经济的有机组成部分。当政府利用各项

〔1〕 根据农业保护的正效应分析，生态经济与农业经济之间存在相生相克的关系内容，后者的发展如果以前者的衰落为前提，那么就会产生生态环境恶化，而生态越是恶化，生态产品的供需矛盾就越尖锐，人们对生态产品的需求增大，供给却远远不足，供需的不平衡将使农业经济缺乏发展的可持续性。当农业经济、社会整体经济发展到一定阶段后，农业保护和农业经济支持政策将有助于维持和增加生态产品价值、提升国民收入，提高社会福利水平。随着环境的日益改善，农业所提供的生态产品的效用趋于降低，一国对农业的支持程度也将趋于减弱。参见李勇、和丕禅、彭熠：《农业保护的正效应分析》，载《商业研究》2003 年第 8 期。

监管政策和补贴等激励政策对市场施加影响的时候，市场的反应仍然受限于行业属性。在农业保险领域，保险补贴除了提供软性政策监控外，还通过对农业保险内外辐射效应的对应性应用，实现市场均衡、福利水平提升。这是补贴制度的价值之一。

其二，准公共物品与自然垄断属性交叉下政府对市场的成本分担。如前所述，农业保险具有准公共物品属性，有学者认为，农业保险并不属于公共物品（或公共产品），相反，应当属于自然垄断产品，[1]本书并不认同该结论。尽管农业保险服务站点的建设、服务具有较强的专用性，在初始投入时成本较高，但随着先期投入完成，投保人、险种类型以及承保数量的增加，平均成本将不断降低，边际成本抵减，保险经营的规模效应会逐渐明显。另外，农业保险行业确实也具有成本弱增性，[2]传统供需关系理论和完全竞争模型并不完全适用于对该市场及市场行为的分析，市场主体利益或福利的处分与配置如果完全依据主体意思自治，因保险人理性经济人属性和利益最大化经营目的，低收益甚至负收益状态下，投保与保险的供需关系无法持久，外力的推动或阻碍就变成改变这种供需状态的敏感性因素。[3] 补贴就是可促进农业保险市场拓展的一种积极的敏感性外力。在保险市场的认定上，法定补贴的确在另一层面增强了农业保险行业的垄断意味，但是这种“垄断”并不是为了排斥其他保险经营组织进入农业保险市场。相反，针对保险人的经营费用补贴是激励保险公司投入农业保险市场的有

---

〔1〕 该结论源于对农业保险产品的排他性和非竞争性、农业保险有效需求不足、供给具有成本弱增性等的分析得出。参见王根芳：《基于主体利益博弈分析的农业保险补贴研究》，华中农业大学2013年博士学位论文，第16～18页。

〔2〕 市场经济中，消费者需要的商品有私人产品、公共产品、自然垄断商品和共有资源四类。经典经济学对于自然垄断产品的定义为“当一种物品在消费中有排他性但没有竞争性时，这就是自然垄断的物品的例子”。参见［美］曼昆：《经济学基础》（第5版），梁小民、梁砾译，北京大学出版社2010年版，第112页。本书认为，农业保险属于准公共物品，但是也不得不承认，在农业保险中存在自然垄断行业属性，并影响着农业保险经营规则的设计。

〔3〕 完全竞争是指一种不受任何阻碍和干扰的市场结构，指那些不存在足以影响价格的企业或消费者的市场。其特征表现为：(1)市场上有数量众多、规模较小的经济主体，任一主体都无法通过其经营行为来影响市场上的供求关系，也无法影响市场价格，每个人都是市场价格的被动接受者。(2)任一生产者的产品都是同质的、无差别的。(3)劳动、生产要素所有者、资本等各种资源都可以在市场中完全自由流动，不受任何限制。(4)市场信息是完全的、对称的，经营者与消费者之间不存在相互的欺骗和隐瞒，可以获得完备的市场信息。完全竞争是一种抽象理论的理想市场状态。农业保险在主体规模、市场行为、市场价格影响、信息共享方面都无法具备如上条件。但是，主体对市场价格的左右、信息充分披露等完全竞争模型，可以作为政策性农业保险构建的一个标尺。

效手段,其作用机制源于补贴降低了保险人的经营成本,分散了其经营风险。政府借补贴的方式,充实了农业保险市场,也规范了农业保险行为。所以,农业保险具有自然垄断性,正是这一属性为政府分担保险市场成本提供了逻辑依据。

二、农业保险补贴中的主体博弈

(一)政府之间的博弈关系

政府之间的博弈,分为中央与地方政府之间的纵向利益博弈和地方政府之间的横向利益博弈两个方面。在农业保险补贴领域,中央对地方财政的支持,会因地方性补贴支出额度差异而表现出支持力度不同。中央在配置资源中存在的地区性差异,会导致地方政府之间产生利益博弈。"补贴联动"是在中央、地方之间产生的纵向和横向博弈过程中,制度为平衡相关间的利益关系、实现补贴效益最大化而选择的解决方案。

1. 中央政府与地方政府之间

在这种纵向利益博弈中,中央与地方在行政隶属关系中属于上下级关系,但在农业保险补贴制度施行中,地方政府又具有一定的独立性,两者间的纵向利益博弈也因这种体制上的层级性与职权上的相对独立性而有独特性。根据"智猪博弈"理论,资源配置和利益分配的过程也是谈判的过程,谈判水平高低和能力大小最终取决于二者追求的利益和实现利益的成本。中央政府立足宏观,以维护总体利益均衡、政权平稳为己任,出于对农业经济持续性发展和农村社会稳定的目的,中央对农业保险补贴制度的落实会更为迫切,同时,中央政府也是制度的主要供给者,在强制力、组织力以及制度实施力方面的优势也较为明显。相比之下,地方政府相对弱势。法律赋予地方政府以一定的独立性,允许地方立足本土,以契合地方特色、维护地方整体利益为出发点,有差别地迎合和执行中央所推的各项举措。[1]

---

〔1〕"智猪博弈"是有关纳什均衡理论的一个经典例子,中央政府与地方政府之间在农业保险中的利益关系较为符合"智猪博弈"的特征:中央政府在资源享有、执行保障力等方面具有较大优势,相比之下,地方政府因资源、执行力的限制,资源输出的能力和动力相对较弱。这就驱使中央政府通过立法要求地方财政施以农业保险补贴,并进行高于地方的比例的供给,以激励地方补贴。如种植业保费补贴,财政部、农业部(已撤销)和保监会(已撤销)确定中央补贴 40%,地方补贴 25%;同时,中央一般只在地方财政补贴到位后才兑现其承诺的补贴。参见王根芳:《基于主体利益博弈分析的农业保险补贴研究》,华中农业大学 2013 年博士学位论文,第 103 页。

在我国，中央政府对农业保险计划享有决策权，包括决定试点范围、承保对象、承保险种，决定农业保险补贴品种、补贴标准、补贴比例等，中央政府在农业保险中的利益追求主要着眼于宏观层面，包括农村综合经济水平的提升、农业产业发展的渐进以及农村社会的稳定。地方政府作为中央政府的行政隶属机构，通常负责具体执行中央政策，并按照授权承担相应的行为责任，中央政府有权就地方政府执行不当进行追责。地方政府在农业保险中的利益追求带有地方性和微观性，即其行使公权力和配置公共资源更多是为追求地方经济效益的最大化。所以，地方政府在执行中央颁布的公共政策时，基于利益博弈，会追求地方财政收入的增加，并期待在中央投资项目决策中获得更多的项目支持，在资金拨付中获得政策倾斜。这种地方利益最大化的追求目标势必产生地方政府之间在公共资源配置中的利益博弈。

2. 地方政府之间

根据行政区划形成的地方政府博弈属于横向利益博弈。为促进自身经济发展，地方政府会基于地方利益最大化的理性追求，对地方经济进行特定性干预和调节；加上各地经济、技术、资源、环境等状况存在差别，这种地方保护主义不可避免地引发地区分割与地区封锁。[1] 从我国农业保险经营现状看，上海安信、浙江“共保体”、黑龙江阳光、四川中航安盟、吉林安华等各大保险公司基本按照行政地域分割了农业保险市场。[2] 地方政府在对各家保险公司农业保险业务进行补贴时，也多基于地方自身利益的需求，进行公权力资源在私权领域的配置。各地整体经济实力和地方财政收入水平等公共资源在总量上的差异，又会导致地方公权资源配置时产生较大的差异性，补贴力度的大小也直接影响了农业保险在地方经济中的保障效率。农业保险计划中，补贴适用的最终受益方其实都是地方政府以及地方经济。按照理性人和“完全信息”条件，当政府作为理性人，对补贴制度的利益得失有着充分的结论预期，且假定中央和地方补贴数量的单位效用一致，那么，地方政府在适用农业保险补贴的时候，会受中央补贴数量的直接影响；在中央政府的立场，为平衡地方财政以及补

---

〔1〕 参见谢炜、蒋云根：《中国公共政策执行过程中地方政府间的利益博弈》，载《浙江社会科学》2007年第5期。

〔2〕 详见第三章关于我国农业保险经营模式的介绍。

贴的应有收益，也会以地方财政支出为前提，来确定自身财政支出之比例。所以，我国目前采取中央与地方财政的“补贴联动”，即政策规定只有地方财政补贴达到一定比例并且在确认地方资金全部到位后，中央财政的补贴资金才会全部到位。[1]

（二）政府与保险商、农产者之间的博弈关系

1. 政府与保险商之间的博弈关系

在政策性农业保险中，政府与保险商之间因政府公共资源在私权领域的移转而产生利益的博弈，而且这种博弈通常包含着公益与私益资源的重新配置。

在政府的角度，博弈的重点在于激励和监督保险商的农业保险经营行为，促进农业保险市场的成熟。政府对保险商的支持包括经济支持和政策支持，前者表现为对保险公司的经营费用进行补贴，后者主要通过制定和执行公共政策来左右、影响保险商农业保险经营的基础条件，政策内容涵盖保险商的主体资质、业务范围、经营区域、经营期限、补贴品种、时效及对应比例等，目的是刺激机构的经营动力。政府对保险商的约束主要通过监管和责任追究实现。监管的重点围绕保险偿付能力进行，通过约束保险资金运用的范围，保障农户利益。责任追究也主要围绕保险商不当经营可能产生的偿付能力降低、系统性风险增加等后果，以及时纠正和恢复偿付能力等为目的。在市场的角度，保险商降低成本、增加投保数，是公共资源以经营费用补贴形式实现保险行业激励的理想状态，符合农业保险市场本身的发展需求。政府补贴是财政支出的一项，收益需要以支出成本与所取得的政治、经济、社会效益之间的差额来衡量正负值。首先，财政补贴的支出并不以保险公司的直接经济回报为对价，成本最小化不能用作分析政府行为的依据。其次，财政补贴的政治收益是放大补贴收益、降低政府支出成本的主要因素，当农业经济在保险保障下稳步发展、农业经济地位提升、农村综合社会环境随之优化，农业保险补贴就使政治、经济和社会收益最大化了。最后，政府的行为会因其政治、经济和社会诉求的放大而改变作为方式。如果政府补贴不足以发挥其在农业保险中可能产生的政治、经济和社会效益，政府会开拓筹资渠道、使用其他如参股商业保险、授权专门经营农业保险

[1] 该结论与王根芳博士观点相同。参见王根芳：《基于主体利益博弈分析的农业保险补贴研究》，华中农业大学2013年博士学位论文，第32页。

等方式，减少直接资金负担，提高资金使用效率。[1] 无论何种手段，其最终的目的都是公权资源效益的最大化。

在保险商角度，博弈的重点在于将所获得的公权资源效益最大化，也包含防范公权力过度干预的诉求。以政府给予保险公司的经营费用补贴为例，补贴通常是依据其实际经营所产生费用的一定比例计算发放。该项补贴能否为保险公司创造收益最大化，还取决于保险公司对经营成本与收益的核算以及对补贴的适用。(1)在不降低保费、保持原有承保数量时，保险公司可以将政府给予的经营费用补贴全部转化为自己的所得，实现自身收益最大化；在农业保险参与率并不十分充足的情况下，以这种途径，将政府补贴用于弥补保险公司的经营损失，可以维持保险人经营农业保险的能力，保证经营持续性。(2)如果降低部分保费、又保持原有承保数量，保险公司将经营费用补贴的福利与农业生产经营者实际共同分享，保险的社会效益总量不变；保险公司核算补贴总量与自身经营风险之间的比例，将补贴福利资源部分转移给投保人或被保险人，如果出现保险人的收益仍高于未获补贴的情形，那么保险人将部分降低经营风险，并能愿意继续经营农业保险。(3)如果保险商以补贴后下降的成本为保费，由此增加农户参保数量，则补贴完全转化为保险社会收益，保险公司未直接增加个体所得；这种情况下，保险公司并不选择退出市场，其用意在于经营的可持续性。(4)如果因保费降低导致参保数量增加到理论上风险池的完全充足量，则保险公司农业保险业务经营规模最大化，风险得以充分分散，收益仍能实现最大化，保险公司经营农业保险的积极性会增加。[2] 所以，在外观上，补贴的发放会产生农业保险业务量提升和市场占有份额增加的积极效应，也成为保险商实现资源配置效益最大化的基本路径之一。此外，在巨灾风险出现时，仅凭商业保险合同进行理赔，有可能因灾害损失的不可计量性，导致保险商入不敷出甚至破产，进而引发市场危机和系统性风险。作为理性人，保险商也不会愿意将

---

〔1〕 比如在大灾下，政府会转换风险损失补偿机制，将财政支出一部分用于构建风险保障基金、灾害救济基金等，当农业保险无法全面覆盖灾害风险时，由风险基金、灾害救济基金履行其职能，填补损失。See Duncan J & Myers R J., *Crop Insurance Under Catastrophic Risk*, Journal of Agricultural Economics, Vol. 82:11, p. 842 – 855 (2000).

〔2〕 参见王根芳：《基于主体利益博弈分析的农业保险补贴研究》，华中农业大学 2013 年博士学位论文，第 104 页。

自身的经营置于这种危难处境。为避免保险商因此退出农业保险市场,政府选择"超赔责任"的方式,即保险公司可以设定其在农业保险合同中的赔偿上限,超过部分,由政府按照一定比例对被保险人进行补偿。公权力过度干预是使理性经济人在决策上做消极选择的因素之一,表现为:保险商在农业保险经营方面的积极性大大降低,减少或退出市场,从而最终减少农业保险的有效市场供给。所以,必须防止公权力对农业保险补贴的不当干预。

2. 政府与农业生产经营者之间的博弈关系

在农业生产经营者角度,其投保农业保险的逻辑路径,与成本—收益核算方法的应用不可分割。分析其动机有三:一是面对农业灾害风险无法自力救济的困境;二是保险公司提供的农业保险产品可以在很大程度上分散其风险损失;三是政府补贴下其投保农业保险的成本大幅下降,增加了投保收益。在没有政府补贴的情形下,农业生产经营者也可能参保农业保险,但是参保率低是常态,也因此影响着农业保险的政策性效益和农保市场的扩大。政府补贴在很大程度上缓解了农户收入水平低导致的支付能力弱等问题,保费补贴实质降低了投保人的投保成本和"搭便车"的投机心理。事故是否发生、保险金是否兑付等期待利益与支出成本之间的差额大小,成为决定投保比例增减的重要因素。农业生产经营者也属于"理性经济人",成本—收益等经济因素的博弈,会左右其行为抉择。对政府及政府补贴施行政策的信任,是农户持续投入农业生产和农业保险的主观要件。这一主观信任的持续性和稳健度也会反过来影响政府在保费补贴中的收益核算结果。

在政府角度,按照农户投保农业保险保费支出的一定比例给予补贴,直接目的是通过降低投保人的成本,激励其积极投保,扩大农业保险的社会绩效;间接的效果是增加农业保险普及范围,最终的价值追求落脚在提高农民收入、推动农业发展、维护农村社会稳定等政治、经济、社会利益诉求上。政府对农业保险保费进行补贴,补贴前与补贴后的政治、经济、社会收益之间产生的比值大小,将成为政府是否补贴及补贴额度大小的主要依据。与经营费用补贴不同的是,政府对农业保险保费进行补贴在计量方法上更为简单直接,产生效益也通过投保数量的增加表现,统计上更为直接明显,只是其所追求的政治、经济、社会收益的衡量,需要在农业保险推行的较长时间内、根据一定期间的数据统计予以呈现,并作为政府政策调整的依据。其利益博弈切入,具有长期性。[1]

(三)保险商与农业生产经营者之间的博弈关系

在农业保险中,保险商与农业生产经营者属于基础法律关系主体。作为保险合同双方当事人,其利益博弈主要由两个途径显现和实践:一是农业保险合同条款的设计,二是政府对经营费用补贴和保费补贴的施行力度。在同类市场中,保险机构相互之间必然存在竞争与资源调配,这是横向利益博弈的表现。

1. 保险商与农业生产经营者利益的一致性与分离性

保险商与农户之间的利益有一致性,也有分离性。利益的分离性主要表现为农户利益与保险商利益在天平上不平衡,或前者超越后者,或后者超越前者。如果投保人的收益高于保险商的利益(保险商赔付支出大大超过其保费收入),为缓和经营风险,保险公司可能会降低保险合同赔付标准,甚至采用推迟理赔等不合规的手段以降低支出成本,这些做法将直接导致投保人丧失对农业保险的信任,使农业保险市场逐渐萎靡。如果保险商收益大于农户利益(保险以成本保障为原则,对风险并非100%承保),投保人会因保障力度不足而消极出市,投保数量不足将直接影响保险商的保费收入水平,直接导致保险商市场份额的降低和经营收益的下降。政府补贴是缓和利益分离性的较为合理的形式。保险商与农户之间利益的一致性也在很大程度上受其促动,对农业保险采取积极姿态。政府补贴下,农户的支付负担减少而受保障程度不减,保险商的经营成本降低而保费收入递增。双方利益共增的情形下,农户的投保积极性和保险商的市场热情会持续提升,从而促进农业保险市场的发展与完善。但是,利益一致性也可能催生道德风险,实务中较为常见的就是保险公司与农户恶意串通、骗取政府补贴。

即使是在利益一致的场合下,保险商与农户之间的利益博弈仍然有可能影响农业保险的成效和市场拓展。单就农业保险合同条款的具体设计而言,农户的谈判话语权相对较少,其权利更多体现在对农业保险产品的选择权上。所

〔1〕 农业保险效益的发生本身也是一个持续渐进的过程,补贴在其中的功能的发挥,也收到农业和农业保险属性的影响。See Duncan J. & Myers R J., *Crop Insurance Under Catastrophic Risk*, Journal of Agricultural Economics Vol. 82:11, p. 842 - 855 (2000).

以，在众多农业生产经营者的角度，农业保险产品的完善和农业保险市场的成熟会是其决定是否参保的主要因素。依市场理论，国家通过财政补贴手段鼓励保险机构投入农业保险，可能催生保险市场的一种积极态势，即在保险机构之间形成竞争局势，从而产生对市场及产品的积极效应。[1] 在政策性农业保险中可以表现为，保险商为争取市场份额，完善农业保险产品和优化农业保险服务，提升农业保险市场整体的成熟度。农户决定是否投保，取决于自身支付能力、灾害应对能力以及对保险商产品及服务的信任，政府补贴下支付能力等缺陷在一定程度上得以化解，农户投保率增加；保险商产品及服务的优化会进一步增加投保率，投保率的增加又反致保险“风险池”的增大，保险经营风险降低，保险商投身农业保险有了更为坚实的理由。

2. 保险商之间的利益博弈

保险商之间进行利益博弈，通常表现为对资源和市场的争夺，包括实务中拉客户、抢夺投保人、拉补贴、抢夺财政资源等。我国各地农业产业发展水平及政策扶持力度不同，在市场供求规律和利益最大化的追求之外，作为平等横向主体，农业保险经营机构之间争抢市场资源的优劣对比很大程度上取决于其本身的市场定位和市场决策，尤其是定位与决策中对政策的契合程度，如在多大程度上分担农业经济发展的压力等。补贴是对补贴对象的无偿捐助，当每一个符合条件的对象都按照规定条件和程序获得补贴时，彼此之间享用补贴在理论上并不发生量的冲突；只有当政府补贴数量固定，主体之间享用补贴需与其市场占有份额相匹配或捆绑计算，才会发生一保险商补贴增加导致另一保险商补贴减少的状况，对此，保险商之间为获取更多补贴（属于标准的“共有资源”）以

---

〔1〕 按照可竞争市场理论，只要保持市场进入的完全自由，不存在特别的进出市场成本，那么，潜在竞争的压力就会迫使任何市场结构条件下的企业采取竞争行为。在这种环境条件下，包括自然垄断在内的高集中度的市场结构是可以和效率并存的。参见夏大慰：《产业组织与公共政策：可竞争市场理论》，载《外国经济与管理》1999 年第 11 期。

降低经营成本，肯定会积极调适市场和产品。[1] 当然，也不排除为获得补贴而相互勾结、损害政府或者其他保险商利益等情形的发生。政策性农业保险计划的典型特征就是离不开政府的参与，具体参与方式包括资金上支持、政策上优惠、宏观环境保障、制度供给等。中央与地方补贴是影响保险商从事农业保险计划的主要因素之一，尤其是前者。中央政府提供的包括资金、政策等资源是地方政府在决定本地农业保险、农业经济发展格局时的基本向导，也是保险经营机构决定其市场定位与布局的客观依据。通常，只有争取到更多补贴（中央/地方补贴）、更多优惠（税费、市场管理）以及更为优质的政策环境，保险机构才有更好、更快促进自身持久发展的能力，于是，机构之间会为此展开博弈。只为顺应政策而布局市场，或只依据市场调整经营策略的，都会陷入以偏概全的窠臼，无助于保险业务的发展和市场的完善。对于各个保险商各自独立的、不同的利益诉求，以补贴为手段进行监督、约束，是配置资源和调整策略的必要方法。

三、农业保险补贴的具体方式

传统农业保险补贴的方式包括保费补贴、保险经营管理费用补贴、再保险（补贴）以及税费优惠。

（一）保费补贴

关于保费补贴的界定。2010 年第十一届全国人民代表大会第三次会议《关于 2009 年中央和地方预算执行情况与 2010 年中央和地方预算的决议》将“农

---

〔1〕 补贴来源包括中央政府补贴和地方政府补贴，其中，地方政府补贴地区差异较大，中央政府补贴则相对“公允”，对保险商以及地方政府而言属于标准化“共有资源”，因其总量的限定性，共有资源消费中最易出现“公地悲剧”（Tragedy of the Commons）。该概念来自 1968 年英国科学家加雷特·哈丁提出的博弈模型。为了能让自己争取到最多的补贴、最优惠的政策，以降低经营成本，提高经营收益，主体都会想尽办法发挥竞争优势以争夺资源，最终却可能致使补贴资金效益下降，造成资源浪费。如果政府提供的农业保险支持资源是无限供给的（这里所指的资源不仅限于补贴这一项准公共物品，还包括众多非补贴机制，后者的无限供给性强于前者），即博弈的前提条件发生变化，那么，对于政府所给予的非补贴激励和其他政策优惠，为保证在同行业间的竞争优势，保险商会积极争夺。这些非补贴机制和政策优惠等资源，相对于补贴等资金供给而言，具有无限性和非竞争性，所以，保险商的资源争夺行为在市场上表现为增加农业保险产品供应，所以反而增加了市场供给，使公共资源效益增加，减少或避免公地悲剧的出现。参见王根芳：《基于主体利益博弈分析的农业保险补贴研究》，华中农业大学 2013 年博士学位论文，第 106 页。

业保险保费补贴”界定为“为支持建立农业保险制度，调动地方开展农业保险工作积极性，引导农户等参加农业保险，对农户、龙头企业、专业合作经济组织等参加特定品种的保险业务，按照保费的一定比例提供的补贴”。相比于此前的界定，[1]该定义扩大了农业保险保费补贴的政策性意义、实施范围和补贴对象，明示了龙头企业、专业合作经济组织在补贴对象中的示范性作用，以普及农业保险，扩展影响力和执行力。政策性农业保险中，农户是保险补贴的基础性对象，通过为农户购买农业保险提供一定的财政补贴，可以降低其成本，减少其支付压力；增加农户购买能力、提高农业保险参保率、缓解农业保险的供需矛盾，是保费补贴政策实施的主要目的。农业保险保费补贴是我国和世界主要农业国家对农业扶助最主要的财政支出方式之一。

关于保费补贴的具体施行。在我国，一般由中央和地方财政共同对农户投保按品种、按比例给予保费补贴。(1)补贴标准。按表4-1所示，我国现阶段政策性农业保险以保障农户的再生产能力为主，选择以基本覆盖物化成本为标准（超过物化成本部分，由地方政府按各地财力情况给予补贴）对参保农户进行保障。(2)补贴险种。根据我国实际，政策性农业保险（种植业/养殖业）主险的保险责任包括但不限于主要疾病和疫病、自然灾害[暴雨、洪水（政府行蓄洪除外）、风灾、雷击、地震、冰雹、冻灾]、意外事故（泥石流、山体滑坡、火灾、爆炸、建筑物倒塌、空中运行物体坠落）、病虫草鼠害以及政府扑杀等。[2] (3)补贴比例。中央财政和地方财政按一定比例分摊保费补贴。如表4-1所示，目前，种植业保险中，在省级财政至少补贴25%的基础上，中央财政对中西部地区的补贴比例为40%，对东部地区的补贴比例为35%，对中央单位的补贴比例为65%；养殖业保险中，对于能繁母猪、奶牛、育肥猪保险，在地方财政至少补贴30%的基础上，中央财政对中西部地区的补贴比例为50%，对东部地区的补贴比例为40%，对中央单位的补贴比例为80%。无论是补贴标准、险种还是比

---

[1] 2016年《中央财政农业保险保险费补贴管理办法》第2条明确“本办法所称中央财政农业保险保险费补贴，是指财政部对省级政府引导有关农业保险经营机构（以下简称经办机构）开展的符合条件的农业保险业务，按照保险费的一定比例，为投保农户、农业生产经营组织等提供补贴”。

[2] 参见2015年原中国保监会、财政部、原农业部《关于进一步完善中央财政保费补贴型农业保险产品条款拟订工作的通知》。关于政府扑杀，通知规定：“当发生高传染性疫病政府实施强制扑杀时，保险公司应对投保农户进行赔偿，并可从赔偿金额中相应扣减政府扑杀专项补贴金额。”

例，从下表各部门规章的规定看，国家对农业保费补贴的力度逐年加大，对农户的保障程度也在逐渐加强。[1]

表 4－1　农业保险保费补贴相关文件及规定

年份	文件名	文件号	保费补贴规定
2018	财政部、农业农村部、银保监会《关于将三大粮食作物制种纳入中央财政农业保险保险费补贴目录有关事项的通知》	财金〔2018〕91 号	2018 年投保农业保险的三大粮食作物制种（水稻、玉米、小麦制种），可按本通知规定申请中央财政农业保险保险费补贴
2016	财政部关于印发《中央财政农业保险保险费补贴管理办法》的通知	财金〔2016〕123 号	财政部按照以下规定提供保险费补贴：（1）种植业。在省级财政至少补贴 25% 的基础上，中央财政对中西部地区补贴 40%、对东部地区补贴 35%；对纳入补贴范围的新疆生产建设兵团等中央单位，中央财政补贴 65%。（2）养殖业。在省级及地方财政至少补贴 30% 的基础上，中央财政对中西部地区补贴 50%、对东部地区补贴 40%；对中央单位，中央财政补贴 80%。（3）森林。公益林在地方财政至少补贴 40% 的基础上，中央财政补贴 50%；对大兴安岭林业集团公司，中央财政补贴 90%。商品林在省级财政至少补贴 25% 的基础上，中央财政补贴 30%；对大兴安岭林业集团公司，中央财政补贴 55%。（4）藏区品种、天然橡胶。在省级财政至少补贴 25% 的基础上，中央财政补贴 40%；

〔1〕 政府补贴东西部存在比例差异，一般以东西部经济发展水平和农户收入水平为依据实施差别化政策。但是，也有学者认为，经济水平高并不一定代表投保率高，反之也一样。上海财经大学 2015 年“千村调查”发现，政策性农业保险的参与度与家庭收入并不存在单调递增的关系。比如，东部地区经济相对发达，但其政策性农业保险的参与度却明显低于西部。参见粟芳、方蕾：《政策性农业保险补贴最优模式探析——基于“千村调查”的研究》，载《财经研究》2017 年第 11 期。

续表

年份	文件名	文件号	保费补贴规定
			对中央单位，中央财政补贴65%。 对省级财政给予产粮大县三大粮食作物（稻谷、小麦和玉米）农业保险保险费补贴比例高于25%的部分，中央财政承担高出部分的50%。其中，对农户负担保险费比例低于20%的部分，需先从省级财政补贴比例高于25%的部分中扣除，剩余部分中央财政承担50%。在此基础上，如省级财政进一步提高保险费补贴比例，并相应降低产粮大县的县级财政保险费负担，中央财政还将承担产粮大县县级补贴降低部分的50%。 当县级财政补贴比例降至0时，中央财政对中西部地区的补贴比例，低于42.5%（含42.5%）的，按42.5%确定；在42.5%～45%（含45%）之间的，按上限45%确定；在45%～47.5%（含47.5%）之间的，按上限47.5%确定。对中央单位符合产粮大县条件的下属单位，中央财政对三大粮食作物农业保险保险费补贴比例由65%提高至72.5%。 补贴险种的保险责任应涵盖当地主要的自然灾害、重大病虫害和意外事故等；有条件的地方可稳步探索以价格、产量、气象的变动等作为保险责任，由此产生的保险费，可由地方财政部门给予一定比例补贴
2016	《农业保险条例》	国务院令第666号	农民或者农业生产经营组织投保的农业保险标的属于财政给予保险费补贴范围的，由财政部门按照规定给予保险费补贴，具体办法由国务院财政部门商国务院农业、林业主管部门和保险监督管理机构制定。 国家鼓励地方人民政府采取由地方财政给予保险费补贴等措施，支持发展农业保险
2015	中国保监会（已撤销）、财政部、农业部（已撤销）《关于进一步完善中央财政保费补贴型农业保险产品条款拟订工作的通知》	保监发〔2015〕25号	中央财政保费补贴型农业保险产品条款拟定应遵循以下原则：（1）依法合规、公开公正、公平合理；（2）要素完备、通俗易懂、表述严谨；（3）不侵害农民合法权益、不妨碍市场公平竞争、不影响行业健康发展。 种植业保险主险的保险责任包括但不限于暴雨、洪水（政府行蓄洪除外）、内涝、风灾、雹灾、冻灾、旱灾、地震等自然灾害，泥石流、山体滑坡等意外事故，以及病虫草鼠害等。养殖业保险主险的保险责任包括但不限于主要疾病和疫病、自然灾害（范围基本同种植业保险）、意外事故、政府扑杀等

续表

年份	文件名	文件号	保费补贴规定
2013	财政部《关于2013年度中央财政农业保险保费补贴有关事项的通知》	财金〔2013〕73号	补贴比例:(1)种植业保险。在省级财政至少补贴25%的基础上,中央财政对中西部地区的补贴比例为40%,对东部地区的补贴比例为35%,对新疆生产建设兵团、中央直属垦区、中储粮北方公司、中国农业发展集团有限公司(中央单位)的补贴比例为65%。(2)养殖业保险。对于能繁母猪、奶牛、育肥猪保险,在地方财政至少补贴30%的基础上,中央财政对中西部地区的补贴比例为50%,对东部地区的补贴比例为40%,对中央单位的补贴比例为80%
2013	财政部《关于2013年度农业保险保费补贴工作有关事项的通知》	财金〔2013〕7号	提高中央财政育肥猪保险保费补贴比例:自2013年起,在地方财政至少补贴30%的基础上,中央财政育肥猪保险保费补贴比例由10%提高至中西部地区50%、东部地区40%。 自2013年起选择山西、内蒙古、黑龙江、江苏、浙江、安徽、湖北、湖南、海南、四川10个省(区)开展农业保险保费补贴绩效评价试点工作
2012	财政部《关于进一步加大支持力度做好农业保险保费补贴工作的通知》	财金〔2012〕2号	(1)增加保费补贴品种。在现有水稻、玉米、小麦、油料作物、棉花、马铃薯、青稞、天然橡胶、森林、能繁母猪、奶牛、育肥猪、牦牛、藏系羊14个中央财政补贴险种的基础上,将糖料作物纳入中央财政农业保险保费补贴范围。 (2)将现有中央财政农业保险保费补贴险种区域扩大至全国。 (3)补贴险种的保险金额原则上应覆盖直接物化成本。……对于因为覆盖直接物化成本而增加的保费,中央财政将根据现行规定给予保费补贴。对于高于直接物化成本的保障部分,可由地方提供一定比例的保费补贴。 (4)关于补贴比例。①糖料作物保险/种植业保险:在省级财政至少补贴25%的基础上,中央财政对东部地区补贴35%、对中西部地区补贴40%。中央财政对新疆生产建设兵团、中央直属垦区等补贴比例为65%。②养殖业保险:东部地区的能繁母猪和奶牛保险,在地方财政至少补贴30%的基础上,中央财政补贴40%;育肥猪保险,在地方财政至少补贴10%的基础上,中央财政补贴10%。其他中央财政补贴险种按照现行政策执行。 2012年选择四川、内蒙古、安徽、江苏4省(区)开展农业保险保费补贴绩效评价试点工作

续表

年份	文件名	文件号	保费补贴规定
2010	财政部《关于进一步做好农业保险保费补贴工作有关事项的通知》	财金〔2010〕54号	加强预算执行管理:省级财政部门应随时掌握保费补贴资金实际使用情况。年度执行中,如实际执行超过年初预算,省级财政部门应及时安排补足补贴资金(含中央财政承担部分)。 加强保费补贴资金监管:各级财政部门要定期检查保费补贴资金使用情况,防止骗取、挪用保费补贴资金等行为。年终时,地方财政部门应监督农业保险经办机构将结余的保费补贴资金上缴地方财政
2009	原农业部《关于下拨中央财政种植业保险保费补贴资金的通知》	农财发〔2009〕19号	2009年中央财政承担黑龙江垦区种植业保险保费补贴比例为65%。拨付中央财政种植业保险保费补贴资金26,670万元,用于垦区玉米、水稻、小麦和油料作物保险的种植业保险保费补贴
2008	财政部《关于拨付中央财政种植业保险保费补贴资金的通知》	—	2008年财政部拨付种植业保险保费补贴资金19,800万元,用于黑龙江农垦总局玉米、小麦、水稻和油料作物的种植业保险保费补贴

(二)保险经营管理费用补贴

保险经营管理费用补贴是政府对经营农业保险业务的保险机构所发生的包括宣传展业、承保签约、查勘定损和理赔兑现等必要业务开支给予的补贴。[1]根据美、日、欧农业保险经营模式经验,该项补贴可以有效解决农业保险经营成本过高问题,改变因农业保险损失频率和损失程度过高导致保险机构赔付率高于其成本、在难以获利情形下退离农保市场的现象。经营管理费用补贴的实施主体是政府,包括中央和地方两级政府。补贴的标准上,理论上以农业保险承保机构实际发生的必要业务开支为依据计算补贴数量,实践中,因为承保、理赔等业务开支费用有差异且难以统一,政府在计算补贴额度的时候还是以保费的一定比例作为依据,往往保险机构承保业务量越大,所获经营管理费用补贴额度也越高。这难免使有些年度政府补贴超过保险机构农业保险业务费用支出成本,可能加重政府财政负担。

---

〔1〕 参见袁祥州、程国强、黄琦:《美国农业保险财政补贴机制及对我国的借鉴》,载《保险研究》2016年第1期。

关于经营管理费用补贴的规范，目前，我国只有2006年国务院《关于保险业改革发展的若干意见》（国发〔2006〕23号）文件确认了该项补贴，[1]之后没有更为具体翔实的关于该补贴的计量、监管等规范。[2] 政府提供保险经营管理费用补贴可以有效冲减保险公司经营成本、提高保险公司经营农业保险的积极性，该项补贴应当作为政策性农业保险立法的内容之一。立法除了确认补贴的法律价值，还应当明确该项补贴的额度，一方面根据保险机构类别设定补贴标准，另一方面根据保险险种、责任范围核算补贴的具体界限，防止补贴不足或补贴过当，引起政府财政负担过重和保险公司资金过度浪费。

（三）再保险及再保险补贴

1. 再保险

政策性农业保险中的再保险不同于一般财产保险，根据保险人的不同，可以分为政府构建的再保险支持机制所提供的农业保险再保险和其他合格商业保险公司提供的农业再保险两大类。(1)政府构建的再保险支持机制。在一定约束条件下，政府提供成本相对低廉的多个再保险支持选项，为其与保险公司之间建立“分担损失、共享收益”的风险共担机制，与“政策性”农业保险（原保险）一起形成了双重保障。如美国农业风险管理局与联邦农作物保险公司就对经营农业保险的私营保险公司提供农业再保险，对其经营支出进行补偿，并鼓励开发农业保险新品种，以扩大市场。这种政府所提供的再保险支持机制通过共享收益激励保险公司积极经营农业保险，共同分担损失则促使保险公司在承保和理赔时更加谨慎。[3] 当然，为确保补贴适用的收益性，保险公司需要在满

---

〔1〕 参见2006年6月15日国务院《关于保险业改革发展的若干意见》（国发〔2006〕23号），积极稳妥推进试点，发展多形式、多渠道的农业保险：……明确政策性农业保险的业务范围，并给予政策支持，促进我国农业保险的发展。改变单一、事后财政补助的农业灾害救助模式，逐步建立政策性农业保险与财政补助相结合的农业风险防范与救助机制。探索中央和地方财政对农户投保给予补贴的方式、品种和比例，对保险公司经营的政策性农业保险适当给予经营管理费补贴，逐步建立农业保险发展的长效机制。完善多层次的农业巨灾风险转移分担机制，探索建立中央、地方财政支持的农业再保险体系。

〔2〕 在北大法律信息网上，以“经营管理费补贴”为关键词，搜索有关农业保险经营管理费补贴方面的法律法规规章及规范性文件，除了国发〔2006〕23号文件外，再无其他。资料详见北大法律信息网，http://ezlibrary.sufe.edu.cn:2399/，最后访问日期：2018年2月10日。

〔3〕 参见袁祥州、程国强、黄琦：《美国农业保险财政补贴机制及对我国的借鉴》，载《保险研究》2016年第1期。

足一定条件时方可获得政府的再保险支持，包括：一是需要按照政府制定的价格承保农业风险，向承保区域的合格生产者提供标准保险产品，无论其风险大小，排除价格竞争下农业保险价格超过再保险风险承保成本。二是需要遵循政府制定的承保规则和核损理赔标准，防止出现欺诈、浪费和滥用现象。这两个条件也意味着政府在供给再保险资源的时候，需要对保险机构加强再保险业务监管。(2)其他合格商业保险公司提供的农业再保险。此类再保险机制可定位为“市场性”或者“商业性”再保险，作为“政策性”再保险的有益补充，使农业风险可以在更大范围进行分散。保险公司可以向国内外合格的再保险经营人进行再保险，立法上一般不作限制，当然涉及国家、社会安全的项目除外。与政府专门性再保险机构供给的再保险不同的在于，商业性再保险的市场份额更大、范围更广，对于农业保险经营机构转移风险、扩大自身承保能力、降低经营成本、提高经营稳定性而言，可选择性也更强。

2. 再保险补贴

再保险补贴是指政府对于保险机构进行农业保险的再保险行为给予财政补贴的政策性行为。该项补贴在我国立法中始终未予明确规范，尽管包括第十二届全国人民代表大会第五次会议《关于2016年国民经济和社会发展计划执行情况与2017年国民经济和社会发展计划的决议》、国务院《批转国家发展改革委关于2017年深化经济体制改革重点工作意见的通知》、国务院《关于落实〈政府工作报告〉重点工作部门分工的意见(2017)》以及2016年修订后的《农业保险条例》[1]等在内多份法律文件都强调要“完善农业再保险体系，以持续稳健的农业保险助力现代农业发展”等，但对于再保险补贴尚未在相应法律效力级别上加以落实。从美国、法国和日本等国家的实践看，与保费补贴、保险经营管理费用补贴不同，再保险补贴一般以适量为原则。政府为农业保险公司进行再保险的费用提供一定程度的补贴，可以刺激农业保险供给、缓解农业保险供需矛盾。但是，和农业原保险不同，再保险补贴还是应当区分再保险人。如果是第一类政府构建下的再保险机制，政府与保险机构的利益分配和亏损分担可以通过再保险协议进行划分，政府所提供的再保险，本身就以减轻和分散保险机构的经营成本为直接目的，即通过增加财政支出，降低保险机构经营成本、

---

〔1〕 在效力层级上，除了人大决议为法律外，其他均为行政法规。

提高其经营收益，已属变相补贴，再加以补贴将不符合特定契约的成本—收益论。[1] 如果是商业机构的再保险，为避免过量再保险补贴，中央和地方财政应当对再保险的保险品种进行核定，并按再保险的一定比例给予补贴。该比例以填补保费补贴、经营费用补贴不足为限，以解决农业保险发展需要区域化与地方财政实力各异的矛盾为要义，以提升农业保险的覆盖面和保障水平为原则，不可滥设、滥用，避免不当增加财政负担。

（四）税收优惠

税收优惠通常是指政府利用税收制度来减轻纳税人应履行纳税义务的一种做法，其实质是把政府原本应该征收的税款减少或不予征收，是一种变相的补贴。我国农业保险立法中，仅 2016 年《农业保险条例》第 9 条比较笼统地规定了“保险机构经营农业保险业务依法享受税收优惠”。到目前为止，尚未有关于该项优惠的具体落实规范，包括税基、减免条件、减免比例等内容均属空白。[2] 美国农业保险税收优惠主要体现在《联邦农作物保险法》，该法规定对私营保险公司经营农业保险业务的，只征收 1% ~4% 的营业税，其他税收（包括联邦和州的各项税负）均免予征收，优惠幅度较大。[3] 法国对开展农业保险业务的保险公司（企业）占有资产、经济收益等也都给予免征所得税的优惠。在我国政策性农业保险立法的构思中，是否对农业保险经营机构施行税收优惠，出发点也在于激励保险公司经营农业保险的积极性，因为减免税的措施和农业保险业务收入直接相关，所以这种激励措施更为直接、有效和适时。

---

〔1〕 美国、加拿大等国家不仅针对私营保险公司经营农业保险业务的高风险性提供分保保费补贴，而且政府还出资设立了农业再保险公司为农业保险经营机构提供价格低廉的比例再保险和超额损失再保险保障服务，实际上也是对再保险的财政补贴，其实质是对农业保险高额风险附加保费的补偿。如果再增加补贴，显然不符合补贴的补偿性，会增加保险机构的变相盈利、抢夺社会资源。参见张祖荣：《农业保险的保费分解与政府财政补贴方式选择》，载《财经科学》2013 年第 5 期。

〔2〕 查阅现有的法规、规章和规范性文件，除了《农业保险条例》之外，仅 2014 年 8 月 10 日国务院发布的《关于加快发展现代保险服务业的若干意见》（国发〔2014〕29 号）中有相关规定，该意见“十、完善现代保险服务业发展的支持政策（三十）”：研究完善加快现代保险服务业发展的税收政策。……落实农业保险税收优惠政策……

〔3〕 1980 年美国《联邦农作物保险法》规定，农业保险公司（企业）除向其所在州地方政府缴纳 1% ~4% 的营业税之外，减免其他任何费用（成本）。参见王丽芳：《农业保险财政补贴运行机制及政策建议——基于国际经验的思考》，载《江苏农业科学》2017 年第 17 期。

第二节　成本—收益论下农业保险补贴立法的基本框架

在讨论和研究补贴制度的时候,需要注意一个问题,就是补贴是对保险契约的一种鼓励性措施,而不能作为商业性救灾补偿措施的替代品。正如政策性农业保险不同于农村合作救灾保险,虽然两者均体现为政府的政策性行为,但是前者是准公共产品,“政策性”仅限于对商业合同的激励,补偿是标准化、法定的,后者是纯公共产品,完全依赖政府的政策,在没有明确立法标准时,其补偿标准具有随意性。救灾时如果完全依赖政府,会加重政府的财政负担,道德风险和逆向选择风险,最终导致资源的不当配置以及浪费等现象,使政策目标以失败告终。农业保险的政策性补偿标准以保险合同标的为基础依据,运算结果的标准化、客观化,可以在一定程度上控制补偿不足和补偿过量等现象。这是成本—收益理论就制度供给、补贴立法化所提供的必要论证前提。

一、制度改革的成本—收益理论

就立法改革和完善而言,不同法律主体对法律绩效有着不同的诉求,面对法律时也在下意识地进行成本—收益的核算,其理性选择的结论反映了其对立法改革的态度也会有所不同。理性经济人最终会选择遵守、规避还是抵制法律,取决于他们对法律权利义务利益的评价、法定利益与其自身诉求之间的差距大小等。于是,立法如果要争取最大范围利益群体的支持、遵行,就应当在这些主体的角度去看待、评估、决定其最终框架的落实。将制度的取舍和立法的完善以成本—收益为基本依据,首先需要识别、量化和比较法律制定、适用的成本,并将立法及法律适用的收益等也进行量化、计算,对收益与成本进行比较,以计量和系统分析的方法,衡量法律决策的有效性、合理性,为行为人提供理性选择的客观标准。一般收益大于成本时,判断方案可行;净收益高的方案执行性更高。[1]

(一)制度改革的成本

制度是用以协调人类行为模式的一系列规则的统称,用以克服人际交往中可能出现的任意行为和机会主义行为;可以分为由群体内随经验演化成的内在制度和由人为设计并靠政治行动由上而下强加于社会的外在制度(通常呈现为各类法律法规)两大类。[2] 农业保险补贴制度显然属于后者,而且政府以财政支出的增加(补贴)或财政收入的减少(税收优惠)为手段,对农业保险经营行为进行激励和监管。从制度改革的角度来说,农业保险补贴立法、司法、执法和守法的成本核算会较其他制度更为直接、明了,毕竟补贴受益者在经济上获得纯收益,这在成本—收益论上会减轻制度改革的阻力。当然,在政府角度,补贴的适当性是一个比较复杂的论题。理论上,外在制度改革的成本一般包括经济成本、政治成本和社会成本。[3] 农业保险补贴制度改革中,经济成本主要表现为确权成本、交易成本和追责成本,包括立法过程中的试点试验成本、执法和司法过程中的调查研究成本,成本的衡量以利益均衡或利益增进为标准。政治成本表现为农业经济发展的稳定性程度、农户经济收入和生产生活的量与质、农村整体格局的平衡性等,成本的衡量以政治稳定和政治风险分担为标准。社会成本表现为农村公共服务制度转型,成本的衡量以社会保障、福利价值的增进为标准。政治成本与社会成本的核算以经济成本为前提。经济成本中,又以交易成本、制度演进成本的核算为主。

1. 交易成本

在具体交易中,交易成本一般表现为履行合同的成本,包括事前准备合同、

---

〔1〕 按照行为经济学理论,大多数人在面临获利时是风险规避的,面临损失时是风险喜好的,对得失的判断往往根据参考点决定;损失和获利相对于参照点而言,改变评价事物时的参照点,就会改变对风险的态度。按照 Daniel Kahneman 和 Amos Tversky1979 年的"预期理论",可以根据不同的风险预期条件来预测人们的行为倾向,期望效用函数理论也是在此基础上确定的,成为行为人理性选择的基本运算法。See Howard C. Kunreuther, Mark V. Pauly & Stacey Mcmorrow, *Insurance and Behavioral Economics*, Cambridge Press, 2013, p. 65 - 68.

〔2〕 参见万斌:《新中国烟草专卖制度改革:成本与收益分析》,江西财经大学 2010 年博士学位论文,第 70 页。

〔3〕 经济成本是制度改革需支出的费用,政治成本是制度改革者可能面临的政治风险,社会成本是制度改革造成社会关系与社会秩序改变而可能形成的社会风险。参见彭华:《制度转型的成本分析——以湖北乡镇事业单位改革为分析对象》,华中师范大学 2010 年博士学位论文,第 12 页。

事后监督及强制执行合同的成本,可分为可变成本与不变成本两部分,在属性上是一种机会成本。[1] 在制度改革中,交易成本一般表现为新旧制度更替过程中立法、执法、司法成本的增加。制度的构建或修改,必然要在既得利益与期待利益之间进行取舍,对立法者、守法者而言,舍弃某种利益而获取另一种利益都可以呈现为一种真实成本,并以确权成本为首要内容。

(1)交易成本与信息成本。与多数经济理论及模型以完全信息假设为前提不同,制度经济学认为,交易成本和与交易有关的信息成本在某些场景下紧密联系。行为人的行为需要信息成本,却并不一定产生交易成本;但是行为人在支出交易成本时,往往同时产生信息成本,信息成本成为交易成本的必要构成。[2] 通常个体之间的产权交易行为会导致交易成本的产生,其中很大部分与信息有关。比如,行为人寻找有关价格分布、商品或服务质量、劳动或劳务投入的信息;在确定大致的买方与卖方范围时,行为人经常需要确定与交易行为相关的行为环境信息。在政策性农业保险中,投保人与保险人在相互了解、选择和签约的过程中,就需要掌握比一般合同更多的信息,尤其是环境信息(农业生产自然环境、保险补贴政策环境等)。信息成本的增加,会加大农业保险的整体成本;补贴的出现,一定程度上降低了该成本支出。农业保险补贴以保险价格为基本核算标准,要求保险合同当事人提供与补贴有关的详细信息,并在主体间进行适当、充分的披露。在确定保险价格(一般认为是内生性价格,因为通常由行业根据习惯、经验、惯例单方面制定)的时候,买卖双方不平衡的经济地位已经排除了一般交易中必不可少的讨价还价阶段,约束了投保人的契约自由;而补贴以信息披露、信息监管的方式,在很大程度上为这种不平衡的契约关系提供了衡平利益的砝码。农业保险补贴还兼以对各方订立契约、监督契约义务

---

〔1〕 机会成本是指在面临多方案择一决策时,被舍弃的选项中的最高价值者是本次决策的机会成本,又称为择一成本、替代性成本,泛指一切在作出选择后其中一个最大的损失。机会成本通常包括显性成本(使用他人资源的机会成本)和隐形成本(因为使用自有资源而放弃其他可能性得到最大回报的代价)。该概念在补偿制度经济、证券交易规则研究中运用普遍。参见李晓光等:《机会成本法在确定生态补偿标准中的应用——以海南中部山区为例》,载《生态学报》2009 年第 9 期;燕汝贞、李平、曾勇:《基于市场冲击成本与机会成本的算法交易策略》,载《管理学报》2012 年第 7 期。

〔2〕 思拉恩·埃格特森在《经济行为与制度》中说,"一个生活在荒岛上的个人在进行他的家庭生产的时候,要遇到信息成本,但他并不进行交易,因而不会有交易成本"。参见[冰]思拉恩·埃格特森:《经济行为与制度》,吴经邦等译,商务印书馆 2004 年版,第 19 页。

履行、对违约方寻求赔偿及强制执行给予制度保障，保护交易中处于经济劣势的弱者，保护合法产权不受侵犯。

（2）明确的产权制度。这是降低交易费用、实现制度变迁的有效选择。确立产权和保护产权是制度构建中的主要成本。制度改革中，交易成本呈现为一种真实成本（会计成本），并不是因为市场实现了完全竞争，而是因为新旧制度的变更将不可避免地实际增加立法、执法、司法成本。不同于机会成本（尽管在完全竞争环境下，机会成本＝会计成本），这种增加的成本往往可以通过会计核算出来，尽管计算方法可能不尽相同。[1] 一般而言，立法成本包含制定法律之前的调研、草案、试点、评估以及专家论证、社会各界协商一致、权力机构颁布等整个期间所发生的成本。执法成本一般包括执法机关执行法律法规所需人力、物力、财力等行政成本。司法成本为监督法律是否得到公正执行的成本。作为一种外在制度，政策性农业保险立法改革的成本涵盖这三项内容。[2] 立法成本中，对规范对象行为准则进行设计，从确立产权起步，构成立法的确权成本。产权一般包含使用某项资产、获益资产及永久转让资产所有权三类权利。确认产权的最终目的是实施和保护产权。排他性权利可以排除他人使用相关稀缺性资源，具有特有的优势，但在制度上会需要支出一定成本去度量、描述资产，并耗费相应成本来保证实现权利、保护权利不受侵害、对受侵害权利进行补救等。通常在其他多项条件不变的情形下，权利价值的实现依赖于行使权利的成本。国家强制力是实现权利及其价值的最直接路径，产权的排他性、收益性也在国家强制力的支持下更为凸显，为提高产权所有人的资产收益、交易概率提供了基石，使市场交换活动更为顺畅、有序。政策性农业保险具有准公共物品属性，权利的排他性弱化，但这并不意味着立法成本的降低和国家强制力的排除。农业保险补贴对象的限定性需要重新强化权利的认定和保护，将这部分成本计入

---

〔1〕 与经济市场中物质产品交换的货币性特点不同，在法律或制度的变革中，交易成本的计量包含货币性和非货币性要素，计算的结果并不如经济市场交易般精确，但是，相比于交易中的机会成本（主体放弃的最优效率选择），制度转型中所支付的各项成本往往是实际发生的，理论上计入会计核算，为真实成本。

〔2〕 尽管政策性农业保险立法离不开农业生产经营者分散灾害风险的群体经验，如法国的相互保险组织、日本的共济合作社；但在形成系统性立法的时候，还是多以自上而下的强制性社会制度为主要表现形式，尤其是在“政策性”要素介入的过程中，国家强制力的监督与财政支出同时加诸在农业保险制度上。

制度改革成本时，补贴的成本价值也会在立法成本中显现，包括补贴的对象、类型、数额等都将依据农业保险法律关系主体的权利来确定。农业保险补贴又以新的产权形式，为制度变革提供成本计量的依据。

2. 制度演进成本

如果说交易成本在现有制度下是相对静止的概念，那么在制度改革演变的历史过程中，演进成本的核算会具有一定的动态性。制度演进成本中同样包含经济成本、政治成本和社会成本等内容，但其更多表现为立法供给中可能发生的经济、政治和社会风险。经济风险表现为各团体间可能产生的利益争夺导致经济环境的劣化和经济秩序的混乱，政治风险表现为制度转型中利益格局的变化可能产生的政策行为认同度减弱和政府威信降低，社会风险集中在利益调整过程中可能发生的社会矛盾激化和稳定性降低。降低成本，意味着立法供给（制度供给）必须把握适当性。

（1）法律市场供需变化。制度的演进常常取决于法律市场的供需变化。对“潜在利润”的诉求使人们对新的法律权利需求增长；改变原有法律权利格局，增加新权利，成为立法供给的原动力。[1] 然而，供给不足或供给不当仍会导致各类风险的发生或加剧。与经济市场不同的是，法律市场中，人的理性受规则或制度理性的约束和影响，对利益的追求往往以义务的负担和责任的背负为成本计量。[2] 即使是“潜在利润”远远超过成本，可以带来丰厚收益，行为人的选择也会受群体性公共选择的结果影响。毕竟法律市场的交易不是单一主体交易，公共选择或者社会诉求是该类市场重点衡量的因素。在法律的经济分析中，法律市场假设是必要的前提，该市场的敏感度远超于经济市场，政府的反应是否及时，以及能否根据市场需求设计出最符合效率原则的制度，会对降低成本、减少风险的目的直接产生效应。“预期的结果对供求双方都有利，否则他们

---

[1] 立法供给受市场供求关系变化的影响。一般来说，人们对法律权利的需求在于利益，甚至于“潜在利润”，即人之所以不断地需要更多的新权利，就在于它能够给人带来新的利益，而这种利益在原有法律权利框架下不可能完全获得。参见冯张美：《“小产权房”流转问题之法经济学分析》，载《浙江社会科学》2014年第7期。

[2] 期望效用函数理论对各自变量进行运算时，往往将外部环境（含制度）列为不变因素，即采用环境非相关性前提。事实上，制度往往是该函数中的变量，影响行为人的理性选择。See Howard C. Kunreuther, Mark V. Pauly & Stacey Mcmorrow, *Insurance and Behavioral Economics*, Cambridge Press, 2013, p. 69.

就不会追求这些结果”,[1]非常恰当地描述了法律市场供求关系的内在规律性,经济关系的更新是制度演进的内在动力。源于对新经济关系中新型权利与利益的追求,理性经济人的经济理性成为制度转型的首要动机。

(2)法律资源的稀缺性。约束法律市场供求关系的各要素中,法律资源的稀缺性是制约制度转型的又一主要因素。与经济市场不同,法律市场上,并不是经济人需要什么样的利益或者权利格局,国家就按需供给什么样的立法。作为法律的生产者,国家会进行法律资源的选择,尽可能用有限的资源满足最大范围的市场需求。一旦通过集体决议通过立法并加以实施,立法确认的新型权利和利益就以资源形态供应给合格对象,并以国家强制力为权益的实现提供保障。第一步,是确定制度供给对象。资源的有限性决定了并不是每一个利益群体或个人都能按需获得自己所要的利益,法律权利的配给也是一样。对农业保险给予政府财政补贴或者政策优惠,法律市场进行利益配给的终极目标对象并不是保险商,而是投保人或被保险人——农业生产经营者,以及由这个群体组成的农业生产的中坚力量和农业产业本身。这使补贴立法具有充分的立意。第二步,是进行制度的选择。补贴制度进入农业保险的视野,是基于其对农业保险形成了实现公私法利益移转的效益,公共资源与私人资源通过补贴形成合理的重置。在微观层面,满足了农户和保险公司提高投保率和降低经营风险等利益追求,并使政府与市场之间实现有机交互。第三步,是对制度的具体设计。补贴政策立法化,是将目前具有资源适配高效率特点的政策上升为法律,增加法律市场供给,以农业发展、农村稳定和农民生活水平提升为目的。内容的设计上,以使供给与需求之间达到平衡为基本标准,并以政策性农业保险的效率提升为收益目标。

(二)制度改革的收益

与成本相对应,制度改革的收益包括经济、政治和社会收益。经济收益可通过物质生产领域的经济指标来展示,具有可量化性,可以通过定量分析的方法确定;政治收益和社会收益的可量化性弱,一般通过定性分析加一定程度的定量分析加以确定。无论是定量还是定性分析,立法、司法、执法的收益都以效率和公正为最基本的量度标准。

---

[1] 参见钱弘道:《法律的经济分析工具》,载《法学研究》2004 年第 4 期。

1. 立法收益

立法收益在法律市场视角以效率为直接判别标准，即以最低成本获取最高收益。该项收益通过权利的合理配置实现。“权利是法律的基础，没有权利就没有法律”[1]，如何配置权利、义务、责任构成立法设计的基础内容。真正具有效率的立法能够审慎处理个人理性与集体理性的冲突、个人权利与集体权利的矛盾、局部利益与整体利益的取舍，甚至于公权与私权的交错渗透。法律创新或者制度改革的目的是满足主体对“潜在利润”的追求，当这一要求被满足的时候，也意味着现有制度与法律结构发生了改变。成功的制度改革带来的具体收益，包括减少行为人行为的不确定性，提高资源利用的效率，减少组织、协调、强制、管理以及排他成本等。诸收益来自制度的基础功能。(1)界定并保护产权。产权模糊不清是加大交易谈判成本的主要因素，在制度改革中选择最为合适的产权形式，为经济人提供交易成本最低的产权结构，可以降低人们交际和交易过程中的不确定性和机会主义行为，使财产的所有者对财产的处置和运用产生确定的预期收益，在定分止争之余，可以降低总的交易成本，增加收益，包括制度收益和社会、经济收益。(2)树立并维持秩序。对于秩序的管制，源于规则缺乏或不完善状态下，冲突的多发以及由此引发的资源浪费等内在“需求”，不尽完善的立法可能提供给权利人通过“合法”强制力在交易中损人利己的依据，破坏经济秩序，激化利益冲突，形成政治风险。如果制度能够避免或缓解个人、群体以及个人与群体之间的冲突，用较低的代价解决个人理性与集体理性之间的矛盾，使产权在享受充分自由的同时受到最佳约束，交易顺畅、有序、规范化，那么，制度的功能也得到了最好的体现，并将有效地取代原有制度，实现进化。(3)实现并增进法治。法律的发展在社会生活中呈现为公共事业管理(包括风险管理)更富效率、群体法律观念更为深入、公私资源配置与流转更为科学。比如，人们对农业保险的认可度加强，参保率提高，农业风险得到充分分散，农业经济得到更深远的发展，工业生产、第三产业经济效益有效分享到农业领域，地方政府绩效更为切实可靠，这将是补贴制度演进可寻求的目前来看最为合理的结果，制度要实现开放式发展，也必须在经济收益、政治收益、社会收益等方面进行评估、考核、修正并得以优化。

---

[1] 钱弘道:《法律的经济分析工具》，载《法学研究》2004 年第 4 期。

2. 立法收益的边界

农业保险补贴制度中确立的补贴权益以投保人享有的保费补贴和保险人享有的经营管理费用补贴为核心客体，实现对投保人的权利保障和农业经济、农业产业及国家粮食的安全保障。对投保人的权利保障，涵盖生存权、发展权及财产权等内容。国家财政补贴实现从国家财产权到农民财产权的让渡，则不仅仅限于对农民发展权的确认及保护，还有履行国家职能、实现农村社会法治目标的需要。以立法形式将各类补贴权利标准化，是把补贴作为积极的经济策略，避免或减少权利非均衡配置下可能产生的法律适用变形、扭曲现象，实现实质正义。统一标准下允许地区差异化的存在，是体现法律变通适用的特点。法律变通适用并不否认法律权利边界的存在，前者是为避免过分严苛的惩戒手段或过于宽松的权利配置导致执法不当，致使交易成本增加，降低制度功能，后者则是依据边际效用递减规律计算的权利的极致值。[1] 当边际收益达到边际成本值后，立法收益将逐渐减少，收益渐微也使权利享有者的期待降低，逐渐产生法律规模不经济现象，制度价值趋低，对行为人失去一定的吸引力。但这并不代表着权利可以越界使用。在强调效率的同时，公平价值仍是制度需要秉持的根本原则之一。社会整体资源的有限性意味着度量效率的基本标准是“帕累托改进”，即在不损害任何人利益的状况下又改善某些人利益的状态是最为有效的收益指标。[2] 农业保险补贴的适用也是如此，补贴值不可能无限大，因为不能耗空政府财政去扶持农业生产。补贴值必须适当，不能放任道德风险和逆向选择现象的扩张。公权力资源向私益领域的转移不能以损害国家财政安全性为代价；同样，产业利益转移也不能以农业取代工业及第三产业为导向。

---

〔1〕 边际效用递减规律原指在一定时间内，在其他商品消费数量保持不变的条件下，随着消费者对某种商品消费量的增加，其从该商品连续增加的每一消费单位中得到的效用增量递减。从立法改革效用看，一项新的立法不能与该规律相互抵触，或者该项立法本身具备边际递减的属性。农业保险补贴制度也是如此，因而，依据该规律计算获得补贴利益的边界，目的是确保补贴物尽其用，保证补贴立法目的的实现。参见王首元、孔淑红：《新行为经济学理论：对期望效用理论和前景理论的一个延伸》，载《西安交通大学学报（社会科学版）》2012 年第 4 期。

〔2〕 利益绝对均衡的状态在现实中并不存在，制度通常追求的是一种帕累托改进。参见冯张美：《“小产权房”流转问题之法经济学分析》，载《浙江社会科学》2014 年第 7 期。

二、农业保险补贴法律制度的基本框架

根据制度改革的成本—收益理论，将农业保险补贴政策上升为政策性农业保险立法的主要内容，目的在于稳定制度价值，完善执法，提升补贴施行效益。我国农业及农业保险发展并不缺乏必要的政策环境，但是在法律机制上，无论是统筹产业发展和城乡经济发展、深化农村经济和社会改革的事业中，还是分散农业本身的经营风险、促进农业保险市场供需平衡的任务里，补贴的立法层级和制度保障并不到位。补贴制度的构建，需要以法律界定的准确性为前提，以法律适用的适当性为保障。

（一）农业保险补贴的法律界定

1. 农业保险补贴的法律概念

我国目前尚无关于农业保险财政补贴的专门立法，现有法律法规也没有专门的条文进行概念的界定。2016 年《中央财政农业保险保险费补贴管理办法》也仅有关于保费补贴的界定，且相关陈述没有完整地展示农业保险补贴的属性和功能。[1] 之后有关农业保险补贴为数不多的部门规章和地方性规章也多围绕该规定陈述农保补贴（限于保费补贴）的内容，在农业保险补贴完整的类型、方式和法律适用上都存在空白。

根据制度改革方向，政策性农业保险立法中所指的补贴，完整地应该称为农业保险财政补贴，是国家或地方财政部门为了实现农业产业政策、保障农业生产和农民收入的稳定，向农业保险法律关系主体提供的无偿的、直接或间接的资金转移。[2] 这一概念包含了四层含义：(1) 补贴的目的。农业保险补贴是国家财政为实现特定的政治、经济和社会目标，向农业保险的投保人、保险人提供的一种经济补偿，是由中央或地方政府实施的经济利益转移，实践了公私法利益移转的理论。农业保险补贴使农业风险给农户带来的经济损失可以在政府、保险人和农户之间进行合理分担。除了农业保险，国家还有其他农业灾害

---

〔1〕 2016 年《中央财政农业保险保险费补贴管理办法》第 2 条：本办法所称中央财政农业保险保险费补贴，是指财政部对省级政府引导有关农业保险经营机构（以下简称经办机构）开展的符合条件的农业保险业务，按照保险费的一定比例，为投保农户、农业生产经营组织等提供补贴。

〔2〕 世界贸易组织（WTO）《补贴与反补贴措施协定》（以下简称《SCM 协定》）将补贴定义为“是政府向非政府机构提供的资金转移，这种转移或直接或潜在”。

救济手段。不过,农业保险补贴属于契约性补偿,其他农业灾害救济基本属于风险性补偿,发生依据不同。农业保险是投保人与保险人之间基于投保行为产生的担保灾害发生后财产损失获得补偿的契约关系,对于该契约赋予的农业保险补贴并不以灾害的发生为前提。只要农业生产经营者投保指定险种,相关主体即可享有获得补贴的权利。而无偿给予农业生产受灾者以经济援助的政府行为或赠予关系,是以灾害发生为前提的;当然受灾者并不需要有投保行为发生。[1] 国家财政输出的最终落脚点往往是一国的产业或者国民利益,农业保险补贴也不例外。在关于政策性农业保险立法中,应当将实现农业产业安全、农民收入安全及国家粮食安全列入农保补贴的指导思想和目的条款。(2)补贴的对象。农业保险补贴以保障农业产业发展和农民利益为最终目标,接受农业保险财政补贴的主体则不仅仅限于农业生产经营者,在从事特定农产品生产、经营活动的农民、农业生产经营组织之外,开展农业保险的保险公司、农业互助保险组织等都可根据补贴立法确认的权利主体范围成为补贴对象,享受包括经营管理费用补贴、再保险、再保险补贴、税费优惠等财政输出。值得注意的是,这种经济利益的输出并不是无条件的,以农业保险的投保和承保为前提,而且投保承保的农产品、农作物有特定要求和范围。当然,农业保险补贴的实施条件一旦成就,即当农业生产、经营者投保规定范围农业险后,中央或地方政府就应当按照法定比例给予财政补贴,不得拖欠、克扣,农业保险投保人、保险人也无需对政府补贴行为承担对待给付义务。(3)补贴的属性。农业保险补贴的存在,赋予了农业保险准公共物品属性,这正是由补贴的公共产品属性和行政属性所决定的。公共产品由国家和政府提供,这是政府部门履行其经济职能的一个方面。投保人、保险人享用补贴利益,获得公共产品收益。与其他财政输出一样,补贴的提供者是政府或国家授权的公共机构,补贴具有无偿性,实现公共资源向私益领域的利益转移,这种利益的无偿输出最直接的效果是使受补贴对象因此获得竞争优势(如保险组织机构)或者充分的利益补偿(包括农业生产经营者和保险组织机构);补贴还呈现市场矫正属性,即补贴具有刺激农业保险需求、保障农业保险供给、使市场足够充盈等功能。(4)补贴的范围。概念中"直接或间接的资金转移"有两层含义,其一是指根据农作物品种不同,补贴有不同

---

〔1〕 参见刘小红:《农业保险财政补贴法律制度研究》,西南政法大学 2016 年博士学位论文,第 17 页。

的适用比例。比如上海市施行的保费补贴中,市、区(县)两级财政对9大类种植业和养殖业险种进行保费补贴,其中,家禽保险的保费补贴比例为35%,对小麦、蔬菜的保费补贴率为30%。[1] 其二是指根据对象和保障范围不同,补贴的形式有财政资助、收入支持、费用减免以及价格支持等,多形态并不改变补贴的无偿性、市场矫正性以及公共产品属性。

2. 农业保险补贴立法价值

依据法经济学理论,立法的价值在于满足人们生存和生活需求的有用性。一般法律所具有的正义、秩序、安全等价值,农业保险补贴立法也应当具备,而作为专门协调、衡平农业保险法律关系的制度,农业保险补贴制度还应当将保障农业保险投保人权利、农业经济安全、产业安全及国家粮食安全等价值作为核心内容加以实现。

(1)对投保人权利的保障。在农业保险法律关系中,农业生产经营者的权利保障需求以生存权、财产权和经济发展权为首要,立法也以保障这几项权利为价值实现的首要任务。第一,生存发展权。农业的弱质性使农业生产经营者在市场中处于弱势群体,通过国家财政供给的方式保障农业生产经营者生存发展权,兼有实践社会正义的效用。农业生产经营者是天生的经济弱者,我国农业经济又多分散而弱小,农户在信息获得、市场竞争、风险应对等方面的弱势非常明显。[2] 以补贴为主要形式,将公权力介入农业保险契约关系,借国家财政之力矫正农业经济关系中的失衡,以公共资源向私益的移转,实现资源的二次配置,可以使农业生产经营者获得更为充分的生产、生活资料和政策、市场信息,提高竞争能力和风险管理水平,从而保障农业保险投保人的生存发展权。不过,一定时期内一国社会财富总量恒定,通过税收、补贴等资源配置手段进行

---

〔1〕 参见王根芳:《基于主体利益博弈分析的农业保险补贴研究》,华中农业大学2013年博士学位论文,第37页。

〔2〕 即使是在美国、日本和西欧等发达国家,农业经济多已形成规模化经营,具有明显的市场优势,国家仍从保障农民利益、保护农业经济、维持本国农产品竞争力等角度出发为农业保险输出财政资源。新中国建国初期注重工业生产,忽视农业的基础地位,即使是在改革开放之后,还一度征收农业税,一定程度上约束了农业生产和粮食安全的保障。现如今对农业、农业保险给予财政补贴,既提升了农业的基本地位,也彰显了国家对农业经济、农民利益和农村社会稳定的重视。

财富分配时，必然会有此消彼长的情形发生。[1] 比如，政府将财政收入补贴到农业保险，必然将减少对其他市场主体的财政输出。为避免顾此失彼以及达到物尽其用，农业保险补贴的量必须适当，以不损害其他相关主体生存发展权为基本界限。第二，经济发展权。农业生产竞争者的经济发展权包含了财产权、经营自主权、土地发展权、就业发展权以及劳动成果收益权等内容。[2] 财产权是基础性权利，物权法、侵权法都把该项权利视为公民实现自我价值的根本权利，并把对财产权的保护作为立法的主要任务。在市场经济体制中，财产权权能的实现过程也会牵动整体经济秩序的变化，并影响市场效益。在农业保险中，补贴介入投保人和保险人之间的契约关系，将一定的国家公权力资源让渡给私有财产权，是国家为履行其经济社会职能，实现农村社会发展、农民收入稳定和农业经济增长而进行的财政支出行为。该行为在事实上降低了投保人的投保成本，增加了其财产利益，使其可以最小资金投入获得最大可能的保障，矫正了农业生产经营者的弱势地位，具有实现社会实质正义的意义。

(2)对农业经济及国家粮食安全的保障。一般认为，农业安全、农业经济安全、农业产业安全属于同一概念。这是广义范围的界定。狭义上，农业安全仅指一个国家或地区的农业能够有力地支持整体经济增长、综合生产能力不断提高以及所有农民的权益得以保障。[3] 农业无论从自然生产环境(易受气候、土壤条件、疫情疫病等影响)、国家产业及经济政策(传统“重工轻农”“重商轻农”等政策导向)，还是从产业间利益冲突(工业、第三产业具有人力、科技、取址等多种优势)、资源占有与利用等方面都处于较为弱势的地位；或者是较易受到这些因素的影响而引致产业风险。农业保险补贴立法对农业安全有一定的保障价值，是由补贴作为积极的产业发展激励举措决定的。第一，矫正农业保险市场失灵现象。这一点在上文已有多次论述，核心在于农业保险具有准公共物品属性，要恰如其分地发挥其保障和促进农业经济安全的功能，需要财政投入对

[1] 参见[英]亚当·斯密：《国民财富的性质和原因的研究》(下卷)，郭大力、王亚南译，商务印书馆1974版，第344～345页。转引自刘小红：《农业保险财政补贴法律制度研究》，西南政法大学2016年博士学位论文，第64页。

[2] 各项权利的实现程度足以影响农民、农业及农村发展的境况。参见丁德昌：《农民经济发展权法治保障机制研究》，载《长白学刊》2014年第1期。

[3] 参见甘培忠主编：《国家经济安全法律保障制度研究》，法律出版社2012年版，第32页。

保险人经营成本和投保人保险成本进行分担。就农业保险市场供需平衡的目标而言,补贴的配合和协调必不可少。第二,稳定农业及农产品市场。农业保险本身的功能是分散农业风险以及减少由此给农业生产经营者带来的损失,国家以财政投入农业保险,降低了农业生产经营者投保农业保险的成本,也在事实上增加了对其的损失补偿,保证农业生产资料的稳定供给、农产品市场与价格的稳定。第三,确保国家粮食安全。在微观层面,农业保险更多的是众多单一投保人为降低农业灾害损失作出的理性选择;在宏观层面,农业风险损失的大幅度分散显然有助于农业整体产业和整体经济安全性的提升,从而保证农产品尤其是粮食供给稳定。无论是与其他产业的横向比较,还是和国外相同产业的竞争力比拼,农业保险对经济的保障价值都不可小觑。[1]

(3)对农业及相关产业安全的保障。这有两层意思,一是最大限度发挥补贴绩效,使农业具有充分的竞争力,可以有效应对相关产业的冲击;二是基于农业在各产业中的基础性地位,通过补贴等手段加强农业产业发展,为其他产业提供更为优质而丰富的资源,从而提高各产业的综合竞争力。农业与工业、第三产业之间存在物质、人力以及国家财政资源的利益竞争,在资源有限的前提下,强农富农策略使农业获得比其他产业更多的资源,无疑会在一定程度上形成对其他产业的利益冲击。但是,从长远、宏观的角度看,这种利益冲突是一时的。当农业获得长足发展、能够为整个国民经济提供基本生产资料、充足劳动力等持续性经济发展要素时,富农强农的政策就会带来全产业经济的长线发展和稳定安全。从某种意义上,对农业提供的各类补贴(包括农业补贴、农业保险补贴等)改变了农业的弱势地位、保障了农民的合法权益,有助于实现经济发展成果更为公平地惠及人民的目标,符合实现共同富裕的路径要求。当农业的弱质性、农民的弱势地位在充分的资源重置下获得根本改变时,贫富群体间(收入水平不稳定的农民群体与收入稳定居高的城镇居民群体)的经济水平逐渐相当,在市场中开始实现法律上、经济上的平等竞争,这有利于农产品、农业资源

---

〔1〕 各国也正因此对农业保险进行高额补贴,很多国家还选择直接对农业进行补贴,我国也不例外,只是补贴力度小于很多发达国家。该项措施也为WTO《SCM协定》确认为是“绿箱”属性、确保农业经济安全的正当举措。农业经济安全直接决定了粮食供应的稳定性,尤其是在我国“重工轻农”的传统观念及政策导向下粮食竞争力已属孱弱的情形下,以国家财政之力改变农业经济弱势地位,可以平衡产业实力差异,实现强农惠农富农目标。

经济效益的最大化，并可形成有效资源反哺、改变资源掠夺的境况（工业、第三产业掠夺农业资源）。农业保险补贴的意义也在此，具备这一价值的农业保险补贴制度，可以对农业经济安全实现最有效的维护，也是对其他产业形成有效合力的途径。

（二）农业保险补贴制度的适用

发挥补贴应有的制度价值，除了对农业保险补贴作准确的概念界定外，还应当设计恰当的适用规则。从适用原则、具体内容到责任机制作通盘考虑，同时重点把握好适用补贴的合法边界和合理尺度。

1. 适用的原则

农业保险补贴制度在设计适用时，应当把握充分与适度原则、公平与效率兼顾原则、合理监管原则以及适当辅助原则。

（1）充分与适度原则。根据成本—收益理论，农业保险补贴的充分性是指财政支出成本应当获取足够的收益；适度性是指财政支出应当量入为出，不能超过国家财政所能承受的合理范围。发展农业保险应当与一国的社会经济发展水平相适应。我国现有的经济发展水平并不能充分实现公共服务均等化，而以现有农业保险需求来看，拓宽补贴范围和补贴额度是实现该准公共物品价值和“保险支农”目标必不可少的。根据国家统计局相关数据显示，2013 年至 2020 年，我国财产保险公司农业保险保费分别为 306.59 亿元、325.78 亿元、374.90 亿元、417.71 亿元、478.90 亿元、572.74 亿元、672.48 亿元和 814.93 亿元。按照现行相关法律规定的中央、省、市级财政补贴比例 80% 计算，2013 年至 2020 年我国保费补贴金额大约分别为 245.27 亿元、260.62 亿元、299.92 亿元、334.17 亿元、383.12 亿元、458.19 亿元、537.98 亿元和 651.94 亿元。[1] 单纯看农业保险补贴量，近年来始终呈上升趋势，且绝对值并不低，但是各地仍存在保费补贴不平衡、不充分的现象。这与现有政策在农业保险补贴适用的统一性与差异性问题上处理不当有关。地方农业发展不平衡、农民收入水平也不相同，在统一立法标准的前提下允许差异性补贴的存在，要考虑不同地方政府财力不平等情形下如何照顾到贫困地区的需求，同时避免在农业资源天生贫瘠之

---

〔1〕 关于农业保险保费的数据源于国家统计局，http://data.stats.gov.cn/search.htm? s=农业保险保费，最后访问日期：2018 年 3 月 3 日。

地浪费财政资源的情况,将资源用在刀刃上。有学者认为,保费补贴以基本保障为限,农业保险也多以保障物化成本为限度。然而,在农业发达地区形成高科技、规模化经营的趋势下,如果仅仅就物化成本进行风险承保管理与分担的补贴,对农业产能的提高会缺乏足够的效能,可以转而对市场风险(如价格风险)保险产品进行补贴,即增加农业保险补贴对象类型,扩大补贴范围,充分发挥补贴制度价值。[1] 当然,国家财政的有限性决定了农业保险补贴不能肆意扩张适用,要掌握适度性。在资金需求量不断加大、财政支出有限额的冲突下,选择社会合法资金来源充当补贴资源,如立法授权农业灾害应对基金、农业风险保障基金等财团法人对农业保险法律关系主体按照其参保额度进行资金补助,可以作为补贴的适当补充,既满足了补贴的需求,又将国家财政支出控制在合理范围内。[2]

(2)公平与效率兼顾原则。公平有两层意思,一是在农业保险补贴法律关系中,主体有权在不同地域条件和先天禀赋基础上享有实质公平的补贴利益;二是在农业保险补贴法律关系的外部,与其他经济关系中的主体利益相比,补贴以顾全农业经济安全为首要目的,所以负有力求各产业参与者利益关系实质均衡的重要使命。效率是指农业保险补贴程序设计和具体实施要讲求效率,补贴资金的划拨、管理、监督、绩效等要贯彻全局与个体兼顾的原则,实现资源效益的最大化,提高农业金融资源配置效率。农业保险补贴制度对补贴对象、范围、标准、条件进行设定,对农业保险合同主体意思自治施以一定程度的限制,这种限制并不是约束主体利益的实现,恰恰相反,现实状况(包括农业区位劣势和发展劣势,以农业的弱质性和农民的弱势地位为核心)要求补贴承担对法律关系主体市场利益失衡进行预防和矫正的任务。预防效能是指预防农业生产经营者在参加农业保险时因经济实力弱势作出非真实意思表示,如低收入农民渴望以农业保险分散经济风险,又碍于收入水平低下及对风险的侥幸心理而弃保。矫正效能是指通过财政支出的准确预算矫正补贴资金划拨、使用中的不公

---

〔1〕 实务中,我国多家农业保险经营机构已经开始研发并推广市场风险保险产品,且收效较好。如上海安信公司经营的农业保险产品就涵盖保淡绿叶菜综合成本价格和蔬菜种植价格保险;浙江宁波作为国家保险创新综合试验区,也全面探索开发农产品价格保险等新产品。这些素材是政策性农业保险立法对农业保险补贴进行规范时的有力实证。详见本书第三章第二节。

〔2〕 其中,农业风险保障基金作为政策性农业保险法律关系关联性主体,其对政策性农业保险的作用不仅仅在于提供补充性补贴,还对政策性农业保险立法具有制度性激励价值。详见本书第五章。

平，以及通过补贴监督机制对农业保险适用中存在的欠缺公平现象进行及时纠正，并通过责任机制的落实实现警戒效果。我国有关农业保险补贴的相关文件多采用“一刀切”方式，抑制了补贴的制度效益；加上农业保险保障水平有地域差异，明显约束了补贴的风险保障效益。[1] 关于后者，比较突出的是中西部地区农民所享有的风险保障低于东部地区农民，这种情形源于我国区域经济发展存在差距以及各省区财政实力悬殊的现实。即使中央财政支农比例无差异，地方政府财政支农力度不足也会影响补贴的绩效。这显然又将公平的问题与效率原则相挂钩。农业保险补贴的施行在农业保险系统工程中具有金融资源再配置的意义，除了传统农业、畜牧业、财政管理部门的协调、管理外，保险、银行等金融部门也在其中承担配合、监管等工作，这是为了充分实现补贴的效率，将有限的财政资源和金融资源效益最大化。

（3）合理监管原则。合理监管是公平与效率兼顾的衍生性原则，即监管是工具，强调监管及其合理性的目的是实现补贴以及补贴制度的公平和效率价值。农业保险法律关系主体之间存在博弈关系，从一个侧面说明经济关系中不可避免地存在资源配置的不均衡和财富收益分配的不均衡，有些不均衡状态以主体间主动的博弈来修整，有一大部分依赖于制度的矫正。主体权利义务配置的失衡可以表现为成本与收益的不对等，包括财政补贴未能获得预期的政治、经济、社会效益。农业的基础产业地位决定了其具有先义务性，其他产业所需基本生产资料、人力成本多依赖农业的供给。农业生产经营者所承担的义务、风险也远远大于其他产业经营者，甚至于大于其所享有的权利。除了由制度对权利义务进行正当（通常未必是绝对平均的）分配之外，还需要通过矫正机制（包括监管机制、责任机制）来使失去的或被侵害的的权利回归、补足，实现利益均衡和实质公平。农业保险监管是国家对农业保险合同关系以及农业经济的干预和调整，监管的具体对象包括保险人、投保人以及农业保险管理者，监管的内容包括资金监管和行为监管。依主体分，首先，将保险人纳入补贴监管对象，是因为实践中农业保险人受利益驱使，存在骗取农业保险补贴的现象。对农业

[1] 2012 年《关于进一步加大支持力度做好农业保险保费补贴工作的通知》、2016 年《中央财政农业保险保险费补贴管理办法》对四级政府财政补贴比例采取“一刀切”，没有充分认识到我国农民收入水平、结构差异以及地区财政实力的差异，有失公平，有效的补贴制度应当克服此类不公平现象。

保险人进行监管主要集中在准入、退出、经营及偿付能力环节,准入是对其资格的审查。目前准入门槛的降低并不代表着经营农业保险业务的公司不需要具有充分的市场信誉和优质的服务名誉。相反,在补贴监管中,对保险人的信誉、经营行为、偿付能力审查比一般保险业务经营主体要更加严格。其次,将投保人纳入监管对象,同样源于实践中存在的一部分投保人不遵循诚信原则,在投保过程中隐瞒事实、投保后疏于防灾管理、灾害发生后不及时采取减轻损失措施以及谎报损失等情形。投保人虚假投保、与保险人勾结骗取补贴等行为,同样会使补贴未能发生应有绩效、制度目的落空。[1] 最后,将农业保险管理者纳入监管对象,源于我国农业保险以及补贴管理层级多、职权交叉与冲突概率高的因素,以及"权力寻租"现象。[2] 农业保险补贴中的权力"寻租",往往表现为政府在干预、管理农业保险及补贴过程中,为获得不正当的利益收入,利用权力进行设租的行为。此类行为将严重损害投保人、保险人的合法权益,并大大削弱或减损了农业保险补贴的经济价值,同样会使补贴制度目的落空。

(4)绩效辅助原则。农业保险补贴制度要发挥其应有的价值,以有效配置和优化有限资源,使财政资金利用效率最大化,不仅仅要优化补贴制度本身,还需要相关制度的辅助,其中最主要的就是预算和财政转移支付制度,做到资金计算尽量精准、资金利用尽量充分。我国预算法对预算、决算的编制、审查、批准、监督以及预算的执行和调整做了系统的规定,并明确将财政转移支付纳入预算。[3] 目前学者们在探讨预算法存在问题时,较为普遍地认为"绩效预算"

---

〔1〕 我国农业保险财政补贴并未直接发放给农户或农业生产经营者,而是以农业保险人"保费打折"的形式予以体现。从监管的层面考虑,这种方式对农业保险人的监管更为直接,证据效力也更为凸显,但对投保人的补贴监管同样不可忽略。参见刘小红:《农业保险财政补贴法律制度研究》,西南政法大学 2016 年博士学位论文,第 97 页。

〔2〕 所谓权力寻租,是指个人或组织为了牟取经济利益,而采取行贿等不正当手段对权力执掌者施加影响的活动。参见李怀:《公共权力腐败行为的经济学分析及其政策导向》,载《经济研究》1996 年第 9 期。

〔3〕 参见《预算法》第 2、4、6、7 条。第 2 条规定:预算、决算的编制、审查、批准、监督,以及预算的执行和调整,依照本法规定执行。第 4 条规定:预算由预算收入和预算支出组成。政府的全部收入和支出都应当纳入预算。第 6 条第 2 款规定:中央一般公共预算包括中央各部门(含直属单位,下同)的预算和中央对地方的税收返还、转移支付预算。第 7 条第 1 款规定:地方各级一般公共预算包括本级各部门(含直属单位,下同)的预算和税收返还、转移支付预算。我国《预算法》于 1994 年 3 月 22 日第八届全国人民代表大会第二次会议通过,于 1995 年 1 月 1 日起施行。2018 年 12 月 29 日被全国人民代表大会常务委员会《关于修改〈中华人民共和国产品质量法〉等五部法律的决定》修改。

应当成为预算管理模式创新的方向，即预算法应当将绩效作为目标，并以此设定预算方案并予以执行。[1] 这不失为提高财政补贴资金利用效率的良策。对农业保险补贴进行预算绩效管理，意味着将绩效考量融入补贴预算，引导政府预算从只关注“投入”转变为更关注“结果”。在此基础上，农业保险补贴预算绩效制度需兼顾绩效评价标准和绩效责任机制的设计。前者以落实评价主体、评价指标和评价结果为主要内容，以提高评价公信力为直接目的；后者以落实补贴程序、补贴效率评价结论为主要内容，以程序的正当性和评价结论的“效率—公平”兼顾性来判断分配的公平与正义。两者均以追求补贴资金利用的经济、社会效率为最终目标。至于财政转移支付制度方面，目前立法偏重转移支付资金的运算，有关资金的申请、审核、批准和救济程序规定缺失，立法上也缺乏具体拨付和使用的监督制度，对转移支付的法律责任机制规范也尚属空白。财政转移支付是在分税制改革后我国逐渐从西方引入并适用的制度，目前中央对地方的转移支付分为一般性转移支付和专项转移支付两类，前者主要是中央对地方的财力补助，不指定用途，地方可自主安排支出。后者主要服务于中央的特定政策目标，地方政府应当按照中央政府规定的用途使用资金，重点用于教育、医疗卫生、社会保障、支农等公共服务领域。对财政转移支付法律制度，目前没有系统化构建，如法律目标、法律原则、法律概念、法律行为、法律责任等都比较空白，现行立法多从经济预算角度对其进行规范，在适用时往往被诟病违背财政法治的基本原则。[2] 在实务中，财政转移支付存在的问题主要就在于资金应用效率低下，除了监管方面需要加强外，对中央与地方政府、上级与下级政府之间政策目标的契合，事权、财权的合理分配与规范，都是实现财政资金合

---

〔1〕 关于绩效预算较为完整的界定为指通过设定绩效目标、考察进展、从而为决策者在配置有限资源或做出某种决策时提供信息。参见马洪范：《绩效预算信息论——信息视角下的政府绩效预算管理与改革》，经济科学出版社 2008 年版，第 50 页。

〔2〕 如国务院《关于改革和完善中央对地方转移支付制度的意见》（国发〔2014〕71 号）、《中央对地方专项转移支付管理办法》（财预〔2015〕230 号）、国务院《关于实施支持农业转移人口市民化若干财政政策的通知》（国发〔2016〕44 号）等规章、政策性文件。

规分配、积极使用、充分发挥绩效的重要因素。[1] 对农业保险补贴制度而言，缺乏内核的财政转移支付制度易影响其绩效，优化制度就成为政策性农业保险立法的任务之一。

2. 适用的具体内容

(1)适用范围。农业保险补贴适用范围的确定，涉及补贴的对象、补贴的具体形式、补贴品种以及比例。补贴的对象应当涵盖所有类型的政策性农业保险经营组织，包括本书在第二章中列述的政策性农业保险公司、农业保险社、相互制保险公司、政府主导下的商业保险公司等形态，但并不是说只要是从事农业保险业务的机构，补贴就应当到位。补贴对象应当符合法定性、规范性，必须是依法开展政策性农业保险业务的保险机构，而且所销售的农保产品属于补贴范围。补贴的具体形式有传统的保费补贴、保险经营管理费用补贴、再保险(补贴)以及税费优惠等方式。此外，通过授权农业灾害应对基金、农业风险保障基金等财团法人以第三方形式进行补贴，是增加补贴资金来源的重要渠道，可以有效填补政府财政补贴的缺口。补贴的品种主要根据种植业和养殖业产品的开发情况来决定，按照我国农业保险补贴试点的发展情况看，从传统的水稻、小麦、玉米、棉花、花生到增加油料作物、糖料作物等种植产品；从能繁母猪、奶牛、育肥猪到增加牦牛、藏系羊等养殖产品，补贴的品种随着农产品的增加而逐渐增加。这在初始期无疑会增加补贴预算的难度，在国家财政预算资金有限的情况下，补贴的分散也可能影响不同种养殖产品的开发。但从长远来看，鼓励农产品开发创新是趋势，补贴品种在明细化规定的前提下，应当有延伸性适用，可以通过立法规定适用补贴的农业生产范围应当是属于关系国计民生的(对社会整体具有不可或缺的经济、社会及政治价值)，是属于地区农业支柱型农业作物的，或是具有地区特色、是地方农民或政府赖以生存的。补贴的比例要根据补贴的类别和资金来源不同进行确定。根据农业保险试点经验，要充分调动农民

---

[1] 中央与地方政府之间，前者有着权力和资源优势，非均衡分配资金或借分配补贴资金要求地方承担资金配套等特殊义务，都会对地方政府产生负面负担，可能降低转移支付效益。所以，通过立法对资金分配主体及其职权职责实行法定化，是避免资金分配不均衡、不科学以及附条件分配、“权力寻租”等情形出现的主要手段之一。当然，因地制宜，中央在统一支付标准的前提下，要求地方政府根据各地财政实际状况，规范化、区别化对待不同地区同一险种的分担比例，并不违反财政转移支付的合规性和科学性。

参与积极性,保费补贴比例一般不应低于80%。经营管理费补贴也主要由中央和省级财政提供,比例因时因地因人而异,须考量财政实力、保险公司农业保险业绩,注重积极性调动和避免业务惰性。再保险作为"一种差额杠杆撬动机制",利用再保险合理的保险费率和市场利润率优势,可以最大限度地分散农业风险和补贴农业保险亏损。除了加大对农业保险再保险公司的财政支持力度外,还可以鼓励多种资金投入再保险业务,包括农村救助救济资金、财政支农资金和其他社会资金。作为补贴的重要补充,农业灾害救济基金、农业风险基金是农业巨灾风险分散机制的枢纽和依托,资金来源包括当年保费收入或者保费结余的一定比例转入、中央财政按当年农险保费收入的一定比例拨付以及其他资金来源。

(2)资金保障机制。在预算制度之外,税收、基金制度同样是农业保险补贴的资金保障机制,这三项辅助机制分别从资金的开源与节流方面为农业保险发展保驾护航。第一,预算制度。构建绩效预算体系是主要内容。如上文所述,由中央和地方各级政府财政按比例支出的保费补贴是农业保险补贴的主要形式和主要来源。我国2018年《预算法》和2020年《预算法实施条例》[1]提供了预算行为的核心规范性依据。在制度层面,加强财政支出预算执行管理、预算绩效评价和责任机制构建,可以强化预算机制对农业保险补贴制度的保障作用,提高财政资金的利用效率。第二,税收制度。税收优惠是农业保险补贴的形式之一,对农业保险所具有的配置资源、保障农村社会稳定等功效具有积极的推动作用。和保费补贴不同,税收优惠直接针对保险人和其所从事的具有公益性、非营利性的农业保险业务,激励对象为保险机构。涉及农业保险的税收法律法规主要有1988年《关于对保险公司征收印花税有关问题的通知》[2]、2008年《营业税暂行条例》[3]以及2006年国务院的《关于保险业改革发展的若

---

〔1〕 2018年《预算法》修正后,2020年8月3日国务院又颁布了《预算法实施条例》。

〔2〕 1988年国家税务局发布《关于对保险公司征收印花税有关问题的通知》(〔88〕国税地字第037号),已部分失效。

〔3〕 2017年国务院《关于废止〈中华人民共和国营业税暂行条例〉和修改〈中华人民共和国增值税暂行条例〉的决定》(国务院令第691号)已将该条例废止。该决定第1条"……在中华人民共和国境内销售货物或者加工、修理修配劳务(以下简称劳务),销售服务、无形资产、不动产以及进口货物的单位和个人,为增值税的纳税人,应当依照本条例缴纳增值税",农业保险属于金融服务,不过对于农业保险增值税纳税依据及税率等目前尚未有相应的明文规定。

干意见》等。1988 年《关于对保险公司征收印花税有关问题的通知》[1] 规定对种植业、养殖业保险合同免征印花税。2010 年财政部、国家税务总局《关于农村金融有关税收政策的通知》对保险公司为种植业、养殖业提供保险业务取得的保费收入,在计算应纳税所得额时,按 90% 比例减计收入。[2] 为提高税收优惠对农业保险经营机构的激励作用,除了将各项税收优惠政策立法化,还应当适当扩大优惠幅度和范围,将税收优惠的适用范围扩展至与保费补贴、经营管理费用补贴适用范围相一致的程度,同样采用因地制宜原则,根据地域、经济实力的差异实行区域差别税率和险种差别税率。立法的完善以避免法律适用冲突、将各类补贴效益最大化为努力的方向。第三,基金制度。农业风险保障基金是农业保险补贴的主要补充性来源,也是政策性农业保险的激励性机制,但在制度上却还处于供给不足状态。我国到目前为止尚未设立统一的农业风险保障基金,立法上也只有《农业保险条例》第 8 条有明确的关于建立财政支持的农业保险大灾风险分散机制的规定。虽然我国部分地区已初步试点建立农业巨灾风险基金,但是由于缺少国家统筹规划及财政充分支持,地区性农业风险保障基金的设立仍鲜有成就。要发挥农业风险保障基金应有的价值,立法上应当有所建树,例如,出台国家农业风险保障基金管理条例,对基金的法律地位与属性、基金的内部管理机制与职责范围、基金的资金来源与业务运用、基金的审计、监督与管理等作出系统性规定。在实施中贯彻规范管理、制度先行,是发挥该项基金对农业保险的积极促动作用的基本保证。

(3)监管机制。基于农业保险补贴的性质、来源、价值,监管应当贯穿补贴的源起、适用及绩效评价的完整过程。当制度对农业保险补贴的每一个环节(包括资金来源、适用方式、执行规则、绩效评价、责任机制等)都进行了科学设计,却没有强调及时而有效的法律监管,那么,制度的目标仍然有可能会落空。毕竟农业保险补贴牵动着多主体的多种利益,缺乏必要的监督和管理,容易被滥用而损失该有的价值。农业保险补贴监管机制包含了合理的监管目标、正确

---

〔1〕 1988 年国家税务局发布《关于对保险公司征收印花税有关问题的通知》(〔88〕国税地字第 037 号),目前该通知中部分内容已失效。

〔2〕 2010 年 5 月 13 日财政部、国家税务总局《关于农村金融有关税收政策的通知》(财税〔2010〕4 号)规定,"自 2009 年 1 月 1 日至 2013 年 12 月 31 日,对保险公司为种植业、养殖业提供保险业务取得的保费收入,在计算应纳税所得额时,按 90% 比例减计收入"。不过,该文件目前已经失效。

的监管路径和系统的监管规则等内容。第一,监管目标。以保障农业保险补贴资金的安全性、补贴适用的公平性为主要内容。前者是指农业保险补贴活动的有效开展离不开资金的健康运行。在财政预算、转移支付或是税收、补贴发放、管理等环节,财政补贴资金安全性都是监管的重点。为确保资金安全,补贴监管部门有权对农业保险人、投保人、相关管理机关的行为进行判断,看是否遵守国家农业保险补贴法律法规,并可对违法行为采取相关处罚措施。后者是指补贴方式、补贴标准、补贴执行以及补贴责任都应体现公平价值。该"公平性"有两层含义:一是指农业保险补贴监管规则设计应该对所有政策性农业保险法律关系主体一视同仁,对投保人、保险人无论其生产、经营规模大小都无差别、无歧视地对待,这是依据补贴的平等性而产生的监管理念。补贴金额的运算依据是农业保险业务量、保险标的种类、标的数量、所在区域,保险人的类型、性质和农业生产经营者的规模、大小一般不能改变补贴执行标准。二是指补贴监管机制的适用,不区分农业生产经营者、保险人及其他监管对象的不同属性,在适用中均公平对待。补贴的方式上,需充分发挥保费补贴、经营管理费用补贴、再保险及税收优惠的合力,促进农业保险的发展。补贴标准上,应充分体现地域差异、保险标的差别,使补贴获得者享受实质公平的效益。在补贴的执行上,合理、及时、足额发放补贴是基本,任何拖延发放、不足额发放都有违公平,也是浪费财政资金、使之效能付之流水的原因。因而补贴执行是监管责任追究的重点对象。在补贴责任的认定和追究上,针对农业保险投标人、保险人、管理机关等不同主体的违法行为,法律应一视同仁,要求其依法公平承担法律责任。第二,监管路径。以监管机构及其职责的设置、监管规则的设计为主要内容。在政策性农业保险立法框架下,农业保险补贴可以作为农业保险监管机构的主要监管职能之一,换言之,立法不以单独设立补贴监管机构为手段,而将该项监管权统归保险行业监管机构。2018 年我国国务院机构改革方案减少多个正副部级机构(其中包括保监会),力图改变各部委职责划分不够科学所带来的"政出多门"等弊端,遵循优化政府机构设置和职能配置的规律,实现一类事项原则上由一个部门统筹、一件事情原则上由一个部门负责的理念。[1] 依照该改革的思

---

〔1〕 参见《速读！国务院机构改革的七个看点》,载人民网,http://politics.people.com.cn/n1/2018/0320/c1001-29878022.html。

路,在政策性农业保险立法中,不应当将农业保险监管与农业保险补贴监管分而治之,以统一的监管机构完成农业保险经营管理监管的所有事务,有利于深化政府职能转变,提高行政效力,降低执法成本。当然,农业保险及补贴的监管效率取决于监管机构是否具有独立性、专业性、权威性,不受其他相关部门指手画脚的干预,以及是否配备有充分的农业和农业保险知识及实务经验的人员,监管功能及目标是否明确,是否具有稳固的立法地位和完善的职权职责设计等因素。就农业保险补贴的监管职权职责,集中在检查、许可、禁止以及处罚等权力。检查权是监管部门对农业保险人、投保人、中介机构、关联性主体等的各项活动进行监督检查的权力,包括现场检查、资料查阅及账户监管等,检查结论可作为补贴适用和监管的主要事实依据。许可权是监管机构对合格主体补贴申请进行审查并依法核准的权力,根据审查情况,相关补贴可以按照保险合同直接拨付,不以保险合同为主要依据的补贴则根据主体申请,经依法审查后予以发放(或者准予减免税等)。禁止及处罚权是指在适用补贴规则过程中,农业保险监管机构有权依法对农业保险法律关系主体及关联性主体的违法违规行为采取责令停止、罚款、追究机构及机构负责人责任等处罚措施,目的是确保农业保险补贴适用合法、合规、合理,真正发挥补贴效益。第三,具体监管规则。将补贴监管纳入农业保险整体监管,意味着监管机构对补贴适用主体的准入、经营、理赔等整个过程均有监管权。准入监管着力于保险人市场主体资格条件的设定与审批、主体权利义务以及退出机制的设计。经营、理赔监管中,监管机构有权通过现场调查等手段进行补贴适用监督,并对不法行为采取适当措施。这些规则与农业保险其他环节的监管无异,与其他环节监管主要的不同在于,补贴重在财政资金或社会资金的运用,为保障资金利用的安全性,资金的审计监管必不可少,而补贴审计不仅仅包括对农业保险人补贴资金的使用审计,也包含补贴项目、对象的确定以及资金拨付的审计。补贴属于有限性资源,使用的合规性、福利性、目标性审计是监管机构的职责,表现为过程管理以及使用效能上的监控,资源的充分使用与有效使用都是其中至关重要的内容。

(4)农业保险补贴责任机制。这是针对农业保险补贴中的违法行为确定对应的法律责任,并以责任追究的方式,给予补贴制度适用必需的国家权威,提高补贴效率。如果说补贴条件、对象、范围等内容的设计是补贴适用的积极机制("奖")的话,那么,对补贴违法行为的责任认定及处罚就是补贴适用的消极机制（“惩”）。实务中，农业保险补贴违法行为表现形式很多，主要集中在农业保险合同主体行为。比如，保险人为骗取补贴提供虚假报告，隐瞒真实的财务资料变相拒绝监管等；又如，投保人虚假投保，有关农业保险补贴适用的信息不真实、不全面，或者在灾害或疫情发生后故意夸大灾情或隐瞒疫情等；再如，为骗取农业保险补贴，投保人与保险人恶意串通，使补贴的经济、社会效益落空等。此外，对于农业保险补贴负有直接拨付、管理的行政管理机构，为避免“权力寻租”现象的发生，如果发现有就补贴资金进行挪用、受贿等行为的，也应依据《行政法》、《行政处罚法》乃至《刑法》等相关律法规进行处罚。对于多种农业保险补贴违法行为，政策性农业保险立法应当区分行为性质及后果，追究相关主体相应的民事、行政乃至刑事责任，并分别予以处罚。农业保险补贴的公平、正义价值离不开责任机制的保障，这是权益实现的最后一道屏障，有助于对损失作出及时的补救。

除此之外，确保补贴资金效益和补贴制度的效率—公平价值最大化的关键还在于政府责任的配置和限度，即农业保险补贴的主要来源还是国家财政资金，政府也主要通过补贴来对农业保险行为进行“政策性”干预，干预的适度性是补贴适用效率的保证。（1）干预的适度性取决于补贴标准的设定。衡量补贴成本与收益来确定最终的补贴额度、方式以及绩效评价，需要对补贴标准设定进行立法化，防止补贴主观性。在政府与市场的相互博弈过程中可以形成科学而客观的标准，以供求平衡为原则，防止政府干预的缺失或偏向。（2）干预的适度性取决于补贴所涉各权力（利）间的制衡。除了政府与市场的博弈，补贴还涉及中央、地方政府相互之间利益的博弈。在补贴标准立法化的设计、施行中，政府及各部门之间的权利配置与权责实施，会影响补贴效益的产生。中央政府要做到“一碗水端平”，这是以各地经济、社会发展水平相当为前提的。而事实上各地农业经济发展水平各异，如何在迥异的客观环境下实现制度适用的公平性，本身是政府的一个大难题，更何况地方政府之间还可能存在利益博弈。所以，前述适用于补贴的《预算法》、绩效预算等可以在一定程度上实现补贴机制适用的科学性和安全性。此外，政府各个职能部门就农业保险补贴规则的施行工作必须要明确分工，划定权责，建立有效的监督机制，以确保各部门提供给本级政府和中央政府的经济数据尽量精准，使对应政府明确自身行为的边界，并以此作出最具效率的决策。补贴制度相当于将保险救济变为法定补偿。在补贴的适用中，政府可以充分调动财政、金融、农业、气象、工商、税务等方面力量，以监管形式参与农险定损等问题，合理配置人力资源，节约运行成本。这可以有效提高农业保险和补贴双方面的绩效。

仍应注意的是，以补贴为形式介入、干预农业保险，并将其立法化，也仍有可能出现“补贴失灵”“政府失灵”的情形。[1] 保费补贴、经营管理费用补贴、税收优惠加上农业保险的高赔付率、高费用率，必然加大国家财政负担。绩效预算可以科学地降低财政支出成本，提高补贴收益，但也可能因为财政支出的有限性而限制政策性农业保险的发展。支出与收入的比重是一个较难把握的客体。所以，市场性的资金扶助和机制协调，是保障补贴机制正常发挥价值的重要因素，如农村金融服务，在降低补贴负担、提高财政资金利用效率上，可以发挥其激励作用。有关政策性农业保险的激励因素将在下一章中做详细分析。

本章小结

本部分内容对农业保险补贴进行系统性研究，这是“政策性”要素的核心内容。立足补贴的基本属性和经济关系分析，以博弈理论、成本—收益理论为论证工具，揭示补贴“介入”农业保险的意义，以及政府与市场、公权力与私权利之间基于补贴“介入”产生的彼此交互、渗透的关系。政策性农业保险要发挥政府与市场的合力作用，必须基于主体博弈结果，将成本—收益理论融入补贴制度改革的实践，完善补贴制度的价值，并在保障农户权利、农业经济产业安全、国家粮食安全等综合价值理念的引导下，修整补贴制度的基本框架和适用规则。农业保险补贴制度的完善，也是以政策性农业保险施行绩效的最大化为目标的。

[1] 公共制度面对变化中的市场需求可能呈现刚性。推及至立法，表现为市场的变化幅度过大过快，可能会使立法的更替迟缓于市场需求。“法律失灵”“政府失灵”等现象有的时候并不一定意味着立法绝对的滞后，很多时候是因为立法缺乏弹性。参见[荷]威廉·范博姆、米夏埃尔·富尔主编：《在私法体系与公法体系之间的赔偿转移》，黄本莲译，中国法制出版社2012年版，第16页。

第五章

政策性农业保险制度激励机制

行为理性可以视为政策性农业保险施行的主观条件。根据理性选择理论，主体的行动决定往往是合乎理性的，在获得足够充分的环境信息和交易信息的基础上，为达到利益最大化目标，对行为及行为方式作出选择。主体依据所获信息进行计算、分析、选择、决策最终方案，正是发挥其主观能动性的完整过程。利用行为人的理性，据以引入法律激励机制，可以左右主体的动机、意向、选择和行动，从而为实现政策性农业保险制度效益最大化提供主体及主观方面的条件。理性选择理论囊括了博弈论、效用论和决策论，通过该理论对主体理性与制度激励进行论证，可以得出以下结论：在制度领域，对主体理性产生的激励因素可以界定为一般机制下的正面与负面激励、关联性机制下的协同激励。在政策性农业保险领域，一般机制围绕合同、经营模式和政府干预产生"奖""惩"效应；关联性机制以同质性的农村金融和农业风险防控机制为载体，以正面确权激励和负面责任监督为激励价值实现路径。

第一节　法律的激励分析对政策性农业保险的影响

一、理性选择与法律激励

经济学上的"理性选择"不是单一的理论形式，而是博弈论、效用论、决策论等理论的统称。法经济学上的理性选择以博弈论和效用论为主要工具，并将其理论发挥得淋漓尽致，尤其是在制度创新领域。[1] 以“理性人”为基础主体，对具有完全意思自治能力的行为人，可以施以效用函数下的各种激励因素（自变量），使之按照各自函数计算、预判既定制度下行动方案的预期效用（因变量），从而理解、接纳、助推制度，甚至参与制度创新。理性选择理论的应用与法律激励的设定，是对政策性农业保险施以关联性金融机制、风险防控机制协同发展的立论基础。

（一）理性选择的要件

经济学上的理性选择理论源于古典经济学家亚当·斯密的“经济人”假设：行为人具有完全的充分有序的偏好、完备的信息、高度的计算和记忆能力，能比较各种行动方案的成本与收益，从中选择净收益最大的行动方案。[2] “经济人”或“理性人”的称谓源于“人的思考、行为都是目标理性的”的判定，“经济人”唯一试图获得的经济好处就是物质性补偿的最大化。[3] 人的理性表现为如何在分析、比较各项利益之后选择自我的最大利益，争取以最小牺牲满足自己的最大需求。理性选择理论的适用以理性经济人为适格条件。不过传统的理性选择理论把可能改变理性人意向、决策、行动的环境、制度等外部影响因素都排除在外，比较单一地来研究理性及理性行为，科斯则将这些原先被排除在外的各种制度因素、外部条件重新纳入理性选择的视野，使环境、制度与行为人具备完全意志能力一起构成了理性选择的必要条件。

1. 理性选择的必要前提

理性选择理论中，人是其目的的理性最大化者，目的外生于决策过程，对实

---

[1] 制度激励理论是制度经济学的内容之一。制度经济学认为个人不是“经济人”，而首先是“社会人”“组织人”。个体所作出的选择并不仅仅以他的内在效用函数为基础，还依赖于他的个体社会经验、所处的社会文化环境等因素。本章以“经济人”“理性人”为主体对象进行博弈分析和效用分析，并不采用环境无关论，依然关注个体与环境的关系，尤其是社会、经济、文化等因素对个体的动机、目的、行为方案的影响。参见[德]沃尔夫·盖特纳：《社会选择理论基础》，李晋、马丽译，格致出版社、上海三联书店、上海人民出版社 2013 年版，第 98～99 页。

[2] 参见魏建：《理性选择理论与法经济学的发展》，载《中国社会科学》2002 年第 1 期。

[3] 法律经济学与新制度经济学之间有很多重叠交叉之处，对理性效用最大化问题最大的鸿沟来自后者对其持怀疑态度，如科斯认为该基石毫无意义。但是在行为人的理性选择中，“人们会给自己的机遇排序，并选择最佳机遇”，尤其是在契约中，选择最优价值、最低交易费用是效用最大化最简单的诠释。参见[美]理查德·A. 波斯纳：《超越法律》，苏力译，中国政法大学出版社 2001 年版，第 504～506 页。

现手段的唯一要求就是它能使目的实现达到最大化程度。[1] 依据该基本思想，在利润或效用最大化的目的导向下，行为人的决策依赖于对环境信息的充分把握、对政策制度的完美利用以及对实现工具的正确选择（很多时候各工具需要行为人自行开发、创设）。

(1)行为人决策以利润或效用最大化为目的导向。这包含了两层含义：一是行为人具备完全意思自治能力，能对自己的动机、目的有着尽可能精准的判断和预估，并能通过评价、意向、决定、行动为自己目的的实现创造条件；二是理性人往往以利润最大化为意志内容，其几乎所有的主观能动性都是为了该目的展开，包括：对环境、制度的把握，对手段、工具的选择，对决策、行动的实施等。围绕利润最大化的终极目的，主体的行动决定是合乎理性的，即为了达到目的而选择适当的、合乎成本—收益框架的手段，这也是形成理性选择中的工具理论假定的主要依据。当然，主体决定的理性，又建立在主体获得充分信息的前提下。

(2)行为人决策的理性以对环境信息的充分把握为基础。经济学上以完全信息假定来作为理性选择的排他性条件，认为主体必须获得足够充分的有关周围环境的信息才能进行理性判断。[2] 该条件同样适用于法经济学上理性选择的前提。只是，依主体的认知、经验、经历，并不是每一个主体都能对自身所处的环境予以充分的了解和把握，尤其是如公共服务、政府行政、政策制度等软环境信息。那么，环境信息是否可以通过一定的机制予以公开、公示、评价，以辅助行为主体对环境信息的掌控，帮助各主体计算、分析、获得有助于其实现最大效用的决策方案。据此，环境信息其实包含了制度信息，信息的获知与掌握又成为对政策制度进行完美利用的前提。环境信息中还有一个重要内容就是行为人与他人之间的利益交互，这种利益交互是博弈论的理论前提，即决策时，每个行为人不是孤立的，需要考虑他人的选择和他人选择对自己预期效用函数的

---

〔1〕 参见吴朋飞：《理性批判与科学重构——马里奥·邦格社会科学哲学思想研究》，山西大学 2015 年博士学位论文，第 112 页。

〔2〕 新古典经济学理论以个人和企业为理性的最大化者，但是又常规性地采用了一些不现实的假设，比如信息无须费用，成本和收入的计划像数学那样恒定等。法经济学上的理性选择则采用信息成本论，即环境是影响理性选择的重要因素，信息需要成本，并计入期望效用函数的自变量。参见［美］理查德·A. 波斯纳：《超越法律》，苏力译，中国政法大学出版社 2001 年版，第 490 页。

影响，同时，也应当将自己的行为、决策可能对他人产生的影响纳入考量范围。

（3）行为人的理性决策以对政策制度的完美利用为前提。对理性人而言，政策、制度可以是环境因素、环境信息，也可以是手段和工具。前者意味着只有获得充分的政策制度信息，并对其进行有价值的效用分析，才有可能循着政策制度导向作出理性的、合法的决策；后者则预示着政策制度是促使行为人决策实现的必要条件，制度中包含着可使行为人效用或利润最大化的实现条件，[1]如何正确解读和适用制度就成为行为人理性选择的主要内容之一。如上一章中论证的农业保险补贴及相关制度，是农业保险投保人、保险人及相关主体降低风险与成本、提高收益和收入的必要条件，而要实现该制度导向下的行为收益最大化，投保人、保险人等必须正确领会并适用该项制度，将制度作为行动的标尺，也作为获益的工具。

（4）对工具的正确选择和应用是行为人实现利润或效用最大化目标的关键。在理性选择的路径上，政策、制度、关联性机制等都可能成为行为人实现最终目的的工具。当然，很多时候行为人还需要根据客观环境条件自行开发工具，创造条件以满足利润最大化目标，或者具备相应的实现指标。显然，在法经济学理论框架下，就工具自设的条件而言，行为人的理性选择更具主观能动性，这也给予了行为人参与制度改革、助推制度创新的可能。理性选择理论中的利润或效用最大化假定，以预期效用理论为更进一步的理论发展。预期效用并不否认目的外生于决策过程，也仍然强调行为与目的的一致性，但是，该理论将决策者的效用作为追求目标。政策性农业保险立法以农户（投保人）及其所在农村和所从事农业经济的终极收益为目标，并兼顾农业保险行业的稳定发展，符合预期效用理论。该理论下，允许行为人比较不同手段、比较不同概率分布下不同可选方案之间可能产生的不同效用水平，以作出能够实现效用最大化的行为决策。该理论方法同样可以适用于政策性农业保险立法的设计，即在确定统一目标的前提下，预估预期效用，比较不同行动方案。为使比较可以进行，允许适用预期效用理论下对效用函数设定的关于通约性、可传递性、占优性和偏好

[1] 盖特纳在其《社会选择理论基础》的数理论证结论中称“多数规则能够被视为在一个制度化的背景下个人观点加总的适当机制”。个人理性会影响制度的构成，制度的构成中往往体现社会总体利益的呼声，同时又影响个人理性。参见［德］沃尔夫·盖特纳：《社会选择理论基础》，李晋、马丽译，格致出版社、上海三联书店、上海人民出版社2013年版，第287页。

不依赖于选择程序的无关性等条件。[1] 无论是采用何种方式或手段，最关键的是在选择过程中行为人可以信赖并接纳外在制度环境，甚至在工具自设的思路中主动参与影响自己决策的各种规范法律，从而使制度激励成为可能。[2]

2. 理性选择的目标与内容

对个体行为人而言，理性选择的目标在于利润最大化；对同一社会群体而言，每个个体理性选择的理想状态是促使财富最大化假设得以实现；在宏观立法或制度激励角度，利润或效用的最大化又离不开社会利益均衡目标。而无论是宏观还是微观目标的实现，能够促使行为人以及群体进行最佳行动方案设计的各种制度激励，是其在理性选择的路径上必须考量的环境因素，同时该因素又进一步促成理性选择的形成。

（1）社会财富的最大化是在对个体利润最大化的适当约束前提下实现的。单个行为人在决策中按照自我利益最大化标准选择最佳行动方案，实现个体在目标和手段之间的均衡。根据预定目标，个人在比较诸多行动方案后作出决策，意味着对其他方案的放弃，而后者也许包含了对其他个人利益实现的激励因素，且这些因素并不损害行为人的利益，只是其利益可能会受一定程度的削减，且这种程度的削减并不至于行为人完全排斥该行动方案。这就为社会财富的最大化提供了基础，即行为人有可能在接受适当约束条件下调整自己的行动方案，其调整后的方案不一定是其按照自己的效用函数选择的最优决策，但对社会整体而言则是实现财富最大化的最优方案。一般而言，社会财富的最大化以社会利益实现均衡为前提，即必须是社会的每一个成员都实现了利益最大化；但是，在给定资源有限的条件下，这样的社会均衡状态较难形成，社会各成员必然将面临资源占用的“此消彼长”局面，真正的均衡性以各成员彼此进行自我约束、“牺牲小我成就大我”的路径形成。这对于天生追求自身利益最大化的“理性人”而言显然是非常困难的。要实现社会均衡下的财富最大化，首先要使社会成员具有同一的社会追求目标，不在同一社会追求目标下的社会成员是无法达成均衡的；其次要创建一种有效的激励机制，能促使各社会成员为实现相

---

〔1〕 预期效用理论是博弈论的基础理论，因而其效用函数条件也与博弈论运算条件一致。

〔2〕 该结论也是参照盖特纳的《社会选择理论基础》的结论提出的，即制度设计的条件多源于社会主体多数的选择项。参见［德］沃尔夫·盖特纳：《社会选择理论基础》，李晋、马丽译，格致出版社、上海三联书店、上海人民出版社2013年版，第286～287页。

同目标彼此协同;最后形成相同目标与制度激励手段的相容。相同目标是约束个体在利润最大化实现过程中进行厚此薄彼(甚至损人利益)选择的主要条件。让目标选择先于行动选择,使行为与目标保持一致性,确保行动一致。政策性农业保险将"三农"作为立法的终极目标,把政府、保险人、农户、农业互助组织、农业风险保障基金以及农村信贷机构等主体的行为、决策框定在该宏观目标下,在形成松散型、却又较为稳固的利益共同体的基础上,立法要构建的就是如何通过制度激励的方式促使各主体为共同目标的实现而积极作为,使农业风险功能和价值最大化。

(2)均衡分析不排斥部分个体利益最大化在社会群体中率先实现。社会利益均衡不是否定个体利润最大化,而是防止经济市场利益不均衡导致不稳定因素的增长。在理性选择理论中,均衡分析方法是分析行为人之间关系的基本方法,博弈论可以将该方法完善化、且更为成熟,很大原因在于它承认个人理性与集体理性的并存以及两者之间产生的冲突,并为个体利益最大化与社会整体利益最大化的共同实现提供了分析方法。突破信息完全和市场充分竞争的假设,将信息成本和对策成本纳入理性选择的影响因素中,意味着在博弈论下,个体已经无法纯粹按照自己的效用函数在运算中获得最佳行动方案。[1] 集体理性或集体财富最大化的社会追求将个人选择的适用大大缩减了,共赢、均衡成为个人在追求利益最大化过程中的必要约束。如果个人的行动方案忽视或背离共赢、均衡价值,那么,其结果可以是集体利益的减损、竞争秩序的紊乱和社会财富的流失。反过来,当社会整体资源非常有限的情况下,无法全面均衡社会收益,这时,在不损害其他个体及集体收益的情形下,可以允许部分个体按照其最佳行动方案获取最大化财富,但是必须掌握方式方法以及尺度。社会利益的均衡以利润最大化为前提,利润最大化又以社会利益均衡为必要的限制。该规律并不能通过市场资源配置实现,而需要制度的引导、约束和激励。政策性农业保险的试点推行,很大程度上允许符合条件的农户利用该机制以十分低廉的成本、非常充分地分散风险和获取风险保障收益;当试点形成成熟经验后,这种

---

〔1〕 有观点认为,一个自由主义社会将会在竞争性的善观念之间最大限度地保持中立。从某种意义上来说,个人的自由会受到社群意愿的约束,而形成自由主义与社群主义的冲突和相容。参见[英]史蒂芬·缪哈尔、亚当·斯威夫特:《自由主义者与社群主义者》,孙晓春译,吉林人民出版社 2007 年版,第 59 页。

部分收益的最大化可以扩展到社会整体收益的最大化，即实现政策性农业保险的终极目标。“试点＋普及”的路径中，有政策性农业保险诸多政策法规护航，也有多种工具式的制度因素左右着农业保险法律关系主体的动机、决策以及行为。

（二）法律激励的一般机制

制度激励构成了行为人理性选择的重要外部环境因素，上升为立法，常常表现为法律对行为人意向、评价、选择、决定以及行为的界定、规则的设计以及责任的认定与追究。按照基础性和关联性法律关系的分类，制度性激励因素也可以大致区分为一般机制激励和关联性机制激励两类。一般机制下，一项制度可以依据一定机理对行为（尤其是具有竞争性的市场行为）产生激励，其机理有：(1)正面激励，表现为合规范化的积极行为效益；(2)负面约束，表现为有悖规则的消极行为责任。立法通过权利授予和责任追究来实现行为激励及规制的目的。关联性机制下，制度的激励因素主要是利用各经济行为及行为效应的交叉性和相容性，对制度进行协同分析，形成相互激励的路径，发挥制度功能最大化，并转而实现对（经济）行为进行有效激励与约束的预设目标。法律或制度激励的一般机制是最为基础的行为人效用函数中的自变量，正面与负面激励的不同作用方式在法治实践中以“赏”与“罚”为关键词。在当代中国的法治进程中，法律激励理论的实践也正是以正向激励和反向激励两个维度为基础，搭建起激励机制的平面模型；在这一平面模型中充当核心角色的是法律权利与法律义务。[1]

1. 正面激励（正向激励）

如前所述，行为人进行理性选择的时候有两个基本前提：一是人们知道什么对于他们是最好的，并依此行动；二是外部环境会影响人们的决定，人们也愿意根据制度环境改换自己的行动方案。基于这两个前提，法律对行为人理性选择产生的正面激励往往通过赋予积极效益来实现，包括授予某种权利、给予某种利益等，在法治实践中以“赏”为关键词。而且，这种积极效益并不仅仅局限于立法层面，在执法、司法、守法等法律运行的各个方面都可涉及。

根据期望激励理论，将法律上的权利义务作为行为调节的杠杆，可以迎合、

---

〔1〕 参见丰霏：《当代中国法律激励的实践样态》，载《法制与社会发展》2015年第5期。

唤起并强化行为人趋利避害的本性，改变行为人的行动方案，促使激励机制生效，从而实现激励相容的效果。〔1〕 当法律希望人们按照其既定的方向去行为时，会为该行为增设法律上的有利结果，并且为该行为的发生创造有利条件，以增加行为结果的概率，增加期望值，法律还为此对行为人增设福利、奖励及类似的积极后果。激励机制之所以产生预期效果，在于行为人对决策的选择、行为的发生是否可以增加其预估的期望值。在正向激励中，这种激励方式多表现为诸项保障性、权利性规定，具体在法律条文中陈述为“可以（获得）”“应当享有”等，〔2〕使行为人主观期望值客观化为法律适用后果（“立法的实现”）。〔3〕 当然，这也取决于立法具有有效的实现力。如果保障性规定缺乏实现力，致使行为人的期望值过低甚至期望落空，那么激励功能或效果就会归于零。

在传统观念中，法律激励主要是以禁止、否定来实现其惩罚和威慑功能，遏制不法行为的发生。〔4〕 在现代社会，法律激励更多的源于法律满足人们正向需求和期望的属性。在成本—收益的基本框架下，理性人自主决定着自己的行为方案以获得最佳结果。能够为理性人期望的实现提供有效条件并增加实现概率的法律，显然更具被需求性和行为原动力。按照期望激励理论，期望的利润能够刺激或鼓励行为，法律制度通过增强法律行为的结构性、要件性而提高行为人的期望实现概率，为行为的取向、程序、方式提供了指导和规范。这对于富有想象力和经验的理性人而言，在决策前反复运算效用函数、反复权衡行为得失的成本太高，指导性法律制度或机制大大降低了该成本，趋利避害的本性也

---

〔1〕 期望激励理论由弗鲁姆创立。他认为，激励力量，即激励个人去执行行动的力量，是“所有结果效价和他对行为能够导致结果的期望这两者的乘积的代数和的单调递增函数”。用简单的公式表达就是 $F = V \times E$，其中 F 代表激励力量，V 代表效价，E 代表期望值。这即“期望激励力量命题”，其数学表达式参见［美］维克多·H. 弗鲁姆：《工作与激励》，载［美］J. 史蒂文·奥特等编：《组织行为学经典文献》（第 3 版），王蔷等译，朱为群等校，上海财经大学出版社 2009 年版，第 189～190 页。转引自丰霏：《当代中国法律激励的实践样态》，载《法制与社会发展》2015 年第 5 期。

〔2〕 参见丰霏：《当代中国法律激励的实践样态》，载《法制与社会发展》2015 年第 5 期。

〔3〕 梅因在《古代法》中说：“社会的需要和社会的意见常常是或多或少走在‘法律’的前面的。我们可能非常接近地达到它们之间缺口的接合处，但永远存在的趋向是要把这缺口重新打开来。因为法律是稳定的；而我们所谈到的社会是进步的，人民幸福的或大或小，完全取决于缺口缩小的快慢程度。”法律要与社会、经济发展相适应，以实现法律的目的，必须运用一些方法适时地使法律与社会相协调，这也决定了社会整体福利水平。参见［英］梅因：《古代法》，沈景一译，商务印书馆 1959 年版，第 17 页。

〔4〕 参见申来津：《法律与行为选择：法律激励及其发生机制》，载《法学杂志》2006 年第 4 期。

将使理性人趋向维护既有的有效法律（有效实现个体利润最大化和社会财富最大化），甚至投身参与激励性制度的变革。

2. 负面激励（反向激励）

与正向激励相反，反向激励针对的行为是法律制度所希望避免的，所以会为该行为增设法律上的不利结果，并为其发生设置阻碍条件，减少行为结果的可能性，从而减少期望值。为强化反向激励的效果，还将为行为增设法律上的不利后果，这种后果在法律条文中一般陈述为“必须承担……的法律责任”，即所谓的“罚”。反向激励多以威慑、遏制为关键词。威慑与刑罚的严厉性、确定性、及时性密切相关，也与威慑对象切实的感受度不可分割。行为人根据法律明示的义务或责任进行效用函数各个自变量的预设，对自身行为方案进行运算、评价，所形成的结果的负效价〔1〕是其停止行为或及时改换方案的最直接动因。

传统概念中，制度的激励功能主要由义务性、惩戒性规则来实现，人们多持有这样一种观念，“重罚之下有良民”。殊不知，在理性人的效用函数中，利益博弈、环境、制度因素是其运算行动方案的自变量，惩戒、处罚并不是理性行为的选择项。与非理性人追求利润最大化目标的方式不同，理性人行动方案的演算更具主观能动性。当社会同一利益群体形成统一利益诉求，理性人的诉求又将同时成为制度激励的因变量和自变量。〔2〕

---

〔1〕 效价（valence），指的是人们对某一结果的积极或消极的价值评价。如果结果是令人满意的、可接受的，那么该结果为正效价；如果结果既不令人满意、也不令人沮丧，是无所谓的，那么该结果就是零效价；如果结果是令人不满、希望避免的，那么结果就为负效价。“事实上，我们将获取效价的方法看作是它们和目标间期望关系的结果。”效价正负值的大小依据接受或排斥的程度而相应增加或减少。更确切地说：“对于一个人来说，一个结果的效价，是所有其他结果效价与他对达到那些其他结果的手段的主观认识的乘积的代数和的单调递增函数。”参见［美］维克多·H. 弗鲁姆：《工作与激励》，载［美］J. 史蒂文·奥特等编：《组织行为学经典文献》（第3版），王蔷等译，朱为群等校，上海财经大学出版社2009年版，第189～190页。转引自丰霏：《当代中国法律激励的实践样态》，载《法制与社会发展》2015年第5期。

〔2〕 该逻辑早在罗马法中就有体现。“罗马人认为他们的法律制度是由两个要素组成的”，一是一个民族所制定的特定法律即“民事法律”，二是“由自然理性指定给全人类的法律”即“民族法”或者“自然法”。后者所称的自然理性，源于自然衡平和自然理性，与理性人的自主选择同出一源。参见［英］梅因：《古代法》，沈景一译，商务印书馆1959年版，第59页。

二、政策性农业保险的关联性激励机制

把制度激励理论引入政策性农业保险,法律的正面激励和负面激励对应的范围和方式具有更为丰富的外延,这也是由政策性农业保险包含基础性与关联性两类关系有关。除了一般的正负向激励机制外,在关联主体之间,还以不同的理性选择、行为形态对彼此形成外部环境因素,并发挥激励效用。

(一)正面激励

根据行为人的自主性和参与性程度不同,法律制度的激励性可以分为能动激励和机械激励,两者的根本区别在于激励客体自主性的有无及其程度。[1] 机械激励的作用机制中,激励因素比较单一,一般为定向激励,对客体的激励程度较低甚至为零。能动激励是指"以个体行为动力的多元化、行为向量的分散化为前提所发展出来的为行为个体的自主性和能动性预留下较大空间的他方激励"。[2] 这种激励方式下,激励者通过设置激励因素,运用激励方法诱导被激励者在相当范围内发挥行为自主性。能动激励被运用到政策性农业保险制度中,表现为立法的供给者以设定同一目标为前提,以赋予各主体以特定的权利,引导各主体在农业保险体制中发挥各自的主观能动性,并实现最终目标彼此协同,激励的最终成果与立法设定的同一目标相匹配。政策性农业保险立法的正面激励符合能动激励的特质,以"确权"为主题词,对与农业保险相关的农业金融服务可获权、农业风险管理权、农业风险保障权的范围、行使方式、实现途径进行规定,指导行为人进行理性选择。

1. 农业风险管理权与农业风险保障权

关于农业"风险管理权"和"风险保障权",在本书第二章第二节关于"政策性农业保险主体间利益博弈的具体表现"中已有较为完整的论证。农业风险管理权主要在政府、保险公司、农业生产经营者(及农业互助组织)以及农业信贷

---

〔1〕"能动激励"与"机械激励"的概念借鉴乐丰霏《法律激励的理想形态》一文,该文认为要实现制度激励的功能,不仅需要构建明确的价值目标,而且还需要设计具有高度科学性、合理性的激励机制。参见丰霏:《法律激励的理想形态》,载《法制与社会发展》2011 年第 1 期。

〔2〕机械激励是指以个体行为动力的单一性、行为向量的集中化为前提所发展出来的将个体行为视为对外部条件的机械反应的他方激励。法律制度的"机械激励"是激励因素单一化的"一元激励",同时也是激励方式集中化的"定向激励"。参见丰霏:《法律激励的理想形态》,载《法制与社会发展》2011 年第 1 期。

机构之间进行分配。政府作为宏观主导者，保险人、农村信贷机构作为市场参与者，农业生产经营者作为受保障者，分别从宏观、微观和目的导向等方面分享风险管理权的收益，并承担对应的义务和成本支出。农业风险保障权同样涉及政府、保险人、农村信贷机构、农业风险保障基金以及农业生产经营者等主体，与风险管理权在各主体间的分配机制不同，风险保障权以保障农户为其主要内容，其他主体通过各种行为机制实现被保障收益，当然前者需要承担必要的诚信义务。农业风险管理权和风险保障权构成了政策性农业保险法律关系主体权利的主要实现路径，也以各自独特的作用机制对各主体积极投身农业风险管理事业起着促动作用。制度的激励功能也由此实践。关于这两项权利的属性及作用机制，因前文已有论证，此处不再累述。

2. 农业金融服务可获权

(1)含义。该项权利以金融包容概念为基础，具体指以金融服务在农村实现包容性增长、农业经济获得充分融资供给的基础上，农业生产经营者及其他相关主体可以有效、及时、充分获得金融服务的权益和利益。授予农业生产经营者以金融服务可获权，目的在于提高其融资能力、有充足的资金投入生产经营、技术更新和扩大规模，提升经济实力和产业竞争力，提高风险应对能力。农业生产经营者的经济实力和风险应对能力的提升对于保险人而言，意味着经营风险的降低；对于政府而言，意味着风险管理力量的壮大；对于农业金融机构而言，意味着金融风险的降低。这些优势诠释了将该权利纳入政策性农业保险的激励机制的缘由。农业金融服务可获权的享有者可以是农业生产经营者，也可以是农业互助组织、农业风险保障基金等相关主体。农业互助组织是以农户自力救济为内核、以互助救济为形式的组织体，在政策性农业保险中可以代表农户集体投保，更具凝聚力和投保实力。农业风险保障基金既是农业生产经营者风险分散机制的参与者，也是和农业信贷机构一起向农业生产经营者提供资金援助的主体。当然，农业风险保障基金一般提供的是灾害救济基金，农业信贷机构则不以灾害发生为提供资金的依据。在灾害后果过于严重且无法获得及时恢复的情况下，农业信贷机构金融服务供给积极性会受到严重影响。农业金融服务可获权的义务主体主要是农业信贷机构，包括一般的商业金融机构、专门化(政策性)的农业信贷机构以及合作性农村金融机构，比如村镇银行、小额贷款公司、农村资金互助社等专门向农业、农村、农民提供信贷业务的金融机构。

(2)激励效应。“金融包容就是被金融体系排斥的人们能够有效地获得和使用金融服务。”[1]金融包容性增长是改变农村金融服务供给短缺现象后的主要表现。[2] 要提高金融包容,措施之一就是向客户提供小额信贷,该措施在农村金融系统中较为实用。毕竟,大部分农户的生产经营规模有限,单个借款人对贷款的需求额度不大,小额信贷足以满足其要求。同时,随着农业现代科技发展需求与农民经济收入提升速度无法完全、及时对接的矛盾越来越凸显,农民、农业经济对资金流的总需求逐渐增大,对信贷资金的需求数量(按照需求户数计算数量)也在逐年扩大。然而,和其他信贷业务不同的在于,农村信贷业务的对象——农业生产经营的风险过高,加上农户经济水平偏低、缺乏规模化与集约化生产、缺少可流动性资产担保等原因的存在,使农村小额信贷的风险较高。如果按照高风险管理指标,采取一般金融业务监管标准对农业信贷机构采取更为严格的监管门槛和监管措施(如资本充足率、呆账准备金等),会使得这些信贷机构知难而退,借款人(农业生产经营者)愈加无法有效获取农业金融服务,产生金融激励落空的负面效果。以“农业金融服务可获权”为载体进行的机制激励,所产生的效应有两个方面:一是对农业信贷机构变换监管方案,使其有足够的积极性经营农业金融业务,为农业生产经营者提供充足而有效的金融服务;二是加大对农业生产经营者、农业互助组织以及农业风险保障基金等主体的信贷供给,降低信贷门槛,提高金融服务供给效益。从金融包容的角度看,对农业信贷机构的监管应当遵循激励相容和成本效益的原则,激励相容原则强调监管措施以激发信贷机构向贫穷地区人群提供金融服务的积极性为任务,兼顾金融机构稳健运行;成本效益原则考虑监管成本与效益的对应性,监管以预防

---

〔1〕 参见周仲飞:《提高金融包容:一个银行法的视角》,载《法律科学(西北政法大学学报)》2013 年第 1 期。

〔2〕 2005 年联合国提出金融包容性增长概念,强调通过完善金融基础设施,以可负担的成本将金融服务扩展到欠发达地区和社会低收入人群,向他们提供价格合理、方便快捷的金融服务,不断提高金融服务的可获得性。2007 年,亚洲开发银行提出包容性增长,倡导机会平等的增长,以此消除因个人的环境差异(如所处的地理区域、家庭背景)而造成的收入差距。金融包容性增长是社会包容性增长实现的重要组成部分。参见王静、周立群:《金融包容性增长:台湾地区新农业金融体系经验借鉴》,载《农村经济》2014 年第 4 期。

或降低业务风险与金融系统风险、保护存款人为主要指标。[1]

(3)激励机制。第一,政府要做好金融规划,为农业金融提供必要的政策支持。农业信贷、农业保险、涉农证券、农业信托甚至农业风险保障基金等均属于我国农业金融体系的构成部分,政府的金融规划需要考虑各类金融业务的特点,根据其在农村的业务份额,施以适当的监管措施和政策激励。[2] 金融规划以培育优质农业企业、提高农业抗风险能力、提升农业人口经济收入水平为主要目标,业务内容包含对农业企业提供小额贷款、发行短期融资券,向农民提供小额人身保险和小额信用保证保险,在农村发展信托投资基金等投融资平台等。政府发挥财政资金的引导作用,撬动金融资本(以及社会资本)投向农业产业,引导的同时加强金融监管,并根据金融行业发展需求提供适当、宽松、安全的政策环境。如对农业信贷机构实行低法定准备金率、差别存款准备金和利率政策,改善再贴现、再贷款等支农政策,构建信息安全平台,为金融行业提供政策信息、主体(借款人、委托人或投保人等)信用信息等,降低风险发生概率。第二,金融机构要提高金融服务质量。信贷机构要做好信贷产品开发,完善网点服务;保险机构要根据农业产品特点扩大险种类别和保障范围;证券行业可以根据农产品生长周期及农业灾害发生情形设计产品,比如在农产品期货基础上发展期权产品,化解和转移价格风险,满足农民避险需求。第三,要形成和完善农村土地流转(金融)制度。以农业信贷为例,风险主要来自借款人提供的担保不合格或者担保物不具有可流通性,因而导致了信贷坏账率一定程度的增加。目前土地承包经营权已实现一定程度的流转、抵押和入股等。此类处置权对于农户来说是增加了融资和投资能力;对于金融机构来说,可以降低涉农业务风险。目前比较有争议的农村宅基地使用权,还未能成为信贷担保的合法方式,

---

〔1〕 周仲飞教授在《提高金融包容:一个银行法的视角》文中称,对于吸收公众存款的小额信贷机构,除了有限制地适用审慎监管措施外,更多应适用非审慎监管措施,包括:督促董事会或管理层建立完善的内部风险管理系统,加强小额信贷机构的信息披露,放宽自然人、非政府组织进入小额信贷业务的准入门槛等。

〔2〕 2012 年 5 月 16 日,中国人民银行、浙江省政府联合印发《关于在浙江省丽水市开展农村金融改革试点工作的通知》,决定在浙江省丽水市开展农村金融改革试点工作,同意实施《丽水市农村金融改革试点总体方案》,资料来源:http://www.gov.cn/jlzg/2012-05/17/content_2139498.htm。2016 年 6 月 27 日中国保监会(已撤销)、浙江省政府关于印发《浙江省宁波市保险创新综合试验区总体方案》的通知(保监发〔2016〕50 号),在宁波市设立国家保险创新综合试验区,在方案中关于农业保险体系,提出要“丰富‘三农’保险产品体系”。

主要障碍也在于其流转权未经法律完全认可，尽管有一定程度的伸缩余地，但是仍在法外徘徊。[1] 第四，增强政策性金融创新力度，实现农业金融各门类相互间的业务关联。农业信贷与农业保险之间的业务关联性在实务中十分紧密，与信贷机构和借款人之间的借贷关系相比，信贷和保险之间是松散型的信用合作，这与两者本身均属于农业金融系统构成力量有关。扩大农村金融主体的金融能力和抗风险能力，意味着扩大其金融自主权，即扩大融资、投资、放贷和运用金融工具的各项能力，允许其根据农村市场不同层次的资金需求和客户资信情况，在遵循基本的风险规则基础上，自行调整信贷结构，放开小额信贷利率限制。[2] 第五，其他方面。建立和完善农产品衍生金融产品制度，比如期货期权，使农户可以增强主动抗击市场风险的能力。农业部（已撤销）办公厅《关于开展2016年度金融支农服务创新试点的通知》就明确鼓励各省、自治区、直辖市开展针对不同区域、产业、主体的财政促进金融支农模式探索试验，重点探索运用保险以及保险与其他金融工具融合促进我国农业现代化发展的有效模式，包括探索"保险 + 期货/期权""保险 + 信贷"等金融保险融合创新。[3]

（二）负面激励

对应法律的反向激励，政策性农业保险中的负面激励主要围绕农业金融行业、风险管理法律关系中主体所应承担的法律责任。[4]

可能引起政策性农业保险负面效应的行为往往与利益的争夺有关。从微观经济学角度分析，资源的有限性是行为人在利润最大化追求过程中产生冲突的缘由。从制度学角度看，立法对权利规则设计不够科学是导致资源配置不公

---

〔1〕 参见冯张美：《"小产权房"流转问题之法经济学分析》，载《浙江社会科学》2014年第7期。

〔2〕 参见张宇润、江玉荣：《农村金融创新的法律激励机制探析》，载《学术界》2013年第10期。

〔3〕 2016年3月农业部（已撤销）办公厅《关于开展2016年度金融支农服务创新试点的通知》（农办财〔2016〕12号）是根据2016年中央1号文件以及中共中央办公厅、国务院办公厅印发的《深化农村改革综合性实施方案》等文件作出的，该通知就金融服务"三农"部署了各项工作。该文件为农村金融改革、财政支农新机制的试点工作定下了基本的基调。

〔4〕 根据法律责任逻辑，如果主体未能依法履行服务供给义务、未能妥善行使风险管理权风险管理义务等的，就应当对由此给相关主体造成的损害承担相应的民事赔偿、行政处罚甚至刑事责任。

平、产生主体利益冲突的主要缘由。[1] 政策性农业保险立法通过农业金融服务可获权、农业风险管理权、农业风险保障权等各项权利形成正面激励。如果行为人（尤其是义务承担者）为获得市场中的更优地位，漠视以上权利或有其他损害金融消费者利益、社会公益、国家利益行为的，就有可能形成反向效应。具体不当行为表现为：(1)农业金融机构未向农户提供有效金融服务，或者在提供金融服务过程中未尽宣传、指示等义务导致农户的农业金融服务可获权落空；(2)为谋取更高收益，农业信贷机构将从农村吸取的公众存款转移至城镇工业企业或服务型企业，使农村金融规划效益降低；(3)在农村金融规划、监管过程中产生“权力寻租”等现象，农业金融机构为获取财政资源及竞争优势，向政府或政府工作人员行贿，后者玩忽职守，使金融资源未能有效发挥对“三农”的作用；(4)为降低自身风险负担，政府、保险机构、农业生产经营者及其他风险管理者采取不当转嫁风险的行为，比如政府未尽监督之责、保险人未尽调查和建议的义务、农户未及时采取措施避免损失扩大等；(5)与(4)类似，各主体在农业风险保障机制中未尽保障之责，致使风险扩大或保障效益降低。该类负效应行为主体还可以包括农业风险保障基金、农业互助合作组织等。

在行为理论上，通常会假定国家按照社会福利最大化目标制定和执行法律，并假设法律零成本运行。而事实上法律可能并不完备，所以国家无法阻止市场交易者的各种机会主义掠夺，无法克服社会财富的不当流失；甚至于在“潜在利润”丰厚、“权力寻租”猖獗的情形下，国家因其代理人（政府或其他被授权机构）履职不当，可能成为最大的财产侵犯者。[2] 这是法律制度产生负面激励的原因之一。法律的负面激励有的时候还源于制度完备的过程性，即如果法律制定完备，但从制定到执行又需经历若干跨越，设计极为完善的法律也有可能得不到执行，或者执行效果与立法初衷相差甚远，以致对行为人行动方案的引导、评价效能甚微，以致从立法成本角度去衡量，低执行收益会意味着成本—收益的失衡以及效能的落空。在法经济学理论上，要使制度效益尽可能达到最理

〔1〕 我国台湾地区学者林立在其著述中曾批判美国司法的高度弹性和政策导向考量，会“使得诉讼者的命运处在高度的不确定性中”，同样，“没有既定的法律权利和没有办法基于既有法律请求某种既予的权利”，会使“法的安定性被破坏殆尽，人民将束手无策”。参见林立：《波斯纳与法律经济分析——一个批判性的探究》，台北，学林文化事业有限公司2004年版，第245页。

〔2〕 参见戴治勇：《执法经济学：一个文献综述》，载《管理世界》2008年第6期。

想值,并避免可能的高昂执行成本,可以利用市场方式,把法律当作价格规则,让允诺这一价格或愿意遵行这一规则的人获得既定的交换利益;同时,以消极行为下的责任机制,使不循法者承担价格竞争上的不利。正负利益激励是影响人们行为选择的内生性机制,可以左右人们决策。这是将法律执行后果纳入经济学论证的结果,用以解释法律市场理论与供给理论对执法和司法过程的作用机制,其目的也不外乎是促进法律的完备化和实现执法追求的社会福利最大化目的。至于对待上述具体的产生反向激励因素的各类不法行为,在政策性农业保险立法中,可以设计立法条文按照行为类别、情节以及所造成后果的恶劣程度确定行为主体所应承担的法律责任,明确责任范围、责任承担形式、补救措施等。

第二节　政策性农业保险的激励相容机制

法律激励分析下,政策性农业保险制度的架构视角应当更为全面,这是确保立法体系架构的完整性和具体条款设计的科学性的必要。在宏观视角,灾害损失补偿体制、金融服务可获性机制等均可成为左右政策性农业保险效能的激励因素,立法不能将这些关联性因素置于一边,对政策性保险机制作孤立研究。将这些因素构建为政策性农业保险的互联式激励机制,可以实现机制收益最大化。

一、政策性农业保险与农村金融服务互联经验

农村金融体系、灾害救济系统等关联性机制,会对政策性农业保险的施行产生积极的外部激励。因而,立法应当为各关联要素提供扩展式适用规则。实务中,以增强农业金融服务可获性、推进农村配套基础设施建设等为目的的政策措施在世界各国及地区多有尝试,也获得了一定的经验和成果。

(一)国外农业保险与农村金融服务互联经验及评价

1. 美国模式

有关美国农业经济发展及农业保险立法改革的进程和变革在本书第三章第二节中已有详细的介绍。农业保险与农村金融服务互联的实践,在美国农村

金融市场上,以“保险+期货”的形式最为典型。由于期货市场具有价格发现功能,美国在设计农业保险产品时参考期货市场确定政策执行价格,将保险机制与期货市场有机联系,并由此创新并增加了收入保险、价格保险等险种。[1] 目前收入保险在美国农业保险体系中占据了主导地位,以收入(价格和产量的乘积)低于一定水平作为农业保险赔付条件。价格保险由收入保险而衍生,美国农业收入保险产品设置了预期价格和收获价格(该两项价格均参考期货市场)来衡量价格变动。在产量不变的情况下,当作物的收获价格低于预期价格一定水平时,农险公司将根据价格保险合同进行赔付。收入保险和价格保险涵盖了大米、玉米、大豆、棉花等十余种农作物。[2]

2. 菲律宾模式

有关菲律宾的农业经济发展基础及状况在本书第三章第二节中也已有详细的介绍,至于农业保险与其他农业金融服务行业的互联,主要体现在保险与信贷的相互约束。菲律宾采用强制保险与自愿保险相结合的保险方式,如果农民从政府农贷机构或商业银行获得短期贷款(这类贷款往往以保障农民融资能力、提高其风险管理水平为目的,因而采用低息免担保的方式),就要求强制参加农业保险,保费从贷款中直接扣除;没有贷款的农民按照自愿原则参保。[3]

---

[1] 在《2000年农业风险保障法案》颁布之前,美国农业保险业界已经开始“保险+证券”等模式的尝试,并由此推动保险产品的创新。See Christopher R. Kelley, *Agricultural Risk Protection Act of 2000: Federal Crop Insurance, the Non-Insured Crop Disaster Assistance Program, and the Domestic Commodity and Other Farm Programs*, Drake Journal of Agricultural Law, Vol. 6:1, p. 141-174 (2001).

[2] 美国农业保险产品利用期货市场确定预期价格和收获价格大致可分为两种情况:作物保险产品有对应的活跃期货品种。如果一种作物保险产品有对应的期货合约,如长粒大米、玉米、大豆、棉花等,且合约交易活跃(日持仓量大于等于25手),则可以直接将发现期内相应期货合约结算价进行平均,以获得预期价格和收获价格。保险产品适用的合约月份和价格发现期由RMA根据作物生长期、所在州以及参与险种来确定。作物保险产品没有对应的期货品种或者合约不活跃。如果一种作物保险产品没有对应的期货品种或者合约不活跃,则保险产品设计时就必须选取一个相关性较高且活跃的期货合约作为参照,通过一定转换来计算该保险产品的预期价格和收获价格。参见张峭、汪必旺:《农产品目标价格保险的思考》,载中保网:http://www.sinoins.com/zt/2014-06/09/content_114608.htm。

[3] 如前述,菲律宾采用国家主导型的农业保险经营方式,将保险与信贷结合,也是国家减轻财政负担,分散金融风险的有效手段之一。See Salazar, Dani Rosei Kwag, Senng Woog, Financid Performance and Reporting Practices of the Philippine Deposit Insurance Corporation, Global Business Administration Review, Vol. 14, p. 47-67(2016).

这种形式的业务互联以信贷带动保险市场,又以保险保障信贷安全,既提升了两类金融业务的市场占比,也提高了农户的竞争实力和抗风险能力。

3. 巴西模式

巴西农业用地占陆地面积的53%,农林牧渔各业全面发展。作为农业大国,巴西是世界第三大农产品出口国,蔗糖、牛肉、咖啡、烟叶的出口额居世界前列。在巴西国内,农业部门经济增长率也高于第二、三产业,是拉动GDP上升的重要增长点。巴西农业的发展与国家对农业不断增长的支持有着关键联结,其中包括针对农业信贷、农业保险等的支持措施和机制。[1] 在信贷支持方面,巴西主要为尚未与市场建立联系并很难获得贷款的小型农业生产者提供固定的、低于市场利率的农业信贷,提供者是国家农村信贷体系。农业保险方面,巴西的农业保险体系包括农业、畜牧业、水产、森林、农产品以及农业财产保险、农村抵押保险等,农业保险计划由农业部、财政部、巴斯银行等组成的管理委员会管理,资金主要源于政府财政投入和参加计划的农民缴纳的保险费(数量较少),具体由中央银行独家经营,其他银行可作为代理,但私营机构较少参与。农业保险国有化经营的特点,使得巴西在农业信贷与保险的互联机制中,采取强制性保险与信贷补贴相结合的方式,即农户申请贷款时,政府强制其参加多重风险农业保险,并给予50%农业保险保费补贴;农业信贷机构给予愿意参加农业保险的农户以优惠15%的信贷利率,从农业贷款中扣除应交的保费;政府还以推进农业产业化进程为目的,重视农业技术推广与进步,并将之与农业保费补贴政策及相关配套措施相结合。[2] 这些举措有利于保障中小农户的基本收入,增加农村就业机会,抑制农村人口过快地向大城市流动,不仅促进了农业发展,而且对农村稳定、农民增收有着重要的意义。

---

[1] 在2008~2009年的金融危机期间,巴西政府就以超过1000亿雷亚尔的农业信贷保证了农业生产的稳定性。参见宗义湘、闫琰、李先德:《巴西农业支持水平及支持政策分析——基于OECD最新农业政策分析框架》,载《财贸研究》2011年第2期。

[2] 参见张建军:《农业信贷与保险互联对农户收入影响研究——基于信贷配给机制视角》,南京农业大学2012年博士学位论文,第73页。有关巴西农业保险资料获取渠道较少,本书多采用间接引用的方法。

（二）国内农业保险与农村金融服务互联演进

1. 互联政策演进及试点

（1）政策层面。早在2007年，我国就开始尝试农业保险与农村小额信贷等业务的联动发展。2009年原银监会《对政协十一届二次会议第0177号（农林类027号）提案的答复》中，对农村金融改革扶持政策进行了总结，肯定了农业保险和涉农贷款在提升金融支农服务中的积极作用，也指出农村金融机构风险状况依然突出和潜在风险依然不容忽视的客观事实，并把实现农村金融机构可持续发展、有效改进农村金融服务作为切实解决农村金融市场失灵问题的主要路径，以建立长期化、制度化和规范化的农村金融政策扶持体系为基本目标。[1] 对于“信贷＋保险”的互联，原银监会确定将加大农业政策性保险建设作为对商业性农业保险扶持加大力度的一种方式。[2] 2013年中共中央、国务院《关于加快发展现代农业进一步增强农村发展活力的若干意见》指出要“加强涉农信贷与保险协作配合，创新符合农村特点的抵（质）押担保方式和融资工具，建立多层次、多形式的农业信用担保体系”。这是“信贷＋保险”有机协作机制较高位阶的政策依据。2015年原农业部《关于扎实做好2015年农业农村经济工作的意见》“鼓励利用财政资金撬动金融保险支农”，明确为追求财政资金应用于金融支农的功能最大化，“重点推广‘银行＋担保’‘政银保’‘银行＋风险保障金’等模式”。[3] 同年，国务院办公厅《关于推进农村一二三产业融合发展的指导意见》（国办发〔2015〕93号）指出要“引导各地建立土地流转、订单农业等风险保障金制度，并探索与农业保险、担保相结合，提高风险防范能力”。2017年5

---

〔1〕 该项答复还提出了具体的扶持政策，包括：在财政政策上扩大涉农贷款贴息范围，在税收政策上加大税收（营业税和所得税）减免优惠力度，在货币政策上按照涉农贷款比例推进实行差别准备金制度，增加支农再贷款额度，加快推进农村金融利率市场化。

〔2〕 这是我国较为明确对“信贷＋保险”方式作为政策扶持对象的文件。参见原中国银监会《对政协十一届二次会议第0177号（农林类027号）提案的答复》（银监函〔2009〕165号）。

〔3〕 2015年原农业部《关于扎实做好2015年农业农村经济工作的意见》（农发〔2015〕1号）提出：鼓励利用财政资金撬动金融保险支农。充分发挥财政资金的引导和杠杆作用，推动金融资源继续向“三农”倾斜，改善农村金融服务，确保农业信贷总量持续增加、涉农贷款比例不降低。加强与银行等金融机构合作，鼓励开展“三农”融资担保业务，推动政府支持的“三农”融资担保和再担保机构发展，完善“银担”合作机制。争取资金用于金融支农试点，重点推广“银行＋担保”“政银保”“银行＋风险保障金”等模式。积极探索新型农村合作金融发展的有效途径，稳妥开展农民合作社内部资金互助试点，落实地方政府监管责任。配合做好承包土地的经营权和农民住房财产权抵押担保贷款试点工作。

月原农业部办公厅《关于做好粮食主产省农业大灾保险试点工作有关事宜的通知》提出“要将农业大灾保险试点与政策性农业信贷担保业务有效拓展相结合，与扶持农业适度规模经营的财政补助政策相衔接，进一步拓展农业保险功能，充分发挥政策合力，提高资金使用效益”。[1] 2017年11月原农业部、中国农业银行《关于推进金融支持农业绿色发展工作的通知》（农财发〔2017〕63号）以“绿色金融”为关键词，强调要“加大银保合作产品创新力度，积极探索与绿色生态农业保险、农村环境污染责任保险等险种联动的合作模式”，把“信贷+保险”业务提升到绿色保险和绿色信贷的新高度，并鼓励将业务的联同扩展至证券、基金、投资公司等机构。2017年原农业部《关于建立全国农村创业创新园区（基地）目录的通知》决定在四川郫县现代农业双创空间孵化园区、蔬菜万亩示范区进行“农业金融+保险+风投”的业务试点，在浙江滨海现代农业先导区进行“政策性农业保险+农业融资担保”等的业务试点。[2]

（2）业务试点实践。农业信贷与农业保险互联，在我国安徽、湖南、浙江等地开展过试点，并获得了初步成效，积累了信息共享、风险分担、银保互动的有效经验。2008年，安徽省以“草莓种植信贷保险”为推广产品，由国元农业保险公司开发经营，将草莓、贷款人信用和人身意外伤害保险进行组合。草莓种植户申请贷款时必须参保草莓种植信贷保险，所贷资金限定在安徽长丰境内进行草莓种植，保险费率为6%，政府财政提供80%的保费补贴，农户承担剩余20%；银行施行利率优惠，贷款总成本不高于同期的抵押贷款。[3] 草莓种植是安徽长丰县的农业支柱产业，草莓种植保险投保人较为稳定。在未采取“信贷+保险”模式之前，保险公司签署保单以调查农户信息为前提；业务联动后，保险公司可以通过银行贷前调查和合作社信息来了解农户投保的真实信息，降低了

---

〔1〕 2017年原农业部办公厅发布《关于做好粮食主产省农业大灾保险试点工作有关事宜的通知》（农办财〔2017〕38号），决定在13个粮食主产省选择200个产粮大县，面向适度规模经营农户开展农业大灾保险试点，试点期限暂定2017年和2018年，试点保险标的为水稻、小麦、玉米三大粮食作物；并为此规定了相应的金融扶持政策。

〔2〕 2017年6月原农业部《关于建立全国农村创业创新园区（基地）目录的通知》（农加发〔2017〕1号）中批准建立了1096个依法合规、功能完备、辐射带动能力较强、产业融合发展趋势明显的全国农村创业创新园区（基地），并在不同园区尝试“农业保险+X（其他金融行业）”的业务试点。

〔3〕 参见吴本健、单希、马九杰：《信贷保险、金融机构信贷供给与农户借贷决策——来自F县草莓种植“信贷+保险”的证据》，载《保险研究》2013年第8期。

调查成本。由保险公司对信贷风险提供保险保障,使银行敢于开拓草莓种植户的信贷市场,降低贷款申请条件,扩展市场。合作社、联保小组、农业互助合作组织也在其中发挥积极联动作用,为银行和保险公司提供组织内各农户信息,提供信息信用担保。业务联动中受益最大的是农户,不仅相对充分地实现了金融服务可获权,也降低了融资成本和交易费用。[1] 湖南岳阳从2007年开始开展涉农金融与农业保险的联动试点,涉及能繁母猪、水稻等农产品,由平安保险、中华联合财产保险等公司与各县级信用联社签订合作协议,以农业保险合同为基础,所有发放农业贷款的用户,其参加人身意外伤害保险或家庭财产保险,贷款保险的第一受益人为信用联社。一旦借款人出现保险承保的疾病、伤残、死亡或意外财产风险,保险公司将按照合同规定予以一定金额的赔付,信用社享有优先受偿权。因金融风险降低,信用联社相应降低了贷款利率。试点四年间,岳阳市自然灾害不断,但是农业保险公司、信贷机构经营稳定,未发生不良贷款激增、不良资产增长的局面,农户在自身人身、家庭财产、种养殖业风险受到保障的同时,也获得了融资机会,降低了融资成本,各方实现了共赢。[2]

2. 互联试点经验评价

第一,农业合作组织的中介角色。政策性农业保险与农村金融其他行业的业务关联离不开农业合作组织的中介作用。以"信贷+保险"业务为例,农业互助合作组织通过对分散农户的集合化和组织化,为银保互动产品提供了更为详尽、真实、及时的农户信息,减少了信贷、保险机构的信息成本。农业互助合作组织一般还基于自身信用中介的角色,运用掌握的信息对农户进行风险筛查,该机制可以减少农户的主动违约。基于信息共享机制,信贷机构向保险机构转移风险、提供客户,保险机构向信贷机构提供信贷保险产品、降低贷款违约风

---

〔1〕"相对充分"意味着与其他企业或个人(尤其是城镇地区的大中小型企业、个体工商户等)作横向比较,农业生产经营者所获得的金融服务的有效性和充分性可能还是相对不足,但是从纵向(时间上)对比,与国家未推进"金融支农"政策时相比,目前我国农业生产经营者获取有效金融服务的途径已经大大突破局限。

〔2〕参见吴本健、单希、马九杰:《信贷保险、金融机构信贷供给与农户借贷决策——来自F县草莓种植"信贷+保险"的证据》,载《保险研究》2013年第8期。

险,这种模式严格意义上应该定位为“信贷+合作社+保险”模式。[1]

第二,信息平台建设(信用信息数据库)是农业保险与农村金融业务高效联动的关键。[2] 农村金融业务面对的主要是分散的小规模农户,这类金融消费者的金融知识、金融消费经验以及风险意识远低于一般的金融消费者,在一定程度上使得农村信贷、担保、风投市场存在严重的信息不对称现象。即使是银行这种比较成熟的大规模金融机构,要完全了解借贷者的风险特征、还款能力、用款情况等信息,成本也是极高的。为了防止因为信息不对称而导致金融市场出现逆向选择现象,金融服务提供者会通过甄别机制,根据财产抵押将信贷需求者进行分离,这种方式排斥了许多有效贷款需求者。金融排斥侵害了农户的金融服务可获权。而信息平台建设通过采集、整理、保持、分享、提供农业生产经营者的信用信息,克服了信息不对称以及由此给保险、信贷等金融机构带来的高信息成本支出,有助于促进关联机制发挥其积极效能。

第三,开发保险与信贷服务相结合的综合产品可以提升农村金融服务的整体效益。比如将信贷保险产品结合种养殖业保险产品签订合作合约,可以形成保险抵押功能。农村金融发展很大程度受限于贷款业务中可流动性资产抵押的欠缺,在目前农村宅基地使用权、土地承包经营权流转存在一定限制的情形下,利用信贷保险产品,在缔结信贷合同时,由借款人购买保险,可以降低履约中的不确定性和违约风险;保险机构在借款人无力偿还贷款时补偿信贷机构的部分损失,这部分损失又通过借款人投保种养殖业保险、人身意外伤害险、家庭财产险等方式进行分散。保险产品的交叉安排对于流动性资产匮乏的农村信贷市场来说,可以在一定程度上弥补缺口,增加农村金融市场资源。

第四,尊重行业规律是开展农村金融业务互联的必要基石。理性选择理论

---

[1] 与前文论证的政府主导构建的信息信用平台不同的是,农业互助合作组织在“信贷+保险”合作关系中的信息、信用中介功能与该类组织作为分散农户的组织化形式直接相关,农业合作社可以作为分散农户的代表,直接与信贷、保险机构签约,并切实履行如实告知义务(信息供给充分),享有充分的知情权(信贷或保险机构需明确告知与借贷、投保权益相关的业务知识)。当然,农业合作社的信息中介作用也区别于国家金融信用信息基础数据库的平台价值。

[2] 根据2013年《征信业管理条例》(国务院令第631号)第五章的相关规定,金融信用信息基础数据库是由国家为防范金融风险、促进金融业发展提供相关信息服务设立,由中国人民银行征信中心建设、运行和维护的征信系统,不以营利为目的,由中国人民银行监督管理。金融信用信息基础数据库为银行、保险等金融行业进行有关企业和个人信用信息的采集、整理、保存、加工和提供。

中，理性人的行动方案是在掌握经济变量的基础上通过效用函数运算获得的，其中，外部环境因素构成自变量之一，环境激励以理性人主观能动性的发挥为前提。这与自上而下的行政命令不同。“信贷＋保险”模式中，农业信贷、农业保险、农业互助合作社等效能的互联更多以自主、自治、自发参与、自力救济为关键词，主体充分运用意思自治、发挥主观能动性。当然，这也不是排斥行政监管。在行业规律作用下，农业生产经营者参与农业信贷与保险互联会是一个自发到自觉的渐进过程，信贷、保险机构的信息资源整合、产品开发、风险管理机制的完善等也是一个逐步推进、良性循环发展的进程。农户的增产和增收、农业信贷与保险机构的可持续性运营发展都可以是顺势而为、持续稳定的。这也意味着立法者要尊重这种发展规律，政策性农业保险立法也会在这种合规律性环境下构建、落地。

二、政策性农业保险的互联式激励机制

从现有政策和试点实践来看，目前政策性农业保险的业务互联主要集中在信贷与保险，而农村金融系统的外延并不仅限于这两项。以系统性立法为结论，需要从根本上确认农村金融系统各行业门类及影响农业保险效能的各个因素，落实各自在政策性农业保险机制中的作用和法律地位。从目的论，农业风险防控机制的价值与农村金融体系构成不相上下，都可以通过业务联动形成对政策性农业保险的正向激励。

（一）农村金融体系构成及对政策性农业保险的激励规则

1. 我国农村金融体系基本构成

“金融是跨时空的价值交换，农村金融主要是通过社区来实现价值跨时空交易的经济活动”，[1]这是从区域角度对农村金融所作的界定。如果按照农村金融的供给者来定义，农村金融主要可以分为农村政策性金融、农村商业性金融和农村合作性金融。农村政策性金融机构主要指中国农业发展银行，商业性金融一般指在农村以及与农业密切相关的各个领域中，由银行业金融机构或保险、信托、期货等非银行金融机构，按照市场规则，为农民和农村经济提供存贷

---

[1] 参见刘祚祥：《社区信用与农村金融发展——基本理论、田野经验与实证分析》，中国经济出版社2012年版，第25页。

款、保险、信托、期货等各类商业性金融服务的总称,银行业金融机构主要包括中国农业银行、邮政储蓄银行、各家商业银行等;[1]合作性金融机构主要指在农村地域范围内弱小的中小企业或农户依法联合组建的以自我服务为根本目标的金融组织,是农村信用合作社、农村合作银行、农村合作保险、农村制度外合作金融等具有合作性质的金融组织的总称。[2] 除此之外,村镇银行、小额贷款公司、农村资金互助合作社等创新型金融形态也发挥着其在农村金融系统中的价值。

农村金融体系以全方位支持"三农"为己任,改革开放以来农村金融改革与创新始终围绕该目标,但是与农村经济改革发展相比,我国农村金融体系的发展还是相对滞后的,表现在资本供给、系统风险调控、业务形态与金融文化传播等方面存在缺陷。第一,资本供给。我国农村经济结构在不断变动、调整和优化,传统农业(种植业)、畜牧业、渔业、林业等产业结构重组对农村金融服务需求增大,尤其是资本总量需求在增加,对于资金需求、金融结算工具、清算方式等也有所改变。但是,相应的农村金融对农村资本的供给却未及时跟上。目前存在的主要问题在于农村金融机构(尤其是银行业)没有将在农村吸收的存款用于农村,而是以其他渠道大量流入城镇地区,这使得对资本需求本身已大幅增加的农村地区遭遇更大的资金缺口。第二,系统风险调控。我国农村金融组织体系没有形成分层次的组织运行结构,资金运行调节也没有完全按照农村不同经济活动的不同融资需求和不同区域农村商品经济发展的不同程度进行,表现在农业金融资源的配置和运用上为效益低下,这也是促使农村金融资源大幅度向城市及大中型国企、商业企业转移和集中的原因。受成本和风险软约束运行理念的桎梏,农村金融机构以改变农业资金流向和流量来避免引起经营风险和系统风险,却将农村金融服务可获权、农业风险管理权抛诸脑后。第三,业务形态及金融文化传播。目前我国农村金融服务业务主要集中在银行信贷,农业生产经营者从中获取资金。受流动性资产质量和数量的限制,农户获取贷款的成功率并未有大幅度提升。"信贷 + 保险"模式在一定程度上改善了金融服务

---

〔1〕 有些学者认为,农村金融应当分为正规金融和非正规金融。本书列述的当属正规金融,此外,在我国农村还存在包括私人钱庄、当铺、合会、亲友借贷等非正规金融。非正规性金融因其地位的特殊性,本书不做研究。参见刘磊:《农村金融改革与发展研究》,中国财富出版社 2016 年版,第 15 页。

〔2〕 参见刘磊:《农村金融改革与发展研究》,中国财富出版社 2016 年版,第 55 页。

可获状态，但尚未从根本上全面改变农业生产资本获取的困境。除了金融机构开拓、增加业务关联之外，政策性投入对金融服务量与质的增加作用必不可少，包括对于农业保险的补贴投入、对农业生产的财政支持，以及对金融文化的传播，需要强化农村金融组织“服务于农”观念的深入。当然，农业金融风险事关金融整体系统安全，在对农村金融组织进行差别化监管以鼓励农业金融服务投入的同时，也应当对农村金融服务合同中的失信人加强责任追究，防止因个别失信导致农村社会整体信用秩序的崩塌。

政策性农业保险与银行、信托、证券、期货等行业通过业务联动实现金融服务供给中的有机协作，目前已通过“信贷 + 保险”模式试点积累了一定经验。[1]同时，农村金融体系各构成部分的协作不应仅仅限于“信贷 + 保险”模式。如2015 年中央 1 号文件的补充性文件[2]中所提及的“银行 + 担保”“银行 + 风险保障金”等模式，均应在农村进行试点尝试，为立法的构建和完善积累更多的实践经验。

2. 农村金融与农业保险互联的制度激励框架

(1)“信贷 + 保险”模式制度化。农业信贷与保险之间的互联，最开始以信用社代理保险产品为主，赚取手续费成为农村信用社参与银保合作的原动力。随着“信贷 + 保险”业务的深入，在赚取代理保险产品中间业务收入的同时，机构逐渐分散了信贷风险，并在业务模式及规则逐渐地完善过程中，为保险机构、农户降低了经营风险和融资成本。

第一，信息共享。该举措降低了信息成本，缓解了信息不对称，并最终降低了经营风险。保险公司在开展业务过程中逐步建立较为全面的农户信息档案，并在政府构建的信息(信用)平台上向互联合作的银行业金融机构开放。信息共享降低了信贷前期调查费用和成本，信贷机构可贷资金的价格(利率水平)随着该项交易费用的降低逐渐下降，农户使用可贷资金成本也随之降低。同时，对已购买农业保险的农户，信贷机构在其申请贷款时会给予一定的利率优惠，这部分优惠实际承担了农户购买保险的部分成本，起到鼓励农民购买保险的作

---

〔1〕 目前已取得的成果，表现为初级的业务代理(银行代理保险业务)、中级的形成保险产品(农村小额信贷保险产品)。模式应用上基本将信息共享、农村资产流动、农民互助共济等机理构建到对应金融规范体系，是政策性农业保险立法的实践素材。

〔2〕 2015 年农业部(已撤销)《关于扎实做好 2015 年农业农村经济工作的意见》(农发〔2015〕1 号)。

用。表面上看，农业保险的推广与农业信贷资格审查相结合增加了农户的外在融资成本，但实质上提高了融资效率，使农户的内生融资成本降低。

第二，资金配置机制。农村金融市场中依然存在明显的信贷配给现象，即农村信贷机构在面对贷款的超额需求时，一般不通过提高利率来增加贷款供给，而是通过抑制贷款需求来实现信贷市场均衡，这使部分合格农户或农业企业申请贷款不可获。[1] 无疑，农业金融服务可获权受损，会抑制农业生产经营者的经营行为，抑制农村经济增长，延缓农业产业结构的内生演变。农村经济发展的内在源泉应着眼于农业金融资金配置机制的提高，首要的是改变信贷合约的风险构成，降低利率形成机制的交易成本，以提高农村信贷交易频率为基本形式。如前所述，土地承包经营权、宅基地使用权的适当放开交易（包含流转、抵押、质押等），改变了信贷机构对较难处置、流动性较低的农村资产的认定，也能减少道德风险和逆向选择，并保障相关农户获得所需资金。原本财富和资产匮乏的农户在具备充分融资能力的情形下，投保农业保险的支出能力也在加强。所以，在这种双向互联的业务模式中，农户的整体交易成本是逐渐降低的，可以形成互联机制下各主体理性选择效益最大化成果的制度效应。显然，将“信贷＋保险”模式运作规则立法化，符合制度激励的目的框架。

（2）“保险＋X（风险或信用中介）＋其他金融”模式的拓展与试点。业务互联模式的开拓需要经历设计、试点创新、制度化及形成立法内容条款的完整过程。依“信贷＋保险”模式的经验，农村金融与农业保险互联的制度激励应当形成以下基本框架：

第一，形成“保险＋信用中介＋其他金融业务”基本模式，以构建和完善信息中介平台为核心，发挥农业合作社等农业互助共济组织在金融互联业务中的信用中介作用。无论将政策性农业保险与何种金融业务相关联，均不可忽视信用中介在其中降低风险及经营成本的价值。除了由政府牵头建立信息平台、共享农村金融关系主体的各种信用信息外，制度上不可忽视农业互助共济组织的信用中介作用。如前所述，在互助共济理念下由各分散农户组织成立的农业合作社等合作组织基本掌握了各成员的财产、信用、家庭状况等有效信息。这些

[1] 参见刘祚祥：《社区信用与农村金融发展——基本理论、田野经验与实证分析》，中国经济出版社2012年版，第211页。

信息对于保险、信贷、信托、担保机构来说，属于金融服务供给合同的核心条件，并可左右保险费率、信贷利率等价格条件。因而，将合作组织纳入金融业务关联的中介位置，是保障信息持续真实和及时更新、防止道德风险和逆向选择的有效尝试。农业合作机构在金融服务关联合同中，也可以行使监督、建议的权利。对农业保险机构、农业金融机构的经营与管理进行监管，也是保证农业金融资源集中农村区域使用、防止资金外流、保护农业生产经营者利益的又一途径。

第二，尝试"保险＋龙头企业＋其他金融业务"模式。这是强调引导农村龙头企业在农业金融中的信用担保以及集中风险管理作用。2015 年国务院办公厅《关于推进农村一二三产业融合发展的指导意见》提出要建立农村龙头企业在购销合同中的引领作用，以签订集中购销合同为信用基础和经济基础，"支持龙头企业为农户、家庭农场、农民合作社提供贷款担保，资助订单农户参加农业保险"。[1] 通过农业龙头企业将分散的、弱小的农户集结在一起，积极加入农村金融服务合同，本身利用的是该类企业的示范作用，而以龙头企业集中购销为前提，则建立的是合同信用。以该信用为基础形成的"保险＋信贷""保险＋担保""保险＋信托"等形式，减少了分散小农户面对金融服务供给时的经济（收入）障碍及金融文化障碍。

第三，形成"保险＋风险保障金＋合作金融业务"模式，并进行试点。[2] 合作金融在农村金融中具有独特的地位。在社区成熟的环境下，合作经济组织内部可以通过资金互助活动满足成员的资金需求，形成内源性融资，外部资金也可以通过在地化路径导入合作组织，增强合作金融力量。[3] 在经济发达、法治健全地区，合作金融可以作为农村社区金融进行推广适用；但是在经济欠发达、农业金融文化并不十分成熟的区域，合作金融发展有限，商业性金融又因信息

---

〔1〕 2015 年国务院办公厅《关于推进农村一二三产业融合发展的指导意见》（国办发〔2015〕93 号）提出要"创新发展订单农业。引导龙头企业在平等互利基础上，与农户、家庭农场、农民合作社签订农产品购销合同，合理确定收购价格，形成稳定购销关系"。

〔2〕 参见汪小亚：《农村金融体制改革研究》，中国金融出版社 2009 年版，第 214 页。

〔3〕 "在地化"是指在一个地区或国家，任何一种经济或商品流动必须适应地方需求，才能加速发展；金融机构在地化是指金融机构的人员、产品、营销、工作方式方法以及机构与当地农户、村落经济社会的紧密连接，使金融产品或服务能够被某一特定文化或语言地区所接受的情况。农村合作金融要坚持社员制、封闭性、民主管理原则；外部资金的"在地化"正是以此为基准，发展和壮大农村合作金融力量，在农民合作社实现内部资金互助。参见张永升、李会芳：《农村金融普惠的逻辑与路径》，国家行政学院出版社 2016 年版，第 34、190 页。

平台建设欠缺、系统风险过大等原因业务铺开过窄，使得民间借贷等非正规金融方式反而取代了合作金融乃至商业性金融的地位。要改变农业基础薄弱、经济欠发达地区有效金融供给不足的局面，除了发展合作金融、加大财政投入之外，可以尝试将农业风险保障基金作为保险与合作金融之间业务联动的切入点，即由农业风险保障基金作为保底机制，完善风险防范机制。通常情况下，农业风险保险基金是作为农业保险的补充机制，承担灾害损失发生时农业保险无法完全覆盖的损失，减轻农业保险机构的经营风险和压力。在农业保险与合作金融之间开展业务互联，需要研究开发新型金融产品，产品的推广有赖于合作金融组织成员对产品的认同和接纳，要求产品风险契合成员的风险承受能力、能确保合作组织结构的完整和经营的持续，要实现这一目标，除了由农业风险保障基金为业务互联提供保底救济外，也需要切实提高合作金融组织及其成员的风险防控能力。这是减轻农业保险机构经营风险的根本。农业风险保障金属于灾后补救方式，形同金融业务关联中的坚强后盾，以之为基础，保险机构如果未能对灾害作完全补偿，合作金融机构未能确保借款人借款及时返还，且保险未能充分填补借贷缺口，仍有风险保障基金对农户进行经济补偿，以恢复生产经营，并按照比例对保险、合作金融机构进行利益弥补。该机制下，保险机构、合作金融机构、农户在金融服务合同中的风险都可获得充足的保障。

(3)辅助性制度。农业保险属于农村金融服务的有机组成部分，要完善农村金融服务整体结构布局，应当以增强金融服务有效供给为核心，根据农村金融供给需求关系特点，稳定土地流转关系，促进农村土地经营权流转，构建农户土地承包经营权、宅基地使用权及其他财产权的流转审批备案制度，尝试诸如财产权流转风险保障金等的制度创新。[1] 按照国家“发展农村普惠金融，创新农村金融服务”的主旨，要提升农村金融服务的覆盖率和经营绩效，除了国家财政投入支持形成外源性动力外，更重要的还是对内源性动力的提升。如前所述，流动性资产的抵押、质押等仍然是金融机构愿意增加市场投入的重要参考

[1] 2021年1月26日农业农村部颁布《农村土地经营权流转管理办法》，第4条明确了“土地经营权流转应当因地制宜，循序渐进……鼓励各地建立多种形式的土地经营权流转风险防范和保障机制”。2021年5月12日《农业农村部办公厅关于组织开展新型农业经营主体信贷直通车的通知》中提到“通过数据共享增信，为新型农业经营主体提供更加便捷有效的金融服务”，这不失为创新农村金融服务有效供给的尝试。

因素。土地承包经营权、宅基地使用权的适当流转可以满足农村金融业务对土地流转关系的需求,因而有助于稳定农村金融市场。在此基础上,开拓"保险+担保+信贷""保险+担保+期货"等业务模式试点,如开展农村土地承包经营权、农民住房财产权抵押贷款试点,并以该担保作为降低农业保险保费、提高保险理赔标准的资质审查条件之一,形成以担保促信贷,以信贷促保险的连环效应。农村资产(土地承包经营权、宅基地使用权等)流转风险保障金制度的构建,以保证农村资产属性不变、农户基本生活不受影响为主要目的,由流转法律关系当事人按照资产流转合同(一般作为信贷合同、保险合同的从合同)标的金额的一定比例进行缴纳,充当合同无法履行时的担保。该项保障金的属性与担保相通,符合提高农户、农村金融机构风险防范能力的设计要求,同时又满足了"三农"融资需求。

(二)农业风险控制机制及对政策性农业保险的激励规则

1. 我国农业风险控制机制构成

在本书的论证框架下,农业风控机制以农业互助合作组织为基础,由农业风险保障基金、农业灾害救济基金、农业风险证券等组成风险共同体防控并共担风险。该机制基于风险分担的理性选择,由主体依据互助互惠的原则,将风险管理主体以合约型或松散型合作形式关联在一起,形成对政策性农业保险的有效制度激励。[1]

(1)自力救济型风控体。以农业互助合作组织为主要表现形式,形成自力救济的风控集合体。风险共担理论下,农业生产经营者选择互助共济,是在资源稀缺、风险冲击频繁的约束条件下进行理性选择的结果。因为单个农户所拥有的财富和风险管理资源十分有限,难以独自抗击各种风险,多个农户的力量集结成风险共担体,其合力增大。当农户、农业互助合作组织、农业风险保障基金等形成有机合力的时候,便具有了抗击巨灾的夯实基础。与农业风险保障基金和农业灾害救济基金不同的是,农业互助合作组织是农户自力救济的集成体,由分散的小农户在自愿互助、平等互利的基础上联合而成,从事农业经济活动,共同应对和管理风险。从成员组成、行为选择、风险承担等角度,农业互助

〔1〕 参见刘祚祥:《社区信用与农村金融发展——基本理论、田野经验与实证分析》,中国经济出版社2012年版,第46页。

合作组织以克服农户单户分散生产与大市场之间的矛盾为主要出发点，能克服信息不对称、风险管理成本过高等障碍，可以提高农村整体的经济能力和风险管理水平。但是，根据组织的特质，农业互助合作组织缺乏外来资金、技术和管理经验，仅凭组织力量要实现风险的有效应对，还是比较困难的。农业风险保障基金和农业灾害救济基金正好填补了农业互助合作组织的该缺陷。

（2）基金合力型风控体。这是借助政府财政及社会资本力量，形成农业风险保障基金和农业灾害救济基金的风控功能。本书已对前者作概念界定。[1] 至于农业灾害救济基金，同样围绕服务"三农"的主旨，是在农业灾害救济理论及实践基础上，由政府以转移支付的方式、引导并团结社会力量投入资金及物资所构建的社会团体，在发生严重自然灾害损失时，合格的受灾农业生产者可以从该社团无偿获得一定的资金或物质等救助和救济；该项基金以帮助受灾农户渡过难关、恢复农业生产为直接功能。[2] 两项基金均属于财政支持型的风险共担模式，通常都是由政府牵头，结合农户、农业互助救济组织和社会资本（包括商业资本、公益资本）等共同力量。而且，社会资本，尤其是公益资本占比较大，这充分填补了农户和农业合作社在资金运作、灾害应对能力及风险管理经验等方面的欠缺。作为专门分散农业灾害风险、保护农民利益的组织，农业风险保障基金和农业灾害救济基金需要利用农业互助合作组织的信用中介功能，由后者提供灾后救济、风险管理、利益保障过程中的主要受益人（农业生产经营者）的相关信息，并在一定程度上保证信息的充分性、真实性。由此形成的农业风险管理机制，可以弥补农业保险无法完全覆盖的灾害救济与补偿，根据主体协同理论，一体化的风险管理机制所产生的效能往往大于多个单一风险管理体的简单加成。[3]

---

〔1〕 本书所指的农业风险保障基金，是指为了促进农业经济发展，保障农民增收和粮食安全，完善农业产业结构，在政府主导下，结合第二、三产业，农业保险机构及农户等多元主体资金投入，构建专项基金，用于应对自然灾害、社会事件及市场波动等农业产业风险造成的农村经济困境，致力于减轻农户经济损失，克服农业产业弱质性的一种综合机制。参见本书第二章第二节。

〔2〕 参见聂荣、沈大娟：《农业风险控制与农业保险绩效研究》，经济科学出版社 2017 年版，第 244 页。

〔3〕 除了农业互助组织、一般社会资本之外，与气象、畜牧兽医、农林业等机构或组织之间的合作，也是降低风险经营及管理成本、提高风险管理收益的主要途径。See A. Leblois & Philippe Quirion, *Agricultural Insurances based on Meteorological Indices*: *Realizations*, Methods and Research Challenges, Vol. 20:1, Meteorological Applications, p. 1 – 9 (2013).

2. 农业风控机制与农业保险互联的制度激励框架

在正面激励方面，将农业风险控制机制与政策性农业保险互联，主要以形成风险多层次应对模式为路径。

(1)“农业保险＋农业互助合作组织＋农业风险保障基金/农业灾害救济基金”模式。因两项基金均包含了国家财政投入和政策引导，所以，该模式应完整描述为“政府＋农业保险＋农业合作社＋风险保障基金/灾害救济基金”。只是，政府在风险保障及灾害救济基金中的作用相对较为宏观，常以事前财政预算及投入、事后监管为主要职能形式，而农业保险的政策性以政府补贴投入为主要特征。因而，在农业风控机制中，可以将政府的风险管理职能视为法定职责，在模式中以后台运行为主，不主动呈现角色职能。在具体的互联机制中，农业互助合作组织同样起到信息供给和信用中介的作用，其所代表的各成员利益由农业保险和保障基金(或救济基金)形成的双重、有机风险防控体予以保障。保险与基金的经营、运作风险可以通过合作组织的信息筛选、优劣甄别、风险管理文化传递等途径逐渐降低。把不同属性的风险主体进行“1＋1＞2”的效能组合，目的是使农业生产经营者信任并投入风险共担机制，变被动为主动接受“农业保险＋风险保障基金”模式，并成为推广应用的主体，实现发展现代化农业、规避农业风险、提高农村风险防控水平的综合目标。

(2)“农业保险＋农业互助合作组织＋农业风险证券”模式。该模式也是以主体协同理论为基础构建一体化风险防控机制。作为一种创新金融活动，农业风险证券主要通过将农业风险转换成金融有价证券实现，利用资本市场、运用证券交易流通来分散和转移由自然风险、科技风险、生产风险等引起的农业巨灾风险损失，保障和促进现代农业和农业科技的持续稳定发展。利用金融市场和农业风险证券的流通性，可以在更大范围内分散区域农业经营风险。当然，为避免在更大范围内引发金融系统风险，政府应当为之提供完善的信息服务，在信息平台建设上，使投资者、证券机构、农业保险机构以及农户可以根据市场信息的变动作出风险分摊或风险控制的决策，及时规避风险，避免引发金融危机。

无论是哪种模式，目的都在于形成一种一体化的农业风险管理机制，以加强风控效能；所以在实施的过程中，需要依据承险体的生物学特性、风险类型的不同表现形式来分配各主体的风险管理职能。农业保险、农业风险保障基金、农业灾害救济基金和农业风险证券等均属于融资型农业风险管理工具,在风险损失发生前主要通过吸纳风险成本的财务安排,来分散和吸收风险损失,确保有足够的财力使受灾农户尽快恢复生产经营,侧重损失发生后的经济补偿。不同的在于,每一种风险管理工具的属性和功能有很大差异。农业保险主要依据各方契约执行,不同险种有不同条款予以引导和约束,而且主要以事前防范、有偿风险管理为特征,适用范围比较广。农业风险保障基金以稳定农业经济平稳增长和农产品稳定供给为主要目的,[1]和农业灾害救济基金一样可以按照农产品类型、灾害程度对农户提供资金及物资援助,为确保政府财政用在刀刃上,前者还可协同保险公司对农业生产经营者进行现场调查、技术指导和生产监督。农业灾害救济基金以无偿、事后道义救助为主要特征,其救助往往是补充性、非对等的,在保障范围和水平上可以是偏低的,而且一般在出现大规模农业系统性灾害损失时启动,基金的运作管理很多依靠政府、公益资本和农业互助合作组织的合作。农业风险证券的出发点是将系统风险形成的农业灾害(尤其是巨灾)风险分散到资本市场,减少系统性风险,从而实现农业灾害风险的有效转移。不过在实务中,农业风险证券对投资者的资质要求较高,一般按照期货、期权交易者的资格审查标准来量度,所以很难在普通农业生产经营者中间进行推广。另外,农业风险证券一般着眼于系统性风险,对于单一农户的损失分担效应可能并不明显。将农业保险与农业风险证券相结合,可以通过后者这种证券化工具来转移和分散保险机构因农业风险的系统性所可能集聚的巨灾风险,利用资本市场的力量助推农业保险的收效,显然其激励效应不亚于其他风险管理工具,因而也成为现在金融市场较发达国家和地区创新的热点。

在反向激励方面,制度主要考量的是各风险管理主体和工具都有可能跨越自己的合法行为界限而损害风险共同体的管理效益。在对两类互联式激励模式进行制度化构建时,需要对各主体行为责任进行罗列和认定。以农业互助合作组织违反信用中介职能为例,有的时候受利益短视的影响,农业合作社可能隐瞒真实信息或提供虚假信息,这种行为不仅仅会对基金运作造成风险,也会对"保险 + X + 风险基金/救济基金"等业务互联模式的运作带来负面效应,而使制度激励目的落空。此时,需要制度的反向激励,对该类违法违规行为设计

---

〔1〕 参见曾玉珍、穆月英:《农业保险在农业风险管理中的优势分析》,载《农业经济》2011 年第 5 期。

法律责任条款，并在执法过程中严格执行，惩而后戒。

—— 本章小结 ——

本章内容以政策性农业保险关联机制激励效应研究为核心，将视线扩展至可能影响政策性农业保险运行绩效的农业信贷、农业风险保障基金、农业灾害救济基金、农业风险证券等金融工具和风险管理工具，并以理性选择理论为论证依据，分析法律的正面激励和负面激励在政策性农业保险业务互联模式中的应用，并形成农村金融系统与风险管理系统对农业保险业务关联的价值性研究。本章为关联机制的立法规范和引导提供基本素材。农村金融体系、灾害救济系统等关联性机制，会对政策性农业保险的施行产生积极的外部激励；因而，统一立法应当为各关联要素提供扩展式适用规则。实务中，以增强农业金融服务可获性、推进农村配套基础设施建设等为目的的政策措施在各地多有尝试，也获得了一定的经验和成果，目前所欠缺的就是立法还未能从根本上认可和确认这些因素在政策性农业保险机制中的作用和法律地位。

第六章

政策性农业保险制度理性重构的基本框架

政策性农业保险立法供给是本书的主要研究目的。现有农业保险立法位阶不高，政策繁复，导致法律适用中存在效益低下、区域差异大等缺陷。根据法律供求理论，立法供给不足不利于政策性农业保险预期效益的实现。对其进行规范化供给，需要确定立法目标、立法原则，依靠主体基石，落实监管系统、支撑机制、责任框架，这是形成科学、有序、高效、系统立法的基本思路。

第一节　政策性农业保险立法的法经济学论证

一、立法的供求分析

按照本书第一章第一节对农业保险的立法梳理，我国农业保险立法可以按照萌芽期、突破期、全面发展期、立法摸索期四个主要阶段演进，分别以 1978 年十一届三中全会（改革开放）、2002 年中国共产党第十六次全国代表大会和 2012 年《农业保险条例》颁布作为分界点，其演进规律符合中国经济体制变革历史。《农业保险条例》首次以法律形式较为系统地明确了农业保险的发展原则、支持政策、经营规范和监管要求，是农业保险规范化发展的法律基础，也是农业保险进入法制化的新阶段。2016 年国务院《关于修改部分行政法规的决定》对该条例进行了修订，但未将政策性农业保险纳入立法议程。2015 年第十二届全国人民代表大会第三次会议上，部分代表对现行农业保险条例存在的不足以化解农业生产风险的缺陷，提议适时启动政策性农业保险立法工作，并将条例上升为法律。但到目前为止，政策性农业保险立法始终处于摸索期，即使各地铺开试点政策性农业保险，但还是只集中在前期调研，立法供给不足。

（一）关于立法的供给

1. 法律供求的形成

根据法律供求理论，供求关系的形成源于资源的稀缺性，法律的供求也不例外。根据法律稀缺性假设，因为法律以及法律权利的稀缺，人们争权夺利；同时，法律的稀缺性又不同于自然资源的稀缺性，通过规范的供给，可以对权利进行优化配置，改变争权夺利的状态。[1] 当然，法律规范的供给不是随意的，而是根据经济和社会发展规律来设定相关的约束条件。换言之，表面上创设法律法规，进行制度创新、经验借鉴和法律移植都是水到渠成的结果，但在具体的过程中，制定、修正和实施法律的条件、成本等会实际限制、约束立法选择空间，很多利益相关者在该过程中是否配合立法及执法，会影响最终的供给状况，而供给能否与需求相衡平，决定了现存及修正后的法律制度是否达到最优水平，并影响法律的运作成本和效益。目前政策性农业保险领域出现的成本偏高、效益低下的"法律失效"现象，显现出法律有效供给的欠缺；需求压力增大，法律创新成本高昂等因素，又约束了农业保险制度的及时创新。法律供给理论为政策性农业保险制度的立法完善提供了基本机理，即通过良法资源稀缺性的论证，在以有限资源满足人们需要的同时，激发相关利益群体对现有法律秩序的珍视和维护，并激励其对制度不完善处投入改革和创新。[2]

2. 供求平衡论

法律供求理论的核心是法律供给要与社会对法律的有效需求相一致。实践中，并不是有了法律，或者有了理论上促进市场经济的法律就必然能满足社

---

〔1〕 冯玉军在其法经济学范式的讨论中，提出法律稀缺性假设，认为：资源供给的有限性与人类需求的无限性，决定了资源稀缺性在人类面前是一个常态。这样的资源的稀缺性除了人自身资源（体力、智力和心理的承受能力等）和物质资源的稀缺性之外，还包括非物质资源，如信息、制度和法律等的稀缺性。参见冯玉军：《法经济学范式研究及其理论阐释》，载《法制与社会发展》2004 年第 1 期。

〔2〕 立法改革的动力来源有多元性和多样性，从主体理性选择角度出发，利用有限资源生成最高收益是永恒不变的效用函数。See Guido Calabresi, *The Future of Law and Economics: Essays in Reform and Recollection*, Yale University Press, 2016, p. 76 - 81.

会的法律需求。只有那些符合法律主体理性选择、成本最小而收益最大的法律,才会被人们自觉遵守。[1] 究其原理,正是成本与效益之间的辩证关系,促成了法律供与求的衡平论。因为,法律制度的存在之所以必要,关键在于它提供了必要的交易规则,能为人们节约交易成本,并使人们对法律以及法律的适时修正与更新产生了必要的需求。当某一法律规则下交易成本趋高,或因此产生了“潜在利益”,使原来受有限理性制约下行为选择的成本与收益不对等,就会促发人们对法律不完善的质疑。这一点解释了法律的经济本源。若以权利论,根据波斯纳定理,财产权利界定清晰可以促进交易费用的降低。通过制定使权利让渡成本较低的法律,可以促使资源流向使用效率高者手中,从而能提高经济运行的效率。[2] 法律为行为提供准则,同时也实现了权利的合理配置和交易。当法律的供给无法满足权利分配的要求,在不同主体间形成了利益不平衡的状态,产生归属不明的“潜在利益”(潜在权利)及其交易,那么,原先交易中的权利估价就被打破。为了维持原先的正常交易,以及获得更为丰富的资源,人们会希望有新的规则,来为“潜在利益”确定归属,明确其交易新规。于是,就产生了市场和社会对法律的需求。此时,法律的供给能否与需求相匹配,权利能否被准确地界定和坚实的维护,就会在根本上影响到权利交易的合规化和社会资源配置的最优化。

3. 我国农业保险立法供给

我国现行农业保险条例已不足以化解农业生产风险,立法的供给不仅仅要考虑位阶、效用以及成本,在具体制定农业保险法的时候,需要突出国家的主导性、强制性和执行力,确保社会效益的优先性和服务“三农”目标的明确性。这些恰恰是目前我国农业保险立法所欠缺的。尽管有数量众多的政策及政策性文件(包括中央 1 号文件等权威性指导文件),[3] 但是在适用过程中各主体的利益博弈容易消减政策效益,如中央与地方政府之间的政策性效益冲突。政策性农业保险立法的供给需要量度成本和收益,农业保险目标、范围、经营主体、

---

〔1〕 参见冯玉军:《法经济学范式研究及其理论阐释》,载《法制与社会发展》2004 年第 1 期。

〔2〕 参见[美]理查德·A. 波斯纳:《法律的经济分析》,蒋兆康译,中国大百科全书出版社 1997 年版,第 17、18 页。

〔3〕 如 2013 年中央 1 号文件中共中央、国务院《关于加快发展现代农业进一步增强农村发展活力的若干意见》等。

农民参与的方式、保险双方的权利义务、财政补贴等内容的确定以立法收益的最大化为标准,在设计上还需要考虑降低“权力寻租”空间,减少道德风险和逆向选择。实践中行之有效的农业保险政策是政策性农业保险法治化的有效模板和素材,部分政策可以直接纳入立法,如补贴、金融惠农等。至于政策性农业保险的立法化,是综合了经济、文化、社会和法律等各因素的产物,符合法律供给理论,填补了供给市场之不足。

(二)关于立法的社会需求

1. 功能性需求

发挥法律规范对象的经济、社会、文化功能,是立法的目的,也是满足社会需求的重要方面。政策性农业保险立法研究源于该法的社会功能以及社会对该法的整体需求。农业保险的功能集中在化解农业生产风险和农村金融风险,在《农业保险条例》出台之前,就有多名全国人大代表、多个涉农部门多次呼吁加快农业保险立法步伐,强调改革实践与立法需要及时衔接,建议全国人大、国务院有关部门认真研究农业保险及农业金融相关议案,主张在条件成熟时启动立法调研工作,探索建立农业保险统一立法。[1] 不断发展的农业经济、逐步推进的政策性农业保险试点、持续深化的农村金融改革是促动立法改革的主要社会力量,其中涉及的主体涵盖了农业经济关系主体、农村金融(包括农业保险)法律关系主体。其中,农业生产经营者、金融机构(含保险机构)、政府及相关机构为核心主体。政府的立法诉求在我国现阶段集中在控制农业经济风险、深化农村金融改革和促进农村经济发展。金融机构、保险机构的需求以加大经营风险控制和保障经营收益为主。农业生产经营者则以分散农业生产风险、提高经济收入和生产经营能力为主要立法需求。综合这些诉求,在本论著的论证框架下,各主体的立法需求可以指向具有调和能力、协同功能的政策性农业保险制度。换言之,立法并不以满足不同利益群体不同的社会需求为目的,而是将各种社会关系进行协调,实现各利益主体关系的协同。

---

[1] 政策性农业保险立法的迫切性在于实践需要与立法供给之间是否存在矛盾的判断。全国人大农业与农村委员会在2015年提议构建农村金融法,拟将农业保险的有关内容原则纳入农村金融整体立法。参见2015年11月4日全国人民代表大会农业与农村委员会《关于第十二届全国人民代表大会第三次会议主席团交付审议的代表提出的议案审议结果的报告》[史贵禄、徐淙祥等61名代表提出制定农业保险法的议案2件(第110、462号)]。

2. 均衡性需求

均衡利益也是政策性农业保险立法所追求的功能之一。但立法“均衡”的对象又不仅仅包含利益本身。协同学理论认为,“任何系统在非平衡态和平衡态的一定条件下都可以从无序演变到有序”,[1]以“博弈—均衡”形态为基本内容的法律均衡理论也不例外,在规律的形成和功能的发挥上,与协同学理论有异曲同工之妙。法律体系具有整体性、层次性,也具有发展性和动态性,利用博弈方法,对各种社会关系进行调整,促使社会经济生活体系和法律体系内部各组成部分的协同和均衡,是立法规范健全逻辑过程的真实演绎。如本书第二章关于主体间利益博弈的论证,法律关系主体博弈表现为各方对社会均等的利益机会进行合理分配的过程;立法规范首先要明确各主体自身的利益追求,根据其各自追求的目标,来进行行为的预测,判定相互间可能产生利益碰撞和冲突的环节,然后以科学的方式为之解决矛盾。政策性农业保险法律关系有基础主体和关联性主体之分,涵盖了政府、保险商、农户(投保人)、中介组织、农业互助合作组织、农业风险保障基金、农业信贷、农业证券机构等多类主体。政府、保险商、农户所形成的基础法律关系构成了政策性农业保险立法的主要规范对象,各主体关系密切,相互配合、相互协作、相互监督、相互约束的关系在合同之外,还需以统一规范的方式加以落实,以实现政策性农业保险的健康发展和各主体利益的实现。相较于政策性农业保险基础法律关系主体之间紧密的协同关系,农业互助合作组织、农业风险保障基金、农业信贷、农业证券等关联性主体与基础性主体之间的关系相对松散,基本以业务合作契约的形式存在。基础法律关系主体之间通常以合同约定或法律规定的权利义务框架作为约束,可以有依据、相对理性地处理个人利益与整体利益的关系,加上政府引导和监管,解决个体间矛盾、形成均衡化的规律性形态相对较为容易。关联性主体之间则不然。关联性主体与基础性主体之间、关联性主体之间,目前缺乏法律的直接规定,如果没有契约约束,政策性农业保险系统要解决这两类主体相互之间的动态平衡,促成其获得稳定和良性发展,存在一定的困难。以政策性农业保险体

[1] 参见[西德]H. 哈肯:《协同学引论 物理学、化学和生物学中的非平衡相交和自组织》,徐锡申等译,原子能出版社 1984 年版。转引自黄亚林:《政策性农业保险各主体利益协同研究》,湖南农业大学 2013 年博士学位论文,第 6 页。

系内部两类主体实现“双赢”为目的，通过合作式契约安排实现协同是首选。以“信贷+保险”模式为代表，农业保险与农业信贷之间的协同关系，主要就以合作协议为主要依据。立法可为这种合作式协议提供基本的指导规则，并以此为参照处理其他基础法律关系主体与关联性主体的利益协同关系。

3. 发展性需求

立法以满足经济、社会、文化发展需求为直接追求。我国当前立法为政策性农业保险确立了“低保费、低保障、广覆盖”的经营原则，是基于国家财力、地方经济以及农民收入等方面因素的考量，以承保农作物的物化成本为基础性目标。随着经济发展，有些农村劳动力和土地成本的上升已经超过物化成本，低保障保险模式对新型农业经营主体的吸引力降低，农户参保积极性受到影响，保险商开拓保险市场的积极性也随之低迷，形成了供求失衡。[1] 我国探索建立政策性农业保险制度已历时近二十年，随着各项试点的推开实施、补贴措施的逐年跟进、“信贷+保险”模式的不断磨合，政策性农业保险施行范围逐步扩大、保险市场份额也实现了跨越式发展。但是，与农业经济竞争力提升所需的制度环境相比较，我国目前的政策性农业保险制度仍然比较粗陋，效益较低，不能与农业现代化发展、农业风险社会日益增长的保险需求、农业经济的可持续发展需求相匹配。位阶过低是目前我国政策性农业保险制度存在的突出问题，政出多门、“潜在利润”、“权力寻租”等现象又阻碍了法律关系主体之间的有效利益博弈。立法上缺乏准确的界定和利益分配规则，以及规则欠缺普适性、指导性等因素使很多地方农业保险单纯依赖政府，无论是在行政监管上还是财政资金的支出上，都给当地政府造成一种不良负担，导致各地农业保险施行差异大、效益不凸显。有些农业生产经营者曲解了政策性农业保险的价值，没有正确认识自身在该体系中的法律地位，在某种程度上妨碍了农业保险的推广和应有效益的兑现。除此之外，政策性农业保险经营模式的多样化与效益差异化在一定期间内普遍存在，造成了各地农村金融、农业经济发展的不平衡，与农村其他金融形态发展形成了互相牵制的局面。

系统性立法缺位已经成为制约我国农业保险发展的根本“瓶颈”。农业保

[1] 经济形势的发展与制度供给不足之间所形成的空间，为“潜在利润”创造了生存条件，而“潜在利润”的过度增长，会产生“权力寻租”，导致制度目的落空。

险中政府的引导、监管地位需要系统规范，否则，政府参与、推动等职能源于自发，不利于功能的发挥，甚至会导致效用落空。行业主管部门在缺乏明确立法的情况下，会偏向直接套用商业保险一般规则来监管农业保险业务。[1] 忽视农业保险有别于一般商业保险的特殊属性来实施引导和监管，易引起农业生产经营者的误解，可能出现水土不服而制约政策性农业保险的发展。如果对主体的道德风险和逆向选择没有明确的立法约束，保险人、投保人以及被保险人的各行为亦易面临监管真空。[2] 这种现状是促生立法的现实契机。

二、政策性农业保险立法的要点

基于法律的供求理论，克服现有立法适用中存在的效益低下、区域差异大等缺陷，对政策性农业保险进行立法供给，旨在形成系统性立法下规则有序、高效的运作状态。作为农村金融立法的重要组成部分，政策性农业保险立法体系化在使农村金融服务多样化的同时，具有稳定金融规则与秩序的历史意义。[3]

（一）立法目标

立法目标是整合并凸显立法价值的主要标尺。根据本书第二章关于主体利益博弈的论证，政策性农业保险的立法目标可以定位为：以标准化立法与区域性特色制度并存为形式，以促进政策性农业保险制度效益最大化、保障农业

---

〔1〕“一旦制度和结构改革实际推行，关于改革时机和性质的不确定性就消除了。不确定性的降低将使消费者和投资者更有信心也更愿意花钱。”立法的供给也是如此，法律市场有新需求，立法改革将满足需求，立法的推行又将进一步扩大总需求，依此实现法律的进步和完善。参见[芬兰]蒂莫·J. 海迈莱伊宁、里斯托·海斯卡拉编著：《社会创新、制度变迁与经济绩效——产业、区域和社会的结构调整过程探索》，清华大学启迪创新研究院组织编译，知识产权出版社 2011 年版，第 23 页。

〔2〕立法的供给和创新需要契合经济需求。如蒂莫·J. 海迈莱伊宁所说：“制度和政策方面的创新不仅促进了经济表现的供应方面各因素的改善，而且加大了经济的总需求。由于调整刚性以及变化的资源需求，技术－经济模式的转变一般与大量闲置、不良分配的资源及不断扩大的收入差距有关。这些是主政者要解决的重要问题。因此他们经常推出改善资源分配和降低收入差距的新制度和新政策。”同上注，第 23 页。

〔3〕许多学者提出，我国农村地区金融机构种类单一，数量较少，金融服务覆盖率低；很多学者对农村金融的研究也多局限于各类银行（政策性、商业性、合作性银行）、贷款公司、信用合作社等形式，对保险、证券等金融服务的渗透较少论证，也忽略了保险等行业在金融体系的地位和作用。参见龚明华等：《我国农村金融需求与金融供给问题研究》，经济科学出版社 2009 年版，第 82 页。

经济持续发展、农民收益持续增长、农村综合实力逐步增强为最终目的。[1]

首先，系统性、统一化立法并不排斥差异性适用的存在；标准化立法与区域性特色制度可以并存。如前所述，农村地理环境条件、历史文化背景等因素决定了农业经济发展具有地区差异性，这也是中央和地方政府、地方政府之间产生利益博弈的客观前提之一。[2] 立法供给在考虑避免“权力寻租”的前提上，还应当将中央及地方财政支出效益最大化作为主要任务，同时发挥平衡地方政府利益的功能。在国家统一推行政策性农业保险、彰显立法普适性的同时，就不同地区依其农业发展水平、风险水平以及农民收入水平的差异，对险种覆盖、财政补贴、再保险、信贷优惠程度等实施差别适用，采因地制宜规则。这意味着立法条文设计需要有一定程度的适用弹性和自由裁量，这是给予地方立法机构据以制定地方特色化法规规章和政策性文件的依据。通常，只要没有超过立法所允许的幅度，都将成为差异化适用立法的许可范围。

其次，政策性农业保险立法效益最大化，是立法的直接目标。立法效益最大化可以从不同角度来衡量。以立法本身为视角，成本—收益理论对法律的直接指导意义在于，立法、司法、执法、守法的最优状态就是成本最低，收益最大。[3] 收益最大化一般体现为立法受到最普遍程度的遵行，司法、执法活动公正而无腐败，守法行为自觉自发。这是在立法、司法、执法、守法过程中创造的净增收益。以立法的规制对象为视角，表现为经济、政治、社会、伦理等各个层面的收益。政策性农业保险立法的效益将体现为农业经济的蓬勃发展、农村民主制度和社会秩序的完善、农民法律意识的加强和法治文明的提升。

---

〔1〕 关于立法目的与社群意愿，按照罗尔斯的观点，原初状态下的人们被屏蔽了有关他们能力和禀赋的只是，不是为某种特殊的善观念所驱使，而是在他们对于自己制定、修正和理性地追求某种观念能力的兴趣驱使下，将会一致同意，他们的社会应该被自由、平等、正义等原则所调解。这真实展现了人们与制度、立法、原则的主观相通性。参见[英]史蒂芬·缪哈尔、亚当·斯威夫特：《自由主义者与社群主义者》，孙晓春译，吉林人民出版社 2007 年版，第 7 页。

〔2〕 根据本书第二章第二节关于主体博弈的论证，主体经济发展及利益配置不平衡是主体之间产生博弈的直接动因。

〔3〕 农业保险模式及立法改革是国内外学者和实务工作者始终关注的话题，不过依照成本—效益理论，改革的基点始终围绕着立法、执法、守法成本的降低和对应收益的增大。即使是在 Nan Anca - Petru 和 Moisuc Diana - Aderina 关于农业保险工具的探讨中，也十分重视“立法成本收益论”的应用价值。See Nan Anca - Petru & Moisuc Diana - Aderina, *Expert Systems: Development of Agricultural Insurance Tool*, Annals of the University of Oradea: Economic Science, Vol. XXII:1, p. 910 - 1828 (2013).

最后，不能只是为立法而立法，政策性农业保险立法的最终落脚点是服务"三农"。政策性农业保险本身的功能就决定了其服务对象、经营方式的特定性，政府参与强化了其功能，并赋予农业保险在保障农业经济持续发展、农民收益持续增长、农村综合实力逐步增强过程中的准公共职能，这也恰恰是立法追求的政治、社会、经济目标的总和。[1] 从农业保险基础性法律关系判断，政策性农业保险合同以分散农业风险、保障农业生产经营者和保险机构利益为直接追求。合同目的实现可形成的实际效益则是农业经济的稳定持续发展和农民生产经营能力的提升。农业经济发展以农民生产经营能力提升为条件，并带动农民收入和风险应对能力的提高。这些条件的改善最终呈现为农村社会整体实力的逐步加强、农业经济发展综合环境的逐渐优化。该逻辑符合法经济学上的博弈论和成本—收益理论。

（二）主体基石

政策性农业保险立法以"政策性"介入农业保险运行机制所形成的社会关系为主要调整对象。该类社会关系包含政策性和商业性特征，显现了政策性农业保险经营模式的选择规律与补贴制度改革的取向。

1."政策性"与"商业性"并存

依据法律市场理论进行农业保险经营模式选择的论证，可以得出"政策性"与"商业性"农业保险机构有机并存的结论。[2] 根据本书第三章第三节，国家专门性农业保险公司和一般商业性财产保险公司构成农业保险经营主力。因政府授权、投保会员入股，商业保险公司股权呈多元化结构，实践了以社会多主体共同分担风险管理权能的理论，多方出资也减轻了国家及商业机构单一力量应对风险的压力。在缺乏一定激励机制和风险分散机制的情况下，一般商业机

---

〔1〕 也有观点认为，"根据对目标或是一般财产原理的选择，事实上是不会得出什么结论的。你不可能事先匹配好目标和制度，或者硬要把它们捆绑在一起，因此公共政策的方案都不是以目标的选择为依据的"。参见[美]尼尔·K. 考默萨：《法律的限度——法治、权利的供给与需求》，申卫星、王琦译，商务印书馆2007年版，第161～162页。本书对政策性农业保险立法目标的设定，并不是主观臆断或胡乱猜想，而是基于国内外历经多年的试行试点经验获得的，在结论上具有充足的实证依据。

〔2〕 根据资金需求看，不同规模企业或经济主体对资金的需求规模是不同的，还款方式、周期、风险等的不同也充分体现了农村金融需求主体的多样性，需求催生供给，多样性金融服务、多元化金融机构的存在就成为形势所趋。参见张永升、李会芳：《农村金融普惠的逻辑与路径》，国家行政学院出版社2016年版，第39～40页。

构投入农业保险市场的积极性偏低。在"政策性"要素助推、"以险养险"业务完善的条件下,商业保险机构投入农业保险市场的积极性增加。政策性机构主推农业保险业务,并不影响商业性机构在农业保险市场上占取较大比例份额。这并没有改变农业保险的"政策性"属性。从管理风险、分散风险的角度出发,政策性农业保险不应局限于专业性机构经营农业保险的模式。而且,"政策性"要素可以介入商业机构(甚至入股、参股),分担风险管理权,呈现政策性要义。在立法的主体基石上,应强调农业保险组织形式和经营模式的多元化,这是保证风险管理效率的必要。为满足多层次、非均衡农村经济水平下的农业风险管理需求,立法应确认国有农业保险公司、私营商业保险公司、农业保险社、相互制保险公司等各组织形式在我国农业保险经营中的多元化,并依照地区特点区别经营。[1] 应对不平衡的境况下,依地区化作差异性选择,是在确定农业保险经营组织形式时的基本原则,也符合"成本—收益"理论中公平与效率的制度价值标准。将"政策性"要素与"商业性"要素有机融合,目的是发挥市场机制下资源配置的高效性,并以税收、补贴、专项资金建设等政策性要素对市场配置机制形成必要的补充和约束。

2."政策性"供给的规律

国家财政资源配置在市场机制下实现高效性。根据效率—公平理论来分解经营模式与补贴的关联性,可以发现资源配置会决定市场动向,市场动向又会影响资源配置规划。[2] 这也符合法律市场理论构建的前提,即成本—收益论。依据本书第三章、第四章关于政策性农业保险经营模式和补贴制度的选择论证,在确定适合本国经济发展规律的政策性农业保险经营模式的时候,应当以效率和公平作为主要衡量标准,前者以个人收益和整体收益的最大化为目

---

〔1〕 本书第三章第三节对于各组织形式的区别化经营作了详细的论述:国有化形式一般适宜于农业资源丰富但农业技术水平和风险管理水平落后、法治建设不甚健全的地区;私营商业性保险公司比较适合于农业资源丰富且法治相对健全的东部地区;互助共济的农业合作社主要适合于农业经济发达、农民农业风险管理经验丰富、自主意识和法治观念较强的地区。由立法对其进行确认,有助于经营模式的合规化和持续性。

〔2〕 资源配置与市场的关系离不开市场分布的特点。正如农村金融资源的调配会受农村政治因素(农村治理政策法规和制度环境)、经济因素(经济决定金融)、历史文化环境因素(在城乡二元经济结构中,农村具有相对封闭的特点)的影响,农村金融市场及资源配置也离不开这些因素。参见万江红、张翠娥、陈炉丹:《中国农村民间金融组织研究》,中国社会科学出版社 2013 年版,第 99 ~ 103 页。

标,后者以个体与社会效益的均衡性为目标。补贴制度改革也是同理,因主要涉及政府财政支出的预决算,支出成本的降低与所获收益的增加是补贴制度选择的主要经济标准。如前所述,国家财政支出属于限制性资源,在配置时需要兼顾各行业门类的经营特点和需求,避免顾此失彼。当然,资源的有限性也决定了补贴的适用不可能面面俱到,会有择优性。从成本上分析,农业保险补贴会产生确权、交易以及追责成本,立法过程中还存在前期的试点试验成本,执法和司法过程中存在较其他产业更为复杂的调查研究成本,所以衡量成本后确定的补贴额度可能不足以顾及地方农业经济的方方面面,因而需要有其他机制予以补充。至于收益上,利益均衡或利益增进是主要的判断标准,这符合经济学上的"帕累托改进"效应。[1] 具体表现为农业经济发展稳定上升、农户经济收入和生产生活的质量提升、农村整体格局平衡、农村精神文明和法治文明有显著改善、社会保障和福利价值的增进等。这些政治、经济、社会乃至文化成本与对应收益的计算结果是否准确,决定了国家财政支出是否符合科学性、客观性以及规律性。从经济、政治和社会目标的追求上,经营模式选择的优劣会影响国家对补贴支出的预算规划,补贴规划同样会改变政策性农业保险经营模式选择的结论。这也正是在我国允许有政策性(专门性)农业保险公司、相互制保险公司、农业保险社、商业保险公司等多种形态保险机构存在的主要原因。并且,政府只以事前引导(补贴为主要的经济手段)、事中监督、事后追责等手段进行介入,而不主动干预农业保险市场。以市场为主形成农业保险经营竞争态势,可能会形成具有充分市场竞争经验和完善的"以险养险"等自力风险救济机制的商业性机构成为市场的主要份额者,政策性农业保险公司、农业保险社和相互制保险公司可以在其经营范围内为其服务对象提供相应的保险产品,并在市场中发挥应有的作用,与一般商业性保险机构形成有效的互补。

3."政策性"介入路径多样化

"政策性"介入的方式以补贴为最常见方式,税收、再保险(政策性再保险机

---

[1] 利益绝对均衡的状态在现实中并不存在,制度通常追求的是一种帕累托改进。法律的效率价值是在其不断完善的过程中逐渐实现的,"如果预期的净收益(潜在利润)超过预期的成本,一项制度安排就会被创新"。[美]L. E. 戴维斯、D. C. 诺斯:《制度创新的理论:描述、类推与说明》,载 R. 科斯等:《财产与权利制度的变迁》,刘守英等译,上海人民出版社 1994 年版,第 295 页。转引自冯张美:《"小产权房"流转问题之法经济学分析》,载《浙江社会科学》2014 年第 7 期。

构供给的再保险)、专项基金建设等为主要补充。以税收、补贴、再保险、专项资金建设等为内容的政策性要素对市场配置机制形成必要的补充和约束。税收的优惠形成对农业保险经营者直接的利益促动,这种事前促动机制具有引导性,也对符合资质的保险机构提供了必要的资格约束,即只有符合资质的保险机构才可申请税收优惠,税务机关对其具有资格审核查验权、经营行为监督权和违法行为处罚权。专项资金主要指向农业风险保障基金和农业灾害救济基金等项目,是利用农民互助合作原理,依托政府、社会多元化资本筹建的为农业生产经营者提供灾害风险补偿及物资补给的财团组织。以农业风险保障基金为例,"政策性"的介入体现为政府对该基金的财政、信息、技术等投入。财政投入是指政府参与基金建设,投入一定比例资金引导其他社会资本共筹共建,壮大基金实力;信息投入是指政府所构建的信息中介平台可以为基金提供所需的农户、保险机构、其他农村金融机构的信用信息,以确保基金投放的准确性和科学性;技术投入是指在基金的经营管理过程中,为确保基金运营的安全性、资产稳步增值保值,在制度限定框架内,由政府派驻专业技术人员提供一定范围的方案指导及参与具体施行。当然,如前所述,任何一种"政策性"介入,均须在合理的度内。[1]

(三)关联机制条款

基于制度性激励机制的论证,农村金融服务的有效性供给和农业风险控制机制的完善有助于政策性农业保险效益最大化目标的实现,所形成的关联性机制应当作为政策性农业保险立法的主要内容之一。

1. 关于农村金融互联机制

该部分主要是确认农业保险、农村信贷、农业证券等农村各金融行业相互间的业务互联模式及对应的基本规范。农村金融构成我国农业现代化的关键。从 2013 年开始,我国人大多项提案建议加快农村金融立法,对农村金融服务从

---

〔1〕 按照公共政策评估的观点,政策作为公共产品,是国家的重要产出。产出受市场需求的影响,产出效应也由法律市场的运作成果来反映。如果政策数量过多,或者干预程度过大,同样增加(法律)市场风险。所以,对政策的"度",需要有一个合理的边界。参见中国行政管理学会课题组、贾凌民:《政府公共政策绩效评估研究》,载《中国行政管理》2013 年第 3 期。

顶层作出制度性安排,深化政策性农村金融改革。[1] 作为现代金融体系的重要组成部分,农村金融系统发生风险会直接危及金融整体体系,在各项担保机制和资产流动性建设不足的情况下,农村金融发生系统危机的概率可能高于其他金融部门。在构建政策性农业保险立法框架的时候,需考虑农村金融系统的薄弱性和高风险性特征,建立农村金融风险分担机制,完善政策性农业保险与农村金融(非保险的其他行业)的业务关联机制,规范农村金融监管制度。其落实在具体的条款主要体现为以下几个方面的内容:(1)农村金融系统构成条款。该条款以明确农村金融系统构成、各构成部分的立法价值以及与政策性农业保险之间的关联为主要内容,明确业务互联机制的经济意义。农村金融整体系统互联,意在提升金融服务质量,实现金融服务可获权和金融普惠,提高农民整体经济实力,实现农村经济持续性发展。这是推动政策性农业保险发展的助力系统。(2)业务互联基本目的条款。以"信贷 + 保险"模式制度化为起点,从现有较低层次的业务互联(信用社代理保险)开始到进行产品升级(开发信贷信用保险等产品),涉及信息平台建设(金融信用信息数据库)、信用中介介入(农业互助合作组织)等的规范问题,从降低信息不对称带来的经营风险到提高保险及信贷业务收益、提高融资效率,实现农业风险保障权和金融服务可获权,互联机制的价值须在规则引导和规制下得到最大程度的兑现。(3)业务互联基本规范条款。关联机制条款旨在创新互联模式试点与规范。以"信贷 + 保险"为基本模板,拓展"保险 + X(风险或信用中介) + 其他金融"模式,是以设计、试点创新、制度化为基本过程的。按照所涉主体,引导性规范所涉及的条款包括:第一,信息中介平台条款,含平台的属性、平台的构建主体、运营主体、运营的基本规则。第二,信贷及农业保险标的条款,含信贷投放对象(农户)的资产标准、资产流动性评估(涉及农村土地承保经营权、宅基地使用权的权属认定及流转规则,立法只作原则性规定)。第三,农业互助共济组织条款,含其在金融互联业务中的信用中介属性,对各成员的财产、信用、家庭状况等有效信息的收集、使用规范,对农村金融机构的监督、建议权利规范。[2] 第四,合作金融条款,含其

[1] 参见 2014 年 12 月 26 日全国人民代表大会农业与农村委员会《关于第十二届全国人民代表大会第二次会议主席团交付审议的代表提出的议案审议结果的报告》。

[2] 该项条款主要针对农业互助合作社,不包括农村信用合作社;后者是作为农村合作性金融的组成部分,相关规范条款在第 4 项"合作金融条款"中体现。

属性认定、组织经营和监管规则、与其他商业性金融的业务关联规则。第五，农业风险保障基金条款，含其作为保险与合作金融之间业务联动的切入点所应当承担的保底功能条款，主要以风险防范为要义。

2. 关于农业风控支撑机制

政策性农业保险同时作为农业风险防控机制，与农业风险保障基金、农业灾害救济基金、农业风险证券等风控主体产生关联效应。在“农业保险 + X + 农业风险管理基金”多层次风险应对模式中，主体之间主要基于风险分担的理性选择和互助互惠的原则，以合约形式松散合作，形成风控集合体。在系统性立法中，对该机制的规范和约束也主要体现为就合作合约的设计和引导。(1)合约目的条款。具体包含农业风险防控共同体的立法价值、主要职能，目的条款应当与政策性农业保险的立法目的相一致。(2)合约各方主体身份的认定条款。包含农业互助合作组织（自力救济的风控集合体，具有信用中介和风险自力救济者的双重身份）、农业风险保障基金、农业灾害救济基金、农业风险证券的主体界定；对各主体的属性、资本来源、股权构成、管理决策模式等进行规范。(3)合约权利义务示范条款。称其为“示范条款”是因为多层次风控模式有多种组合形式（如“农业保险 + 农业互助合作组织 + 农业风险保障基金/农业灾害救济基金”“农业保险 + 农业互助合作组织 + 农业风险证券”等），立法不可能穷尽所有组合，为各种组合提供完整的合作合约条款。所以，对于各模式中主体的具体权利义务给予完全标准化条款设计并不合理，立法上较为可行的是提供示范性条款，供合约各方参照执行。至于具体内容，可罗列主体各方各项权利、义务、责任条款，明确类似合同“应当”具备这些条款，以避免不必要的纷争。

（四）监管系统及规则

政策性农业保险立法还必须为行为监管设计科学的系统，从行业内和行业外进行监管规则的研究；前者分为行为人自律监管和行业内监管，后者分为行政监管和公众监督。行政监管是监管主线，保险行业内部约束和公众监督是对行政监管的必要补充。

1. 监管原则

立法对监管体系及监管原则的设计包含两个方面：一是明确监管规则设计的基本指导思想，二是规定监管规则适用的基本原则。其一，监管规则的设计，以行为人理性为理论依据。假定行为人具有完全理性，那么在正负效价面前，行为人将以成本—收益理论为指导,选择有利于自身利益实现的正效价出发进行行为选择。监管规则引导下产生的行为选择,为制度在确定行为规则时提供了需要充分度量的要素,简要地说是应当以最大化理性为标准进行规则设计;具体而言,行为人期望效用函数中包括成本、风险、时效、报酬、创新性、创造力、外部条件(包括制度等外部环境)等在内的各项自变量,都应当成为立法参考的因素。[1] 行为责任机制设计也是如此。其二,监管规则的适用,需充分考量效用均衡理论,强调制度透明化。监管不是为监管而监管,各项监管规则的出台是以负向激励的方式,对行为人进行预警,避免违规行为的出现,确保期望效用函数下的行动方案的合规性。所以,对主体有效的行为指导建立在立法供给的充分性、完整性和透明度上,监管规则的适用立法应当包含公示、说明、咨询、评价以及建议等内容。总体上,立法的有效适用必须以让主体通透地了解权利、义务、责任、风险为前提,这也是促使行为人作出理性选择的必要前提。[2]

2. 行业自律监管

行业自律监管包括机构自律监管和行业整体监管,前者是指任一农业保险机构应当形成行为自律和经营风险控制机制,后者是指农业保险整体应当有行业内部约束和监督机制,两者结合,形成专业、独特的行业内部监管规则。我国农业保险机构基本采公司制(包括以合作共济为特点的相互保险公司),公司法律制度框架(在我国以《公司法》为核心依据)是机构自律监管的主要依据,通过股东结构、股权分布、经营管理决策安排、内部审计等环节实现自律监管和风险控制。行业内部约束以提高政策性农业保险经营商的内部治理水平为主要任务,因而在规则上可以我国保监会(已撤销)《保险公司偿付能力监管规则(1—17 号)》的相关规定为参照,对保险公司资本及其结构的认定,结合基础与环境、目标与工具、保险风险、市场风险、信用风险、操作风险、战略风险、声誉风

---

〔1〕 波斯纳认为,如果交易费用为正,财富最大化原则就要求把权利初始授给那些可能是最珍视这些权利的人,以此来使交易费用最小化。在波斯纳的法经济学效用函数中,将公平和效率作为核心自变量,其他如环境、报酬、时效、风险等具体指标不在其理论内。参见[美]理查德·A. 波斯纳:《法律的经济分析》,蒋兆康译,中国大百科全书出版社 1997 年版,第 47 ~ 49 页。

〔2〕 与“制度参与”的模式相仿,在纷繁复杂的法律背后所昭示的是社会价值观念和追求目标;法律、规则和习惯是决策过程的产物,并且处在不断地变化、波动和循环状态,这种发展性的非固定状态很大程度上源于规制对象对制度的反应。参见[美]尼尔·K. 考默萨:《法律的限度——法治、权利的供给与需求》,申卫星、王琦译,商务印书馆 2007 年版,第 30 ~ 32 页。

险和流动性风险等管理能力指标，对各家保险公司维持偿付能力进行自测、自评、自我修复和自我追责。这些指标是保险机构综合评级的标准，以之为依据进行行业自律和自管，具有科学性和可操作性。

3. 行业行政监管

行业行政主管部门集中承担信息管理与业务监管，是监管主线。依据《保险公司偿付能力监管规则（1—17 号）》的相关规定，保监会（已撤销）主要承担保险公司风险综合评级的职责，主要根据相关信息，以风险为导向，综合分析、评价保险公司的固有风险和控制风险，根据其偿付能力风险大小，评定为不同的监管类别，并采取相应的监管措施。在新一轮的金融监管体制改革中，由于监管主体的变化，行业主管部门监管内容和权责也有了相应改变；[1] 但是在规则上，仍然可以保留包括风险评级和分类监管等内容。如综合评价固有风险（操作风险、声誉风险、流动性风险等），对综合偿付能力充足率有明显异常变化的保险机构实施现场调查；对保险公司投资项目的风险及收益特质限定在那些平均违约风险较小、投资收益稳定的中长期固定收入证券；对偿付能力不足的保险公司，及时介入后期处置，对合约现金价值予以保值，避免投保人受灾不获赔付或赔付不足。公众监督与行业自律监管一起构成对行政监管的补充，但公众监督主要以加强保险宣传和知识普及、提高保险参与度和风险池为发展目的，所以在规则的设计上以任意性、指导性规范为主。

第二节　政策性农业保险制度的基本框架

一、政策性农业保险的基本立法原则

政策性农业保险立法应当确立以下基本原则：

---

〔1〕 2018 年 3 月，国务院决定原银监会和原保监会合并组建中国银行保险监督管理委员会，相应地拟订银行业、保险业法规草案、审慎监管制度等职责划入中国人民银行。目前，有关保监会对保险公司偿付能力监管责任的规范尚未更改。在进一步的金融监管体制改革中，中国银行保险监督管理委员会仍应按照行业门类进行职责分配。所以，在政策性农业保险立法领域，仍然可以原保监会的监管规则作为参照适用的研究对象及依据。参见 2018 年 3 月 17 日第十三届全国人民代表大会第一次会议《关于国务院机构改革方案的决定》。

(一)普惠原则

将农村金融普惠原则适用于政策性农业保险,相当于将有效金融服务可获权的概念扩展至农业风险保障领域,符合金融支农的整体目标。[1]

政策性农业保险立法所确立的普惠原则,包含对立法条款的设计和执法、司法理念的更新演进。首先,普惠理念下对保险保障条款进行扩张性解释。一方面,要求保险机构根据市场分布、农业生产经营环境、风险治理特点,设计不同的保险合同,创新保险产品,给予各地农户多样自主选择,实现高效、多类型、生态型、适宜性现代农业发展形态。另一方面,以农业补贴、税收、基金建设等辅助手段鼓励增加承保险种,扩大承保范围、适用区域。其次,普惠原则的核心在于保障范围的合理性,即"普惠"并不意味着盲目扩大保障范围。如前所述,任何一项制度的适用都将考虑成本与收益,收益最大化包含个体收益与社会收益的整体效应,偏重个体或偏重某一利益群体可能会影响提高整体收益的目的。在保障程度上,目前以保障农民灾后恢复生产为出发点,手段上以补偿承保对象的物化成本为主。从加大保障力度考虑,在物化成本基础上,可以将市场风险(如价格风险)保障作为推广性适用条款,补充低保额的初始成本保险的不足。[2] 最后,普惠原则不排除效率—公平理论的应用。这是针对农业保险补贴条款而言,一方面,加大政府对农业保险补贴制度的适用,充分增强各类农业保险机构的保障能力,提高补偿水平和农户的风险应对能力,这是提升政策性农业保险效率的表现。另一方面,提高效率的同时应当兼顾公平。这意味着补贴的适用还应考虑区域差异性,在条款上,可以根据不同区域不同风险状况适用差异性费率,以此为手段实现农产需求与风险控制、费率水平与支付能力之间的平衡,确保政策性农业保险经营的可持续性。

(二)群力原则

群力原则是从主体角度所确立的政策性农业保险立法实现效益最大化

---

[1] 人们习惯将目前的时期称为后金融危机时代,从 2008 年金融危机、全球金融资本重组,已历经十余年,各国重新审视金融行业本身及其风险价值。"普惠金融"是在这个时段被提出并日益受到重视的概念,金融惠农其实是将金融资本与实业(农业为第一产业)资本有机结合的载体,理论上实业资本有利于夯实行业基础,可助力金融风险的防控。See Eric Helleiner, *The Status Quo Crisis: Global Financial Governance After the* 2008 *Fiancial Meltdown*, Oxford Press, 2014, p. 134 – 137.

[2] 我国上海安信保险公司、宁波国家保险创新综合试验区已研发并推广包括价格保险在内的多种市场风险保险产品,在农业保险市场的拓展中,可以此为经验推广之。详见本书第三章第二节。

的适用机理，应用的是主体利益博弈原理。根据政策性农业保险基础性和关联性法律关系的论证，政府、保险商、农业生产经营者、农业互助组织、农业风险保障基金、农业信贷等主体形成了多元化法律关系主体。各主体除了在各自领域发挥最大功能外，可以在互相博弈过程中，协同实现其他主体功能最大化。

1. 基础法律关系主体群力条款

以保险机构与农业生产经营者为核心，政府以“政策性”要素介入为载体构成的基础性法律关系中，各主体有着各自分别的行为目标。政府的政策目标主要是发展农业和保障粮食安全；保险公司以利润最大化为其基本经营目标；每一个农户以实现农业生产中可能遭受的灾害损失最小化、种养殖业收益的最大化为目标。无论是政府、保险机构还是农业生产经营者，在法经济学框架下都可被看作单一经济体，具有独立的经济理性，不同的行为目标似乎意味着各自理性选择的结果会使各主体在行为时“南辕北辙”。而事实上，这三类主体都存在对农业风险分散机制的一致追求，都希望通过一种科学而具有可操作性的制度来满足风险转移、利益实现和农业综合经济环境改善的愿景。在对共同制度存在同一期望的前提上，三者形成利益博弈。[1] 如前所述，保险支出预算、政策性农业保险的保障程度、保险费率、农业保险最优消费束的保障程度、农户对风险的态度以及农村社会文化、法律法规、习惯与传统外部环境等因素会影响农业生产经营者对农业保险进行的选择。农户的收入水平、购买保险后产生的心理效用、农业灾害风险分散后生产经营能力的改变等会影响保险机构产品的创新和推出，进而对政府补贴、税收及基金建设等“政策性”要素的介入方式产生激励效应。按照理性经济人思维，当使用农业保险分散风险的成本小于农户自己用其他方式分散风险的成本时，农户会考虑利用农业保险来分散风险；当农业保险的推行使投保人或保险人的风险承受能力和风险管理能力提高，同时降低了保险机构的经营风险，那么后者会愿意继续投入市场甚至增加市场份额；

---

〔1〕 罗尔斯的正义原则被定义为无知之幕下的所有人自由地达成一致的原则。但是，正如原初状态是一个表达设置而不是一种事实状态一样，作为原初状态审慎考虑结果的契约也是一个想象的契约而不是事实上的契约。“仅仅依据它（原初状态下的契约）是一致同意的这一事实，无论其结果如何都是公正的。”参见［英］史蒂芬·缪哈尔、亚当·斯威夫特：《自由主义者与社群主义者》，孙晓春译，吉林人民出版社2007年版，第71页。

在其他条件不变的情况下，通过最小成本的补贴等投入分散了现代农业发展中尽可能多的风险，那么“政策性”要素介入农业保险的效用也就达到了最高，这是财政支出最基本的出发点。各主体由此实现以统一目标为行为动机，从而发挥政策性农业保险立法的最高效用。

2. 关联性法律关系主体群力条款

关联性法律关系主体与基础性主体之间以及关联性主体之间，都存在依据契约或其他形式的合作而构成的博弈与协作。政府、保险商、农业生产经营者、农业互助组织、农业风险保障基金、农业信贷等各主体以实现“共赢”为目标；而这种“共赢”，可以助力于政策性农业保险系统所要达到的服务“三农”的效益目的。与政府、保险商、农业生产经营者三者之间紧密的基础性关系不同，农业互助组织、农业风险保障基金、农业信贷机构等主体对政策性农业保险构成的协同关系，是以业务性和功能性补充为主要作用机制的。以农业互助合作组织为例，该主体以将分散小农户集结为统一体的方式，在互助保险、社会互助、互助信贷等方面发挥群体优势，可以代表分散农户与保险、信贷、技术等服务机构谈判、协商、订立消费合同，为政策性农业保险、农业信贷等机构提供合作组织成员的有效信息，构建沟通、信用以及中介机制。农业互助合作组织在信息获知、交易谈判中的优势，是促成分散农户与保险机构之间保险契约的有力助推。在“农业保险＋农业互助合作组织＋农村金融”等模式中，该组织承担着不可或缺的信用中介作用，强化合作模式效益。又如农业风险保障基金，在接受政府引导、建议、财政支持及行政监督的前提下，可以集聚多个分散农户和社会资本力量，分散农业灾害风险、保障区域农业和农业生产经营者的合法权益，与政策性农业保险之间分享资源利益，分担风险管理职责。农业信贷等农村金融业务部门在政府出台的包括税收优惠、利率差异化等激励措施下，与农业保险机构形成业务关联，并借助农业互助组织的信用中介功能，降低经营风险和运营成本，促进关联性业务收益增长、农业保险产品逐渐创新、保险市场逐步完善，实现金融支农目标。

(三)可持续原则

可持续原则是指立法应当以保障政策性农业保险经营的持续性、功能发挥的稳定性为基本指导思想之一。[1] 遵循该原则意味着除了完善农业保险机构内部组织和风险管理机制外，还必须借再保险、分保险、巨灾风险债券、风险基金等手段，来分散政策性农业保险的经营风险，稳定保险市场。

1. 内部组织及风控机制条款

（1）内部组织机制。如前所述，政策性农业保险机构组织形式可以多样化。不同股权结构和组织形式下，保险机构的组织架构、内部管理及风险防控机制都有一定的区别，共同点在于各类机构都追求组织架构的稳定性、内部管理的标准化、风险防控的高效性，以此来确保经营的持续性。公司制保险机构的组织架构可以公司法为基本标准，我国公司法（含司法解释）体系较为健全，为农业保险机构组织运营提供了体系较为完整、规范较为成熟的依据；目前较为欠缺的是有关"共保体"的统一规范。以共担风险为主旨的共保体形式在风险分担机制上有优于公司制农业保险机构的地方，其毕竟是集合了多家保险机构对农业风险进行承保。但是，"共保体"一般以契约为依据，在组织架构、管理结构上较为松散。要保证"共保体"的稳定性和持久性，在严格准入和退出机制外，还需要对共保体契约进行合理的设计，就各成员的地位、权利义务、职责职权进行明确的约定，既保证每一个成员都有足够的积极性参与"共保体"，也以规范而严格的责任机制约束各成员的行为，建立标准化的内部管理制度。其中，较为核心的条款包括首席承保人条款、出资条款、信息披露条款、日常职能协调部门条款、风险防控与监督机制条款等。首席承保人条款和日常职能协调部门条款涉及主要管理主体条款，需明确两类主体的地位、属性、职权、职责。出资条款是指各成员（共保人）出资额度、比例、方式以及出资责任。信息披露条款针对资金使用和日常经营管理信息，应及时通报各成员。在具体的保险事故理赔中，要确定赔款和费用刚性，共保人应在限定时间内将赔款和费用摊回首席承保人，并及时通报。风险防控与监督机制条款应明确"共保体"风控机制设计及具体风控措施，并规定具体的监督职能部门，负责对"共保体"运行实行监督。

---

〔1〕"人们对法律的普遍看法，依然是诸如稳定、可信赖及确定性的规则等"；在 Douglass North（制度经济学学派代表人）、Narold Demsetz（新古典经济学学派代表人）等学者看来，任何一种经济形态要取得成功，在很大程度上要依赖一种稳定的法律及规则的存在和发挥作用，尤其是有关保护私有财产的法律与规则。参见[美]尼尔·K. 考默萨：《法律的限度——法治、权利的供给与需求》，申卫星、王琦译，商务印书馆 2007 年版，第 172 页。

(2)风险管控机制。农业保险内部风险管控主要包含准备金缴存和偿付能力报告两项主要机制。准备金条款是以农业巨灾风险准备金为基础的。农业巨灾风险准备金是指保险机构按照农业保险保费收入和超额承保利润的一定比例,计提大灾准备金,逐年滚存,以应对大灾时的巨额赔付。该项准备金目前以2013年《农业保险大灾风险准备金管理办法》为主要依据,在政策性农业保险立法中,可以该管理办法为基础,专门设立"准备金"一节,将农业巨灾风险准备金条款写入立法,进一步扩展准备金适用范围,确立保险机构计提风险准备金义务条款,按照种养殖业等大类险种保费收入为基础计提保费准备金等后备资金。准备金条款中除了对各项准备金进行立法界定外,还应当分别确定提取依据、比例区间范围、用途、期限以及违法责任。保险公司偿付能力报告条款是配合偿付能力监管的主动申报制度,由保险公司按照监管要求定期向保险监管部门报送据以对偿付能力进行评估、评级的报告。换言之,保险监管部门主要依据这套报告来判断保险公司现在偿付能力是否充足,并预测保险公司未来偿付能力的变化。按照2015年保监会《保险公司偿付能力监管规则(1—17号)》的规定,保险公司偿付能力报告的内容主要以资本变动为主,包括实际资本、最低资本的变化,如市场风险最低资本、信用风险最低资本等。[1] 偿付能力报告制度一方面为监管评级提供依据,另一方面也为保险公司内部设计和自我监督创建有效路径。

2. 外部监督及辅助机制条款

(1)外部监督。外部监督以行政监督、审计监督和社会监督为主。行政监督主要源于政府,为确保政策性农业保险业务合法合理合规开展,对保险机构和保险市场进行业务和风险监管,监管范围包含保险资质审查(目前不做资格限制)[2]、保险业务监督(包括保险产品备案及索赔、理赔申诉处理等)、保险偿付能力监管、保险行政责任追究(对不合规行为进行认定和处罚)等。审计监督主要针对保险机构保险偿付能力,在保险公司偿付能力报告基础上,由审计机构对其报告的真实性、合法性进行外部审计,审计结论是对偿付能力进行评价、

---

[1] 这也意味着保险公司需要将其现金流、不动产、股权等投资资产、应收应付账款等变动情况进行定期报告。

[2] 2015年2月24日国务院《关于取消和调整一批行政审批项目等事项的决定》附件1第17项规定,保险机构经营农业保险业务无须经保监会(已撤销)审批。

评级的客观依据。社会监督强调社会力量对保险机构日常经营行为、保险知识宣传、保险理赔工作等进行监督、建议和举报、申诉，借助社会力量完善政策性农业保险。行政监督是外部监督的主线，监管部门及上级主管部门可以依据政策性农业保险立法制定监管细则，对保险公司的经营管理实施监管、进行政策协调、纠纷处理以及违法行为行政责任的追究，以维持保险机构经营持续性和稳定性为监管目标。所以，与内部风控机制相关联，行政监管的重点也聚焦在偿付能力监管上。以目前保险公司偿付能力监管规则为例，监管机构以被监管对象进行偿付能力报告为基本凭据，依其财务报告体系所反映的实际资本和最低资本信息来掌握规定期限内保险公司的历史信息，预测其未来资本变化趋势，并依此建立预警指标体系，对其财务动态进行安全性监测。在此基础上行政监督条款的完善需要着眼于预警指标体系的健全，对偿付能力报告中所涉的各项控制标准进行适时的优化，在标准上为保险公司划定行为的幅度和边界，也在经营风险受农业巨灾影响趋高时能够实际达到分层、高效化解风险的效能。

(2)辅助机制或者关联性机制。根据制度激励理论，除了积极监管和消极法律责任外，要实现农业保险经营的持续性、稳定性，还需要适当借助再保险、风险证券、风险基金建设等辅助机制。再保险是以分保契约形式，将所承保的部分风险和责任向其他保险人进行保险的行为，属于分散保险经营风险的一种商业手段。在政策性农业保险中，再保险可以作为国家对农业保险进行政策扶持的一种手段，被看作农业保险补贴的其中一种方式。[1] 美国对农业保险的政策扶持包含了保险经营管理费用补贴、再保险支持、税收减免等，涵盖了鼓励农场参加保险、激励保险公司开展保险业务以及风险化解等各个领域和环节。我国农业保险补贴立法以保费补贴为主要形式，再保险的政策性支持有业务试

[1] 在政策性农业保险中，一般政府以赔付率超赔再保险作为分保安排，为保险机构提供另类“补贴”。赔付率超赔再保险是根据一定期间(例如1年)的该类原保险业务的赔付率确定分保双方赔付责任的一种再保险方法。例如，再保险人接受100%～160%的责任。如果保险期间的原保险赔付率是150%，那么，100%以内的赔款由原保险人(分出人)承担，100%～150%的赔款责任由再保险接收人承担。参见庹国柱、赵乐、朱俊生等：《政策性农业保险巨灾风险管理研究——以北京市为例》，中国财政经济出版社2010年版，第86页。

点,但相关立法一直处于空白。[1] 在政策性农业保险立法中,可以将再保险条款纳入补贴机制,发挥其对农业保险的辅助作用。巨灾风险证券是借证券市场来分散保险经营风险的一种手段,与再保险相比,巨灾风险证券化形式更具社会性。为了弥补承保能力的不足,保险人、再保险人与投资银行、证券机构、经纪人合作,以巨灾风险证券化形式筹集保险资本,与投资人直接挂钩,将巨灾风险转移至资本市场。[2] 巨灾风险证券可以克服再保险交易中的信用风险和道德风险,避免在原保险人放松理赔标准、扩大承保范围情况下将赔偿责任恶意转嫁给再保险人而导致的再保险效益降低。同时,巨灾风险证券可以为投资人提供更多的投资渠道,"保险 + 证券"的联结模式可以提高资本市场效率,为投资人根据投资偏好、构筑低成本和低风险资产组合提供可能。农业风险基金建设主要是指农业风险保障基金,如前所述,该项基金不仅由政府主导、有财政投入,而且还吸收第二、三产业、农业保险机构及农户等多元主体资金投入,专门用于应对自然灾害、社会事件及市场波动等农业产业风险造成的农村经济困境。该项基金致力于减轻农户经济损失,克服农业产业弱质性,该目标与政策性农业保险目标一致。其优点在于基金来源广泛,管理使用专项,可以有效分散农业巨灾风险,也可以降低保险公司的经营风险,因而可以作为政策性农业保险的关联性机制,纳入立法条款,由立法对其属性、构成、资金来源、使用、管理等进行规范化、标准化处理。

(四)差异性原则

差异性原则是指政策性农业保险要实现立法的统一性、系统性,为各地农业生产提供普适性保险保障,同时也要因地制宜,注重各地农业生产经营发展差异,允许特殊情况下规则适用的例外。这是确保立法效益最大化的条件之

[1] 在政策性农业保险试点地区,上海市、北京市政府都统一承担超过一定数额赔付责任之后的无限责任,浙江省是承担赔付率在200% ~500%责任的一部分,其他试点省市政府没有明确是否承担超赔责任和责任限额。参见庹国柱、赵乐、朱俊生等:《政策性农业保险巨灾风险管理研究——以北京市为例》,中国财政经济出版社2010年版,第86页。

[2] 参见周伏平:《巨灾风险证券化研究——金融、保险一体化的典范》,载《财经研究》2002年第2期。

一，符合法律市场供给—需求理论。[1]

1. 差异下的统一条款

规范化市场意味着具有统一的市场交易规则和透明的执行标准，这要求政策性农业保险立法供给要在宏观上为体系内各市场行为依其习惯与规律形成示范性条款，在微观上为平等民事主体之间独立化运作的农业保险产品交易规则提供基本适用依据，以满足市场需求，降低“潜在利润”，衡平利益。然而“统一”并不意味着绝对的标准化，而是在立法允许的行为限度内赋予行为人以充分的意思自治，构建差异化、个性化的交易规则。

在宏观上，合规律的行为规则、交易模式、监管路径应当纳入政策性农业保险的总则条款，为农业保险基础法律关系和关联性法律关系主体之间的契约提供统一、完整的系统化规范。这类条款关注的不仅仅是单一交易合同下个别行为人权利义务的适当性、合理性和规范性，更重要的是整个农业保险市场及市场行为的标准化、有序化和高效化，当然，低风险、低成本也是宏观条款追求的经济目标，以此来达到立法服务“三农”的最高追求。在微观上，无论是农业保险经营模式，还是农业保险产品，都存在类型多样化，这意味着立法不可能为每一类型面面俱到地设计完整的规则。所以，在分则条款上，可以划分各类型交易，并为各类交易所涉主体权利、义务、责任划定合理的幅度。在针对不同保险标的、险种及责任类型的保险合同中，允许行为人在立法所认可的幅度内根据市场需求设计、投放产品及服务，并依据市场对产品的不同需求选择适合自身的风险保障产品。

2. 统一下的差异性适用条款

外部环境会影响立法的供给及布局。[2] 与行为标准的统一性相比，因地制

---

〔1〕 差别原则表达了某种把自然禀赋看作公共财产的一致同意，一种无论其结果是什么，都要共享由这种分配而产生的利益的一致同意。参见［英］史蒂芬·缪哈尔、亚当·斯威夫特：《自由主义者与社群主义者》，孙晓春译，吉林人民出版社 2007 年版，第 67 页。不过，对于书中“没有更多理由允许收入与财富的分配是由自然禀赋的分配而不是由历史与社会机遇决定的”这一观点，本书并不采纳。

〔2〕 政策（或者立法）的环境相关性论证可以在各部门法的创立、修订、完善过程中找到端倪。完全忽略外部环境因素进行的制度修正，其普适性和持续性较弱，社会效益低下。See Robert Geryer & Paul Cairney, *Handbook on Complexity and Public Policy*, *Edward Elgar Publishing*, Inc. Press, 2015, p. 76 – 77.

宜原则以尊重农业生产经营的地区性发展差异为主要内容。在法律适用中要实现适用效益最大化,必须考虑行为人的理性选择,同时立法要尊重其理性选择,而其理性选择往往还会受外部环境因素的影响。[1]

从政策性农业保险外部环境因素的外延看,除了各地农业资源分布、经济收入水平、地理因素、土壤质量、气候条件等客观条件外,农村社会文化、法律法规、风俗习惯与传统等综合要素都将对立法适用产生影响。在行为人理性选择中,诸外部环境因素或将改变农户的保险支出方案,并因而改变政策性农业保险的推广范围、保障程度、保险费率,进而改变参保行为及效用。外部环境的作用机制可以简单陈述为:通过影响人们的决定来改变立法的效益。人们会愿意根据制度环境改换自己的行动方案,作出对立法的积极选择或消极应对。[2] 如前所述,立法需要对行为人的理性选择通过正面或负面的激励来形成有效的效益,并通过"奖"与"罚"机制分别赋予行为人以积极的权利效益、消极的责任负担,对其行动方案的制定施加影响。如果各项机制符合行为人行为自变量函数设定,那么理性选择与规则给定的行为结论(基于规则大前提、行为变量小前提得出)一致,法律适用效益最大化;相反,如果机制与行为函数设定相差甚远,比如立法给定的保险险种覆盖范围与保费(或经营费用)补贴适用比例对某一区域投保人或保险机构而言,权益弱化、责任偏重、风险加大,那么,行为人会趋向不投保或不承保,减少农业保险市场参与,使立法适用目的落空。基于此,要将立法落到实处,而不是作为美丽的摆设,就必须正视各外部环境因素对法律适用和行为人理性选择的影响,在条款的设计上不采取绝对的标准化,而是在统一的适用幅度内允许行为人有充分的选择权,甚至在特殊情况下允许有规则执行的例外存在。对于法律关系主体而言,政策性农业保险本身所包含的经济价

---

[1] 正如《政府片论》中所称,"一个公民的政治自由是一种心境的平安状态。这种心境的平安是从人人都认为他本身是安全的这个看法产生的。要享有这种自由,就必须建立一种政府,在它的统治下一个公民不惧怕另一个公民"。参见[英]边沁:《政府片论》,沈叔平等译,商务印书馆 1995 年版,第 67 页。这种"不惧怕",表明了主体行为自由的充分性,而且这种充分性建立在政治自由的前提下。

[2] 边沁认为,立法必须维护和加强安全感。"仅仅保证一个人目前无实际损失是不够的,还必须尽量保证他在将来不受损失。我们必须把有关他的安全的观念延伸到他所能想象到的一切方面"。如果没有这些预期的安全,人们就不可能去做任何事,也不可能做成任何事。"法律一旦承认了这些预期,就必须支持这些预期"。参见[英]边沁:《政府片论》,沈叔平等译,商务印书馆 1995 年版,第 40 ~ 41 页。

值是吸引其投入市场或参与竞争的直接动力，所以立法者和宏观调控者为增加立法的社会、经济效益，应采取适当措施增加有效需求和有效供给，以刺激市场发展。除了微观层面各农业保险合同条款的逐步优化外，针对不同地域、农村不同收入水平、气候土质条件及文化传统，为立法的差异化适用提供具有高度可行性的执行规则，并增加相应的资质审查、经营监管、归责认定等适用条款。

二、政策性农业保险立法的核心内容

政策性农业保险立法应当以“一核心”“双结合”“四方位”为核心进行系统性构建，条款内容可覆盖上文所论证的法律关系剖析、经营模式选择、补贴制度改革及互联式激励机制。

（一）“一核心”

对于政策性农业保险的关键词，立法对“政策性”的确认和规范彰显了政策性农业保险的核心要点。“一核心”是指以农业保险补贴为核心，进行政策性要素的构建和落实。目前我国立法对“政策性”要素的介入主要集中在保费补贴，而结合国内外立法例和我国各地政策性农业保险试点经验，在完善和规范传统保费补贴基础上，还应当落实经营费用补贴、再保险、风险保障基金补贴及农业互助合作组织建设补贴等项目；在该核心之外，还需注重对税费优惠制度的分类落实。

1. 农业保险补贴基础条款

有关政策性农业保险补贴的基础条款，主要涵盖定义、适用范围、补贴预算及适用责任等内容。（1）概念条款。立法要对农业保险补贴作统一的界定，包括补贴的概念、类型、适用条件、中央与地方政府支出比例、期限以及法律责任。将保费补贴、经营管理费用补贴、再保险、税费优惠均纳入农业保险补贴的立法范畴，并对各补贴类型进行概念界定，确立适用基础。[1]（2）范围条款。在农业保险补贴统一适用原则上，以逐步增加补贴品种、不断扩大补贴区域和适当提高补贴比例为基本指导思想。同时，严格补贴适用条件，防止道德风险和逆向选择。科学计量补贴与承保量的对应性变化，鼓励保险产品在覆盖农业生产

---

〔1〕 详细参见本书第四章第一节关于农业保险补贴相关内容的论证。

的人力、物化成本之余，对市场、价格风险进行承保，改变现有“广覆盖，低保障”的保险补贴政策导向，激励农业生产经营者持续性参保。(3)预算条款。立法可以纳入农业保险补贴“绩效预算”条款，以确保财政补贴资金利用效率。我国《预算法》对预算、决算的编制、审查、批准、监督以及预算的执行和调整作了系统规定，但未明确“绩效预算”概念及其应用规则。政策性农业保险补贴预算可以进行绩效预算试点，为预算管理模式创新提供经验。在条款上，农业保险补贴预算绩效制度需兼顾绩效评价标准和绩效责任机制的设计。前者以落实评价主体、评价指标和评价结果为主要内容，以提高评价公信力为直接目的；后者以落实补贴程序、补贴效率评价结论为主要内容，以程序的正当性和评价结论的“效率—公平”兼顾性来判断分配的公平与正义。[1] 两者均以追求补贴资金利用的经济、社会效率为最终目标。(4)责任条款。确定违法适用补贴规则的法律责任。根据补贴监管原则，针对可能发生的各类违规行为，以列举方式罗列行为类型及相应责任，如政府违规发放补贴，投保人或保险机构隐瞒真实信息或虚构虚假信息以骗取补贴等，立法应当对个人或机构、机构负责人追究相应的民事、行政乃至刑事责任。

2. 农业保险补贴适用条款

立法是执法与司法的前提和基础，执法是立法的必然要求，又是促进立法目的的实现的必备要件，该规律在金融立法中同样适用。[2] 政策性农业保险补贴制度适用的合理性，是实现补贴立法价值的重要保障。(1)适用原则。根据充分与适度、公平与效率、合理监管以及适当辅助等原则来指导农业保险补贴条款的适用，[3] 内容上涉及适用条件、补贴执行、效益评价和纠正。在明确概念、范围、预算、责任等基础条款之外，主要以梳理农业保险补贴中的中央与地方政府之间的关系为内容。依据公平—效率原则，结合农村经济水平、地域分布、具有战略地位的农产品分布状况等要素，来区别中央与地方财政的补贴负担比

---

[1] 与公共政策绩效评估相似，加强绩效评估，有利于检验政策的效果、效率、效益，有利于实现政策资源的有效配置，是进行政策调整、提出政策建议的重要依据。参见中国行政管理学会课题组、贾凌民：《政府公共政策绩效评估研究》，载《中国行政管理》2013 年第 3 期。

[2] 金融执法是指国家金融行政主管机关依法定职权和法定程序执行和实施金融法律、法规和规章的活动总称。执法结果在很大程度上决定了立法的价值和效益。参见李晗：《法经济学视野下的金融监管法正义性分析》，载《法制与社会发展》2006 年第 5 期。

[3] 关于充分与适度、公平与效率、合理监管以及适当辅助等原则的内涵，详见本书第四章第二节。

例。(2)适用细则。理论上,中央财政应当积极发挥其在收入分配调节上的作用,如均衡财政支出及对地方经济的推动作用,同时对贫困地区和经济欠发达地区作倾向性保障,以减轻地方财政负担;而富裕省区农业保险财政补贴资金主要由地方财政承担,中央财政只承担较少的份额,实现财政支出效益的最大化。[1] 政策导向上,逐步提高保障水平是近几年中央财政支出的总趋势,[2]补贴的适用需要扩展至市场风险、价格风险、气候风险等新型风险领域,与保险产品的创新相匹配。方法上,需要避免地区性补贴差异带来的农户收入差距增大的弊端,可以尝试在非战略性农产品保险中施行回归比例补贴方式,对于因补贴而致保障水平提高、投保持续性稳定的农业保险产品,随着保障水平的提高而逐次降低补贴比率。在条款上,首先需要划定保障水平层级,并按照层级确定补贴比例,随着层级的提升,补贴比例逐渐降低。[3] 这同样是以成本—收益理论为指导,旨在以最低成本获取最高收益,不浪费补贴资源,不使补贴分布在弱补贴需求层级。保障水平和补贴比例的层级划分是补贴差异化适用的前提,在立法上可以对补贴档次作尽量地细化,以增加补贴预算和执行的精确度。

3. 农业保险补贴的边界条款

这里的“边界”包含补贴类型、额度等内涵的准确性和补贴适用的合理性。(1)内涵的边界。如前所述,内涵的界定是否准确、合理可以成本—收益理论为依据来判别。农业保险补贴的适用需要遵循充分与适度原则;充分性是指财政支出成本应当获取足够的收益;适度性是指财政支出应当量入为出,不能超过国家财政所能承受的支出成本的合理范围。发展农业保险应当与一国的社会经济发展水平相适应。我国现有的经济发展水平并不能充分实现公共服务均等化,而以现有农业保险需求来看,拓宽补贴范围和补贴额度是实现该准公共

---

〔1〕 参见郭颂平、张伟、罗向明:《地区经济差距、财政公平与中国政策性农业保险补贴模式选择》,载《学术研究》2011 年第 6 期。

〔2〕 2012 年财政部《关于进一步加大支持力度做好农业保险保费补贴工作的通知》(财金〔2012〕2 号)指出:中央财政支持各地结合实际,按照相关规定,提高农业保险保障水平,覆盖农业生产直接物化成本。对于因为覆盖直接物化成本而增加的保费,中央财政将根据现行规定给予保费补贴。对于高于直接物化成本的保障部分,可由地方提供一定比例的保费补贴。

〔3〕 参见余洋:《基于保障水平的农业保险保费补贴差异化政策研究——美国的经验与中国的选择》,载《农业经济问题》2013 年第 10 期。

物品价值和“保险支农”目标必不可少的举措。国家财政支出的有限性决定了在适用补贴时,要避免因补贴品种繁多、补贴力度过大而使政府陷入沉重的财政负担。所以,在立法条款上,一方面,要做好农业保险补贴的预决算方案,确保补贴与保障水平相当;另一方面,要确定补贴差异化政策,运用效用函数科学计量投保人和保险机构的风险态度,考虑国家财政支付能力的有限性,进行补贴对象和方案的合理选择,在确定基本保障补贴力度的同时,进行重点选择,优先提高具有战略意义的农作物品种的保障水平,将有限资源集中利用,提高补贴收益率。[1] (2)监管的边界。农业保险补贴不仅具有激励价值,还具有矫正功能,即如第四章中所论证的补贴可以承担对法律关系主体市场利益失衡进行预防和矫正的任务。预防效能是指以财政的投入预防农业生产经营者在参加农业保险合同关系时基于经济实力弱势作出非真实意思表示;矫正效能是指通过财政支出的准确预算矫正补贴资金划拨、使用中的不公平,以及通过补贴监督机制对农业保险适用中存在的欠缺公平现象进行及时纠正,并通过责任机制的落实实现警戒效果。[2] 农业保险补贴的施行还具有金融资源再配置的意义,可以成为保险、银行、证券等金融部门协同业务活动的方向标。

(二)“双结合”

政策性农业保险不是一个孤立的系统。从功能上分析,保险兼具风险防范和金融资本运作的双重功能,在风控和金融体系中分别占据一席之地。根据关联性制度激励的论证,“双结合”意在将政策性农业保险与风险防控体系、农业金融体系中的其他防控机制、金融机制相结合,形成“风控—保险—金融”的整

〔1〕 事实上,立法上设计补贴对象、范围、标准、条件等条款,本身就是对农业保险法律关系主体意思自治施以一定程度的限制,以确保财政资源利用效益。这也是对补贴划定边界。

〔2〕 金融监管中的公平与正义,以监管立法供给与需求平衡为条件,即只有当总供给与总需求处于一个相对均衡状态的时候,才能充分体现法律正义中的公平、公正等内涵。参见李晗:《法经济学视野下的金融监管法正义性分析》,载《法制与社会发展》2006 年第 5 期。该观点源于罗尔斯的“正义论”,“社会正义原则的主要问题就是社会的基本结构,是一种合作体系中的主要的社会制度安排”。参见[美]约翰·罗尔斯:《正义论》,何怀宏等译,中国社会科学出版社 1988 年版,第 71 页。

体性框架,实现“1+1>2”的增进型效益。[1]

1. 风险控制机制间的联结条款

政策性农业保险与其他风险控制机制之间进行合作,目的是将风险控制与保险保障有机结合在一起,发挥政府、保险商、农户各自的风险控制能力,并借政策性保险平台,实现不同力量角力均衡下风险控制的高效性。如前所述,农业风险防控机制包括农业互助合作组织自力救济、农业风险保障群力救济、农业灾害救济基金建设等内容,将各机制与政策性农业保险相联结,在立法上可以按照风险监测与预警、风险评估与分担的思路进行框架构建。此处对“风险”作广义界定,即在外延上包含农业灾害风险、保险经营风险和防控风险过程中主观恶意等因素导致的防控效益低下的风险。

(1)风险监测与预警。包含风险监测与预警主体、权责与工作机制。其中,风险监测与预警主体,并不建议设立独立的预警中心。立法可以将风险监测与预警的功能整合在由政府牵头构建的信息中介平台上,降低信息建设、监测与预警成本,这显然比构建独立的预警中心更为经济。[2] 信息中介平台的属性、地位、构建及运营主体、运营的基本规则可以在风控联结条款中呈现。关于风险监测与预警权责:第一,信息预报与供给。平台向政府、保险机构、农业生产经营者以及农村金融机构提供充分的信用信息,并保证信息供给的真实性、合法性、充分性;后者也可以在平台系统上登录查询灾害预报、保险机构等主体的信用报告,以科学评估灾害等级,采取适当措施避免损失过大。第二,信息搜集与监测。平台可以依法要求保险商、农户及其他相关主体按期向平台提供风险信息报告与监测所需数据,由平台进行评估、监测,及时更新平台信息,也确保风险预警的客观性。第三,信息评估与建议。平台可以根据既往数据,就可能

---

〔1〕 根据协同论,系统能否发挥协同效,是由系统内各子系统的协同作用决定的。协同得好,系统的整体性功能就好。如果一个系统内部各子系统内部及相互之间协调配合、共同围绕目标齐心协力运作,就能产生“1+1>2”的协同效应。反之,如果一个系统内部相互掣肘、离散、冲突或摩擦,就会造成整个系统内耗增加,各子系统难以发挥其应有功能,致使整个系统陷于混乱无序状态。参见白列湖:《协同论与管理协同理论》,载《甘肃社会科学》2007年第5期。

〔2〕 该信息中介平台可以参照金融信用信息基础数据库的构建来设计建设。依据我国《征信业管理条例》,明确其属性、建立目的、运行及监管主体。目前我国的金融信用信息基础数据库主要为银行、保险等金融行业进行有关企业和个人信用信息的采集、整理、保存、加工和提供。本书所构想的信息中介平台,其职能宽于数据库的建设,兼具一定的行政权能。

产生的灾害事故损失做好风险准备金缴存预案建议、补贴建议,完善事先防控。第四,信息反馈与监督。在灾害事故处理结束后,主要根据保险机构提交的理赔数据、风险保障基金和灾害救济基金的支出明细,评定预警机制效能,并据以完善事后监督机制。风险预警是一个持续性的系统工程,所以立法上应当以发展的视角统筹和完善预警的事前、事中、事后环节。

(2)风险评估与分担。包括针对“风险”的不同内涵,对灾害风险进行客观评估,对保险机构的保险产品与服务种类及品质进行总结分类评级,目的是完善风险防控和分担机制,明确各主体在风控机制中的角色。从风险评估、分级到责任落实、分担,体现在条款的设计上就是依据风险的不同类型及逻辑构建风控联结机制。第一,灾害风险定级与评估条款。包括对灾害进行风险定级、评估和应对。对灾害风险的评估,主要基于灾害的类别、发生的时间及频率、持续的期间、对农作物造成的直接损失和对农业经济形成的综合影响等因素,进行综合评定,得出风险评级,并以此研制应对措施。根据不同的风险等级采取不同的灾害应对及应急处理机制。在大灾风险下,应急机制的完善程度会直接影响风险应急处理成效,所以,根据风险等级设计应急机制,目的是提高应急机制的针对性和效益性。第二,经营风险评估与应对条款。包括对经营风险进行定级,以进行对应的风险评估与应对。该条款与上文的偿付能力报告与偿付能力监管规则并不重复或冲突。在微观层面,农业保险经营风险属于保险商的内部事务;在宏观层面,保险机构经营风险防控同时是风险防控体系整体需要应对的要务,毕竟保险机构与市场经营的优劣会直接影响风险防控效果。也正是基于此,经营风险是保险监管部门始终关注的焦点,经营风险评级条款可以参照偿付能力评价标准。第三,风险分担层级条款。主要指从风险分担主体分层组织管理角度出发,对政府、保险商、农户、农业互助合作组织、农业风险保障基金等机构的风险权责进行条款设计。以“风险管理”“风险分担”为关键词界定风险管理系统,系统中有多类风险主体,立法要构建的是一个结合政府、保险、金融、证券、风险保障基金、农业生产经营者等多主体参与的自上而下、横跨多行业、多部门合作的立体型管理系统,形成网状的组织结构,在风险信息传递与搜集、风险防控技术应用与创新、风险资金配置等方面交织发挥集合型效能。

2. 农村金融机制间的联结条款

政策性农业保险是农村金融的一个分支,将农业保险与农村其他金融机制并列以进行业务联结，目的是要发挥金融系统中包括信贷、证券等在内的各类业务与保险之间的相互促进作用。在立法中，应当界定农村金融的概念和外延，以确定政策性农业保险在其中的位置，进而为保险、信贷等各农村金融业态互联提供基本规则。

（1）农村金融联结基础条款。基础条款包含农村金融体系的界定、体系构成及各构成部分之间的法律地位和属性，以“金融支农”原则为立法指导思想，规定我国农村金融体系在资本供给、系统风险防控、业务形态、文化传播等方面的基本规则。第一，界定性条款。界定农村金融体系的法律概念，罗列农村政策性、商业性和合作性金融的各类形态，规范各属性及法律地位。第二，资本供给条款。按照农村金融体系内各金融形态的差异，规范资本供给结构，避免农村存款不当流入城镇，确保农村资本供给的充足性。[1] 第三，系统性风险调控条款。对农村金融组织体系进行分层次组织运行结构的构建，安排资金运行调节、金融资源配置和融资方式的运作规则。第四，业务类型条款。目前农村主营的银行信贷业务之外，农业风险债券、“信贷 + 保险”、“证券 + 保险”等业务逐渐发展增多，立法需要为这些业务的开展提供行之有效的规则，以有效增加对农业生产经营的资本投入。第五，金融文化传播条款。农村金融组织需贯彻“服务于农”的宗旨，在开展金融业务的同时，负有传播及普及金融知识，包括金融消费及消费保护、金融安全保障等任务，提升农村整体金融质量，为农业生产打造优质的软环境。

（2）农村金融联结业务条款。第一，界定联结业务类型条款。明确联结业务的含义、外延、类型、基本规则。比如，“信贷 + 保险”联结条款，包含两类金融业务之间进行互联的基本类型、各类型下的基本业务形态和可行性规则。例如，对于农业保险参保比例与信贷贷款利率之间的相互关系，立法划定参保比例与利率的关联幅度，保险与信贷机构可在该幅度内进行契约条款的设计，以降低农户使用可贷资金的成本，增加参保意愿，减少农村金融风险。第二，联结

---

〔1〕 据统计，从农村到城市的财政净流出平均每年为 1020.2 亿元，还不包括大量来自农村的预算外资金和各种名目繁多的乱收费项目，这些项目流出农村地区，成为一种准财政性质的非正式渠道的农村资源流出。在金融渠道，由农村向城市的金融资源净流出也十分可观，平均每年高达 568.2 亿元以上。这严重约束了农业和农村经济发展，导致农村金融萎缩。参见张永升、李会芳：《农村金融普惠的逻辑与路径》，国家行政学院出版社 2016 年版，第 18 ~ 19 页。

业务辅助措施条款。以"信贷+保险"模式为例,其间,两类农村金融机构都可以借助信息中介平台掌握投保人、借款人的信用信息,据以判断风险负担能力和还款能力。信用共享机制降低信息成本、缓解信息不对称的同时,以降低经营风险和系统风险为辅助功能。第三,联结业务责任条款。以列举式规定农村金融联结业务中的违法违规行为,并规定相应的法律责任。在"服务于农"的主旨下,如果金融业务联结损害农业金融服务可获权,抑制农业生产经营者的经营行为,抑制农村经济增长,那么相关主体将承担负面责任。同理,如果投保人、借款人借业务联结可能存在的法律空隙骗保、骗贷,立法应授权监管机构依其行为要件和主观恶性认定法律责任、施以处罚。行为类型和法律责任的立法对应性要求是减少道德风险和逆向选择、提高农业金融资金配置效率、推进农村金融交易频率、完善农业融资机制的基石。

(三)"四方位"

依据2016年《农业保险条例》第3条第2款"农业保险实行政府引导、市场运作、自主自愿和协同推进的原则"的规定,回归主体理论,政策性农业保险始终以政府、保险商、农业生产经营者为基础主体构成,农业保险市场在该主体构成中实现健康、有序运作,并且与政府、保险商、农业生产经营者一起形成"四方位"结构。该一体化的有机系统有助于各种社会力量的集结,发挥各主体优势,形成协同合力,增进政策性农业保险绩效。[1] 立法也应以确立该"四方位"构成为主线,构建规则,推进其效能的有机发挥。在具体条款的界定与设计上,围绕政府、保险商、农业生产经营者和农业保险市场四方主体展开。

---

〔1〕 2016年《农业保险条例》第3条:"……农业保险实行政府引导、市场动作、自主自愿和协同推进的原则",但对个中内涵并未做详细解释。《中央财政农业保险保险费补贴管理办法》第3条,规定了农业保险保险费补贴工作实行政府引导、市场运作、自主自愿、协同推进的原则。内容没有差异。早在2007年财政部《关于印发〈中央财政农业保险保费补贴试点管理办法〉的通知(财金〔2007〕25号)》(已失效)中第3条确定中央财政农业保险保费补贴的基本原则是"自主自愿、市场运作、共同负担、稳步推进",并对该原则作了如下解释:"自主自愿"是指农户、龙头企业、中介组织、农业保险经营机构、农业部门、各级财政等有关各方的参与都要坚持自主自愿。在财政部确定的补贴险种和补贴比例的基础上,有条件的试点省份可以适当提高保费补贴比例。"市场运作"是指农业保险业务以市场运作为主,保费补贴主要起引导作用,应充分运用市场化手段化解农业保险的风险。"共同负担"是指财政部、省级财政部门、农户以及有关各方共同负担农业保险保费,只有在省级财政部门和农户分别承担一定比例保费的前提下,财政部才给予相应的保费补贴。"稳步推进"是指保费补贴在主要作物连片种植区、农业保险工作已有一定基础、地方财政部门已提供补贴的农业大省,选择一些省份先行试点,待取得经验后逐步推广。

1.“政府引导”条款

政府角色的界定符合“一核心”的内容,即主要以补贴为手段,引导建立适应农业规模经营发展需要的政策性农业保险支持体系。界定政府角色,以完善农业保险立法为目的,在手段上通过完善补贴和其他政策性投入方式,以支持、引导、发展多种形式的农业保险,根据地域分布特点调整补贴力度,确定新型经营主体的合理补贴标准,引导新型经营主体增加市场投入。“政府引导”并不仅仅限于补贴这一形式,在再保险、基金建设等方面,都可借财政投入体现“政策性”引导目的,其他各种形式的大灾风险分散机制、税收优惠政策等,也体现了全面提升传统和新型经营主体保险保障水平的政策引导目标。立法要为补贴制度的完善预留空间,并为差异性适用提供前提。在“政府引导”这一节中,宜采用“弹性条款”,即条款内容以具有充分弹性的原则性表述为主,避免因立法固守而致适用滞后。[1]

(1)基本界定条款。第一,进一步明确政策性农业保险的地位和功能,包括法律内涵、法律地位、经济功能和社会功能等条款。“政策性”要素内涵和外延的规范化,是为了克服目前诸多政策或政策性文件中相关内容的冲突。第二,列举“政策性”介入路径。国家引导农业保险经营,可以通过设立专门的农业保险公司,也可以通过政府支持商业保险机构经营农业保险的形式进行,其指导思想是在坚持商业可持续原则的情况下,把对农业保险的政策支持涵盖保费补贴、经营管理费用补贴、税收优惠等方面,延伸“政策性”介入与支持的广度、深度。第三,区分“政府引导”方式的不同功能。农业保险本身以补偿因灾害对农业生产和收入造成的不确定性为目的,“政策性”要素的支持以农业灾害补偿为首要任务。这与以提升农业收入水平的农业直接补贴、价格支持等政策存在方法论、引导对象、财政预结算等方面的根本区别。政策性农业保险立法的主旨依然落脚在以农业保险为手段,建立健全农业风险(包含自然风险和市场风险)

---

〔1〕 立法中的“弹性条款”,是指含义不确切,可以做扩大解释和限制性解释的条款,比较经典的为美国宪法中的贸易条款、必需与适当条款以及正当法律程序条款,各项条款内涵丰富且极富弹性。这是由美国联邦制政体决定的,也在极大程度上保障了美国经济体制的完善。借鉴“弹性条款”的做法,目的是确保政策性农业保险“市场运作”的特质,立法不涉及细枝末节,以免使农业保险市场发展束手束脚。参见朱福惠:《论美国宪法中的“弹性条款”之适用及其对经济的影响》,载《法律科学(西北政法学院学报)》1998 年第 3 期。

管理、防范与化解机制几个方面。风险管理权属于政府、保险商、农户等各类主体,这一共同职责意味着立法并不在原则中明示政府对风险的直接负担义务。[1] (2)职能范围条款。按照各类"政策性"引导要素的特质,分别明晰政府在其中的风险管理服务职能和责任。"市场运作"和"自主自愿"两项内容是约束政府职能的具体方面,属于确定"政策性"介入要素及路径的边界条款。在"政府引导"条款内部,也同样需对对政府介入就边界作统一规定。政府的风险管理职能与责任,原则上可以纳入农业保险事前引导、事中监督、事后监管流程。我国尚未在立法层面构建起系统性的农业保险管理和风险防控体系,这使得现有农业保险管理与风控机制多处于政策层面的临时性、欠稳定性状态。由立法对国家从中央到地方的顶层农业保险及农业风险管理到基层的对应管理组织进行架构和规范,在原则上要注重完整性、稳定性、差异性,覆盖国家农业地区和具战略性的多数农产品生产。政府的引导与管理机制基本不变,不同区域允许差异性适用。

2."市场运作"条款

"市场运作"与"自主自愿"两项条款彰显了政策性农业保险的一个根本特质,即"政策性"的介入并未改变农业保险市场运作的属性,农业保险仍以市场为资源和资本配置的主要手段;"政府引导"要尊重市场、符合市场规律。在政策性农业保险立法中,一方面要确定市场是主导者,政府引导有明确的边界,该边界以市场的规律性、有序性、安全性运转为要义;另一方面要确保政策性农业保险法律关系严格遵循立法规范,在此基础上法律关系各主体享有充分的意思自治,即左右市场的主导权仍在契约各方当事人。在立法给予的行为框架范围内,农业生产经营者、农业保险机构、农业信贷机构等可以按照自己的期望效用函数研究各自的行动方案,并为各自的利益最大化寻找到最合理的契约条款。

---

[1] 对政府的风险责任不采用直接明示的立法方式,并不是要留下立法的空白或引起法律的模糊,而是将这种责任以具体的"政策性"要素的作用机理来确定。而且,"由于法律的模糊所引起的费用与延宕,比事实的模糊所引起的要少得多"。随着文明的进展,社会人群交往越来越复杂,迅速变化的社会将对立法的作用产生或然性限制,要尽量克服这种限制,较为合理的方式就是将自由裁量权交由法官及其他合法裁决者。参见[英]边沁:《政府片论》,沈叔平等译,商务印书馆 1995 年版,第 53 页。

立法并不是为了制约或约束主体的意思自治和市场行为,[1]相反,拓展农业保险领域和覆盖范围,健全农业保险市场,增强农业风险承受能力,是政策性农业保险立法追求的经济和社会目标。实现这些目标,除了"政策性"介入和扶持带来的激励外,更多地应当内生为市场自身的积极动力,来全面延伸农业保险的服务空间和功能。从立法适用的结论和市场的占有度来分析,由机构规模、资本投入、市场声誉、保险经营经验累积程度、保险内部管理与风险防控机制建设的成熟度等因素决定,商业保险机构在农业保险市场中的份额肯定会越来越高。从目前对农业保险经营资质审批门槛降低的趋势看,立法不应当约束商业机构在农业保险中的市场投入和市场占有度的提升,相反,从扩大农业保险市场、增强保险服务质量、增加服务网点和服务效率角度出发,应当引导并鼓励商业保险机构增加农业保险品种,提高参保率,扩大农业保险覆盖面。在具体条文上集中于以下要点:(1)规范业务。对商业保险机构"以险养险"等以分担农业保险经营成本为目的的各类业务进行认定并提供规程、合约模板,使各类业务规范化,确保农业保险经营份额的稳定增长。(2)鼓励创新。商业保险机构要针对市场需求设计多层次保险产品。随着农村种养大户、家庭农场、农民专业合作社等各种新型经营主体数量的不断增加,经营规模大小不一,投入资金多少不同,风险集中程度不同,产生了不同的保险需求。立法应鼓励农业保险机构推出多层次、多类型农业保险产品,供不同投保人自由选择。要增加农业保险覆盖面,创新保险产品、增加保险险种是最基本的方式,立法上应当给予产品创新的基本条件,规范其审批备案程序。从水稻、小麦、玉米等关系国计民生的战略性农产品扩展到具有地区特色的草莓、甘蔗、柑橘、苹果等产品种植,相应的农产品保险、价格保险是降低各类农产品灾害风险的手段,也可以促使种植区农户收入水平的提升、风险应对能力的增强,转而增加政策性农业保险市场额度。(3)知识普及。农业生产经营者投保参保除了受风险、收入等经济条件影响,很大程度上还源于对政策性农业保险知识的匮乏,因而,在政府宣传引导之外,"市场运作"条款中应当附加市场增进保险原理及农业保险文化知

---

[1] 由于个体行为存在严重的外部性,所以需要通过法律安排将个体行为外部性内部化,这也是金融立法必要性的重要依据;立法不能解决一切问题,但应尽量作出使个体理性与团体理性相统一的制度安排,使微观经济主体和宏观团体利益趋于相对平衡。参见李晗:《法经济学视野下的金融监管法正义性分析》,载《法制与社会发展》2006 年第 5 期。

识的宣传投入。

3.“自主自愿”条款

基于“市场运作”条款，在农业保险市场中，保险商与投保人（农业生产经营者）依据政策性农业保险立法，享有充分的意思自治，平等自愿、诚实信用的合同原则完全适用于农业保险合同。“市场运作”条款的其中一个内涵就是尊重行为人的意思自治，以市场为资源配置的基本方式，保险商可以依法提供保险产品和服务，投保人可以自主选择投保、参保。我国政策性农业保险主要以自愿投保为原则，并不施行全面强制保险；这也意味着在市场运作机制前提下，保险契约仍是行为人根据其效用函数决定其行动方案的主要形式。“政策性”介入以事前引导、事中调查和事后监督为特质，不以改变契约各方主体自主意志为手段。

在契约自由的大环境下，政府的各项引导与规制也依其介入路径分别为行为人的意思自治提供施展的环境。(1)契约自由与事前引导。对于政府的事前引导，以“不强行限制”为关键词。一方面，在非强行性限制机制下，保险人可以依法设计保险产品供农业生产经营者选择投保，保险商有决定产品条款的充分自由；当然，另一方面，该自由以有效保护投保人权益为必要。在承保环节，保险商的规范操作包括对农户进行条款费率的披露、解释、说明；立法上要对误导或强迫农户投保的行为进行认定和处罚；对于新型农业保险产品，保险商不得擅自更改或变相更改经保险监管机关备案的条款费率；在农业保险市场竞争过程中，也不得为获得竞争优势而以违规支付或允诺支付高额手续费等方式开展恶性价格竞争。行为自由是在法律允许范畴的自由，契约自由同样需符合国家对资源配置、市场监管进行立法的宗旨。[1] (2)契约自由与事中调查。对于政府的事中调查，以“不主动干预”为关键词。除了保险监管机构定期现场调查和非现场调查外，事中监管措施多属于非主动干预型行政行为，对此，一方面，保险机构、投保人只要依循法定规则进行契约条款的约定、依法投保、依法理赔，一般都可实现预期合同利益。另一方面，契约的设计、成立与履行，以经营持续

〔1〕 正如庇古在《福利经济学》中阐释的目标：“确定在现存的法律制度下，自我利益的自由行使在多大程度上会倾向于以最有利于产生大量国民收益的方式来分配国家资源；在多大程度上，国家改善‘自然’趋势的行为是可行的。”转引自[美]罗纳德·哈里·科斯：《企业、市场与法律》，盛洪、陈郁译校，格致出版社、上海三联出版社、上海人民出版社 2009 年版，第 129 页。

为前提。为确保农业保险经营的安全性和持续性,保险商和农业生产经营者要将各种监管要求内化为组织管理和风险自理水平的提升。[1] 保险组织与经营管理过程中贯穿着风险意识,保险商要充分认识农业风险的不确定性,在内控管理上强化内部监督制约机制。立法需确立保险机构内部审计与外部合规性审查条款,并规定整改、纠正、处罚等责任条款,以对问题进行及时整改。在经营风险上,立法应鼓励保险商进行再保险、分保险安排,防范巨灾风险,在关联机制中与政府信息信用中介、农业风险保障基金、农业信贷部门之间加强信息、技术、业务等的合作。总体上以防止因风险管控不到位、风险保障不足而导致赔付不足、赔付超过保险商承受能力等情况,使保险机构退出市场或降低保险覆盖率,最终损害农民权益、农业经济安全和国家粮食安全。(3)契约自由与事后监督。对于事后监督,以"落实责任"为关键词。依照不主动干预的原则,事后监督成为国家对政策性农业保险进行管控的主要环节,主管行政机关可以认定违法行为、落实责任并给予相应的处罚,这是对契约自由进行必要约束的必要手段。事后监管并不将监管对象局限于保险合同履行完毕后的环节,而是渗透在农业保险合同的签订、履行、理赔、赔付等的完整过程。以理赔为例,与其他保险不同,从快速、及时恢复农业生产能力以便快速、及时跟进种养殖产品下一生产周期生产经营的目的出发,农业保险理赔的时效性和有效性要求较其他保险更高。政策性农业保险立法应当将理赔的时效性原则纳入理赔条款;对于保险商以各种理由少赔、惜赔或拖延不赔的行为,监管机构要依法从严处置。当然,从政府事先引导和防范的角度分析,建立农业保险理赔快速通道、确保理赔资金及时支付给受灾农户、保证理赔资料有效完整、及时以适当方式公开理赔结果等理赔服务的完善,更应当纳入立法,以确保政策性农业保险功能的发挥。

4."协同推进"条款

从社会功能上定位,政策性农业保险的商业属性弱化,服务和保障民生的

---

〔1〕 以契约关系促企业管理水平的提升,符合波斯纳关于契约意义的论证。波斯纳认为"契约"所代表的正是其最推崇的"自愿的交换",后者不仅早就将"资源有效率的运用(财富最大化)",而且还保证契约当事人各方皆可获利。不过这种"双赢"会受限于交易双方不完美的"人性"。作为公司组织,这种人性完美度的提升显然很大程度上有赖于组织管理水平的提高。参见林立:《波斯纳与法律经济分析——一个批判性的探究》,台北,学林文化事业有限公司2004年版,第259页。

属性凸显,保险的经济补偿与社会管理功能的彰显就显得尤为重要。这成为政策性农业保险主体参与及协同程度较大的合理解释。因而,“协同推进”条款应当从广义上界定,按照法律关系属性和所涉主体不同,包含基础性与关联性主体间的协同推进两层含义。

(1)基础性法律关系主体间的协同推进条款。政府、保险商、农业生产经营者和农业保险市场是一个有机的整体。第一,政府角色。以“政策性”要素介入政策性农业保险,为之提供引导和支持,规范农业保险市场,行为方式以被动式监管为特点,不主动干预。第二,保险商角色。以供应、创新农业保险产品为载体,保险机构提高保险服务质量,扩大保险覆盖范围,为农业生产经营者分散风险,提高其收入,完善农业发展综合环境,也促进农业保险市场的逐渐成熟,是政策性农业保险的主力。第三,农业生产经营者角色。各分散农户在参保过程中学习、掌握风险和风险防控的技术、信息、资本等知识,在通过农业保险减少损失、降低风险、提高收入水平的同时,全面提升风险应对及管理能力,转而降低保险商的经营风险,增进农业保险市场的完善程度。单一农户还可借合作组织共享资源、共担风险,后者可以成为政策性农业保险关联业务中的信息和信用中介。第四,农业保险市场。在政府、保险商、农户等各方主体的合力下农业保险市场的渐趋完善和成熟,是政策性农业保险立法的直接目标之一。当农业保险市场能够以更具规范性、包容性的特质为政府、保险商、农业生产经营者等主体提供施展其合力的空间时,不仅立法的目的得以实现,而且政策性农业保险的成本将逐渐降低,收益逐渐实现最大化。(2)关联性法律关系主体间的协同推进条款。这是规范政策性农业保险与其他风险防控机制、农村金融机制之间有机联结的条款。根据群力原则,风险联结和金融联结构成政策性农业保险关联性法律关系主体间群力的主要方式。“协同推进”条款与上文“双结合”内容下的风险联结条款、金融联结条款并不冲突,协同推进以抽象的主体合力为规范要点,提供原则性条款,“双结合”内容下的条款则以具有自由裁量范围的行为细则为规范要点。其一,补充功能原则。[1] 关联性主体间的协同推进,以补充功能为原则。政策性农业保险是防范和化解风险的手段,但并不能解决农

〔1〕 关联性法律关系主体间的协同推进应遵循补充功能、契约互联原则,是贯彻了农业保险立法的群力原则,体现了农业保险法律关系主体多元化以及各主体协同实现其他主体功能最大化的过程。

业灾害及市场风险中的所有问题。农业风险保障基金等风控机制能够分担农业灾害风险，农村金融能够通过降低资本利用成本和农业保险经营成本来分担市场风险，农业保险与两者的结合，除了通过建立业务风险动态监控制度以强化自身功能外，还为政策性农业保险法律关系主体确定行动方案提供最基本的函数参照值，并指导立法执行机构准确地适用法律。其二，契约互联原则[1]。关联性主体间以业务联动为方式进行互联，一般采用合同方式约定互联条款，对于合同具体条款，立法不宜作强制性规定，可采用建议式条款为其划定具有充分自主意志的行为范围。此外，农业保险机构可以在信息信用平台之外，建立关联主体间的工作联系机制，定期沟通有关风险控制与资本流动的信息，规范互联式业务操作，提高关联效益。在风控和金融机制外，政策性农业保险立法还应鼓励并规范保险机构与畜牧兽医、气象、农林业等部门的长期合作机制，为市场提供气象预警、防病抗病、疫苗研制与接种等信息，发挥其防灾减灾作用。

本章小结

政策性农业保险统一立法的构思是本书研究的最终目的和任务。对政策性农业保险进行经济学与法学概念界定，对法律关系主体的利益博弈进行解构，比较农业保险经营模式和补贴制度的优劣，以及分析与政策性农业保险相关联的金融工具和风险管理工具的联动机制，目的都是为形成统一立法的核心框架提供基本的素材以及事实及理论依据。政策性农业保险统一立法应追求规则的科学、高效，该目标的实现基于立法原则、立法核心、监管立法和关联机制立法等内容的科学架构和准确施行，这也符合法律供给理论的逻辑。

[1] 关联性法律关系主体间的协同推进应遵循补充功能、契约互联原则，是贯彻了农业保险立法的群力原则，体现了农业保险法律关系主体多元化以及各主体协同实现其他主体功能最大化的过程。

参 考 文 献

一、著作

[1]史晋川主编:《法经济学》,北京大学出版社 2007 年版。

[2]冯玉军:《法经济学范式》,清华大学出版社 2009 年版。

[3]冯玉军主编:《中国法经济学应用研究》,法律出版社 2006 年版。

[4]史晋川:《法律经济学趣谈》,江苏人民出版社、江苏凤凰美术出版社 2014 年版。

[5][美]E. 博登海默:《法理学——法律哲学与法律方法》,邓正来译,中国政法大学出版社 2004 年版。

[6][美]丹尼尔·W. 布罗姆利:《经济利益与经济制度——公共政策的理论制度》,陈郁、郭宇峰、汪春译,上海人民出版社 2006 年版。

[7][美]罗伯特·J. 希勒(Robert J. Shiller):《非理性繁荣》,李心丹、俞红梅、陈莹、岑咏华译,中国人民大学出版社 2016 年版。

[8][美]格兰特·吉尔莫:《契约的死亡》,曹士兵、姚健宗、吴巍译,中国法制出版社 2005 年版。

[9][美]罗斯科·庞德:《通过法律的社会控制》,沈宗灵译,商务印书馆 2008 年版。

[10][美]诺内特、塞尔兹尼克:《转变中的法律与社会》,张志铭译,中国政法大学出版社 1994 年版。

[11][日]内田贵:《契约的再生》,胡宝海译,中国法制出版社 2005 年版。

[12][英]安东尼·奥格斯:《规制——法律形式与经济学理论》,骆梅英译,中国人民大学出版社 2014 年版。

[13][美]伯尔曼:《法律与宗教》,梁治平译,中国政法大学出版社 2003 年版。

[14][德]马克思·韦伯:《论经济与社会中的法律》,张乃根译,中国大百科全书出版社 1998 年版。

[15][德]弗里德里希·卡尔·冯·萨维尼:《论立法与法学的当代使命》,许章润译,中国法制出版社 2001 年版。

[16][英]边沁:《政府片论》,沈叔平等译,商务印书馆 1997 年版。
[17][德]鲁道夫·冯·耶林:《法学的概念天国》,柯伟才、于庆生译,中国法制出版社 2009 年版。
[18]管斌:《混沌与秩序——市场化政府经济行为的中国式建构》,北京大学出版社 2010 年版。
[19]瞿同祖:《中国法律与中国社会》,中华书局 2003 年版。
[20][瑞典]汤姆·R. 伯恩斯:《结构主义的视野——经济与社会的变迁》,周长城等译,社会科学文献出版社 2000 年版。
[21]史晋川、董雪兵等:《法律·规制·竞争》,经济科学出版社 2008 年版。
[22]高德步:《产权与增长:论法律制度的效率》,中国人民大学出版社 1999 年版。
[23]张维迎:《市场的逻辑》,上海人民出版社 2010 年版。
[24]张守文:《经济法理论的重构》,人民出版社 2004 年版。
[25]刘水林:《经济法基本范畴的整体主义解释》,厦门大学出版社 2006 年版。
[26]理查德·A. 波斯纳:《法律的经济分析》,蒋兆康译,中国大百科全书出版社 1997 年版。
[27]理查德·A. 波斯纳:《正义/司法的经济学》,苏力译,中国政法大学出版社 2002 年版。
[28][德]沃尔夫·盖特纳:《社会选择理论基础》,李晋、马丽译,格致出版社、上海三联书店、上海人民出版社 2013 年版。
[29][荷]威廉·范博姆、米夏埃尔·富尔:《在私法体系与公法体系之间的赔偿转移》,黄本莲译,中国法制出版社 2012 年版。
[30]龚明华等:《我国农村金融需求与金融供给问题研究》,经济科学出版社 2009 年版。
[31]林立:《波斯纳与法律经济分析——一个批判性的探究》,台北,学林出版社 2004 年版。
[32][美]尼尔·K. 考默萨:《法律的限度——法治、权利的供给与需求》,申卫星、王琦译,商务印书馆 2007 年版。
[33][加拿大]乔治斯·迪翁、斯科特·E. 哈林顿主编:《保险经济学》,王国军等译,中国人民大学出版社 2005 年版。
[34]沈宗灵:《现代西方法理学》,北京大学出版社 1992 年版。
[35][美]E. S. 萨瓦斯:《民营化与公私部门的伙伴关系》,中国人民大学出版社 2002 年版。
[36]苏力:《法治及其本土资源》,中国政法大学出版社 1996 年版。
[37]江平主编:《比较法在中国》,法律出版社 2002 年版。
[38]张文显、李步云主编:《法理学论丛》第 3 卷,法律出版社 2002 年版。
[39]黄亚林:《政策性农业保险各主体利益协同研究》,中国金融出版社 2014 年版。
[40]李军、[美]段志煌主编:《农业风险管理和政府的作用:中美农业保险交流与考察》,中

国金融出版社 2004 年版。
[41]庹国柱、王国军:《中国农业保险与农村社会保障制度研究》,首都经济贸易大学出版社 2002 年版。
[42]庹国柱主编:《中国农业保险研究》,中国农业出版社 2014 年版。
[43]庹国柱主编:《2011 中国农业保险发展报告》,中国农业出版社 2011 年版。
[44]冯登艳等:《新农村建设中的农业保险问题》,知识产权出版社 2009 年版。
[45]张友祥:《区域农业保险形成机理及发展模式研究》,中国社会科学出版社 2010 年版。
[46]郭树华等:《中国农业保险经营模式的选择研究》,人民出版社 2011 年版。
[47]钱振伟:《农业保险发展理论与实践:基于对云南实践的跟踪调查》,中国金融出版社 2013 年版。
[48]钱振伟等:《创新政策性农业保险模式及其巨灾风险分散机制研究:基于对云南省实践的调查》,经济科学出版社 2011 年版。
[49]王和、王俊主编:《中国农业保险巨灾风险管理体系研究》,中国金融出版社 2013 年版。
[50]张囝囡、郭洪渊:《美国农业保险制度演进研究》,中国社会科学出版社 2013 年版。
[51]丁少群、姚淑琼:《政策性农业保险在我国的发展研究:基于风险管理视角的制度分析》,西南财经大学出版社 2012 年版。
[52]冯文丽等:《农业保险补贴制度供给研究》,中国社会科学出版社 2012 年版。
[53][美]史蒂芬·布雷耶:《打破恶性循环——政府如何有效规制风险》,宋华琳译,法律出版社 2009 年版。
[54]岳军:《公共投资与公共产品有效供给研究》,上海三联书店 2009 年版。
[55][美]查尔斯·沃尔夫:《市场或政府:权衡两种不完善的选择/兰德公司的一项研究》,谢旭译,中国发展出版社 1994 年版。
[56][美]保罗·萨谬尔森、威廉·诺德豪斯:《经济学》,萧探等译,人民邮电出版社 2004 年版。
[57]席恒:《利益、权力与责任——公共物品供给机制研究》,中国社会科学出版社 2006 年版。
[58]何增科:《公民社会与第三部门》,社会科学文献出版社 2000 年版。
[59]埃莉诺·奥斯特罗姆:《公共事物的治理之道》,余逊达、陈旭东译,上海三联出版社 2000 年版。
[60]解建立:《当代中国城乡公共物品供给均衡化研究》,中国社会出版社 2010 年版。
[61]刘祚祥:《社区信用与农村金融发展——基本理论、田野经验与实证分析》,中国经济出版社 2012 年版。

[62]聂荣、沈大娟:《农业风险控制与农业保险绩效研究》,经济科学出版社 2017 年版。
[63]汪小亚:《农村金融体制改革研究》,中国金融出版社 2009 年版。
[64]张永升、李会芳:《农村金融普惠的逻辑与路径》,国家行政学院出版社 2016 年版。
[65]刘磊:《农村金融改革与发展研究》,中国财富出版社 2016 年版。
[66][冰岛]思拉恩·埃格特森:《经济行为与制度》,吴经邦等译,商务印书馆 2004 年版。
[67]庹国柱、赵乐、朱俊生等:《政策性农业保险巨灾风险管理研究:以北京市为例》,中国财政经济出版社 2010 年版。
[68][美]曼昆:《经济学基础》,梁小民、梁砾译,北京大学出版社 2010 年版。
[69][美]Scott E. Harrington、Gregory R. Niehaus:《风险管理与保险》,陈秉正、王珺、周伏平译,清华大学出版社 2001 年版。
[70]顾平安:《政府发展论》,中国社会科学出版社 2005 年版。
[71]樊启荣:《保险法诸问题与新展望》,北京大学出版社 2015 年版。
[72][英]史蒂芬·缪哈尔、亚当·斯威夫特:《自由主义者与社群主义者》,孙晓春译,吉林人民出版社 2007 年版。
[73]万江红、张翠娥、陈炉丹:《中国农村民间金融组织研究》,中国社会科学出版社 2013 年版。
[74][美]罗纳德·H. 科斯:《企业、市场与法律》,格致出版社、上海三联出版社、上海人民出版社 2009 年版。
[75][英]亚当·斯密:《国民财富的性质和原因的研究》(下卷),商务印书馆 1974 年版。
[76]马洪范:《绩效预算信息论——信息视角下的政府绩效预算管理与改革》,经济科学出版社 2008 年版。
[77]理查德·A. 波斯纳:《超越法律》,苏力译,中国政法大学出版社 2001 年版。
[78]甘培忠主编:《国家经济安全法律保障制度研究》,法律出版社 2012 年版。
[79][芬兰]蒂莫·J. 海迈莱伊宁、里斯托·海斯卡拉编著:《社会创新、制度变迁与经济绩效》,清华大学启迪创新研究院组织编译,知识产权出版社 2011 年版。
[80][英]罗伯特·萨格登:《权利、合作与福利的经济学》,方钦译,上海财经大学出版社 2008 年版。

二、中文期刊

[1]冯玉军:《法经济学范式研究及其理论阐释》,载《法制与社会发展》2004 年第 1 期。
[2]廖志敏:《法律如何界定权利——科斯的启发》,载《社会科学战线》2014 年第 7 期。
[3]黄立君:《国内法经济学研究述评》,载《经济评论》2004 年第 6 期。

[4]周林彬、黄健梅:《行为法经济学与法律经济学:聚焦经济理性》,载《学术研究》2004 年第 12 期。

[5]赵凤梅、李军:《法经济学分析范式的历史性考察》,载《山东大学学报(哲学社会科学版)》2008 年第 6 期。

[6]胡元聪:《国家干预行为的法经济学分析——基于经济法的认知视角》,载《河南社会科学》2008 年第 2 期。

[7]李省龙:《论法经济学分析范式的一般结构——作为一种研究方式的考察和理解》,载《法学家》2008 年第 2 期。

[8]张志强、高丹桂:《农村集体经济组织及其成员权和农村社区组织及其成员权——混同的现状、动因及其对农地制度绩效影响的法经济学分析》,载《软科学》2008 年第 10 期。

[9]戴治勇:《执法经济学:一个文献综述》,载《管理世界》2008 年第 6 期。

[10]冯张美:《"小产权房"流转问题之法经济学分析》,载《浙江社会科学》2014 年第 7 期。

[11]熊秉元:《奥运规则与法学研究——初探法学中质与量问题》,载《宏观质量研究》2014 年第 4 期。

[12]陈红霞、宋戈:《城乡土地市场协调发展的法经济学分析》,载《学术交流》2008 年第 3 期。

[13]汪军民:《土地利用制度的法经济学思考——兼论我国古代土地制度的法律特征》,载《武汉大学学报(哲学社会科学版)》2008 年第 3 期。

[14]曲振涛:《论法经济学的发展、逻辑基础及其基本理论》,载《经济研究》2005 年第 9 期。

[15]吴晓洁等:《征地主体行为的法经济学分析》,载《中国土地科学》2005 年第 4 期。

[16]王根芳、陶建平:《农业保险、自然垄断与保险补贴福利》,载《中南财经政法大学学报》2012 年第 4 期。

[17]姜俊臣、乔立娟、杜英娜:《农业保险中主体行为的博弈分析》,载《安徽农业科学》2007 年第 9 期。

[18]史晋川、吴晓露:《产品责任制度建立的经济学分析——对"三菱帕杰罗事件"的思考》,载《经济研究》2002 年第 4 期。

[19]廖建求、姜孝贤:《法律责任模型之法经济学分析》,载《西北大学学报(哲学社会科学版)》2010 年第 6 期。

[20]刘平:《知识产权的重叠保护与侵权责任》,载《政法论坛》2010 年第 3 期。

[21]凌斌:《法律救济的规则选择:财产规则、责任规则与卡梅框架的法律经济学重构》,载《中国法学》2012 年第 6 期。

[22]朱福惠:《论美国宪法中的"弹性条款"之适用及其对经济的影响》,载《法律科学(西北

政法学院学报)》1998 年第 3 期。
[23]朱莉:《构建正义的法经济学体系——以正义与效率的一般关系为视角》,载《北方论丛》2011 年第 1 期。
[24]董雪兵、朱慧:《基于理性、效率与制度的法经济学研究——第八届中国法经济学论坛综述》,载《经济研究》2011 年第 1 期。
[25]赵骏:《行为法经济学在中国的挑战与机遇》,载《浙江学刊》2011 年第 5 期。
[26]李增刚、史宇鹏:《法经济学的基本理论及其在中国的发展与应用——2011 年度(第九届)"中国法经济学论坛"综述》,载《经济研究》2011 年第 8 期。
[27]杜莉、高振勇:《法经济学释义及其辨析》,载《吉林大学社会科学学报》2006 年第 3 期。
[28]胡凯、何冰:《法经济学的两条研究路径》,载《求索》2006 年第 6 期。
[29]史晋川:《法经济学在经济学理论谱系中的位置》,载《学术月刊》2006 年第 4 期。
[30]刘瑞瑞:《立法成本的法经济学分析》,载《经济纵横》2006 年第 8 期。
[31]李素文:《关于"效率优先、兼顾公平"的法经济学评述》,载《山东社会科学》2006 年第 12 期。
[32]李晗:《法经济学视野下的金融监管法正义性分析》,载《法制与社会发展》2006 年第 5 期。
[33]李树:《经济理性与法律效率——法经济学的基本理论逻辑》,载《南京社会科学》2010 年第 8 期。
[34]冯玉军:《权利相互性理论概说——法经济学的本体性阐释》,载《法学杂志》2010 年第 9 期。
[35]黄立君:《从法经济学基本定理看中国的经济增长》,载《广东商学院学报》2010 年第 6 期。
[36]蔡晋:《波斯纳的法经济学运动及其他——兼谈资本主义经济增长的法制基础》,载《世界经济与政治论坛》2010 年第 5 期。
[37]魏建:《法经济学:效率对正义的替代及其批评》,载《甘肃社会科学》2002 年第 1 期。
[38]刘慧、黄秉杰:《法经济学视域下缓解农村金融供需失衡的金融调控对策》,载《理论探讨》2012 年第 6 期。
[39]朱慧、李树:《法经济学研究与转型时期的中国体制改革——第十届中国法经济学论坛综述》,载《经济研究》2012 年第 9 期。
[40]关越:《"适当论"作为法经济学研究范式的可行性分析》,载《河南社会科学》2013 年第 2 期。
[41]李启航、陈国富:《法律制度对财产性收入影响作用的城乡差异——基于布罗代尔钟罩

的法经济学思考》,载《财经研究》2013 年第 3 期。
[42]白云:《个人征信体系的法经济学基础》,载《法学论坛》2013 年第 2 期。
[43]曹胜亮:《法经济学视野中的经济法的失衡性研究——兼论经济法差异性调整方法》,载《法学论坛》2013 年第 3 期。
[44]刘廷华:《行政裁量控制模式的法经济学分析》,载《行政论坛》2013 年第 3 期。
[45]董雪兵、史晋川、熊秉元:《法经济学语境下的中国问题研究——第十二届中国法经济学论坛综述》,载《经济研究》2014 年第 8 期。
[46]李素文:《关于法经济学效用函数的反思及重构》,载《商业研究》2015 年第 3 期。
[47]魏建:《交易成本理论:法经济学的理论基础》,载《学术月刊》1998 年第 9 期。
[48]魏建:《谈判理论:法经济学的核心理论》,载《兰州大学学报》1999 年第 4 期。
[49]相丽玲、王晴:《论政府信息公开的多学科理论基础——基于法经济学理论框架的分析》,载《情报理论与实践》2013 年第 11 期。
[50]石莹、苗妙、赵阳:《法学与经济学融合的加深——第十一届法经济学论坛综述》,载《经济研究》2013 年第 9 期。
[51]王敏俊、黄祖辉:《农业保险的政策性目标与消费群体的狭窄性:一个悖论的分析——以浙江省为例》,载《中国软科学》2007 年第 12 期。
[52]中国行政管理学会课题组、贾凌民:《政府公共政策绩效评估研究》,载《中国行政管理》2013 年第 3 期。
[53]白列湖:《协同论与管理协同理论》,载《甘肃社会科学》2007 年第 5 期。
[54]李明清、吴庆田:《农业政策性金融的功能定位与发展目标选择——基于农业政策性金融对农村经济增长相关性的实证分析》,载《学术论坛》2008 年第 4 期。
[55]王首元、孔淑红:《新行为经济学理论:对期望效用理论和前景理论的一个延伸》,载《西安交通大学学报(社会科学版)》2012 年第 4 期。
[56]燕汝贞、李平、曾勇:《基于市场冲击成本与机会成本的算法交易策略》,载《管理学报》2012 年第 7 期。
[57]贾万军、张玉智:《农业政策性金融支持现代农业发展的对策研究——以吉林省为例》,载《开发研究》2010 年第 5 期。
[58]郭颂平、张伟、罗向明:《地区经济差距、财政公平与中国政策性农业保险补贴模式选择》,载《学术研究》2011 年第 6 期。
[59]李柃燕、胡胜德:《政策性农业保险需求实证研究——基于黑龙江省的调查分析》,载《学习与探索》2011 年第 4 期。
[60]邵培霖、吕后中:《种植业政策性保险实施情况调查——来自黑龙江省的调研报告》,载

《调研世界》2012 年第 10 期。
[61]王伟、于漾:《完善农村政策性金融功能研究》,载《经济纵横》2012 年第 12 期。
[62]陆强:《拓展政策性金融支农方式研究——基于农村金融供给角度》,载《经济体制改革》2013 年第 3 期。
[63]吕开宇、张崇尚:《政策性农业保险施行中存在的问题及对策》,载《经济纵横》2013 年第 10 期。
[64]崔晓芳:《论新农村建设中农村公共物品供给主体多元化——基于多中心理论的视角》,载《山西农业大学学报(社会科学版)》2010 年第 6 期。
[65]刘水林:《法律经济分析方法论的一个研究提纲》,载《法律科学(西北政法学院学报)》2003 年第 2 期。
[66]乔洪武、乔红军:《亚当·斯密的法学思想评介》,载《法学评论》2001 年第 4 期。
[67]钱弘道:《法律经济学的理论基础》,载《法学研究》2002 年第 4 期。
[68]邹薇:《康芒斯制度经济学的重新研究》,载《经济科学》1996 年第 3 期。
[69]王健、张恒山:《科斯定理的法学评析》,载《高校理论战线》1994 年第 6 期。
[70]张恒山、王健:《对科斯产权界定主张的法律分析——兼谈正义与效率的优先性问题》,载《天津社会科学》1994 年第 6 期。
[71]韩丽:《马克思与波斯纳的经济分析法运用比较》,载《政治与法律》2002 年第 3 期。
[72]张建伟:《新法律经济学:理论流派与反思性评论》,载《财经研究》2000 年第 9 期。
[73]李明强、叶文嫣、沈双莉:《关于农业保险中保险人主体的探讨——商业保险公司经营农业保险的研究》,载《农业经济问题》2006 年第 7 期。
[74]郑彬:《农业保险合作社的优越性及在我国的发展途径》,载《农业经济》2010 年第 3 期。
[75]孙立娟、李莹蕾:《日本相互保险公司的发展演变及其原因分析》,载《现代日本经济》2013 年第 2 期。
[76]庹国柱、朱俊生:《对相互保险公司的制度分析——基于对阳光农业相互保险公司的调研》,载《经济与管理研究》2008 年第 5 期。
[77]张祖荣:《农业相互保险制度的利弊分析》,载《浙江金融》2006 年第 11 期。
[78]王朋良、龙文军、杜正茂:《相互制保险公司在中国的实践与启示——基于黑龙江阳光农业相互保险公司的调查》,载《中国农垦》2010 年第 5 期。
[79]刘友芝:《论构建中国保险信用评级制度的微观基础》,载《财经理论与实践》2002 年第 5 期。
[80]王斌、梁平、殷李松:《论我国保险偿付能力监管体系》,载《财贸研究》2004 年第 1 期。
[81]何绍慰:《借鉴美国经验 构建我国保险信用评级制度》,载《上海保险》2006 年第 5 期。

[82]夏远飞、王媛媛:《中国保险监管的有效性研究》,载《天津经济》2011 年第 6 期。
[83]郑军、朱甜甜:《经济效率和社会效率:农业保险财政补贴综合评价》,载《金融经济学研究》2014 年第 3 期。
[84]侯玲玲、穆月英、曾玉珍:《农业保险补贴政策及其对农户购买保险影响的实证分析》,载《农业经济问题》2010 年第 4 期。
[85]张祖荣:《农业保险的保费分解与政府财政补贴方式选择》,载《财经科学》2013 年第 5 期。
[86]孙香玉、钟甫宁:《对农业保险补贴的福利经济学分析》,载《农业经济问题》2008 年第 2 期。
[87]罗向明、张伟、丁继锋:《收入调节、粮食安全与欠发达地区农业保险补贴安排》,载《农业经济问题》2011 年第 1 期。
[88]夏大慰:《产业组织与公共政策:可竞争市场理论》,载《外国经济与管理》1999 年第 11 期。
[89]佘洋:《基于保障水平的农业保险保费补贴差异化政策研究——美国的经验与中国的选择》,载《农业经济问题》2013 年第 10 期。
[90]袁祥州、程国强、黄琦:《美国农业保险财政补贴机制及对我国的借鉴》,载《保险研究》2016 年第 1 期。
[91]王丽芳:《农业保险财政补贴运行机制及政策建议——基于国际经验的思考》,载《江苏农业科学》2017 年第 17 期。
[92]李勇、和丕禅、彭熠:《农业保护的正效应分析》,载《商业研究》2003 年第 8 期。
[93]谢炜、蒋云根:《中国公共政策执行过程中地方政府间的利益博弈》,载《浙江社会科学》2007 年第 5 期。
[94]粟芳、方蕾:《政策性农业保险补贴最优模式探析——基于"千村调查"的研究》,载《财经研究》2017 年第 11 期。
[95]耿洁:《法国:农业保险 制胜法宝》,载《农家参谋》2007 年第 6 期。
[96]周伏平:《巨灾风险证券化研究——金融、保险一体化的典范》,载《财经研究》2002 年第 2 期。
[97]曾玉珍、穆月英:《农业保险在农业风险管理中的优势分析》,载《农业经济》2011 年第 5 期。
[98]吴雪平、梁芷铭:《美国农业保险政策对农业经济的影响》,载《世界农业》2014 年第 1 期。
[99]杨伟鸽:《美国农业保险发展历程及运作模式》,载《世界农业》2014 年第 6 期。

[100]张秀青:《美国农业保险与期货市场》,载《中国金融》2015 年第 13 期。
[101]中国赴美农业保险考察团:《美国农业保险考察报告》,载《中国农村经济》2002 年第 1 期。
[102]宗义湘、闫琰、李先德:《巴西农业支持水平及支持政策分析——基于 OECD 最新农业政策分析框架》,载《财贸研究》2011 年第 2 期。
[103]李筱菁、任金政:《印度农业保险的发展历程及启示》,载《世界农业》2008 年第 11 期。
[104]王德迅:《巨灾风险管理:日本经验及其借鉴》,载《国际经济评论》2010 年第 5 期。
[105]刘素春、程承坪:《基于资源依赖理论的农业保险组织体系》,载《保险研究》2009 年第 8 期。
[106]吴树波:《日本的农业保险及其启示》,载《世界农业》2000 年第 2 期。
[107]吴本健、单希、马九杰:《信贷保险、金融机构信贷供给与农户借贷决策——来自 F 县草莓种植"信贷 + 保险"的证据》,载《保险研究》2013 年第 8 期。
[108]薛澜:《中国应急管理系统的演变》,载《行政管理改革》2010 年第 8 期。
[109]周仲飞:《提高金融包容:一个银行法的视角》,载《法律科学(西北政法大学学报)》2013 年第 1 期。
[110]王静、周立群:《金融包容性增长:台湾新农业金融体系经验借鉴》,载《农村经济》2014 年第 4 期。
[111]朱成全、丁玉海:《论芝加哥法经济学理性人假设的修正》,载《兰州学刊》2010 年第 7 期。
[112]王煜宇:《中国特色农村金融法律制度:历史语境、现实障碍与未来选择》,载《浙江社会科学》2011 年第 2 期。
[113]王煜宇:《我国农村金融法律制度的演进逻辑与路径创新》,载《法学论坛》2009 年第 5 期。
[114]高彦彬:《农村"草根银行"运作模式的国际比较》,载《商业研究》2010 年第 8 期。
[115]丰霏:《当代中国法律激励的实践样态》,载《法制与社会发展》2015 年第 5 期。
[116]胡元聪:《我国法律激励的类型化分析》,载《法商研究》2013 年第 4 期。
[117]张宇润、江玉荣:《农村金融创新的法律激励机制探析》,载《学术界》2013 年第 10 期。
[118]倪正茂:《从法律激励看对中国法律文化传统的继承》,载《法学》2014 年第 1 期。
[119]付子堂、崔燕:《民生法治视野下的法律激励功能探析》,载《法学论坛》2012 年第 6 期。
[120]丰霏:《法律激励的理想形态》,载《法制与社会发展》2011 年第 1 期。
[121]申来津:《法律与行为选择:法律激励及其发生机制》,载《法学杂志》2006 年第 4 期。
[122]魏建:《理性选择理论与法经济学的发展》,载《中国社会科学》2002 年第 1 期。

[123]魏建:《法经济学分析范式的演变及其方向瞻望》,载《学术月刊》2006 年第 7 期。
[124]彭南生、易仲芳:《何廉的农本思想与农村互助合作理论探析》,载《深圳大学学报(人文社会科学版)》2012 年第 5 期。
[125]李晓光等:《机会成本法在确定生态补偿标准中的应用——以海南中部山区为例》,载《生态学报》2009 年第 9 期。
[126]钱弘道:《法律的经济分析工具》,载《法学研究》2004 年第 4 期。
[127]丁德昌:《农民经济发展权法治保障机制研究》,载《长白学刊》2014 年第 1 期。
[128]李怀:《公共权力腐败行为的经济学分析及其政策导向》,载《经济研究》1996 年第 9 期。
[129]于水:《乡村治理与农村公共产品供给问题研究——以江苏为例》,南京农业大学 2007 年博士学位论文。
[130]邵薪运:《善治式政府责任研究》,吉林大学 2012 年博士学位论文。
[131]王欣兰:《中国政策性农业保险有效需求研究》,辽宁大学 2013 年博士学位论文。
[132]何文强:《理论与制度:我国农业保险法律问题研究》,重庆大学 2008 年博士学位论文。
[133]孙香玉:《农业保险补贴的福利研究及参保方式的选择——对新疆、黑龙江与江苏农户的实证分析》,南京农业大学 2008 年博士学位论文。
[134]王飞:《巨灾债券风险的法律控制——以保险风险证券化为背景》,华东政法大学 2015 年博士学位论文。
[135]刘小红:《农业保险财政补贴法律制度研究》,西南政法大学 2016 年博士学位论文。
[136]王俊凤:《中国政策性农业保险立法问题研究》,东北农业大学 2009 年博士学位论文。
[137]高彦彬:《中国农业保险经营模式研究》,西北农林科技大学 2006 年博士学位论文。
[138]谢文:《农村土地流转金融支持体系研究》,中南大学 2010 年博士学位论文。
[139]施红:《中国政策性农业保险优化风险配置的机理研究》,浙江大学 2009 年博士学位论文。
[140]于洋:《基于保险精算原理的政策性作物保险定价研究》,大连理工大学 2010 年博士学位论文。
[141]赖永文:《农户信用评价体系研究——基于福建的实证》,福建农林大学 2012 年博士学位论文。
[142]李柃燕:《黑龙江省政策性农业保险制度研究》,东北农业大学 2011 年博士学位论文。
[143]吕晓英:《中国农业保险发展模式可持续性的模拟研究》,中国农业科学院 2012 年博士学位论文。
[144]陈风:《政策性农业保险基本法律问题研究——以法治逻辑与规范进路为中心》,武汉

大学 2012 年博士学位论文。
[145]彭华:《制度转型的成本分析——以湖北乡镇事业单位改革为分析对象》,华中师范大学 2010 年博士学位论文。
[146]王根芳:《基于主体利益博弈分析的农业保险补贴研究》,华中农业大学 2013 年博士学位论文。
[147]李轶男:《我国农业保险利益关系研究》,山东大学 2012 年博士学位论文。
[148]黄亚林:《政策性农业保险各主体利益协同研究》,湖南农业大学 2013 年博士学位论文。
[149]李传峰:《公共财政视角下我国农业保险经营模式研究》,财政部财政科学研究所 2012 年博士学位论文。
[150]张建军:《农业信贷与保险互联对农户收入影响研究——基于信贷配给机制视角》,南京农业大学 2012 年博士学位论文。
[151]罗向明:《中国农业保险发展模式与补贴政策研究——基于利益相关者视角》,武汉大学 2012 年博士学位论文。
[152]王玉帅:《WTO 框架下中国农业补贴法律和政策研究》,对外经济贸易大学 2014 年博士学位论文。
[153]顾和军:《农民角色分化与农业补贴政策的收入分配效应——江苏省农业税减免、粮食直补收入分配效应的实证研究》,南京农业大学 2008 年博士学位论文。
[154]何忠伟:《中国农业补贴政策的效果与体系研究》,中国农业科学院 2005 年博士学位论文。
[155]胡玥:《中国农村经济发展中的融资问题研究——基于法经济学视角的分析》,山西财经大学 2013 年博士学位论文。
[156]高建伟:《中国集体所有土地征收研究——基于法经济学的分析》,南开大学 2009 年博士学位论文。
[157]徐兴祥:《合同法原则的法经济学分析——以合同法律制度变迁为视角》,吉林大学 2007 年博士学位论文。
[158]吴朋飞:《理性批判与科学重构—马里奥 · 邦格社会科学哲学思想研究》,山西大学 2015 年博士学位论文。
[159]万斌:《新中国烟草专卖制度改革:成本与收益分析》,江西财经大学 2010 年博士学位论文。

三、外文著作与期刊

[1]Philip R. Wood, Principles of International Insolvency, Sweet & Maxwell Press, 2007(a).

[2]Philip R. Wood, Comparative law of Security Interest and Title Finance, Sweet & Maxwell Press, 2007(b).

[3]Philip R. Wood, International Loans, Bonds, Guarantees, Legal Opinions, Sweet & Maxwell Press, 2007(c).

[4]Philip R. Wood, Set – off and Netting, Derivatives, Clearing Systems, Sweet & Maxwell Press, 2007(d).

[5] Philip R. Wood, Project Finance, Securitisations, Subordinated Debt, Sweet & Maxwell Press, 2007(e).

[6]Philip R. Wood, *Conflict of laws and International Finance*, Sweet & Maxwell Press, 2007(f).

[7]Philip R. Wood, *Regulation of International Finance*, Sweet & Maxwell Press, 2007(g).

[8]Ali. PAU, *The Law of Secured Finance*, Oxford press, 2002.

[9]Charles Proctor, *Mann on the Legal Aspect of Money*, 7th Edition, Oxford press, 2012.

[10]Richard J. Pierce, *Administrative law treatise*, Wolters Kluwer Law & Business Press, 2010.

[11]Klaus Mathis ·Abishalom Tor, *Nudging – Possibilities, Limitations and Applications in European Law and Economics*, Springer Press, 2016.

[12]European Union, *Agriculture and enlargement*, Luxembourg Publications Office of the EU Press, 2012.

[13] European Union, *The EU's Common Agriculture Polity*, Luxembourg Publications Office of the EU Press, 2015.

[14]Floor M. Brouwer, *Martin van lttersum*, *Environmental and Agricultural Modelling*: *Integrated Approaches for Policy Impact Assessment*, Springer Press, 2010.

[15]Robert Geryer, Paul Cairney, *Handbook on Complexity and Public Policy*, Edward Elgar Publishing, Inc. Press, 2015.

[16]Howard C. Kunreuther, Mark V. Pauly & Stacey Mcmorrow, *Insurance and Behavioral Economics*, Cambridge Press, 2013.

[17] Klaus Mathis, *Law and Economics in Europe*: *Foundations and Applications*, Springer Press, 2014.

[18]Aristides N. Hatzis & Nicholas Mercuro, *Law and Economics*, Routledge Press, 2015.

[19]George E. Rejda, *Social Insurance and Economic Security*, 7th Edition, M. E. Sharpe Inc.

Press, 2012.

[20] Peter John, *Analyzing Public Policy*, 2nd Edition, Routledge Press, 2010.

[21] Francesco Parisi, *The Language of Law and Economics: A Dictionary*, Cambrigde Press, 2013.

[22] Eric Helleiner, *The Status Quo Crisis: Global Financial Governance After the* 2008 *Fiancial Meltdown*, Oxford Press, 2014.

[23] Allan McConnell, *Understanding Policy Success, Rethinking Public Policy*, Palgrave Macmillan Press, 2010.

[24] Angelina Lawrence, *Natural Catastrophe Insurance in the United States: Market Assessments and Issues*, Nova Science Publisher Inc. Press, 2016.

[25] Ellen Hillbom & Patrick Svensson, *Agricultural Transformation in a Global History Perspective*, Routledge Press, 2013.

[26] Howard Kunreuther & Mark Pauly, *Insurance Decision - Making and Market Behavior*, Now Publishers Inc. Press, 2005.

[27] Guido Calabresi, *The Future of Law and Economics: Essays in Reform and Recollection*, Yale University Press, 2016.

[28] Catherine F. Smith, *Writing Public Policy*, 3rd Edition, Oxford Press, 2013.

[29] Goodwin B K & Smith V H. *The Economics of Crop Insurance and Disaster Aid*, Washington DC: The AEI Press, 1995.

[30] Wright BD & Hewitt J A, *All - Risk Crop Insurance: Lessons from Theory and Experience*, Boston: Kluwer Academic Publishers, 1994.

[31] Architesh Panda, Upasna Sharma, K. N. Ninan & Anthony Patt, *Adaptive capacity contributing to improved agricultural productivity at the household level: Empirical Findings Highlighting the Importance of Crop Insurance*, Vol. 23 (4) Global Environmental Change, (2013).

[32] Francisco J. Zagmutt, Stephen H. Sempier & Terril R. Hanson, *Disease Spread Models to Estimate Highly Uncertain Emerging Diseases Losses for Animal Agriculture Insurance Policies: An Application to the U. S. Farm - Raised Catfish Industry*, Vol. 33(10) Risk Analysis, (2013).

[33] Asseldonk, Marcel A. P. M. et al., *Trade - offs between Catastrophic Assistance and Subsidized Insurance in European Agriculture*, Vol. 42(4) Outlook on Agriculture, (2013).

[34] Janne P. Karttunen MSc & Risto H. Rautiainen PhD, *Occupational Injury and Disease In-*

cidence and Risk Factors in Finnish Agriculture Based on 5 – Year Insurance Records, Vol. 18(1) Journal of Agromedicine, (2013).

[35] Nan Anca – Petru & Moisuc Diana – Aderina, *Expert Systems: Development of Agricultural Insurance Tool*, Vol. XXII(1) Annals of the University of Oradea: Economic Science, (2013).

[36] Duncan J. & Myers R. J., *Crop Insurance Under Catastrophic Risk*, Vol. 82(11) Journal of Agricultural Economics, (2000).

[37] Xuemei Yang, The Dualism of Asymmetric Information in Agricultural Insurance, Vol. 5 (7) Advance Journal of Food Science and Technology, p. 950 – 1904(2013).

[38] Alexander Sarris, Weather index insurance for agricultural development: introduction and overview, Vol. 44(4 – 5) Agricultural Economics, p. 381 – 765(2013).

[39] Christopher R. Kelley, Agricultural Risk Protection Act of 2000: Federal Crop Insurance, the Non – Insured Crop Disaster Assistance Program, and the Domestic Commodity and Other Farm Programs, in Drake Journal of Agricultural Law, Vol. 6, Issue 1 (Spring 2001), p. 141 – 174.

[40] Craig McIntosh, Alexander Sarris, Fotis Papadopoulos, Productivity, credit, risk, and the demand for weather index insurance in smallholder agriculture in Ethiopia, Vol. 44(4 – 5) Agricultural Economics, p. 399 – 816(2013).

[41] A. Leblois, Philippe Quirion, Agricultural Insurances based on Meteorological Indices: Realizations, Methods and Research Challenges, Vol. 20(1) Meteorological Applications, p. 1 – 9 (2013).

[42] Just R E, Calvin L, Quiggin J. Adverse Selection in Crop Insurance, Vol. 81(11) Journal of Agricultural Economics, p. 834 – 849(1999).

[43] Miranda M. J., Glarber JW. Systemic Risk, Reinsurance, and the Failure of Crop Insurance Markets, Vol. 79(2) Journal of Agricultural Economics, p. 206 – 215(1997).

[44] Loghman Rashidpour, Factors Affecting on Demand for Agricultural Crop Insurance in West Azarbijan Province, Vol. 13(2) American – Eurasian Journal of Agricultural and Environmental Sciences, p. 244 – 493(2013).

[45] Bardsley P., Avey A., Davenport S., The Economics of Insuring Crops against Drought, Vol. 28(4), Journal of Agricultural Economics, p. 1 – 14(1984).

[46] Thomas S. Kuhn and Courtroom Treatment of Science Evidence, in Temple Environmental Law & Technology Journal, Vol. 15, Issue 2 (1996), p. 195 – 208.

[47]Law and Neoclassical Economic Development in Theory and Practice: Toward an Institutionalist Critique of Institutionalism, in Cornell Law Review, Vol. 96, Issue 4 (May 2011), p. 967 – 1024.

[48]Understanding Disagreement, the Root Issue of Jurisprudence: Applying Wittgenstein to Positivism, Critical Theory, and Judging, in the University of Pennsylvania Law Review, Vol. 141, Issue 2 (December 1992), p. 371 – 456.

[49]Unexpected Guest: Law and Economics, Law and Other Cognate Disciplines, and the Future of Legal Scholarship, in Chicago – Kent Law Review, Vol. 79, Issue 2 (2004), p. 403 – 430.

[50]Structure of Legal Systems, in American Journal of Jurisprudence, (2004), Vol. 37, p. 291 – 318.

[51]Rendahl, David F. Federal Crop Insurance: Friend or Foe, in San Joaquin Agricultural Law Review, Vol. 4 (1994), p. 185 – 208.

四、相关网站

[1]美国农业部 http://www.usda.gov/wps/portal/usda/usdahome

[2]美国食品与药品行政监管局 http://www.fda.gov/

[3]澳大利亚农业部 http://www.agriculture.gov.au/

[4]加拿大农业与农产品在线 https:agriculture.canada.ca/en

[5]印度农业与合作部 http://agricoop.nic.in/

[6]中华人民共和国农业农村部 http://www.moa.gov.cn/

[7]浙江省渔业互保协会 http://www.zfmi.com/

[8]中国渔业互保协会 http://www.cfmi.org.cn/

[9]安信农业保险 http://www.aaic.com.cn/

[10]国元农业保险股份有限公司 http://www.gynybx.com.cn/

[11]中国人民财产保险股份有限公司 http://www.epicc.com.cn/

[12]阳光农业相互保险公司 http://www.samic.com.cn/

[13]中航安盟财产保险有限公司 http://www.groupama – avic.com.cn/

[14]中国银行保险监督管理委员会 http://www.cbirc.gov.cn/cn/view/pages/index/index.html

[15]中国保险行业协会 http://www.iachina.cn/

[16]安华农业保险 http://www.ahic.com.cn/

[17]大连商品交易所 http://www.dce.com.cn

致　谢

本书以我的同名博士论文为基础修订而成，历时五载。在上海财经大学攻读博士期间，开放豁达、严谨求实、质朴勤谨的学术环境让我能忘我工作，在如切如磋、如琢如磨的写作过程中，如久经寒冬逢春露，磨炼、辗转、彻悟，如适逢三月阳春又雨雪，柔韧、常新、豁然开朗。未尝没有“两眼无神对屏幕，辗转反侧到天明”，然而，人心惟危，法道惟微。写作中多有删减，求达于至善。回顾求学写作的岁月，感慨良多，要感谢的人太多，没有他们的支持与帮助，本书的撰写和出版难以顺利完成。

首先，要向我敬爱的博士生导师郑少华教授表示衷心的感谢！在博士求学期间，恩师在学习、研究、生活、做人等方面都给予了我无私的引领、指导和帮助。恩师知识广博、治学严谨，对我的谆谆教诲和悉心关怀让我获益匪浅。在写作本书初稿期间，从选题、撰写、修改到成稿，诸多环节、诸多成长都凝聚着恩师的汗水与心血。恩师勤谨的学术态度、包容的做人风格为我待人处世、规划人生树立了非常好的榜样；真诚待人，低调处事，善良豁达，会是我一直秉承的优秀品质！

其次，要感谢上海财经大学和意大利特伦托大学的多位老师，他们对本书的全部或部分初稿提出了宝贵的意见和建议。感谢上海财经大学的宋晓燕教授、马洪教授、王全兴教授、刘水林教授、胡凌教授、葛伟军教授等各位老师的授业传道，他们对我写作思路、写作方法的指导，对我书稿的逻辑思路的梳理，在我写作过程中给予的诸多意见和建议，让我积累了很多经验。感谢意大利特伦托大学的 Luca Nogler 教授和 Riccardo Salomone 教授，在我赴意大利特伦托大学交流访学期间，给予了诸多无私帮助和鼓励，两位教授在我写作初稿时提供了很多学术建议，并提供了许多有价值的资料，为我顺利完成书稿奠定了基础。

再次，要感谢上海财经大学的余滔、高禄等博士，为我写作初稿分享了许多有价值的资料素材、写作经验。感谢意大利特伦托大学中国学联的艾卿、刘力等多位留学生，为我在意大利访学期间的生活、学习提供了弥足珍贵的资源和帮助。感谢中国计量大学的陈永强教授，为本书的出版悉心指导，创造良机。还要感谢在我写作过程中为我的工作、学习、生活给予非常多帮助的师长、同门、领导、同事，以及曾经为我伸过一次手、递过一次书本、发过一次邮件、分享一个信息的朋友，在此也满怀感激，一并谢过！

最后，要感谢我年逾花甲的父亲冯仁乐先生、母亲张茹芬女士，几十年如一日地包容和支持着我的每一项人生规划，默默奉献着，打造并守护着我的小小港湾，让我可以安心拼搏、奋力前行！感谢我的兄长冯张栋先生，在我离开祖国前往意大利访学交流期间，照顾我们年迈的父母，照料我的小家；在我困难无助的时候随时援手、不计回报！感谢我的爱人姬清华先生，在我写作书稿过程中分担家务，任劳任怨，支持我的工作；感谢我心爱的儿子都都，是你给予了我生活的新希望，让我有了披荆斩棘、克服一切困难的最大勇气！正是家人们默默无私的付出，让我有这足够的信心、毅力完成书稿！衷心祝愿我的亲人们健康、平安、幸福！